Gewidmet der

Innovation. Wir lieben alles, was du bist.

© C. Liezenberg, D. Lycklama und S. Nijland

Das 2018 unter dem Titel *Alles transactie* veröffentlichte Originalbuch wurde als *Dutch Management Book of the Year 2019* ausgezeichnet. Die englische Version wurde 2019 veröffentlicht.

Diese aktualisierte deutsche Erstausgabe 2022 wird von Innopay International selbst herausgegeben und vertrieben.

ISBN 9789490587123

Gestaltung: Noortje Boer
Illustrationen: Francesco Zorzi (No-Rocket)
Druck: Tanneke Janssen (Rob Stolk Amsterdam)
Übersetzung: LENNON Language Solutions
Lektorat: Inga Beißwänger (Das Gepflegte Wort), Judith Henstra (Book Helpline)

Alle Rechte vorbehalten. Vorbehaltlich der im niederländischen Recht ausdrücklich vorgesehenen Ausnahmen darf kein Teil dieses Buchs in irgendeiner Form oder mithilfe irgendwelcher elektronischer oder mechanischer Mittel ohne schriftliche Erlaubnis des Herausgebers reproduziert werden, ausgenommen durch Rezensenten, die kurze Auszüge in einer Buchbesprechung zitieren dürfen.

Die Autoren sind sich ihrer Verantwortung für eine zuverlässige Veröffentlichung bewusst. Dennoch haften sie nicht für etwaige falsche Informationen oder Fehler in dieser Veröffentlichung.

In diesem Buch wird bei Personenbezeichnungen und personenbezogenen Hauptwörtern die männliche Form verwendet. Entsprechende Begriffe gelten grundsätzlich für alle Geschlechter. Auf eine Mehrfachbezeichnung wird in der Regel zugunsten einer besseren Lesbarkeit verzichtet.

Innopay International BV
PO Box 75643
1118 ZR Amsterdam
Niederlande

allestransaktion.de
innopay.com/de

Alles Transaktion

Über Daten, Vertrauen und die beispiellosen Möglichkeiten des transaktionalen Internets

Chiel Liezenberg
Douwe Lycklama
Shikko Nijland

Co-Autoren:
Koos de Wilt
Winnie Moltmaker

Inhaltsverzeichnis

Vorwort 6
Einleitung 8

KAPITEL 1
Alles Transaktion – Die Perspektive

1.1 Einleitung 20
1.2 Transaktionen: Wovon sprechen wir eigentlich? 22
1.3 Die vielen Gestalten des Intermediärs 30
1.4 Zweiseitige Märkte 34
1.5 Plattformen: Die Fabriken von Mittelspersonen 39
1.6 Die *Customer Journey* 43
1.7 Auf dem Weg zum transaktionalen Internet 51
1.8 Zusammenfassung 57

KAPITEL 2
Henne-Ei – Die Dynamik der zweiseitigen Märkte

2.1 Einleitung 64
2.2 Die Rolle der Mittelsperson 66
2.3 Angebote 69
2.4 Netzwerkeffekte 78
2.5 *Winner takes all* 89
2.6 Marktregulierung und Umstrukturierung 93
2.7 Zusammenfassung 98

KAPITEL 3
Plattformation – Alles eine Plattform

3.1 Einleitung 104
3.2 Neugestaltung von Wertschöpfungsketten 106
3.3 Plattformarten 111
3.4 Die Plattformation des Kaufprozesses 122
3.5 Strategische Geschäftsmodelle 124
3.6 Zusammenfassung 140

ABSCHNITT GESTALTUNG
Wie funktioniert der Entwurf einer Plattform?

I	Das Transaktionskontextmodell	146
I.1	Die vier Kontextfaktoren	147
I.2	Risiko und Risikogleichgewicht	151
I.3	Risikoakzeptanz von Zahlungsmethoden	152
I.4	Zusammenfassung	156
II	Das T.R.U.S.T.- Framework	160
II.1	Die fünf T.R.U.S.T.-Dimensionen	162
II.2	Vertrauen im Hub- und im Netzwerkmodell	167
II.3	Zusammenfassung	170

KAPITEL 4
In Daten wir vertrauen – Transaktionsplattformen

4.1	Einleitung	178
4.2	Daten als vielseitiger Wert	180
4.3	Das Daten-Nutzen-Gleichgewicht	191
4.4	In Daten wir T.R.U.S.T.	200
4.5	Vertrauen als zweiseitiger Markt	208
4.6	Zahlungsplattformen	218
4.7	Identitätsplattformen	231
4.8	Die Entflechtung von Identität und Zahlung	241
4.9	Zusammenfassung	246

KAPITEL 5
Das transaktionale Internet – Der Übergang zu infrastrukturellem Vertrauen

5.1	Einleitung	252
5.2	Explosionsartiges Wachstum bei digitalen Transaktionen	254
5.3	Zwei *Big Fixes*	268
5.4	Die Digitalagenda für Führungskräfte	282
5.5	Zusammenfassung	290

Anhang	294
Danke	310
Über INNOPAY	312
Über die Autoren	313

Warum Alles Transaktion?

In den späten 1990er-Jahren begann der E-Commerce, die Welt zu erobern. Für uns öffnete sich eine neue Welt von digitalen Zahlungen, digitaler Identität und digitalen Daten. Vor dem Hintergrund des kontinuierlichen Wachstums des Internets und der raschen Einführung aller möglichen neuen Mobiltechnologien waren wir als junge Fachleute gefordert, uns intensiv mit diesem umfassenden Thema *digitales Vertrauen* auseinanderzusetzen. Da wir uns zwar ganz gut mit diesen neuen Technologien auskannten, aber nur sehr wenig über Zahlungen wussten, suchten wir *das* Buch über Zahlungen, das uns auf den neuesten Stand bringen sollte. Zu unserer großen Verwunderung mussten wir feststellen, dass es dieses Buch nicht gab. Neben einigen wenigen wissenschaftlichen Artikeln und Dissertationen zu Zahlungen[1,2] gab es kaum Literatur zu dieser ganz wesentlichen wirtschaftlichen Aktivität. Paradoxerweise gibt es ganze Bibliotheken voller Bücher über Geld, aber über Zahlungen – die einzige Aktivität, die Geld seinen Wert verleiht – ist fast nichts bekannt. Die Kombination aus tiefgreifendem Wissen über Zahlungen und den neuen Technologien war äußerst selten. Menschen, die sich mit elektronischem Zahlungsverkehr auskannten, hatten ihr Wissen größtenteils im Kartenzeitalter in den 1970er- und 1980er-Jahren erworben. Gleichzeitig befassten sich viele Menschen mit Know-how zu digitalen Medien und Technologie mit den verschiedensten faszinierenden Internet-Initiativen, aber nicht mit Zahlungen oder den noch allgemeineren Konzepten von Vertrauen und Datenaustausch. Zahlungen waren damals einfach nicht besonders sexy.

Neben der Gründung unseres Start-ups INNOPAY (2002) erwarben und vertieften wir unser Branchenwissen, indem wir regelmäßig Artikel für Zeitungen schrieben, Modelle entwickelten und jedes Jahr Berichte über Innovationen und Marktentwicklungen zu Online-Zahlungen[3], mobilem Zahlungsverkehr[4], elektronischer Rechnungsstellung[5] und elektronischer Identität[6] veröffentlichten – im Großen und Ganzen Teil dessen, was wir heute unter dem Begriff „FinTech" kennen. Wir wollten unsere eigenen Gedanken organisieren, aber auch unsere Erkenntnisse mit der gesamten Branche teilen. Content-Marketing *avant la lettre*, das über das Internet weltweit seinen Weg gefunden hat. Einige dieser Berichte wurden sogar in die Onboarding-Programme neuer Mitarbeiter bei wichtigen Finanzinstituten und -behörden weltweit integriert. Heute ist FinTech in aller Munde und unterschiedliche Parteien arbeiten intensiv an Innovationen in der Finanzbranche. Diese sind teilweise darauf konzentriert, *Transaktionen* mit neuen digitalen Transaktionsplattformen zu optimieren. Fachliteratur befasst sich hauptsächlich mit Zahlungsinfrastrukturen[7,8]. Wir sind erstaunt darüber, wie wenig Menschen die entscheidenden strategischen Knotenpunkte für Transaktionsdienste erkennen. Das ist eine echte Herausforderung für Entscheidungsträger, die tagtäglich mit technologiegetriebenen Entwicklungen wie Big Data, künstlicher Intelligenz, Augmented Reality, Blockchain, Biometrik und dem Internet der Dinge konfrontiert sind. Sie müssen die Bedeutung dieser Technologie laufend bewerten und versuchen, zwischen Hype und Hoffnung zu unterscheiden und zu erkennen, wo viel Lärm um nichts gemacht wird und was wirklich wegweisende Trends sind. Das gilt umso mehr, weil diese teuren Entscheidungen von gesellschaftlicher Relevanz sind, Themen wie Datenschutz und Sicherheit berühren und immer größeren Einfluss auf ganze Branchen oder sogar ganze Gesellschaften erlangen.

Unser Gefühl, unsere Erfahrung und unsere Beobachtungen sagen uns, dass die nächste Phase des Internets unmittelbar bevorsteht: das transaktionale Internet, in dem digitales Vertrauen auf stärker nutzerorientierte und dezentrale Weise organisiert sein wird. Das wirkt sich auf alle digitalen Dienste aus, an die wir uns gewöhnt haben – einschließlich Zahlungsverkehr, digitaler Identität, des Teilens von Daten und der digitalen Wirtschaft im Allgemeinen.

Mit diesem Buch wollen wir Führungskräften helfen, sich besser in der digitalen Welt zurechtzufinden – aus der Sicht von *Transaktionen*, denn um sie dreht sich schließlich alles.

Chiel Liezenberg, Douwe Lycklama, Shikko Nijland

DREI ZIELE

Bewusstsein erhöhen

Wir erklären die langfristigen Entwicklungen und Auswirkungen des transaktionalen Internets, indem wir die damit verbundenen Chancen darstellen und zeigen, was dafür benötigt wird – alles aus dem Blickwinkel von Transaktionen.

Orientierung bieten

Wir wollen die Manifestation des transaktionalen Internets aktiv gestalten. Damit sind einmalige Chancen verbunden, wenn wir gemeinsam sicherstellen, dass die Voraussetzungen erfüllt sind. Dazu müssen wir ein tiefgreifendes Verständnis davon entwickeln, was getan werden muss und was wir erreichen wollen.

Wissen teilen

Dieses Buch ist das Produkt unserer umfassenden Erfahrung, die wir in den letzten 20 Jahren als Fintech-Experten gesammelt haben, während wir unermüdlich an konkreten Innovationen in den Bereichen Zahlungsverkehr, Rechnungsstellung, Identität und Teilen von Daten gearbeitet haben.

Einleitung

Interaktionen und Transaktionen sind wie Atmen – wir tun es ständig, ohne darüber nachzudenken.

Die kürzeste Geschichte

Die Motivation

In diesem Buch geht es um *Transaktionen*. Das ist womöglich ein Thema, über das Sie nicht jeden Tag lesen. Aber es ist auch ein Thema, mit dem Sie mehrmals am Tag in Berührung kommen – in der Regel, ohne es zu bemerken: wenn Sie jemandem eine Nachricht schicken, etwas einkaufen, im Internet ein Flugticket buchen oder ein Geschäft abschließen, oder aber auch, wenn Sie beispielsweise ein Twitter-Konto anlegen. Es gibt die unterschiedlichsten Formen von Transaktionen. Sie können lokal oder global stattfinden, reichen von Mikrotransaktionen zu Mega-Deals und können zwischen bekannten oder völlig fremden Parteien abgewickelt werden. Interaktionen und Transaktionen sind das Herzstück unserer Gesellschaft und der Motor unserer Wirtschaft.

Das Internet dient ihnen als dynamisches Fundament und stellt die Infrastruktur für Interaktionen und Transaktionen zwischen den unterschiedlichsten Parteien – natürlichen und juristischen Personen – bereit. Diese Infrastruktur wird laufend weiterentwickelt und bestimmt heute und in Zukunft maßgeblich, welche Gestalt der Austausch zwischen verschiedenen Parteien annehmen kann. Binnen weniger Jahrzehnte hat sich das Internet von einem reinen Informationskanal zu einem interaktiven Medium entwickelt und Schritt für Schritt Möglichkeiten etabliert, um Transaktionen abzuwickeln. Jede Entwicklungsphase des Internets zeichnet sich durch ihre ganz eigene Dynamik und die damit verbundenen Marktansätze aus. Über das Internet an sich ist schon viel geschrieben worden. Mittlerweile ist klar, welch gewaltigen Einfluss die Digitalisierung auf unseren Alltag hat. Interessanterweise hat das Zusammenspiel der beiden Themen *Transaktionen* und *Internet* allerdings bisher relativ wenig Aufmerksamkeit erfahren. Das verwundert umso mehr, weil Transaktionen die treibende Kraft der Wirtschaft sind und Digitalisierung stark beeinflusst, wie Transaktionen durchgeführt werden.

Vieles kommt zusammen, wenn wir Internet und Digitalisierung aus dem Blickwinkel von Transaktionen betrachten. Vertrauen ist für Transaktionen von entscheidender Bedeutung. In der digitalen Welt äußert sich Vertrauen ganz anders, als wir es aus der realen Welt gewohnt sind, nämlich in Form von Daten. Deshalb erfahren Daten in diesen Zeiten sehr große Beachtung. Auf der einen Seite werden personenbezogene Daten für die Durchführung einer digitalen

Transaktion benötigt, um Vertrauen bei allen Beteiligten zu schaffen. Auf der anderen Seite wird der Umgang mit diesen Daten immer stärker hinterfragt. Ob skandalöse Datenlecks oder die Unfähigkeit von Plattformen wie Facebook, unvorstellbar riesige Datenmengen sicher zu verarbeiten – all diese Probleme sind auf eine gemeinsame Ursache zurückzuführen. Das Internet, wie wir es kennen, wurde niemals dafür entwickelt, Transaktionen und das benötigte Vertrauen zu unterstützen. Wir konnten nur gewaltige zentralisierte Datenpools anlegen – mit all den zugehörigen Risiken. Dementsprechend ist das Internet heute noch kein vollwertiger Transaktionskanal. Das bedeutet nicht nur eine verpasste Chance für Wirtschaftswachstum, sondern birgt auch ein ernst zu nehmendes Risiko, da die Zahl der Transaktionen rasant zunehmen wird. Wachstum unter anderem des Internets der Dinge und der *Sharing Economy* sowie die weitere Verbreitung des Internets weltweit werden dazu beitragen, dass sich das Transaktionsvolumen innerhalb von fünf Jahren versechsfachen wird. Und all das innerhalb der heutigen Infrastruktur, die dafür in keiner Weise ausgelegt ist. Unternehmen arbeiten zwar daran, digitales Wachstum voranzutreiben, unterschätzen es aber gleichzeitig systematisch. Daher ergreifen sie Maßnahmen, mit denen die aktuelle Situation optimiert wird, die aber nicht in der Lage sind, die viel grundlegendere Vertrauensfrage zu klären. Das Vertrauensproblem aber kann nur gelöst werden, indem gemeinsam mit ganz neuen Geschäftsmodellen eine völlig neue Infrastruktur für Transaktionen geschaffen wird.

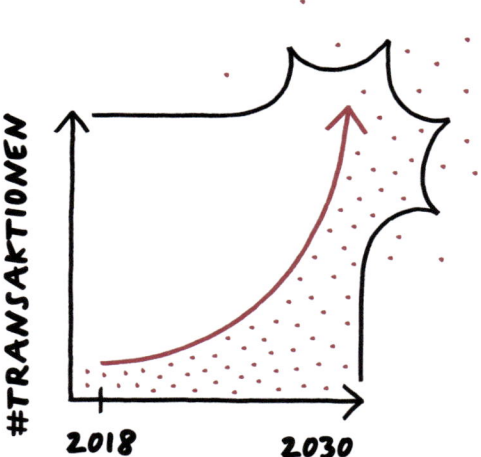

Abbildung 1
Die Zahl der digitalen Transaktionen wird rasant zunehmen.

Die Struktur

Transaktionen sind überall. An jeder Transaktion sind zwei Akteure beteiligt, die nach dem Grundsatz „Quid pro quo" Werte austauschen. Das kennen wir als Austausch von Leistung und Zahlung beziehungsweise von Produkt und Geld. Der Austausch von Werten kann aber auch so aussehen, dass Daten gegen Daten getauscht werden – zum Beispiel digitale Dienste gegen personenbezogene Daten. Das Tauschgeschäft kann zwischen Einzelpersonen, zwischen dem Staat und seinen Bürgern oder zwischen einem Unternehmen und dessen Kunden stattfinden. Da letzten Endes nur mit Transaktionen Dinge in Gang gesetzt und Umsätze erzielt werden, sind Transaktionen die Grundlage jedes Geschäfts. Aber was wissen wir eigentlich wirklich über Transaktionen? Wie können Sie Transaktionen betrachten? Wie werden Transaktionen in einer zunehmend digitalen Welt durchgeführt? Welche Stellung nehmen Mittelspersonen bei der Vermittlung von Transaktionen ein? Wie können Sie Wachstum erzielen und Ideen für solche Märkte entwickeln? In diesem Buch befassen wir uns mit diesen Fragen. Dabei bedienen wir uns zentraler Begriffe wie Interaktion, Transaktion, Kaufprozess, zweiseitiger Markt, Plattformen, Vertrauen und Daten.

Vertrauen zieht sich wie ein roter Faden durch unsere Geschichte. Denn wie bereits gesagt: Ohne Vertrauen kann es keine Transaktionen geben. Digitalisierung verändert die Art und Weise, wie Transaktionen stattfinden und das nötige Vertrauen geschaffen wird. Das Internet bot zunächst keine optimalen Rahmenbedingungen für Transaktionen. Für viele Menschen war das Internet wie die berühmte Black Box, sodass sie bei digitalen Transaktionen ein größeres Risiko empfanden als bei Transaktionen in der realen Welt. Das liegt daran, dass die an der Transaktion beteiligten Personen – im Unterschied zu Transaktionen in der physischen Welt – örtlich und zeitlich getrennt sind. In den letzten Jahrzehnten hat sich das Internet jedoch zu einem wichtigen Absatzkanal entwickelt, da alle Arten von Plattformen das notwendige Vertrauen aufbauen konnten, um Transaktionen möglich zu machen. Wir werden zeigen, wie derzeit auf Distanz ausreichend großes Vertrauen zwischen Käufern und Verkäufern geschaffen wird, indem Risiken im Kaufprozess gesenkt werden. Sehr viele digitale Interaktionen auf Plattformen stellen gemeinsam sicher, dass Transaktionen durchgeführt werden können. Die Datenerhebung durch Plattformen spielt dabei eine entscheidende Rolle. Wir werden verschiedene Fragen erörtern: Wie kann das notwendige Vertrauen aufgebaut werden? Wie müssen Plattformen organisiert werden, um dieses Ziel zu unterstützen? Macht man das besser allein oder gemeinsam mit anderen? Wie kann digitale Zusammenarbeit in Ihrer Branche gestaltet werden?

Wie bereits gesagt geht es bei Transaktionen nicht immer um Tauschgeschäfte gegen Geld. Tauschgeschäfte auf Grundlage von Daten werden zunehmend zum Regelfall. Immer häufiger erhalten wir Dienstleistungen „umsonst", wenn wir im Gegenzug personenbezogene Daten zur Verfügung stellen. Dienstleister (häufig als Plattformen bezeichnet) verstärken so zunehmend ihren Griff auf unser Leben und die Gesellschaft als Ganzes. Ein Taxi rufen, eine Ferienwohnung buchen oder den Kontakt zu Freunden pflegen – all diese Dienstleistungen basieren auf Daten und liegen zurzeit fest in den Händen von ein oder zwei dominierenden Marktakteuren. Die Kunden werden immer stärker von ihren „kostenlosen" Diensten abhängig und geben immer mehr personenbezogene Daten preis, um diese Dienste weiter in Anspruch nehmen zu können. Das Daten-Nutzen-Gleichgewicht verschiebt sich immer weiter in Richtung der Plattformeigentümer. Wir werden uns diese besondere Entwicklung ebenfalls genau ansehen. Wem gehören diese Daten wirklich? Was können wir tun, um den Endnutzern wieder die Kontrolle über ihre Informationen zurückzugeben? Was verlangen neue europäische Vorschriften wie die Datenschutz-Grundverordnung (DSGVO), die zweite Zahlungsdiensterichtlinie (PSD2) und die Europäische Datenstrategie von uns? Welche Chancen sind damit verbunden?

Um das praktisch anzuwenden, konzentrieren wir uns in einem eigenen Gestaltungsabschnitt auf zwei wichtige Modelle im Zusammenhang mit *Risiko* beziehungsweise *Vertrauen*. Mit dem *Transaktionskontextmodell* kann das Risiko bewertet werden, das Akteure bei der Verwendung einer neuen Transaktionsmethode in bestimmten Kontexten wahrnehmen. Das ist wichtig, denn Risiko ist neben Benutzerfreundlichkeit und Kosten der entscheidende Faktor bei der Entwicklung von Plattformangeboten. Um das wahrgenommene Risiko zu senken, muss das Plattformangebot auch Vertrauen schaffen. Das *T.R.U.S.T.-Framework* bietet Mittelspersonen Orientierung, um Vertrauen strukturell mitzudenken, wenn sie die vielen Designfragen während der Entwicklung und des Betriebs einer Plattform entscheiden.

Natürlich richten wir unseren Blick auch in die Zukunft. Eine Zukunft, in der Vertrauen weniger stark an Institutionen wie Unternehmen oder Regierungen hängt, sondern auf Grundlage mathematischer Formeln und natürlicher Gesetzmäßigkeiten in der Internet-Infrastruktur verankert ist. Die zunehmende Verbreitung von Kryptografie, *Distributed Computing* (verteilten System) und Blockchain-Technologie mit Umsetzungen wie Bitcoin oder Ethereum zeigen, dass es möglich ist, andere Wege der Vertrauensbildung zu gehen und Transaktionen ohne die umfassende Vermittlung über Plattformen abzuwickeln. Die Ankündigung der Währung Libra durch Facebook im Jahr 2019[9], das schnelle Wachstum von blockchainbasierten Finanzen (DeFi und CeFi[10]) und die Web3-Bewegung[11] im Allgemeinen geben dabei einen ersten Ausblick, was die Zukunft bringt. Hier besteht die Chance, insbesondere in Europa, die vorhandenen Marktbeziehungen so umzugestalten, dass ein ausgewogener Zustand erreicht wird und die Endnutzer mehr digitale Souveränität erlangen. Das verändert die Plattformwirtschaft als Ganzes und macht unsere digitale Welt nachhaltiger. Es gibt sicherlich noch viel zu klären – aber die Technologie ist da. Was bedeutet es für Plattformanbieter, Vertrauen stärker in die Infrastruktur zu integrieren? Wie wirkt sich das auf die Kundenbeziehungen aus? Wird die Abwicklung von Transaktionen leichter, wenn alle Parteien ihre Identitäten und Daten digital teilen können? Und wann können alle Beteiligten sich gleichermaßen darauf verlassen, wenn wir uns in der nächsten Phase des Internets befinden, in der wir über eine ausgereifte Infrastruktur für Transaktionen verfügen? Klar ist: Die besten Chancen haben diejenigen, die diese Entwicklung rechtzeitig erkennen.

In der Zwischenzeit sind wir auf dem Weg zu dieser viel versprechenden nächsten Phase des Internets – dem *transaktionalen Internet*. Haben wir diese Phase erreicht, wird es nicht länger wichtig sein, ob eine Transaktion in der echten oder in der digitalen Welt stattfindet. Beide Umgebungen werden gleichermaßen sicher sein und in den Augen aller Beteiligten das gleiche Vertrauen genießen. Diese einfache Tatsache hat große Auswirkungen, vor allem für die beherrschende Stellung der bestehenden Plattform-Akteure. Die gewaltigen Anstrengungen, die große Plattformen unternommen haben, um (für ihre Nutzer) Vertrauen zu schaffen, werden in Zukunft weniger offensichtlich sein. Alle Parteien, die das Internet nutzen, werden Transaktionen deutlich sicherer, unmittelbarer und kostengünstiger durchführen können. Vertrauen als Treibstoff für Transaktionen wird im Überfluss vorhanden sein, sodass die Anzahl der Transaktionen steigen und die Wirtschaft als Ganzes davon profitieren wird.

Kurzfristig wird die Phase des transaktionalen Internets damit beginnen, dass die Zahl der digitalen Transaktionen rasant zunimmt. Sie fragen sich vielleicht, woher dieses Wachstum kommen wird. Werden wir auf einmal mehr kaufen als wir zurzeit kaufen? Es ist richtig, dass das Wachstum nicht mit denen erzielt wird, die bereits digital unterwegs sind und ihre digitalen Transaktionen in den

1,2

Milliarden neue Nutzer und Organisationen werden in den nächsten Jahren das Internet für ihre alltäglichen Interaktionen verwenden.

meisten Fällen bereits von anderen Infrastrukturen in das Internet verlagert haben. Und die Transaktionen werden nicht mehr bar gezahlt, sondern mit digitalem Geld. Was also wird zu dem signifikanten Anstieg der Anzahl von Transaktionen führen, den wir erwarten? Wir sehen vier wesentliche Treiber.

Erstens werden sehr große neue Gruppen von Akteuren online gehen – Verbraucher und Unternehmen gleichermaßen. Das allein wird für einen deutlichen Zuwachs der Transaktionszahlen sorgen. Denken wir nur einmal an den gewaltigen Anstieg der Internetnutzung in Asien. In Ländern wie China oder Indien werden in den nächsten Jahren etwa 1,2 Milliarden Menschen, Unternehmen und Organisationen Zugang zum Internet bekommen[12], ganz zu schweigen vom Wachstum in Afrika. Sie werden dann in der Lage sein, gesellschaftliche und wirtschaftliche Aktivitäten auch online aufzunehmen. In diesem Fall wird der digitale Wandel allein wegen der bloßen Größe der betreffenden Gruppen von beeindruckenden Zahlen begleitet.

Zweitens wird die Zahl der Transaktionen zunehmen, weil immer mehr *Peer-to-Peer-Geschäfte* in der *Sharing Economy* digital unterstützt werden. Das sind Transaktionen, die traditionell im zwischenmenschlichen, nicht digitalen Bereich abgewickelt wurden. Die digitale Alternative ist jedoch komfortabel und erleichtert es, diese Arten von Transaktionen online abzuwickeln, auch wenn es nur um kleine Zahlen geht.

Der dritte Treiber ist das sogenannte *Internet of Things, IoT (Internet der Dinge)*. Eine steigende Anzahl an physischen Produkten und Geräten wird mit dem Internet verbunden und bringt eine ganz neue Gruppe von Akteuren in die Online-Welt. Denken wir an die ungeheure Zahl von Autos, Mikrowellen, Kühlschränken, Lampen und Türklingeln, aber auch an Geräte und Maschinen in der Industrie oder Logistik. All diese „Dinge" können theoretisch Transaktionen mit anderen Akteuren durchführen. Es steht außer Frage, dass das die Anzahl der Transaktionen in die Höhe treiben wird.

Diese ersten drei Faktoren tragen selbst dazu bei, dass die Anzahl der Geschäftstransaktionen steigt. Der vierte Faktor hingegen ist der *Multiplikator,* den die vielen jeder einzelnen Transaktion zugrunde liegenden Datentransaktionen schaffen. Dabei handelt es sich um einzelne Transaktionen, die gemeinsam das Vertrauen zwischen den beteiligten Parteien aufbauen, das bekanntlich eine Grundvoraussetzung für alle Transaktionen ist. In diesem Buch werden wir uns insbesondere mit dieser letzten Kategorie von Transaktionen befassen. Denken Sie nur einmal an die Datenmengen, die während des Kaufprozesses ausgetauscht werden, bevor Sie tatsächlich eine Reise buchen und bezahlen können. Diese Arten von Transaktionen sind es, die das wirklich signifikante Wachstum erzielen werden. Dem aktuellen Internet fehlt es an diesem Vertrauen, sodass es vorerst nicht als Infrastruktur für Transaktionen geeignet ist. Unternehmen lösen dieses Problem, indem sie Datenverarbeitungsplattformen entwickeln, die auf der bestehenden Infrastruktur aufsetzen und deren Schwächen mit Blick auf Vertrauen ausgleichen sollen. Bei diesem Prozess beherrschen einige wenige US-amerikanische und chinesische Unternehmen das Feld. Aber dieser Ansatz wird künftig vermutlich nicht mehr ausreichen. Oder um es noch deutlicher zu sagen: Angesichts des bloßen Transaktionsvolumens könnte das Internet zusammenbrechen – mit erheblichen Risiken für alle beteiligten Parteien.

Der Appell
Alles zusammengenommen stehen wir vor einer großen Herausforderung. Wie können wir den exponentiellen Anstieg der Anzahl von Transaktionen bewältigen? Dazu wären im Prinzip nur zwei entscheidende Korrekturen nötig, die wir als *Big Fixes* bezeichnen.

Der erste Big Fix besteht darin, das *Vertrauensparadox* aufzubrechen. Dabei geht es um die gegensätzlichen Bedürfnisse auf Seiten der Nutzer, Daten und insbesondere personenbezogene und Geschäftsinformationen besser zugänglich zu machen und gleichzeitig den Datenschutz zu verbessern und damit das Vertrauen in die weitere Digitalisierung zu sichern. Aktuelle Datenskandale haben deutlich gemacht, wie leicht dieses Vertrauen erschüttert werden kann und wie schnell Datenschutzbedenken zunehmen können. Dieses Paradox kann gelöst werden, indem infrastrukturelles Vertrauen aufgebaut wird, sodass das Vertrauen in einzelne Institutionen an Bedeutung verliert. Immer mehr Wissenschaftler, Politiker und Unternehmer vertreten die Ansicht, dass eine „Re-Dezentralisierung" des Internets stattfinden muss. Das Aufkommen der Blockchain-Technologie in den letzten Jahren hat uns gezeigt, dass es möglich ist, etwas aufzubauen, das man als infrastrukturelles Vertrauen bezeichnen kann. In der Welt von Bitcoins, Ethereum und Web3 als Ganzes verwalten Nutzer ihre Daten. Sie loggen sich nicht ein, sondern sie verbinden sich mit Diensten. Die Nutzer können eine Mittelsperson (also Plattform) einsetzen, aber das ist nicht länger die einzige Option.

Der zweite Big Fix hat zum Ziel, das Daten-Nutzen-Gleichgewicht wiederherzustellen. Damit meinen wir, dass nicht nur Unternehmen und Plattformen von den Einkünften profitieren, die mit Daten erzielt werden, sondern auch die Verbraucher. Zurzeit erzielen Verbraucher einen deutlich niedrigeren Nutzen mit den Transaktionsdaten, an deren Erzeugung sie beteiligt sind, als ihre professionellen Kontrahenten. Nutzer sind häufig „das Produkt". Dieses Gleichgewicht kann wiederhergestellt werden, indem die Verbraucher die Kontrolle über „ihre" Daten zurückerlangen. Dass es hier ein Problem gibt, zeigt sich auch darin, dass die mangelnde Transparenz über den Zweck der Verarbeitung von personenbezogenen Daten immer stärker diskutiert wird. Neue Vorschriften wie die DSGVO (Datenschutz-Grundverordnung) in der Europäischen Union sind ein erster Schritt in die richtige Richtung, führen zum Teil aber auch dazu, dass der Besitz einer großen Menge an Daten für Unternehmen zunehmend eher eine Belastung denn ein Vorteil ist. Die Verbraucher müssen ihrerseits dafür sensibilisiert werden, welche Verantwortung, Rechte und Pflichten sie selbst in diesem Bereich haben. Aktuelle EU-Datenvorschriften[13] weisen ebenfalls in diese Richtung.

Sobald diese beiden Korrekturen vorgenommen sind, ist das transaktionale Internet Wirklichkeit. Wir sind aber noch nicht an diesem Punkt und es gibt noch viel zu tun. Deshalb wollen wir mit diesem Buch auch an alle Entscheidungsträger in Wirtschaft, Verwaltung, Politik und Bildung appellieren, dieses Internet der nächsten Generation aktiv zu unterstützen. Wir haben jetzt die große Chance, die Rahmenbedingungen in der digitalen Welt global zu verändern.

HINTERGRUND
Die Entstehung des Internets in sieben Tagen

Man kann die Erfindung des Internets mit den Anfängen der Wirtschaft vergleichen. In beiden Fällen stecken Menschen dahinter, ohne dass eine einzelne Person explizit der Eigentümer der Idee ist. Was hat dazu beigetragen, dieses einflussreiche Phänomen Wirklichkeit werden zu lassen?

Tag 1. Der Transistor
Alles begann in den Bell Labs, der zentralen Forschungsabteilung des US-amerikanischen Unternehmens AT&T, das damals vor allem im Bereich Telegrafie tätig war. Bei Bell Laboratories entwickelte Claude Shannon die intellektuellen Grundlagen der Digitalisierung: Er unterteilte Informationen in die heute allseits bekannten Bits und Bytes und erbrachte den mathematischen Nachweis. Mithilfe dieser Bits und Bytes kann ein Empfänger eine Nachricht, die er bekommen hat, ohne Qualitätsverlust wiederherstellen.

Zur gleichen Zeit erfanden John Bardeen, William Shockley und Walter Brattain den Transistor (als Ersatz für die Elektronenröhre), für den sie 1956 den Nobelpreis für Physik erhielten. Dank des Transistors – dem zentralen Bestandteil von Computern und allen anderen Arten von elektrischen Schaltungen – wurde es möglich, nichtmechanische Telefonanlagen zu bauen. Das war der Ausgangspunkt für die Telekommunikation sowie, kurz darauf, für die ersten Computer – eine wesentliche Grundlage für das Internet.

Tag 2. Die erste E-Mail
Die Geburtsstunde des echten Internets schlug 1969, als das US-amerikanische Verteidigungsministerium am militärischen Forschungsinstitut DARPA (Department of Defense Advanced Research Project Agency) das ARPANET entwickelte, den militärischen Vorläufer des heutigen Internets. Das ARPANET war ein geschlossenes System, über das Angehörige des Militärs miteinander kommunizieren konnten. Zwei Jahre später versandte der Programmierer Ray Tomlinson die erste E-Mail zwischen zwei Computern im ARPANET. Tomlinson war der erste, der das @-Zeichen in einer E-Mail-Adresse verwendete. Damit war die Saat für eine vielversprechende junge Pflanze gelegt, die schnell zu einem gewaltigen Urwald heranwachsen sollte.

Tag 3. Information in Paketen
Im Jahr 1973 entwickelte der US-Amerikaner Vinton Cerf gemeinsam mit Robert Kahn die Technologie, die es möglich machte, dass Computer miteinander kommunizieren und die schließlich zu dem Internet führte, wie wir es heute kennen. Cerf und Kahn entwickelten bei dem DARPA das Protokoll für den Versand von Informationen von einem Computer zu einem anderen. Das Transmission Control Protocol/Internet Protocol (TCP/IP) teilte Informationen in kleine Pakete auf, versandte diese und setzte sie dann wieder in der richtigen Reihenfolge zusammen. Dieses Protokoll wurde das Rückgrat des Internets. Am 1. Januar 1983, erklärte das DARPA das TCP/IP-Protokoll zum Standardprotokoll für die Kommunikation zwischen Computern. Das Internet war offiziell geboren.

Tag 4. Das World Wide Web
Der nächste wichtige Meilenstein war das Jahr 1990. An der Europäischen Organisation für Kernforschung CERN in Genf entwickelte Tim Berners-Lee Software, mit der Wissenschaftler in der Lage sein sollten, ihre Informationen zu bündeln und (über URLs) allen Interessierten zur Verfügung zu stellen. Das Internet wurde die zugrunde liegende Hardware-Infrastruktur für dieses Projekt, das auf den Namen World Wide Web getauft wurde.

Tag 5. Die erste Website
Jetzt ging es Schlag auf Schlag. Im Jahr 1991 wurde die erste Website veröffentlicht: info.cern.ch. Ein Jahr später begann die Registrierung von Internet-Domainnamen mit Domainnamen, die auf .com, .net, .org, .gov und .edu endeten. 1993 gab das CERN das World Wide Web für die Öffentlichkeit frei. Im Jahr 1994 kam der Netscape Navigator auf den Markt, ein Browser, der dafür entwickelt wurde, das Internet zu durchsuchen. Das war der große Durchbruch und der Startschuss für die rasante Verbreitung des Internets. 1995 wurden Yahoo, Amazon und eBay gegründet, 1996 Hotmail. Im Jahr 1997 wurde der Amsterdam Internet Exchange eingeführt, der zu einem der größten interkontinentalen Internetknoten werden sollte. Neben zahlreichen anderen Internetunternehmen wurden 1998 Google und PayPal gegründet. Ein Jahr später folgten Alibaba und Tencent.

Tag 6. Die Blase und der Neuanfang
Zwei Jahre später brach alles zusammen. Die Internetblase wuchs von 1997 bis zum Frühjahr 2000, als das wundersame Wachstum von Tausenden von Dotcom-Unternehmen, das durch bizarre Aktienspekulationen befeuert wurde, praktisch über Nacht vernichtet wurde. Als die Blase platzte, belief sich der Verlust auf Milliarden von Dollar. Die Krise dauerte aber nicht lange an und das Internet war nicht aufzuhalten. Im Jahr 2001 wurde Wikipedia gegründet, 2004 Facebook, 2005 YouTube und Google Earth und 2006 Twitter.

Tag 7. Das transaktionale Internet
Nun steht die nächste Phase des Internets vor der Tür, in der digitale Transaktionen genauso einfach sein werden wie Geschäfte in der realen Welt. Die Abwicklung einer Transaktion wird in Zukunft genauso leicht und sicher sein wie ein Telefonanruf. Vielleicht mit Bitcoins und allen sich daran anschließenden Innovationen, die es seit 2009 gibt. Parteien wird es ein Leichtes sein, sich gegenseitig zu finden, und Vertrauen wird mühelos geschaffen. Das wird dazu führen, dass Transaktionen um ein Vielfaches günstiger werden, die Zahl der Transaktionen steigt und die Wirtschaft florieren kann.

nsaktion

alles tra

KAPITEL 1
Die Perspektive

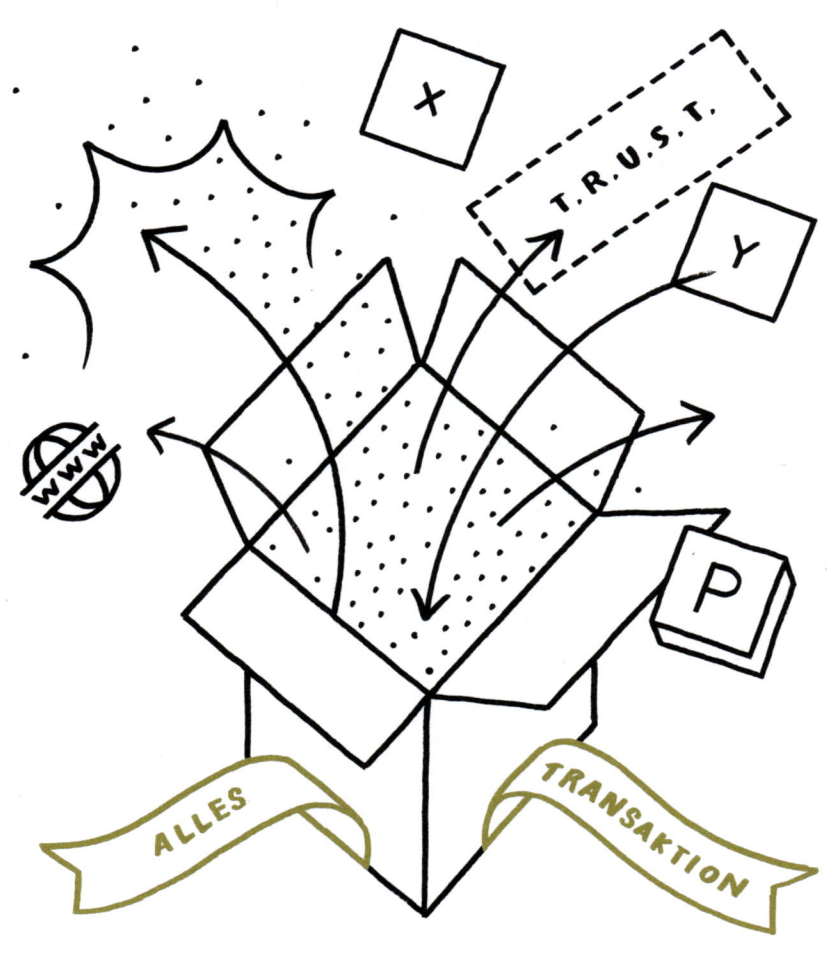

1.1 Einleitung

„Unser Wissen über Transaktionen und Daten scheint deren Bedeutung nicht gerecht zu werden."

Interaktionen und Transaktionen sind der Stoff, aus dem unsere Gesellschaft und Wirtschaft gemacht sind. Dennoch scheinen sie als Forschungsthema kaum Beachtung zu finden. Es gibt kaum Bücher oder Artikel zu dem Thema. Das ist seltsam, insbesondere wenn man bedenkt, dass die Digitalisierung unserer Welt rasch voranschreitet. Das hat große Auswirkungen darauf, wie Transaktionen durchgeführt werden und wie das dafür notwendige Vertrauen aufgebaut wird. Digitale Interaktionen nehmen außerdem immer stärker Merkmale von Transaktionen an. Das bedeutet, dass die Anzahl von Transaktionen in den nächsten Jahren rasant zunehmen wird. Alles wird zur Transaktion – und das Internet, wie wir es kennen, ist nicht unbedingt das geeignete Medium, um das notwendige Vertrauen zu schaffen. Deshalb ist es an der Zeit, uns ein klares Bild dieses uralten Konzepts zu machen und zu verstehen, wie es sich in der heutigen Zeit und vor dem Hintergrund der laufenden Digitalisierung entwickelt.

Dieses Kapitel bildet das Fundament für den Rest des Buches. Sie werden alles über Transaktionen erfahren. Wir werden das Konzept erklären und von allen Seiten beleuchten. Wir werden zeigen, dass sowohl bei Transaktionen als auch beim verbundenen Konzept der Interaktionen immer zwei Akteure involviert sind, die einander ausreichend vertrauen müssen, bevor sie tätig werden. Bei beiden Arten von Austausch ist außerdem per Definition ein Intermediär beteiligt. Dieser kann ganz unterschiedliche Formen annehmen und beispielsweise ein Medium, eine Mittelsperson oder eine Plattform sein.

Als nächstes erläutern wir, wie diese Mittelspersonen mit ihren Plattformen – den „digitalen Fabriken", die sie betreiben – agieren. Auf einzigartige Weise bedienen sie zum Teil einen zweiseitigen Markt. Das heißt, sie bringen zwei verschiedene Arten von Akteuren zusammen (zum Beispiel Käufer und Verkäufer oder Zahlende und Zahlungsempfänger) und stellen die passenden Angebote und Instrumente bereit, sodass diese miteinander interagieren können.

Damit ihre Plattformen arbeitsfähig sind, müssen Mittelspersonen ausreichend hohe Nutzerzahlen auf beiden Seiten des Marktes gewinnen, indem sie Netzwerkeffekte auslösen. Dieser Ansatz unterscheidet sich sehr stark von linearen Wertschöpfungsketten, in denen die Parteien selbst auch eine Partei der Transaktion sind. Die Betreiber digitaler Plattformen sind das gerade nicht; sie schaffen nur die Voraussetzungen für Transaktionen zwischen ihren Nutzern. Dazu können sie zwischen zwei grundsätzlichen strategischen Modellen wählen, um ihre Nutzergruppen zu bedienen: exklusiver als Hub oder inklusiver in Zusammenarbeit mit anderen Plattformen in einem Netzwerk.

Wir richten unseren Blick dann auf die *Customer Journey* und den Kaufprozess, den Käufer und Verkäufer gemeinsam durchlaufen und der Interaktionen und Transaktionen umfasst. Dieser mehrstufige Prozess wird in praktisch jedem Markt gerade sehr schnell digitalisiert. Eine Mittelsperson kann bei diesem Wandel verschiedene Positionen besetzen: als transversale Plattform, die sich auf eine konkrete Stufe in jedem Kaufprozess konzentriert, oder als longitudinale Plattform, die auf eine lineare Wertschöpfungskette ausgerichtet ist oder verschiedene Stufen in einem Kaufprozess ermöglicht.

Wir betrachten auch ein weiteres Alleinstellungsmerkmal digitaler Tauschgeschäfte, nämlich die Tatsache, dass diese nicht ohne Daten abgewickelt werden können *und* dass sie dabei immer neue Daten erzeugen, die gespeichert und bei künftigen Transaktionen wiederverwendet werden können. Beide Arten von Daten stellen einen Wert dar und können als eine neue Art von Währung bei Transaktionen eingesetzt werden.

Schließlich stellen wir den Bezug zwischen dem konzeptuellen Rahmen und den drei Entwicklungsstufen des Internets – Information, Interaktion und Transaktion – her und zeigen auf, warum dieses Buch gerade jetzt so wichtig ist.

Auf dem Weg dorthin werden wir Ihnen die Kernkonzepte vorstellen, die wir in den nächsten Kapiteln ausführlich erörtern wollen. Um die Perspektive so klar wie möglich darzulegen, stecken wir einen konzeptuellen Rahmen ab, begleitet von einer visuellen Sprache. Dieses Kapitel ist also etwas theoretischer und abstrakter. Wir setzen Ihnen gewissermaßen eine 3-D-Brille auf, um dem restlichen Buch mehr Tiefgang zu verleihen. Wir wissen aus Erfahrung, dass dieser Ansatz dabei hilft, sich umfassend mit einem Thema auseinanderzusetzen. Oder um es mit den Worten der niederländischen Fußballlegende Johan Cruyff zu sagen:

> **Man sieht es erst, wenn man es verstanden hat.**
> – Johan Cruyff

1.2 Transaktionen: Wovon sprechen wir eigentlich?

Seit jeher sind Transaktionen von entscheidender Bedeutung für unsere wirtschaftliche Aktivität. Dabei übt das Phänomen des „Geldes" so große Faszination aus, dass im Laufe der Jahrhunderte unzählige Bücher über das Geld geschrieben wurden. Aber Geld ist nur ein Teil des Motors, der die Wirtschaft antreibt: die Transaktion. Der Grundsatz „Quid pro quo", bei dem Geld oft die Rolle des „Quo" einnimmt – als Bezahlung.

Es ist der Prozess des Bezahlens, der Geld seine Bedeutung und damit auch seinen Wert verleiht.

Wir haben bereits gesehen, dass Transaktionen in der Wirtschaftsliteratur kaum Beachtung erfahren. Unser Wissen über Transaktionen spiegelt in keiner Weise wider, in welchem Umfang wir ständig Transaktionen durchführen. Tag für Tag wickeln wir zahlreiche Transaktionen in den unterschiedlichsten Formen ab. Und in der digitalen Welt wird die Zahl der Transaktionen nur noch weiter ansteigen – und das exponentiell. Diese einfache Tatsache hat für uns alle enorme Auswirkungen. Wir müssen also verstehen, worüber wir sprechen, wenn es um digitale Transaktionen geht. Jedes Unternehmen muss sich auf dieses Wachstum vorbereiten, da Transaktionen aufgrund der in ihrem Zuge entstehenden Daten immer stärkeren Vorschriften unterliegen.

In der digitalen Welt steigt die Zahl der Transaktionen exponentiell – oft, ohne dass uns das überhaupt bewusst ist. Jedes Unternehmen muss sich auf dieses Wachstum vorbereiten, da der Austausch immer stärker Vorschriften unterliegt.

Der Austausch in der digitalen Welt nimmt immer mehr die Merkmale von Transaktionen an, zum Teil sogar unbemerkt. Nehmen wir zum Beispiel das Smartphone. Ein beträchtlicher Teil des Kontakts zwischen Menschen und Unternehmen findet heute über Mobiltelefone statt. Und das ist noch nicht alles: Wir wickeln auch mehr und mehr Transaktionen über diese Geräte ab. Zum Beispiel, wenn jemand bestimmten Bedingungen zustimmt, um im Gegenzug eine digitale Leistung in Anspruch nehmen zu können. Man nimmt sich kaum die Zeit, überhaupt über etwas nachzudenken, das vermeintlich so einfach ist. Aber sobald zwei Parteien „ja" oder „ok" sagen, stimmen sie einem Austausch von Daten zu – und damit automatisch einer Transaktion. Warum wissen wir so wenig über Transaktionen? Was wissen wir? Wie sind sie strukturiert? Wer ist beteiligt? Wo haben sie ihren Ursprung und wie entwickeln sie sich? Wie beeinflusst das Internet die Art und Weise, wie wir Transaktionen durchführen? Zunächst einmal betrachten wir, was Transaktionen eigentlich grundsätzlich ausmacht. Das Wesen von Transaktionen zu verstehen ist schließlich die Voraussetzung dafür, digitale Transaktionen zu verstehen, um die es in diesem Buch vor allem geht.

Interaktion und Transaktion
Interaktion und Transaktion sind zwei Konzepte, die miteinander verbunden sind und einige wichtige Merkmale teilen. Das bedeutet aber nicht, dass jede Interaktion automatisch auch eine Transaktion

ist. Wir betrachten zunächst, was Interaktionen und Transaktionen gemeinsam haben, und untersuchen dann die Unterschiede.

Immer zwei Akteure, immer ein Intermediär
In jedem Fall ist es eine Grundvoraussetzung, dass zwei Akteure – Menschen oder Organisationen – beteiligt sind. Schließlich kann es keinen Austausch geben, wenn es nur einen Akteur gibt. Wenn niemand einem Redner zuhört, gibt es keine Interaktion. Das Gleiche gilt, wenn jemand etwas verkaufen will, das niemand kaufen möchte: Daraus wird keine Transaktion entstehen. Wir sprechen mit Blick auf die Rolle von zwei an einem Austausch beteiligten Akteuren von X und Y. In der Realität nehmen natürlich mehrere Akteure diese Rollen ein, wie Abbildung 2 zeigt. In diesem Buch verwenden wir die vereinfachte Darstellung rechts.

Abbildung 2
Interaktionen und Transaktionen finden immer zwischen zwei Akteuren statt, die jeweils eine bestimmte Rolle haben.

Eine zweite wichtige Ähnlichkeit besteht darin, dass sowohl Interaktionen als auch Transaktionen indirekter Natur sind. Es gibt immer etwas dazwischen, das den Austausch ermöglicht. Wir definieren dieses „Etwas" im Folgenden als die Rolle des Intermediärs. Auch wenn Akteure oft den Eindruck haben, sie würden direkt miteinander interagieren, umfassen Interaktionen und Transaktionen per Definition ein Intermediär. Dieser kann etwas Abstraktes sein wie die Luft, die Akteure zum Sprechen brauchen. Es kann aber auch etwas Konkreteres sein, wie beispielsweise ein Fernsehsender, der die Sendungen von Produzent Y für das Publikum X ausstrahlt. Der Intermediär kann also ein Medium wie Papier, Luft oder Äther sein oder aber eine Person oder ein Unternehmen wie ein Fernsehsender.

Alle Interaktionen und Transaktionen umfassen einen Intermediär, das den Austausch zwischen zwei Akteuren ermöglicht.

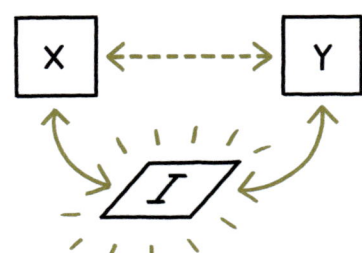

Abbildung 3
Interaktionen und Transaktionen erfolgen immer über einen Intermediär.

Interaktionen

Bevor wir uns im nächsten Abschnitt näher mit dem Konzept der Transaktion befassen, wollen wir erst einmal die konkreten Merkmale einer Interaktion erläutern. Interaktionen sind von Gleichgewicht und Verbindung geprägt – das eine gehört zum anderen. Denken Sie zum Beispiel an Senden und Empfangen, Sprechen und Zuhören, Schreiben und Lesen. Interaktionen umfassen immer eine Art von Prozess, wobei die Akteure mit Fortschreiten des Austauschs ihre Rolle wechseln. Wenn wir telefonieren, spreche ich und mein Gegenüber hört zu; dann spricht der andere und ich höre zu. Wir tauschen ständig unsere Rollen. Diese Dynamik beschreibt, wie die Akteure miteinander interagieren. Wir erörtern auch die Faktoren, die das für einen effektiven Austausch notwendige Vertrauen beeinflussen.

IM FOKUS
Aktion und Reaktion: direkter Austausch ohne einen Intermediär

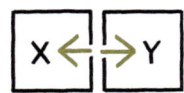

Die Aussage, dass Interaktionen und Transaktionen immer indirekt stattfinden, also mit „etwas dazwischen", ist ein wichtiges Element der Ansicht, die wir in diesem Buch vertreten. Wir werden sehen, dass die Form dieses „Etwas" den Verlauf der Interaktion maßgeblich beeinflusst. Es macht schon einen großen Unterschied, ob eine Interaktion eine Mittelsperson erfordert, die die Interaktion möglich macht, oder ob sie unabhängig über ein Hilfsmittel stattfindet. Lässt unsere Ansicht auch Raum für einen direkten Austausch zwischen zwei Akteuren? Ohne einen Intermediär? Ja. Letztlich können wir sagen, dass alles im Universum ein kontinuierlicher Strom des Austauschs ist. Eines der grundlegenden Gesetze unserer Welt lautet, dass jede Aktion zu einer entgegengesetzten Reaktion führt. Das ist es, was Newton mit seinem dritten Gesetz nachgewiesen hat: Aktion = Reaktion. Was bedeutet das genau?
Im Fall von Aktion und Reaktion beeinflussen die beiden Akteure sich direkt gegenseitig, ohne dass ein Medium beteiligt ist. Es besteht immer ein Gleichgewicht – jede Aktion löst eine Reaktion aus. Denken wir beispielsweise an eine Billardkugel (X), die eine andere Kugel anstößt (Y). Der Verlauf einer solchen Interaktion ist genau vorhersehbar: Die Aktion der ersten Kugel löst per Definition eine entgegengesetzte, gleich starke Reaktion der zweiten Kugel aus. Das lässt sich nicht verhindern. Diese Art von Interaktion zeichnet sich durch völliges Vertrauen aus. Die Regeln lassen ganz einfach keinen Spielraum für Fehlinterpretationen oder Veränderung durch einen der Akteure zu. Sie haben gar keine Wahl in dieser Angelegenheit, da „Aktion = Reaktion" immer das Gleichgewicht bewahrt. Das „Einvernehmen" zwischen den beiden Akteuren einer solchen Interaktion ist absolut. Ihr „Wille" ist irrelevant, da der Prozess den Gesetzen der Physik unterliegt:

„**Mit Mutter Natur kann man nicht verhandeln.**"

Beide Akteure nehmen an, dass das Gegenüber sich auf vorhersehbare Weise verhalten wird. Der Verlauf des Austauschs unterliegt insbesondere gesellschaftlichen Konventionen. Wenn jemand nach der Uhrzeit fragt, gilt es als unhöflich, nicht zu antworten – und es wäre auch sehr seltsam, wenn die Antwort „Brokkoli" lauten würde. Kurz gesagt: Es ist ungewöhnlich, eine Antwort zu geben, die nicht zur Frage passt. Bestimmte Fragen verlangen bestimmte Antworten. Und bestimmte Aktionen führen in der Regel zu einem vernünftigerweise vorhersehbaren Ergebnis. Gesellschaftliche Konventionen bestimmen also in großem Umfang die Regeln einer Interaktion und die beiden Akteure haben nur begrenzten Spielraum, diese Regeln selbst festzulegen.

Darüber hinaus beeinflussen die Merkmale des vermittelnden Mediums die Art und Weise, wie eine Interaktion abläuft. Angesichts der spezifischen Eigenschaften eines Mediums können die Akteure sicher sein, dass die Integration der auszutauschenden Dinge gewährleistet ist. Wir können beispielsweise davon ausgehen, dass ein Blatt Papier, auf dem eine Nachricht steht, nicht die Nachricht selbst verändern wird.

Das Gleiche gilt für Telefonanrufe. Akteur X spricht in ein Stück aus Metall, Plastik und Silikon hinein und nimmt an, dass die Kommunikationstechnologie den Klang seiner Stimme an Akteur Y übermitteln wird, der durch ein ähnliches beschaffenes Stück hört. Beide Akteure vertrauen implizit darauf, dass die Mittelspersonen – in diesem Fall die Telekommunikationsanbieter – diese Botschaft dabei nicht verändern. Dieses Einvernehmen ist implizit, da weder die Akteure noch die Mittelspersonen in der Lage sind, die Botschaft mit der verwendeten Technologie so zu verändern, dass es das Vertrauen in die Interaktion untergraben würde. Die fragliche Technologie basiert schließlich auf den kosmischen Gesetzen der Physik.

Mit Blick auf den sozialen Teil des Austauschs gibt es jedoch Störungspotenzial, weil jeder der Akteure ein gewisses Maß an Freiheit hat, um die Interaktion nach seinem Belieben zu gestalten. Wie interpretiert ein Akteur die Botschaft und wie reagiert er darauf? Damit ist eine gewisse Unsicherheit verbunden. Auch hier gibt es wieder ein implizites Einvernehmen zwischen den Akteuren, das in sozialen Konventionen verankert ist und das Vertrauen im Verlauf der Interaktion wahrt. Es ist spannend, darüber nachzudenken, wie es die Wahrnehmung der Zuverlässigkeit des Austauschs beeinflusst, wenn Telefonanrufe in Echtzeit übersetzt werden. Diese Technologie ist näher als wir denken. Stellen wir uns vor, dass Akteur X Niederländisch spricht und Akteur Y die Botschaft auf Mandarin hört, weil eine digitale Plattform die Botschaft übersetzt. Wie können Missverständnisse während einer Interaktion entdeckt werden, wenn Technologie und gesellschaftliche Konventionen anfangen, sich in einem solchen Szenario zu überschneiden? Und wer ist verantwortlich? In solch einem Szenario scheint ein implizites Einvernehmen nicht länger ausreichend.

Transaktionen

Die zweite Form des Austauschs, die Transaktion, gibt es schon so lange wie es Handel gibt. In diesem Fall entschließen sich zwei Akteure ganz bewusst dazu, eine Reihe von Interaktionen durchzuführen, bei denen sie eine feste Rolle als Kunde oder Anbieter einnehmen. Ziel ist ein wirtschaftliches Tauschgeschäft – ein Austausch nach dem Grundsatz „Quid pro quo". Wie bei Interaktionen gibt es ein Gleichgewicht und eine Verbindung. Außerdem ist gegenseitiges Vertrauen die Voraussetzung dafür, dass der Austausch stattfinden kann.

Eine Interaktion ist ein Prozess, bei dem die Rolle der beiden Akteure ständig wechselt. Eine Transaktion umfasst drei verschiedene Teilprozesse und jeder Akteur übt während der gesamten Transaktion eine feste Rolle aus.

Ein wichtiger Unterschied zu Interaktionen besteht darin, dass die beteiligen Akteure sich ganz bewusst für die Transaktion entscheiden. Das bedeutet mithin, dass ein implizites Einvernehmen, das in gesellschaftlichen Konventionen wurzelt, nicht länger ausreicht. Darüber hinaus können die Akteure die Bedingungen ihrer Vereinbarung nach eigenem Ermessen festlegen. Diese größere Freiheit beider Parteien bedeutet, dass ein Vertrag die Bedingungen regeln muss, die für die Transaktion gelten. Das schafft auf beiden Seiten Vertrauen in die Transaktion. Wir wollen Transaktionen näher betrachten und sehen, was genau passiert[1]. Eine Transaktion setzt sich in der Regel aus drei Teilprozessen zusammen: *Einigung, Zahlung* und *Lieferung*. Jeder dieser Teilprozesse besteht aus einer Reihe von Interaktionen. Wir nennen das die *Transaktions-Trias*. Die Einigung ist das Leitelement. Erst wenn eine Einigung getroffen wurde, entsteht der Rahmen für die anderen beiden Teilprozesse: die Zahlung und die Lieferung – das Quid und das Quo. Anders als Interaktionen bestehen Transaktionen also nicht nur aus einem Prozess, sondern aus drei Teilprozessen. Jeder der Akteure nimmt bei allen Prozessinteraktionen, die gemeinsam eine Transaktion ergeben, eine explizite, feste Rolle ein.

Das „Eins-zwei-drei der Transaktion": Eine Transaktion findet immer zwischen zwei Akteuren statt, die gemeinsam drei Prozesse durchlaufen.

Abbildung 4
Eine Transaktion besteht aus drei Teilprozessen: Einigung (E), Zahlung (Z) und Lieferung (L)

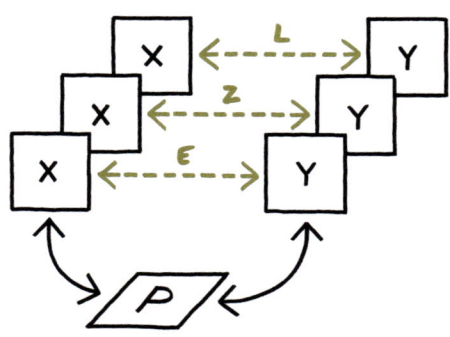

Einigung
Der Abschluss einer Einigung kann ein ganzer Prozess an sich sein, der aus einer Reihe von Interaktionen zwischen zwei Akteuren besteht. Beide Akteure gehen bewusst und freiwillig eine Einigung ein. Dabei haben sie allen nötigen Spielraum, um die Einigung nach ihrem Belieben auszugestalten. Die Bedingungen und Regeln für den Austausch können ganz frei verhandelt werden. Diese Freiheit ist einerseits eine gute Sache. Gleichzeitig bedeutet sie aber auch, dass die Aktionen der Gegenpartei weniger vorhersehbar sind. Außerdem geht es um wirtschaftliche Interessen. Es ist also ein relativ hohes Maß an gegenseitigem Vertrauen nötig, damit eine Transaktion stattfinden kann.

Abbildung 5
Der Umfang eines Vertrags ist umgekehrt proportional zu dem Maß an Vertrauen zwischen den beteiligten Akteuren.

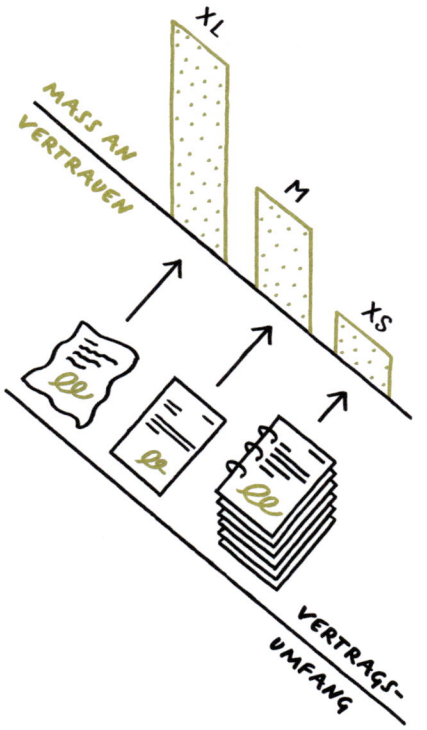

Es ist das spezifische Ziel des Teilprozesses der Einigung, dieses Vertrauen zu schaffen. Deshalb unterliegen Transaktionen Vorschriften, die die Interessen beider Akteure während und nach der Transaktion schützen sollen. Im Umkehrschluss bedeutet das, dass beide Parteien Pflichten eingehen, die die Gegenpartei rechtlich durchsetzen kann. Ein Vertrag ist also die explizit vereinbarte Vertrauensbasis zwischen den Akteuren. An der Erarbeitung und dem Abschluss von Verträgen können ganz unterschiedliche Fachleute wie Agenturen, Anwälte und Notare beteiligt sein. Dieses Modell ist so leistungsfähig, dass selbst Kriminelle Transaktionen durchführen und sich ihren ganz eigenen außergerichtlichen Regeln unterwerfen können. Und obwohl Transaktionen freiwillig abgeschlossen werden, heißt das nicht, dass sie folgenlos wären.

Zahlung
Die zweite Reihe von Interaktionen als Teil einer Transaktion ist die Zahlung, mit der die Lieferung vergütet wird. Das wahrgenommene Risiko auf Seiten des Käufers und des Verkäufers schwankt mit jeder Transaktion und hängt von der spezifischen Situation – dem Kontext – ab. So kann der Käufer beispielsweise das Risiko haben, dass das Produkt nicht geliefert wird oder nicht die erwartete Qualität aufweist. Da jede Zahlungsmethode ein eigenes Risikoprofil hat, kann dieses Risiko durch die Wahl einer bestimmten Zahlungsmethode gesenkt werden. So können Käufer das Risiko der Nichtlieferung durch Bezahlung per Lastschrift oder Kreditkarte reduzieren, da diese Methoden eine einseitige Rückbuchung der Zahlung erlauben. Verkäufer können ihrerseits das Risiko der Nichtzahlung mindern, indem sie nur nicht umkehrbare Vorauszahlungsmethoden anbieten. Auch an diesem Prozess sind wieder zahlreiche Dritte wie Banken, Zahlungsdienstleister, Technologieanbieter und sogenannte FinTech-Unternehmen beteiligt. Damit werden wir uns in Kapitel 3 befassen.

TABELLE 1
Interaktion versus Transaktion

	Interaktion	Transaktion
Elemente	Ein Prozess, zum Beispiel Telefonate	Drei unterschiedliche Teilprozesse, die jeweils aus einer Reihe von Interaktionen bestehen: Einigung, Zahlung und Lieferung
Rollen der Akteure	Die Rollen können wechseln (Sprecher, Zuhörer)	Die Rollen sind während der drei Teilprozesse fest (Käufer oder Verkäufer)
Vertrauenssicherung	Implizites Einvernehmen	Explizite Einigung

Lieferung
Der dritte Teilprozess bei einer Transaktion ist die Lieferung. Oder allgemeiner gesagt, die Bereitstellung der Gegenleistung für die Zahlung. Dieser Teilprozess kann auf unterschiedliche Weise organisiert sein. Produkte, die sie in einem Laden kaufen, nehmen Käufer in der Regel direkt mit. Bei Online-Käufen hingegen veranlasst der Verkäufer in der Regel, dass das Produkt an den Käufer geliefert wird. Die Erbringung von Dienstleistungen, beispielsweise eine Fahrt mit dem Taxi, ein Flug oder eine Reinigung, fällt ebenfalls in diese Kategorie. In bestimmten Fällen erfolgt die Lieferung auf immaterielle Art und Weise. Das trifft zum Beispiel bei Softwaredownloads oder dem Streamen von Videos oder Musik zu. Die Lieferung besteht also aus einer Reihe von Interaktionen, die je nach Situation auf eine bestimmte Art und Weise organisiert sind. Auch an diesem Teilprozess können viele unterschiedliche Experten und Logistikanbieter wie Lager-, Transport- und Einzelhandelsunternehmen oder auch Technologieunternehmen, die Zugang zu einem digitalen Produkt bieten, beteiligt sein. Oberstes Ziel ist es, das Produkt pünktlich und zu möglichst geringen Kosten zum Kunden zu liefern.

In diesem Buch benutzen wir den Begriff „Transaktion" für einen digitalen Austausch von Werten. In anderen Worten: für eine digitale Transaktion. Dabei kann es sich entweder um eine Interaktion oder um eine Transaktion handeln.

1.3 Die vielen Gestalten des Intermediärs

Jeder Austausch, bei dem die beiden Akteure einen gewissen Spielraum haben, wird von „etwas dazwischen" möglich gemacht. Das bedeutet, wie bereits erläutert, dass sowohl bei Interaktionen als auch bei Transaktionen per Definition ein Intermediär beteiligt ist. Solche Intermediäre können die unterschiedlichsten Formen und Gestalten annehmen. In diesem Buch unterscheiden wir drei Kategorien: Medien, Mittelspersonen und Plattformen. Diese wollen wir im Folgenden näher betrachten.

Medien
An jeder Interaktion und an jeder Transaktion ist ein Medium beteiligt. Dabei handelt es sich um neutrale Mittel, die einen Austausch möglich machen. Beispiele dafür sind unter anderem Luft, Äther oder Papier. Über solche Medien können die verschiedensten Formen von Austausch zwischen den Akteuren stattfinden. Die genaue Ausgestaltung des Austauschs hängt dabei in großem Maße von den Merkmalen des jeweiligen Mediums ab. Jedes Medium hat seine eigenen Möglichkeiten und Grenzen. So kann man zum Beispiel keinen Brief über den Äther schicken. Es ist auch nicht möglich, Filme auf Papier zu übermitteln; das geht nur mit Text und Bildern. Ein Medium ist immer neutral und fungiert als eine Art grundlegen-

de Infrastruktur für den Austausch. Als neutrales Element ist ein Medium nie ein Akteur oder eine Organisation und damit auch nie selbst Partei der Interaktion. Das Medium hat kein eigenes Interesse an dem Austausch und ist damit per Definition vertrauenswürdig.

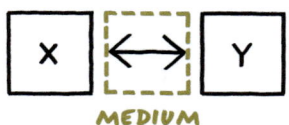

Abbildung 6
Ein Medium ist ein neutraler Intermediär.

Vor etwa zwanzig Jahren kam das Internet als neues und leistungsstarkes Medium ins Spiel. Man kann das Internet als eine Art „digitalen Äther" sehen, der für alle zugänglich ist und den Akteure für ihren Austausch nutzen können. Trotz all seiner Vorteile weist das Internet aber auch große Konstruktionsmängel auf, die dazu führen, dass es nicht per se für Transaktionen geeignet ist. Ein solcher Konstruktionsmangel bezieht sich zum Beispiel darauf, wie eine Botschaft von einem Akteur zum anderen geschickt wird. Ein weiterer Mangel besteht darin, dass ein Akteur in der virtuellen Welt relativ leicht eine andere Identität annehmen kann.

Befassen wir uns zunächst mit dem ersten Hindernis. Digitale Datenübermittlung ist für viele Nutzer ein intransparenter Prozess. Das beginnt damit, dass nicht klar ist, wann ein Gerät sich mit einer anderen Partei verbindet. Ganz davon abgesehen, dass wir nicht wissen, was genau ausgetauscht wird. Auch wenn das Internetprotokoll gewährleistet, dass der Inhalt der Botschaft nicht verändert werden kann, ist das Medium menschengemacht und damit nicht perfekt.

Das Internet weist immer noch wichtige Konstruktionsmängel auf: Die Integrität der Datenübermittlung und die Authentizität der Akteure sind nicht ausreichend gesichert.

HINTERGRUND
Netzneutralität

Der US-amerikanische Professor Tim Wu prägte im Jahr 2003 den Begriff „Netzneutralität". Netzneutralität bezeichnet die Gleichbehandlung aller Daten bei der Übertragung im Internet. Das bedeutet, dass Netzwerkparteien, Nodes und Hosts im Hinblick auf die von ihnen verarbeiteten Informationsflüsse grundsätzlich neutral sind. Der Ausgangspunkt ist, dass nur die Endnutzer und Dienstleister – also die Akteure – für den Inhalt der Informationsflüsse verantwortlich sind. In den Niederlanden ist die Netzneutralität gesetzlich garantiert. Leider beobachten wir unter anderem in den USA, dass sich dies zu ändern beginnt. Ende 2017 wurde Netzneutralität in den USA abgeschafft, sodass Mittelspersonen jetzt die Möglichkeit haben, ihre Leistungen zu verbessern, indem sie beispielsweise bestimmte Dienste oder Nutzer bevorzugen[2]. Das könnte zwar das Vertrauen der einzelnen Menschen in diese Institutionen erhöhen, geht aber gleichzeitig zulasten des Vertrauens in das Internet als universelle Infrastruktur. Es ist jetzt noch schwieriger für die Nutzer, herauszufinden, welche Filter ein Anbieter anwendet. Es kann zum Beispiel sein, dass die Verarbeitungsgeschwindigkeit des Austauschs je nach Region der beteiligten Akteure schwankt. Das schafft kein Vertrauen. Ganz im Gegenteil: Ist Netzneutralität erst einmal abgeschafft, kommen Diskriminierung und Geopolitik ins Spiel. Dass so Vertrauen untergraben wird, stellt ein neues Hindernis auf dem Weg dar, das Internet für Transaktionen aufzustellen.

Es ist nicht einfach für Akteur X, festzustellen, wie seine digitale Botschaft bei Akteur Y ankommt. Welche Parteien sind zwischengeschaltet und was genau tun sie? Lesen sie die Botschaft? Gibt es Filter und wie arbeiten diese? Werden zu einem Austausch Informationen gespeichert? In anderen Worten: Wie ist es um die Integrität des Austauschprozesses einer Nachricht bestellt? All das führt dazu, dass das Internet zum Beispiel im Vergleich zum Äther weniger robust ist.

Ein zweiter Mangel besteht darin, dass Akteure in der virtuellen Welt anonym bleiben oder sogar eine falsche Identität annehmen können. Ihre Authentizität ist nicht gewährleistet. Das verursacht die einschlägigen Probleme in sozialen Netzwerken, wenn sich herausstellt, dass manche Akteure nicht die Person sind, die zu sein sie vorgegeben haben. Wenn Menschen eine Transaktion abschließen wollen, bei der es um einen Austausch von wirtschaftlichem Wert geht, müssen beide Akteure wissen, mit wem sie es zu tun haben, denn das ist die Grundlage der Einigung. Ist Herr Müller wirklich der, der er vorgibt zu sein? Und kann Herr Müller sich sicher sein, dass die Person in China, die ihm Stricksocken verkauft, wirklich existiert? Beide Parteien wollen Sicherheit haben, oder sie werden nicht handeln. Diese Authentifizierung der Akteure ist wiederum etwas, dass das Internet nicht standardmäßig bietet. Angesichts dieser bedeutsamen Hindernisse ist das implizite Einvernehmen in den meisten Fällen für einen internetbasierten Austausch nicht mehr ausreichend. Die Regeln müssen ausdrücklich vorab vereinbart werden, bevor überhaupt Vertrauen entstehen kann.

Damit werden wir uns im Kapitel 1.7 näher befassen.

Mittelspersonen und ihre Plattformen

Organisationen können selbst die Rolle eines vermittelnden Elements übernehmen. Ist das der Fall, bezeichnen wir diesen Akteur als *Mittelsperson*. Eine Person oder ein Unternehmen dient als Schnittstelle zwischen den Akteuren und ermöglicht so den Austausch zwischen ihnen. Ein Radiosender ist beispielsweise eine Mittelsperson, die das Medium Äther nutzt, um Inhaltsschaffende und Zuhörer zusammenzubringen. Ein klassischer Zeitungsverlag verbindet Werbetreibende und Leser und agiert dabei als Mittelsperson, die das Medium Papier nutzt.

Plattformen schließlich sind die „Fabriken" der Mittelspersonen. Sie sind per Definition mit einem bestimmten Medium oder einer bestimmten Infrastruktur verknüpft, die der Verantwortung einer juristischen Person unterliegen. Die Begriffe „Mittelsperson" und „Plattform" werden häufig synonym verwendet. Fernsehsender wie BBC oder CNN betreiben oft ihre eigenen Kanäle, die als Plattformen dienen, um Sendungen über den Äther oder über Kabel zu senden. Eine Website wie eBay hat eigene digitale Plattformen, die Interaktionen und Transaktionen im Internet möglich machen. Und wenn wir zum Beispiel über Uber sprechen, können wir entweder die Plattform für Taxifahrten oder das Unternehmen meinen, das die Plattform entwickelt und betreibt.

Der Unterschied zwischen Akteur Y und einer Mittelsperson oder zwischen Akteur Y und einer Plattform ist in der Praxis nicht immer leicht zu erkennen, da Akteur Y in manchen Fällen seine eigene Plattform betreibt, um den Kaufprozess zu ermöglichen, wie beispielsweise Amazon. In diesem Fall hat Akteur X es mit der gleichen Partei zu tun. Es hilft daher, nicht in *Parteien* oder *Unternehmen*, sondern in *Rollen* zu denken. Rollen sind einfach zu unterscheiden, auch wenn sie von einer einzelnen Partei übernommen werden.

Um Transaktionen zu verstehen, hilft es, in *Rollen* und nicht in *Parteien* zu denken, da eine Partei verschiedene Rollen übernehmen kann.

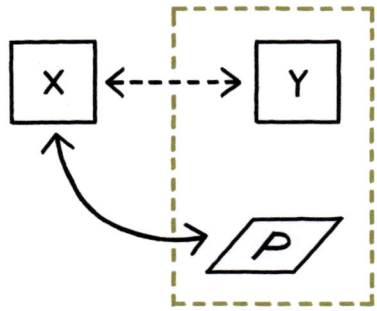

Abbildung 7
Eine Partei übt die Rolle von Akteur Y und Plattform P aus.

Mit dem Internet hat die Mittelsperson Zugang zu einer neuen Infrastruktur bekommen, mit der eine Plattform effizient und vergleichsweise kostengünstig erstellt werden kann. Wir haben jedoch bereits festgestellt, dass dieses Medium weniger robust ist als andere. Wir können uns nicht darauf verlassen, dass die Gesetze der Physik im Internet gelten. Daher muss eine Mittelsperson, die eine digitale Plattform betreibt, selbst das notwendige Vertrauen aufbauen. Dazu muss sie die Regeln und Bedingungen für Tauschgeschäfte festlegen. Sie muss das fehlende infrastrukturelle Vertrauen ausgleichen, indem sie infrastrukturelles Vertrauen schafft.

Wenn eine Mittelsperson das Internet als Medium benutzt, muss sie selbst für das nötige Vertrauen sorgen.

Denken wir beispielsweise einmal an eine Plattform wie Etsy, die kleine Anbieter von selbstgefertigten Produkten zusammenführt

In diesem Buch verwenden wir den Begriff „Plattform" für digitale Fabriken, die mit dem Internet verbunden sind und die von Mittelspersonen verwendet werden, um Interaktionen und Transaktionen zwischen ihren Nutzern zu ermöglichen.

IM FOKUS
Die Ehe als Transaktion

Wir assoziieren die Ehe und Hochzeiten vor allem mit Romantik und einem großen Fest. In der westlichen Welt pflegen wir das romantische Ideal, dass es bei einer Hochzeit vor allem darum geht, dass zwei Menschen, die sich lieben, sich ihr Eheversprechen geben. Aber wenn wir ganz ehrlich sind und hinter diese romantische Kulisse sehen, ist eine Eheschließung vor allem ein Dokument mit juristischen und wirtschaftlichen Folgen. Neben dem Kauf eines Hauses oder der Annahme eines Arbeitsplatzes ist eine Hochzeit eine der wichtigsten Transaktionen, die wir in unserem Leben abschließen können. Schauen wir doch nur auf die Geschichte der Ehe. In vielen Kulturen ist die Mitgift das wohl wichtigste Element einer Eheschließung. Es ist schön, wenn zwei Frischvermählte sich lieben, aber dies ist sicherlich keine Voraussetzung. Eine wichtige Voraussetzung für jede Transaktion – und ganz sicher für eine Ehe – ist, dass die beiden beteiligten Parteien sich ausreichend vertrauen. Vertrauen ist wesentlich. Vertrauen ist der Treibstoff jeder Transaktion und Dreh- und Angelpunkt einer Ehe. Tatsächlich ist Vertrauen in einer Ehe sehr viel wichtiger als Liebe. In unserer Kultur sprechen wir, wenn wir über die Ehe reden, über Geschäftliches wie den rechtlichen Status der Beziehung der Eheleute zueinander, gegenüber ihren Kindern und gegenüber der Außenwelt. Das ist beispielsweise relevant, wenn Eheleute ein Haus kaufen oder eine Steuererklärung abgeben. Es gibt einen Unterschied zwischen einer kirchlichen und einer standesamtlichen Eheschließung, einem Versprechen vor Gott oder vor dem Gesetz. In beiden Fällen gibt es eine Mittelsperson: die Kirche oder einen Standesbeamten. Bei einer standesamtlichen Eheschließung reden wir über die verschiedensten Rechte und Pflichten. Das Zivilrecht regelt die gesetzlichen Rahmenbedingungen, denen auch andere Transaktionen unterliegen. Eheleute schulden sich beispielsweise Loyalität, Hilfe und Unterstützung. Sie sind verpflichtet, füreinander aufzukommen. Es besteht also sowohl eine moralische Verpflichtung in schön klingenden Worten, die nicht durchgesetzt werden kann, als auch eine durchsetzbare materielle Verpflichtung. Die Zivilgesetzbücher der westlichen Länder sprechen über die durchsetzbaren Dinge und eher weniger über Liebe und Romantik, sodass die Ehe stärker einem Vertrag mit einer Zahlung und einer Gegenleistung ähnelt, vergleichbar mit jeder anderen Transaktion. Dabei geht es zum Beispiel darum, welche Regelungen bezüglich der Kosten der Erziehung und Betreuung minderjähriger Kinder gelten. Die Gesetze verschiedener Länder führen das weiter aus. Oder es geht darum, ob die Eheleute eine Gütergemeinschaft begründen oder einen Ehevertrag abschließen. In letzterem Fall agiert ein Notar als Mittelsperson und setzt einen Vertrag auf, der die Einigung, Zahlung und Lieferung im Detail regelt. Es ist natürlich schön, wenn auch Liebe im Spiel ist – aber dem Notar ist das völlig egal, solange gegenseitiges Vertrauen vorhanden ist. Wie bei jeder anderen Transaktion.

und damit ermöglicht, dass ein Käufer in Amsterdam eine Tasche von einem völlig unbekannten Anbieter in Ghana kauft. Ohne die Plattform würde das vermutlich als zu großes Risiko empfunden. Dieses Buch konzentriert sich auf Mittelspersonen, die mithilfe ihrer Plattformen als Intermediär für Interaktionen und Transaktionen dienen. Das umfasst auch das Medium des Internets als universelle grundlegende Infrastruktur. Wir werden sehen, dass eine sehr enge Beziehung zwischen dem Internet und den digitalen Plattformen besteht, die auf ihr aufbauen.

1.4 Zweiseitige Märkte

Eine Mittelsperson bedient mit ihrer Plattform immer zwei Akteure und ermöglicht den wechselseitigen Austausch zwischen ihnen. Es obliegt der Mittelsperson, die Nutzer mit attraktiven Angeboten zusammenzubringen. Aus Sicht der Mittelsperson gibt es immer zwei Akteure, die während einer Interaktion oder Transaktion eine bestimmte Rolle ausüben und dabei ein bestimmtes Bedürfnis haben. Bestehen für die Übernahme der Rollen einer beliebigen Seite unterschiedliche Benutzerbedürfnisse, sprechen wir von einem *zweiseitigen Markt*.

Angebote

Eine Mittelsperson muss genau wissen, welches Problem ihre Plattform lösen soll und welche Benutzerbedürfnisse erfüllt werden sollen. Anhand dieser Bedürfnisse kann der Wert der *Angebote* im Markt ermittelt werden. Angebote sind dabei Produkt- und Dienstleistungspakete, die Mehrwert für die jeweilige Zielgruppe schaffen. Die Angebote für die Zielgruppen sind eng mit der Kernfunktion der Plattform an sich verknüpft. Um einen Austausch zu ermöglichen, müssen die beiden Akteure eine bestimmte Rolle spielen. Bei jedem Austausch sind ihre Rollen per Definition asymmetrisch. Einer wirft den Ball, der andere fängt ihn auf. Einer ruft an, der andere wird angerufen. Einer postet ein Foto auf Facebook, der andere sieht das Foto und kann darauf reagieren. Auf Interaktionsebene haben wir es also immer mit zwei Seiten zu tun.

Interaktionen und Transaktionen sind immer asymmetrisch, während Angebote symmetrisch oder asymmetrisch sein können.

Eine Mittelsperson, die eine Plattform auf den Markt bringt, muss Akteure beider Rollen gewinnen, um einen Austausch zwischen ihnen anzubahnen. Das gilt für Interaktionen und Transaktionen gleichermaßen. Wie bereits erwähnt ist es ein wichtiges Merkmal von Interaktionen, dass die Akteure ihre Rollen einfach tauschen können. Wie bei Telefonaten: Manchmal ruft man an, manchmal wird man angerufen. Die Bedürfnisse der beiden an den Telefonaten beteiligten Akteure sind also ähnlich. Kann das Angebot für beide beteiligten Rollen in einem einzigen Angebot zusammengefasst werden, sprechen wir von einem *symmetrischen* Angebot. Das ist in der Regel bei Interaktionen möglich und jeder Akteur verfügt über die gleiche Funktionalität. Das ist auch sinnvoll. Schließlich wäre es komisch, wenn man zwei Telefone hätte, eines zum Tätigen und eines zum Entgegennehmen von Anrufen. Im Falle symmetrischer Angebote gibt es auf Marktebene jedoch keine Zweiseitigkeit. Eine Mittelsperson, die das Internet in seiner aktuellen Form als Medium nutzt, muss mehr als ein symmetrisches Angebot für beide Seiten des Markts zur Verfügung stellen, um Transaktionen zu ermöglichen. Jeder Akteur hat unterschiedliche Bedürfnisse und erfordert Funktionen, die auf seine feste Rolle – X oder Y – abgestimmt sind. In solchen Fällen sprechen wir von einem *asymmetrischen Angebot*.

Die Ehe ist ei
Beispiel für d
Zusammenhä
Dynamik eine

gutes
komplexen
ge und die
Transaktion.

Bei asymmetrischen Angeboten gibt es immer einen zweiseitigen Markt.

Das gilt beispielsweise für eine Plattform für Zahlungstransaktionen. In der physischen Welt sind die Unterschiede klar erkennbar: Der Käufer hat eine Karte, mit der er bezahlt; der Händler (Verkäufer) hat ein Kartenlesegerät. Genauso ist es bei einer Plattform wie Google, bei der Werbetreibenden andere Tools zur Verfügung stehen als den Nutzern, die nach Informationen suchen. Auch in diesem Fall benötigen die beiden Akteure jeweils unterschiedliche Lösungen. Die Rollen beider Akteure sind fest und können nicht ständig getauscht werden. Beide haben ihre eigenen spezifischen Bedürfnisse, die nach einem anderen Angebot verlangen. Deshalb sprechen wir von einem asymmetrischen Angebot und einem zweiseitigen Markt.

Ob mit dem gleichen Angebot beide Seiten des Markts bedient werden können oder ob zwei Akteure zwei unterschiedliche Angebote erfordern, macht einen großen Unterschied. Im zweiten Fall ist das Geschäft der Mittelsperson deutlich komplexer und damit auch deutlich teurer. Anbieter, die in zweiseitigen Märkten aktiv sind, müssen konkrete Entscheidungen treffen, um die optimale Funktionalität und Größe ihrer Plattform festzulegen.

Netzwerkeffekte
Eine gut aufgebaute digitale Plattform kann schnell und zu niedrigen Kosten sehr große Reichweite erlangen. Digitale Plattformen, denen das gelingt, können in kurzer Zeit ganze Märkte anziehen. Für einen kostenlosen Telefoniedienst wie Skype beispielsweise ist die Zahl der Nutzer entscheidend. Ein solcher Anbieter muss so viele Nutzer wie möglich gewinnen. *Reichweite* ist alles – schließlich will jeder Nutzer so viele Personen wie möglich anrufen und von möglichst vielen Personen angerufen werden können. Das entscheidet über die Relevanz des Dienstes. Jeder Nutzer mehr erhöht den Wert der Plattform für alle ihre Nutzer. Dieses Phänomen nennen wir einen *direkten (gleichseitigen) Netzwerkeffekt*[3]. Im Fall von Skype macht die Mittelsperson ihrem Markt das gleiche Angebot; eines, das beide Rollen anspricht – anrufen und angerufen werden. Plattformen, die symmetrische Angebote zur Verfügung stellen, können durch Netzwerkeffekte schnell Reichweite in ihrem Markt aufbauen.

Für eine Mittelsperson, die Transaktionen ermöglicht, ist die Sache komplizierter. Plattformen wie eBay und Booking.com haben mit geringem oder gar keinem Wert angefangen, weil sie zu Beginn auf beiden Seiten kaum Nutzer hatten. Die Plattform macht den beiden Nutzerarten ein jeweils eigenes Angebot. Zahlungsmärkte sind ebenfalls zweiseitig. Die Frage ist nur: Wo fängt man an? Eine Plattform ohne Angebot funktioniert nicht. Aber ohne Nachfrage geht es auch nicht. Das ist das berühmte Henne-Ei-Problem. Für beide Gruppen gilt: Die Nutzerzahlen auf der *anderen* Seite des Marktes sind maßgeblich für den Wert auf *ihrer* Seite. Eine Visa-Karte beispielsweise stellt für Verkäufer eine interessante Zahlungsmethode dar, wenn viele Menschen eine solche Karte besitzen. Und wenn viele Läden Visa-Karten als Zahlungsmittel akzeptieren, ist eine Visa-Karte eine interessante Zahlungsmethode für Käufer. Wir sprechen von *indirekten (kreuzseitigen) Netzwerkeffekten*, wenn Wachstum auf einer Seite des Marktes Wachstum auf der anderen Seite erzeugt. Bei einer Plattform mit asymmetrischen Angeboten Wachstum mithilfe indirekter Netzwerkeffekte zu erzielen, ist hingegen deutlich schwieriger.

> Wir werden das im nächsten Kapitel genauer betrachten

1.5 Plattformen: Die Fabriken von Mittelspersonen

Digitale Plattformen wie Amazon, Uber und Airbnb scheinen einen revolutionären neuen Ansatz zu verfolgen, der einen bestehenden Markt grundlegend verändert. Diese Art von Plattformen löst bei den klassischen Anbietern und Käufern im Markt zweifelsohne große Unruhe aus. Aber wie neu ist ihr Ansatz wirklich? Die Geschichte des Plattform-Phänomens ist vergleichbar mit der von Transaktionen: Plattformen und Transaktionen gibt es seit Menschengedenken. Eine digitale Plattform, die als Marktplatz dient, basiert auf den gleichen Prinzipien wie die römischen Märkte des Altertums, die vor 2.000 Jahren florierten. Sie ermöglichen beeindruckende Zahlen an Handelsgeschäften, während der Eigentümer der Plattform – also die Mittelsperson – dafür bezahlt wird, den Prozess möglich zu machen.

Weiter oben haben wir Plattformen als die Fabriken von Mittelspersonen definiert. Eine solche Plattform kann ganz unterschiedlich aussehen – denken wir zum Beispiel an einen physischen Blumenmarkt und an den App Store von Apple. Aber sie alle basieren auf den gleichen Grundsätzen. Ein wichtiges Merkmal eines Plattformgeschäfts besteht darin, dass die Mittelsperson grundsätzlich keine Partei des Tauschgeschäfts zwischen den beiden Akteuren ist, sondern nur eine vermittelnde Funktion ausübt. Damit nimmt die Mittelsperson eine ganz andere Position ein als Mittelspersonen in einer *linearen Wertschöpfungskette*. Mit anderen Worten: Gemäß dieser Definition sind Unternehmen, die Vorräte halten oder eine andere Risikoposition entlang der Wertschöpfungskette einnehmen, als Akteure der Transaktionen keine Plattformen.

Anders als Mittelspersonen in linearen Wertschöpfungsketten sind Mittelspersonen mit einer Plattform keine Partei der Transaktion. Sie haben reine Unterstützungsfunktion.

Ein Versicherungsmakler, der Gruppen von Verbrauchern die Versicherungen verschiedener Versicherungsunternehmen anbietet, ist eine Mittelsperson, die eine Plattform betreibt. Es gibt keinen direkten Kontakt zwischen den beiden Parteien – dem Versicherer und dem Verbraucher; der Kontakt läuft nur über den Makler. Der Makler führt Angebot und Nachfrage zusammen und trägt selbst keine Risiken aus den Interaktionen, die über seine Plattform stattfinden. Verleger von Zeitungen und Zeitschriften sind nach dieser Definition keine Plattformen, da sie ihre eigenen Veröffentlichungen über ihre Kanäle verkaufen und erheblichen Risiken ausgesetzt sind, vor allem, wenn sie Vertriebskanäle Dritter nutzen. Allerdings sind Zeitungen oder Zeitschriften im Anzeigenmarkt tatsächlich Plattformen, die Leser und Werbetreibende zusammenbringen.

Nach der Entstehung digitaler Plattformen gibt es in fast allen Märkten deutliche Verschiebungen. In der physischen Welt sind viele Märkte hauptsächlich als lineare Ketten organisiert. Digitalisierung stößt jedoch Veränderungen hin zu alternativen Strukturen an. Kürzere Ketten entstehen, wenn es Plattformen gelingt, auf beiden Seiten des Marktes Reichweite aufzubauen. So werden Angebot und Nachfrage sehr viel effizienter zusammengebracht und die Parteien können effizienter agieren.

Transversale und longitudinale Plattformen
In Kapitel 3 werden wir sehen, dass Plattformen in unserer Welt rasch an Bedeutung gewinnen. Plattformen entstehen in allen möglichen Märkten. Sie organisieren Handelsprozesse auf verschiedene Art und Weise, sodass es ganz unterschiedliche digitale Plattformen gibt. Eine wichtige Unterscheidung ist die zwischen longitudinalen und transversalen Plattformen. Mittelspersonen, die eine *longitudinale Plattform* betreiben, sind auf eine ehemals lineare Wertschöpfungskette fokussiert oder ermöglichen mehrere Schritte im Kaufprozess. Das bedeutet, dass sie einen oder mehrere Schritte in ihrer eigenen Wertschöpfungskette ermöglichen. In diesen Fällen verfolgt die Mittelsperson häufig das Ziel, einen möglichst großen Teil des Geschäftsprozesses für die eigenen Kunden zu organisieren. Ein Beispiel für eine longitudinale Plattform ist eBay. Diese Plattform unterstützt den gesamten Kaufprozess für gebrauchte Gegenstände.

Transversale Plattformen hingegen konzentrieren sich auf einen spezifischen Prozessschritt in jeder Wertschöpfungskette und arbeiten im Prinzip „senkrecht" zu anderen Plattformen. Der von ihnen geschaffene Wert kann von anderen Plattformen wiederverwendet werden. In diese Kategorie fallen Zahlungsplattformen wie

MasterCard, PayPal oder iDEAL, aber auch Bewertungsplattformen wie Trustpilot. Im Prinzip kann ein Nutzer, sobald er sich registriert hat, eine solche Zahlungs- oder Bewertungsmethode auf allen Plattformen verwenden, die diese Methode integriert haben. Neben der Bezahlfunktion können transversale Zahlungsplattformen auch das für die Durchführung einer Transaktion nötige Vertrauen schaffen, indem sie Daten zu beiden Akteuren speichern. Dank der transversalen Wiederverwendung von Daten über verschiedene Plattformen hinweg muss der Nutzer nicht für jeden Kauf einen vollständigen Registrierungsprozess durchlaufen.

Longitudinale Plattformen konzentrieren sich auf eine ehemals lineare Wertschöpfungskette. Transversale Plattformen agieren über verschiedene Wertschöpfungsketten hinweg. Der von ihnen geschaffene Wert kann von anderen Plattformen wiederverwendet werden.

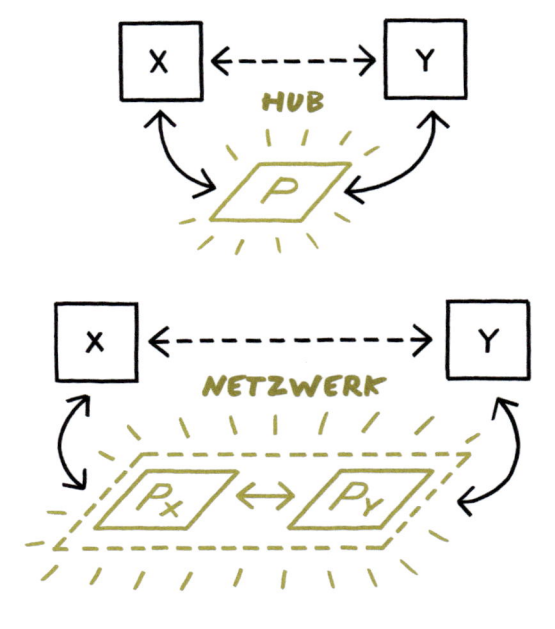

Abbildung 8
Die Plattform als Hub oder als Netzwerk

Hub-Modell und Netzwerkmodell

Zurück zu Plattformen, den Fabriken der Mittelspersonen. Immer mehr Mittelspersonen nutzen das Internet als Medium und entwickeln sogenannte digitale Plattformen. Das Bild ist aber noch nicht vollständig. Mittelspersonen können bei der Konstruktion ihrer Plattformen zwischen zwei grundlegenden strategischen Modellen wählen: dem Hub-Modell und dem Netzwerkmodell.

Wenn die Mittelsperson beide miteinander interagierenden Akteure bedient, sprechen wir von einem *Hub-Modell*. Das ist ein *exklusiver* Ansatz: Die Mittelsperson macht alles selbst. Das ist also die erste Möglichkeit. Der Betreiber eines Einkaufszentrums nutzt seine Plattform – das Einkaufszentrum –, um möglichst viele Käufer und

HINTERGRUND
Ökosystem

Ein weiterer, in der Fachliteratur häufig verwendeter Begriff ist der des „Ökosystems". Dies ist eine andere Form der Zusammenarbeit, bei der Unternehmen auf unterschiedlichste Art und Weise in einer geteilten Infrastruktur kooperieren. Die Begriffe „Ökosystem", „Plattform" und „Netzwerk" werden häufig synonym verwendet, auch wenn wir sie streng unterscheiden. In dem hier vorgestellten Modell definieren wir digitale Ökosysteme als Plattformen von Unternehmen, die zusammenarbeiten, indem sie *sich ergänzende* Funktionen anbieten – im Gegenteil zum zuvor erwähnten Netzwerkmodell, bei dem Unternehmen *identische* Funktionen anbieten. Die niederländische Fluggesellschaft KLM ist ein Beispiel eines digitalen Ökosystems: Sie bietet ihren Kunden über ihre Plattform Zugang zu Uber, um ein Taxi zu buchen, das sie direkt nach der Landung abholt. Uber wiederum verweist auf KLM. Beide Parteien bieten also die Dienste der jeweils anderen Partei auf ihren Plattformen an, stärken damit ihr Angebot und bieten ihren Kunden einen größeren Mehrwert. In diesem Beispiel interessieren sich die Kunden weniger für einen Flug von Amsterdam nach Abu Dhabi als für die Reise von ihrem Zuhause zu ihrem Hotelzimmer. Kooperierende Plattformen können Mehrwert schaffen, indem sie die gesamte Reise in ihr Angebot aufnehmen. Anders gesagt: Sie verknüpfen die aufeinander folgenden Phasen der Customer Journey miteinander und ermöglichen sie gemeinsam über einzelne Plattformen.

In diesem Buch konzentrieren wir uns jedoch auf die Zusammenarbeit innerhalb von Netzwerken und befassen uns nur nachrangig mit Ökosystemen.

Eine Mittelsperson bedient entweder beide Akteure in einem Hub-Modell selbst oder arbeitet in einem Netzwerkmodell mit anderen Mittelspersonen zusammen.

Kapitel 3 geht näher auf diese Thematik ein.

Verkäufer zusammenzubringen. Twitter zum Beispiel stellt seine digitale Umgebung bereit, damit die Akteure Nachrichten posten und lesen können. PayPal bietet Nutzern die Möglichkeit, einen vereinbarten Betrag von einem Konto auf ein anderes zu überweisen.

Die zweite Option besteht darin, dass mehrere Mittelspersonen zusammenarbeiten, um die beiden miteinander interagierenden Akteure in ihren jeweiligen Rollen zu bedienen. Das nennen wir *Netzwerkmodell*. In einem Netzwerk kann jede Nutzergruppe zwischen verschiedenen Mittelspersonen oder Anbietern wählen, die ein passendes Angebot zur Verfügung stellen. Gleichzeitig können die Nutzer unabhängig davon, für welche Mittelsperson sie sich entscheiden, weiter miteinander interagieren. Dazu müssen die Mittelspersonen in einem Netzwerk zusammenarbeiten. Es handelt sich hierbei also um einen *inklusiven* Ansatz. Ein bekanntes Beispiel ist die Bankenlandschaft. Kontoinhaber können problemlos Geld von ihrem eigenen Konto auf das Konto eines anderen Kontoinhabers bei einer anderen Bank überweisen. Telefonie ist ebenfalls ein gutes Beispiel: Akteure können sich gegenseitig anrufen, egal welchen Telekommunikationsanbieter sie verwenden. Das internationale Postwesen ist ähnlich organisiert. Hier arbeiten Unternehmen zusammen, um den grenzüberschreitenden Postverkehr zu ermöglichen, wobei sich jedes Unternehmen um seinen Teil der Strecke kümmert.

1.6 Die *Customer Journey*

Interaktionen und Transaktionen sind universell. Sie bilden das Fundament unserer Wirtschaft und schaffen die Rahmenbedingungen dafür, wie unsere Gesellschaft funktioniert. In diesem Abschnitt ordnen wir Transaktionen in den übergeordneten Kaufprozess ein, in den sie eingebunden sind und den alle Käufer und Verkäufer durchlaufen müssen. Da dieser Prozess zunehmend in der digitalen Welt stattfindet, verändert sich auch das Wesen von Transaktionen und Interaktionen. Dabei spielen Daten eine entscheidende Rolle.

Transaktionen im Mittelpunkt der Customer Journey
Eine Transaktion ist ein Austausch von Werten. Dabei können Waren oder Dienstleistungen gegen Geld getauscht werden. Allgemeiner gesprochen finden eine Zahlung und eine Lieferung statt, die zu den vereinbarten Bedingungen durchgeführt werden. Nun stellt sich die Frage: Wie kommen zwei Akteure zu einer echten Transaktion? Das passiert nicht einfach so, sondern ist Teil eines umfassenden Prozesses, bei dem zwei Parteien einander finden und entscheiden müssen, ob sie gemeinsam ein Geschäft abschließen wollen oder nicht. In der Literatur wird oft von der *Customer Journey* gesprochen. Die Customer Journey besteht aus fünf Phasen: Bewusstsein (*Awareness*), Abwägung (*Consideration*), Kauf (*Purchase*), Leistung (*Service*) und Bindung (*Loyalty*). Der Prozess beginnt kurz gesagt, wenn jemand auf ein bestimmtes Angebot aufmerksam wird (Bewusstsein). Das Angebot wird dann abgewogen; gegebenenfalls kommt es daraufhin zum Kauf und zur Lieferung beziehungsweise Leistung. Am Ende steht ein möglicherweise loyaler Kunde, der Wiederholungskäufe tätigen wird.

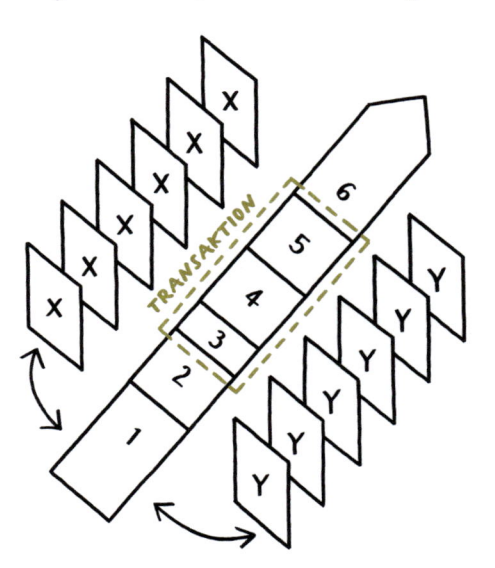

Abbildung 9
Mehrere Interaktionen zwischen Käufer X und Verkäufer Y während des Kaufprozesses.

Die Phasen der Customer Journey sind allgemeingültig und unabhängig von der konkreten Situation, in welcher der Prozess stattfindet. Sie gelten genauso für den Kauf eines Autos wie für die Buchung eines Flugtickets im Internet. Die Kundennachfrage gibt in allen Phasen des Prozesses die Richtung vor. Es liegt dann am Anbieter, die Anforderungen des Kunden so gut wie möglich zu erfüllen, um die Wahrscheinlichkeit zu erhöhen, dass letzten Endes eine Transaktion abgeschlossen wird und der Kunde zufrieden ist.

Die Customer Journey umfasst eine Reihe von Interaktionen zwischen Käufern und Verkäufern mit dem Ziel, einen wirtschaftlichen Austausch – eine Transaktion – abzuwickeln.

Wie kann der Verkäufer die Customer Journey beeinflussen? Jede Phase besteht aus einer Reihe von Interaktionen, mit denen ein Teilziel verfolgt wird. Diese Interaktionen werden *Kunden-Kontaktpunkte* genannt und können sowohl in der physischen als auch in der digitalen Welt stattfinden.

In der Bewusstseins- und Abwägungsphase ist es wichtig, sichtbar zu sein und von potenziellen Käufern leicht gefunden zu werden. Das kann der Verkäufer schaffen, indem er so viele Interaktionen wie möglich schafft. Zum Beispiel, indem er über Werbetafeln oder Online-Anzeigen, Prospekte, Websites oder E-Mails Informationen zur Verfügung stellt oder Werbung schaltet, aber auch, indem er rund um die Uhr über seine Servicekanäle erreichbar ist. Darüber hinaus kann der Verkäufer Tools zur Verfügung stellen, die einem potenziellen Kunden helfen, eine Kaufentscheidung zu treffen (zum Beispiel Produktvergleiche oder -bewertungen). Dann ist es wichtig, sicherzustellen, dass die Transaktion selbst einfach und zuverlässig durchgeführt werden kann. Und zu guter Letzt ist es wichtig, nach der Transaktion den Kontakt zum Kunden aufrechtzuerhalten. Dabei können unter anderem Helpdesks oder Bonusprogramme helfen. Ist der Käufer zufrieden mit dem Kauf? Gibt es Fragen zum Produkt? Ist der Kunde sehr unzufrieden, wird er das Produkt zurückschicken und die Erstattung des Kaufpreises verlangen. Die Transaktion wird dann rückgängig gemacht. Ist der Kunde jedoch zufrieden, kann der Anbieter die Kontaktpunkte nutzen, um das Interesse des Kunden für Wiederholungskäufe zu wecken.

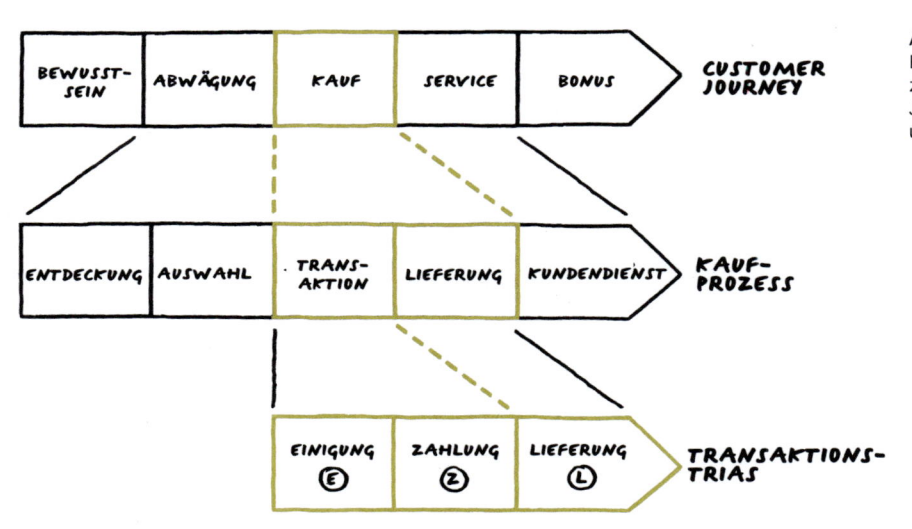

Abbildung 10
Die Beziehung zwischen Customer Journey, Kaufprozess und Transaktion

Der *Kaufprozess* ist Teil der Customer Journey und umfasst die Schritte gemäß dem Bonsing/Mann-Modell[4]. In Einklang mit diesem Modell besteht der Kaufprozess aus den aufeinanderfolgenden Schritten Entdeckung, Auswahl, Transaktion, Lieferung und Kundendienst. Während der Entdeckungsphase sucht der Käufer aktiv nach Informationen über die Produkte des Anbieters, um eine bevorzugte Auswahl zu treffen, aus der dann idealerweise eine Wahl getroffen wird; dann folgen Kauf und Lieferung sowie ein gewisser Kundendienst.

Die Schritte *Einigung*, *Zahlung* und *Lieferung* liegen also in der Customer Journey eng beieinander. Diese drei Teilprozesse sind untrennbar miteinander verbunden und bilden gemeinsam die *Transaktions-Trias*. Sie sind alle abgeschlossen, wenn eine Transaktion durchgeführt worden ist.

Wie sieht das in der Praxis aus? Trifft der Kunde eine Kaufentscheidung, veranlasst das Erzielen der Einigung den Anbieter dazu, die Transaktion in Gang zu setzen. Im Zahlungsschritt wird das Geld an den Verkäufer übertragen. Bei der Lieferung wird das Produkt oder die Dienstleistung an den Käufer übertragen.

Wenn im Bonsing/Mann-Modell von einer Transaktion die Rede ist, umfasst das in unserer Terminologie die Teilprozesse Einigung und Zahlung. Wir definieren eine Transaktion als den Dreiklang aus Einigung, Zahlung und Lieferung, weshalb wir den Kaufprozess explizit um den Schritt Einigung erweitern.

Abbildung 11
„Risikospielraum" bei Remote-Transaktionen

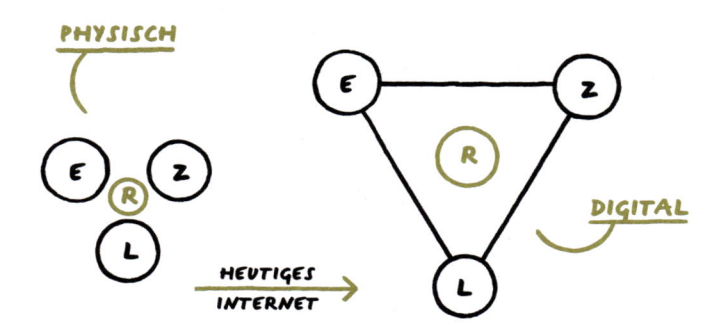

Zeitlicher Ablauf von Transaktionen

Nachdem die Zahlung und Lieferung durchgeführt worden sind, ist der Käufer der Eigentümer des Produkts und der Verkäufer der Eigentümer des Geldes. Bei einer physischen Transaktion findet die Übertragung oft gleichzeitig statt – Produkt und Geld werden zeitgleich übergeben. In einer digitalen Umgebung kann die Reihenfolge von Zahlung und Lieferung variieren. Manchmal erfolgt die Zahlung nach der Lieferung, manchmal vorher. Mit dem Aufkommen des Internets hat die Zahl der *Remote-Transaktionen* enorm zugenommen. In der Vergangenheit gab es solche Transaktionen ohne persönlichen Kontakt zwischen Käufer und Verkäufer nur im Katalog-Versandhandel. Es ist schwer vorstellbar, dass Aufträge damals handschriftlich auf Papierformularen oder telefonisch abgegeben wurden. Heute sind wir es gewöhnt, Einkäufe im Internet zu machen. Dennoch wird eine solche Remote-Transaktion in der Regel als riskanter empfunden als ein Einkauf in einem Laden. Es gibt mehr „Risikospielraum", der sich aus der Aufteilung der Transaktions-Trias ergibt: Der Käufer bestellt etwas, muss aber auf die Lieferung warten. Die Zahlung wurde bereits geleistet und der Käufer muss sich einfach darauf verlassen, dass das Produkt irgendwann in seinen Besitz übergeht. In jeder einzelnen Phase des Transaktionsprozesses besteht außerdem zusätzliche Unsicherheit, da es von der Bestellung bis zur Bestätigung eine Weile dauert. Die Lieferung wird veranlasst, aber es braucht einige Zeit, bis das Produkt tatsächlich ankommt. Die Zahlung wurde geleistet, aber kann sie rückgängig gemacht werden, wenn der Käufer mit dem Produkt nicht zufrieden ist? Das alles sind Faktoren, die in der Wahrnehmung beider Akteure die Unsicherheit bei einer Transaktion erhöhen.

Um ein klareres Bild zu erhalten, führen wir den Begriff *Synchronizität* ein: In welchem Umfang finden die Tauschhandlungen der beiden Akteure gleichzeitig statt? Wir haben bereits gesehen, dass jede Interaktion und jede Transaktion eine Mittelsperson erfordert. Das bedeutet im Gegenzug, dass jeder Austausch per Definition indirekt erfolgt und immer etwas – und sei es noch so wenig – Zeit benötigt.

In Wahrheit gibt es „Echtzeit" nicht. Bei Interaktionen und Transaktionen gibt es immer einen gewissen Zeitraum, der verstreicht, auch wenn er noch so kurz ist. Er kann so kurz sein, dass die Akteure den Austausch als „praktisch in Echtzeit" wahrnehmen, wie es zum Beispiel bei Telefongesprächen der Fall ist. Das wird *synchrone* Interaktion genannt. Wenn die Akteure deutlich eine Zeitspanne zwischen ihren Tauschhandlungen wahrnehmen, sprechen wir von einer *asynchronen* Interaktion. Das ist zum Beispiel der Fall, wenn wir eine E-Mail schicken und auf die Antwort warten müssen. Chatnachrichten, bei denen keine unmittelbare Antwort erfolgt, werden ebenfalls als asynchron bezeichnet. Synchronizität gilt für Interaktionen und Transaktionen. Abbildung 12 stellt den Unterschied zwischen synchronen und asynchronen Transaktionen dar.

Dank der Digitalisierung gibt es immer mehr Remote-Transaktionen – durch Austausche, die sich über einen längeren Zeitraum erstrecken und dadurch das wahrgenommene Risiko erhöhen und die Rolle der Mittelsperson stärken.

Abbildung 12
Synchrone versus asynchrone Transaktionen

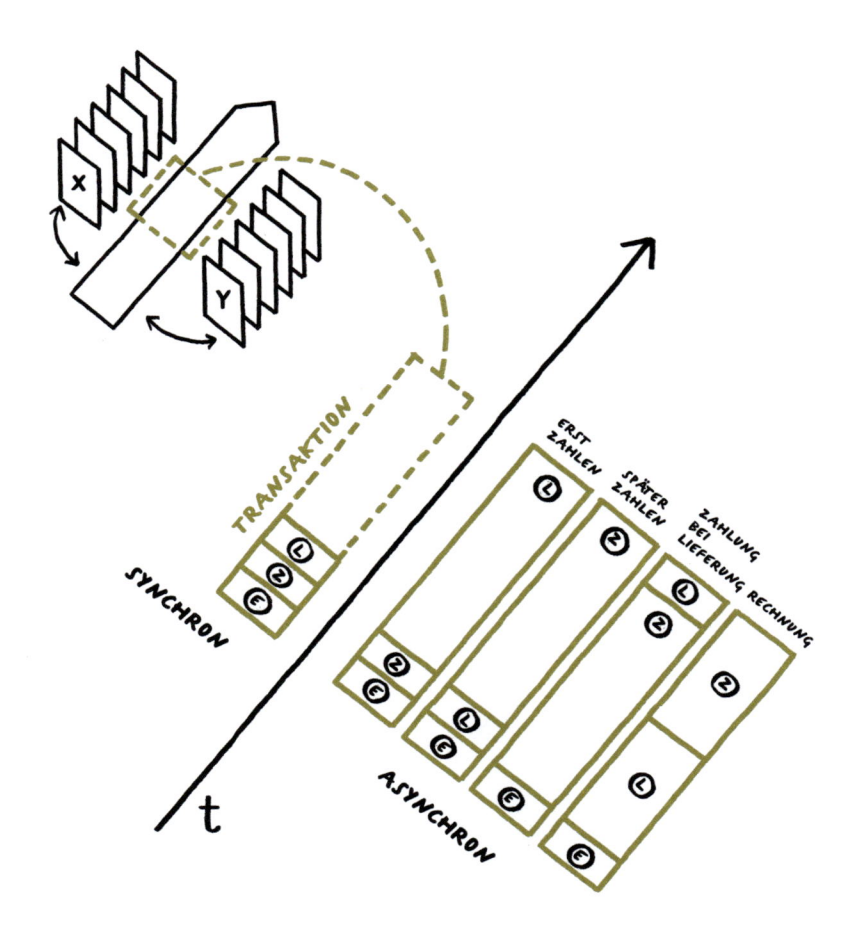

Oben sehen wir eine synchrone Transaktion, bei der die drei Teilprozesse (Einigung, Zahlung und Lieferung) praktisch gleichzeitig stattfinden, wie wir es von einem Laden oder einem Markt kennen. Sie nehmen sich das Produkt, das Sie kaufen wollen, bezahlen es und nehmen es mit. Das ist eine zeitgleiche Übergabe, bei der zwischen Einigung, Zahlung und Lieferung kaum Zeit vergeht. Sowohl der Käufer (X) als auch der Verkäufer (Y) erleben eine gleichmäßige Risikoverteilung. In den meisten Fällen findet der Distanzhandel jedoch asynchron statt. Die Schritte erstrecken sich über einen gewissen Zeitraum; die Reihenfolge kann sogar variieren. Beim Kauf von physischen Waren im Internet kann der Käufer sich fragen: „Wird das Produkt in Ordnung sein? Wird es überhaupt ankommen? Ich würde lieber erst bezahlen, nachdem ich die Ware bekommen habe. Also später."

Der Verkäufer hingegen kann sich sagen: „Ist die Identität des Käufers echt? Ist die Adresse richtig? Wird der Käufer bezahlen? Ich würde lieber im Voraus bezahlt werden." Es gibt also mehr Spielraum für Risiken, was die Akteure in der Regel umgekehrt empfinden. Der eine nimmt ein höheres Risiko wahr als der andere. In diesem Fall besteht eine wichtige Aufgabe der Mittelsperson darin, die bestehende Unsicherheit zu beseitigen.

Transaktionsdaten und Datentransaktionen

Wie der Prozess des Austauschs organisiert ist, ändert sich im Laufe der Zeit. Vor langer Zeit tauschten Menschen auf dem Markt zum Beispiel eine Kuh gegen ein Schwein. Später setzte sich Geld als allgemeine Währung durch. Mit dem Aufkommen des Internets hat der Handel eine enorme Dynamik entwickelt. Der Kaufprozess verlagert sich immer stärker in die virtuelle Welt. Jeder Schritt kann über eine Plattform durchgeführt werden. Über longitudinale Plattformen, wenn die Plattform mehrere Prozessschritte im Markt unterstützt, oder über transversale Plattformen, wenn die Plattform nur auf einen spezifischen Prozessschritt ausgerichtet ist.

Angesichts des immateriellen Charakters digitaler Interaktionen oder Transaktionen erzeugen sie unmittelbar Daten über den Austausch selbst. Wo wir uns in der analogen Welt Nachrichten eher einprägen müssen, kann in der digitalen Welt einfach alles aufgezeichnet werden. Wenn das passiert, zum Beispiel über Cookies, und diese Daten nutzbar gemacht werden, nennen wir diese Informationen *Transaktionsdaten*. Diese Daten geben der Mittelsperson Einblick in das Verhalten der Nutzer. Diese Informationen kann die Mittelsperson nutzen, um potenzielle Käufer für ihren eigenen Kaufprozess

Die Transaktionsdaten, die bei jedem digitalen Austausch entstehen, haben einen Wert, der in einer Transaktion eingesetzt werden kann. Und so entstehen Datentransaktionen.

oder den anderer Anbieter zu beeinflussen. Deshalb stellen Transaktionsdaten einen Wert dar. Und in Kombination mit personenbezogenen Daten der Nutzer sind diese Transaktionsdaten noch wertvoller.

Wir unterscheiden zwei Arten von Transaktionsdaten: *Eingabedaten* und *Ausgabedaten*. Die erste Kategorie macht eine Transaktion erst möglich; es handelt sich um Daten *für* Transaktionen. Das wären zum Beispiel personenbezogene Daten, um die Identität und Authentizität der Akteure zu verifizieren. Ausgabedaten hingegen können als „Beleg" der Transaktion gesehen werden. Sie sind Daten *über* Transaktionen. Wenn Transaktionsdaten von einer Plattform gekauft werden oder wenn ein Nutzer Daten als Tauschobjekt nutzt, entstehen *Datentransaktionen* – zum Beispiel, wenn ein Nutzer sich bei einer Plattform registriert und im Gegenzug für einen hochwertigen digitalen Dienst einige personenbezogene Daten preisgibt. Das kann so aussehen, als wäre es kostenlos – aber tatsächlich zahlt der Nutzer, und zwar mit seinen Daten. Auch wenn kein klassisches Geld den Besitzer wechselt, können diese Arten von *Daten-gegen-Daten*-Tauschgeschäften ebenfalls als Transaktionen betrachtet werden. Und sie finden bereits in großem Umfang statt. Es hat sich gezeigt, dass Transaktionsdaten sehr wertvoll sind. Transaktionsdaten können erst verwendet werden, wenn ermittelt wurde, wem sie gehören – wer also der Eigentümer der Daten ist. Da an jeder Transaktion immer zwei Akteure beteiligt sind, können die Ausgabedaten niemals das exklusive Eigentum einer Partei sein. Beide Parteien sind per Definition Eigentümer der Daten aus ihrer wechselseitigen Interaktion. Das an sich macht die Sache schon komplizierter. Und es ist noch nicht alles. Zunächst muss festgestellt werden, welche Parteien an dem Austausch beteiligt sind.

Jeder digitalen Transaktion liegt eine Datenschicht zugrunde, die einen eigenen Wert darstellt, und die Plattform ist eine der Anspruchsberechtigten auf diese Datenschicht.

Wir wissen bereits, dass es bei einer Transaktion eine Zahlung und eine Lieferung zwischen den Akteuren X und Y gibt und dass die Plattform als Intermediär agiert. Bei digitalen Transaktionen gibt es dazu eine zweite Schicht, die jeder Transaktion zugrunde liegt: die *Datenschicht*. Hier findet der Austausch zwischen jedem Akteur und der Plattform statt. Auf dieser Ebene übt die Plattform nicht länger die Rolle des Vermittlers aus, der die Transaktion ermöglicht, sondern wird selbst zum Akteur bei den Interaktionen mit den Akteuren auf beiden Seiten. Auf diese Weise erwerben Plattformen im Gegen-

FALLBEISPIEL
Libra. Eine bloße Währung? Oder eine erste, gescheiterte Ausprägungsform des transaktionalen Internets?

Am 18. Juni 2019 kündigten Facebook und 27 weitere Gründungsmitglieder der Libra Association ihre Pläne zur Einführung von Libra an – einer einfachen globalen Währung und Finanzinfrastruktur, die zum Jahr 2020 Milliarden von Menschen erreichen sollte. Diejenigen, die sich fragen, ob Libra ernst zu nehmen sei, sollten wissen: Innerhalb von sieben Tagen schaffte es die Währung auf die Tagesordnung der G7-Staaten, eine weitere Woche später richteten sich mehrere US-Kongressabgeordnete mit einem Brief an Facebook, in dem sie das Unternehmen zu einem Entwicklungsstopp von Libra aufriefen, und binnen eines Monats wurde Facebook zu einer Anhörung im US-Kongress zum Thema Libra vorgeladen. Und all das nur aus dem Grund, weil die Einführung einer Lösung geplant wurde.

Misstrauen
Das Misstrauen seitens der Politiker und Aufsichtsbehörden wurde durch die Anhörungen nicht verringert. Die politische Gegenreaktion war spürbar. Im Herbst 2019 zog sich eine erste Gruppe von Gründungsmitgliedern wieder zurück, Visa, Mastercard und Stripe. Die gesamte Libra-Idee stand zu sehr im Schatten der stark wahrnehmbaren Handschrift Facebooks. Schließlich ergriff Facebook die Initiative. Die Anstrengungen, das *T.R.U.S.T.-Framework* aufzubauen, schlugen fehl, weil die elementare Governance von Behörden und Politikern in Frage gestellt wurde. Deren Unterstützung war jedoch notwendig, weil Libra aufsichtsrechtlich überwacht werden sollte.

Diem
Ab diesem Zeitpunkt wurden die Anstrengungen darauf gelenkt, Wege zu finden, um wenigstens irgendetwas möglich zu machen, wodurch der ursprüngliche Plan stark verwässert wurde. Im Zuge dessen wurde Libra Ende 2020 in Diem umbenannt. Außerdem sollte die Währung auf US-Dollar beschränkt sein. Ursprünglich war die Verwendung eines internationalen Währungskorbs geplant.

Der nächste Schritt zurück war die Schließung des Schweizer Hauptsitzes und die Verlegung aller Tätigkeiten zurück in die USA. Die Zusammenarbeit mit der Bank Silvergate wurde in die Wege geleitet. Dabei handelt es sich um eine Bank, die sämtliche benötigten Lizenzen für die Ausgabe von Stablecoins hält und über die notwendige Erfahrung darin verfügt. Aber selbst dann erhielt Diem nicht die Genehmigung der Federal Reserve (Fed) für ihren ersten Piloten. Ende 2021 wurde das gesamte Projekt abgewickelt.

Libra war ein ernsthafter Versuch, eine neue Version des transaktionalen Internets Wirklichkeit werden zu lassen. Die Initiative scheiterte jedoch:

Vertrauen
Politiker und Gesetzgeber vertrauten dem Initiator des Projekts nicht. Ab diesem Punkt spielte es keine Rolle mehr, wie gut oder schlecht die Idee war.

Gemeinsamen Standpunkt
Regierungen und Zentralbanken rund um die Welt hatten keinen klaren und gemeinsamen Standpunkt bezüglich dieses Themas und – angesichts der Tatsache, dass eine dominierende Marktmacht eine große Rolle spielen würde, – seiner langfristigen Auswirkungen auf das Finanzsystem. Dies führte dazu, dass sie zögerten, entschieden zu handeln und Klarheit für die Marktteilnehmer zu schaffen.

Timing
Das Wichtigste scheint das Timing zu sein. Infolgedessen haben Regierungen und Zentralbanken weltweit ihre Anstrengungen erhöht, ihre eigenen neuen Infrastrukturen in Form von digitalem Zentralbankgeld *(Central Bank Digital Currencies, CBDC)* umzusetzen. Es kann als eine T.R.U.S.T.-Zahlungsinfrastruktur mit einer zentralisierten Governance betrachtet werden.

Das weiter gefasste (nicht nur auf Zahlungen beschränkte) transaktionale Internet wird wahrscheinlich von Web3-Initiativen angestoßen werden.

satz zu „normalen" Nutzern systematisch große Mengen an Daten. In diesem Sinne haben Plattformen gegenüber einzelnen Nutzern einen sehr großen Vorteil, wenn es darum geht, den Wert der Transaktionsdaten zu monetarisieren. Darüber hinaus kann dies ohne zusätzliche Kosten mit den gleichen Daten beliebig wiederholt werden. Dieses *Ungleichgewicht* beim Nutzen aus Daten wird zunehmend als ungerecht empfunden.

> Damit werden wir uns in den Kapiteln 4 und 5 näher befassen.

1.7 Auf dem Weg zum transaktionalen Internet

Auch wenn das Internet in vielerlei Hinsicht ein hypereffizientes Medium ist, haben wir bereits einige Male darauf hingewiesen, dass es nicht auf Anhieb für Transaktionen geeignet war. Vielmehr weist es in dieser Hinsicht einige Schwächen auf.

Ein gewisses Maß an gegenseitigem Vertrauen ist eine Voraussetzung für jeden Austausch zwischen Akteuren. Da die digitale Infrastruktur noch nicht vollkommen sicher ist, muss dieses Vertrauen erst einmal geschaffen werden. An diesem Punkt waren wir schon mal. Das Internet wird heute für viele verschiedene Zwecke genutzt und das notwendige Maß an Vertrauen schwankt je nach Art des Austauschs. Wenn Nutzer kostenlose wissenschaftliche Berichte online abrufen können, erfordert das deutlich weniger Vertrauen als wenn sie ihr Haus über eine digitale Plattform an völlig fremde Menschen vermieten.

Es hat eine Weile gedauert, bis das Internet für Handelsgeschäfte einigermaßen geeignet war. Erst in den letzten Jahren hat sich E-Commerce zu einem wesentlichen Teil der Wirtschaft entwickelt.

Um das zu verdeutlichen, hier ein paar Zahlen: 2016 machten Online-Transaktionen acht Prozent des weltweiten Umsatzes aus. Für 2025 wird ein Anteil von 25 Prozent erwartet.[5,6] Der weltweite E-Commerce-Umsatz wird für das Jahr 2025 auf 7,4 Billionen US-Dollar geschätzt, was einem Wachstum von 400 Prozent im Vergleich zu 2016 entspricht. In diesem Buch sprechen wir über das *transaktionale Internet* – die Phase, in der Transaktionen in der virtuellen Welt genauso einfach durchgeführt werden können wie in der realen Welt. Wir sind fast da, aber noch nicht ganz am Ziel. Zunächst müssen noch einige bestehende Hindernisse beseitigt werden.

Um die aktuellen Entwicklungen einzuordnen, beschreiben wir die Phasen, die das Internet seit seinen Anfängen bereits durchlaufen hat. Jede neue Phase umfasst neue Dimensionen und Chancen,

7,4 Billionen USD
Der weltweite E-Commerce-Umsatz wird für 2025 auf 7,4 Billionen US-Dollar geschätzt, ein Wachstum von 400 Prozent im Vergleich zu 2016.

Wir werden das in Kapitel 5 näher betrachten.

sodass das Medium immer ausgereifter wird und immer mehr Arten von Austausch ermöglichen kann.

Phase 1: Information

Zu Anfang war das Internet vor allem ein Informationskanal. Auf digitalen Seiten, die für alle zugänglich waren, konnte jeder Informationen veröffentlichen und lesen. Riesige Mengen an Informationen und Wissen wurden damit für die Öffentlichkeit verfügbar gemacht – ein großer Durchbruch. Daraus entwickelte sich eine idealistische Atmosphäre, in der vor allem Informationsgleichheit und Transparenz im Mittelpunkt standen. Bis dahin war Wissen stets das Vorrecht einer begrenzten Elite gewesen. Zum ersten Mal war Wissen jetzt demokratisiert. Jeder, der wollte, konnte online gehen und sich im Internet informieren oder etwas veröffentlichen – und das zu jedem beliebigen Thema.

In dieser Phase diente das Internet ausschließlich als Kanal, der Informationen effizient an ein Netzwerk von Lesern übermitteln konnte. Dabei war der Datenverkehr hauptsächlich einseitig: Eine zentrale Sendestelle konnte vielen Empfängern Informationen zur Verfügung stellen, aber die Empfänger hatten keine Möglichkeit, direkt zu reagieren[7].

Während der Informationsphase war die Verbreitung über das Internet eine Einbahnstraße und es gab nur begrenzte Möglichkeiten einer echten Interaktion.

Unternehmen führten in dieser Phase ihre eigenen Websites ein, ohne Möglichkeiten für weiterführende Interaktionen zu bieten. Diese Seiten waren wenig mehr als eine Online-Broschüre oder eine Werbetafel im Internet. Diese statische Form der Informationsbereitstellung lag üblicherweise in den Händen der Marketingabteilung. Die Website diente als zusätzlicher Verbreitungskanal für vorhandene Informationen, durch den die Nutzer selbst navigieren konnten. Für den Rest des Unternehmens lief das Geschäft einfach weiter. Ein typisches Beispiel für die Informationsphase des Internets ist die Website eines Unternehmens wie Philips im Jahr 1996. Hier wurde praktisch die Diskette mit Informationen ins Internet gestellt – und das wars.

Phase 2: Interaktion

Die zweite Phase des Internets wurde dann zum Teil dank der Beliebtheit der E-Mail eingeläutet und ermöglichte Interaktionen zwischen verschiedenen Nutzern im Netzwerk. Die Einführung des Breitbandinternets Anfang des Jahrtausends spielte dabei eine große Rolle. Dank der Beschleunigung des Datenverkehrs wurde nun auch der Zwei-Wege-Verkehr zur Realität. Eine der wichtigsten Folgen war, dass wir auf einmal so gut wie kostenlos mit der ganzen Welt kommunizieren konnten, da für diese Zwei-Wege-Kommunikation nur geringfügige Kosten anfielen. Von diesem Augenblick an wurde echte Interaktion möglich: Auf eine Frage folgte unmittelbar eine Antwort. Mit einer Suchmaschine wie Google förderte die Suche nach einem Stichwort alle verfügbaren und relevanten Informationen zu Tage. Alles konnte mit nur einem Klick auf den eigenen Bildschirm geholt werden, sodass sich das Internet uns gegenüber als eine einzige Einheit präsentiert und nicht als Sammlung von einzelnen Informationssätzen.

Das interaktive Internet war der Startschuss für große Plattformen wie Google und Amazon.

Von diesem Moment an konnte Kommunikation auf vielen verschiedenen Wegen stattfinden. Die Einbahnstraße der ersten Phase des Internets – mit einer zentralen Sendestelle, die Informationen für einen oder mehrere Empfänger zur Verfügung stellt – war immer noch eine Option. Die Anbieter konnten jetzt neue Technologien wie Cookies verwenden, um nachzuverfolgen, was die Empfänger ansahen. Diese Interaktion war für den Empfänger allerdings unsichtbar. Ebenfalls neu war, dass die Empfänger direkt oder später auf Informationen reagieren oder sogar selbst etwas hinzufügen konnten. Sie konnten außerdem Informationen verschicken oder weiterleiten, auf die dann andere Leute antworten konnten. Die Kommunikationen konnte eins zu eins oder zwischen verschiedenen Gruppen stattfinden. Der klassische Zielkonflikt zwischen Reichweite und Informationsfülle geriet ins Wanken. Zuvor hatten sich Unternehmen entscheiden müssen, ob sie entweder große Gruppen mit einer oberflächlichen Botschaft ansprechen wollten, zum Beispiel durch Fernsehwerbung, oder ob sie beispielsweise beim persönlichen Vertrieb intensiv mit einer ausgewählten Gruppe kommunizieren wollten; jetzt aber war es möglich, zu relativ niedrigen Kosten in den Dialog mit großen Gruppen von Menschen zu treten[8]. Auch Chatten wurde für alle verfügbar. So haben sich soziale Netzwerke wie MySpace und später Facebook, Snapchat, Twitter und Instagram entwickelt, die heute weltweit ein Begriff sind.

In dieser Phase führten viele bestehende Unternehmen auf ihren Websites eine *Direct-Response*-Option ein und schufen damit einen zusätzlichen Kommunikationskanal. Daraus ergab sich auch die Notwendigkeit, neue Arbeitsprozesse zu entwickeln. Unternehmen bekamen die Chance, ihre Kunden zielgerichteter bedienen zu können, indem sie die dargestellten Inhalte anhand von nutzerseitigen Variablen anpassten.

Um Vertrauen für Transaktionen im interaktiven Internet zu schaffen, brauchte es neue Mittelspersonen.

Beginn des E-Commerce

Während der interaktiven Phase wurden außerdem die Grundlagen für den Online-Handel geschaffen, der heute unter dem Namen *E-Commerce* bekannt ist. In vollständiger Analogie zum physischen Einkaufserlebnis kennt der E-Commerce einen Warenkorb und eine Kasse, um die Online-Transaktion abzuschließen.

Unternehmen, die die Chancen in dieser Phase optimal genutzt haben, unterstützen alle Phasen des Kaufprozesses mit Interaktionen über das Internet. Sie können dies entweder selbst tun oder gemeinsam mit anderen Plattformen, die das für sie organisieren. Sie stellen sicher, dass ihr Produktportfolio im Internet dargestellt wird und von potenziellen Kunden gefunden werden kann. Optionen wie Produktvergleiche und -bewertungen helfen den Kunden, eine Wahl zu treffen. Wird online eine Bestellung aufgegeben, wird diese sofort an das Backoffice geschickt, um dort direkt verarbeitet zu werden. Der gesamte Geschäftsprozess ändert sich – von der Vertriebsabteilung bis zur Finanzabteilung. Dieser digitale Wandel ist mittlerweile unaufhaltsam.

Die drei Teilprozesse einer Transaktion – Einigung, Zahlung und Lieferung – werden ebenfalls neu organisiert; neue Rollen mit vermittelnder Funktion entstehen. Ein breites Spektrum an Mittelspersonen stellt Teile des Transaktionsprozesses in digitaler Form über eine Plattform bereit. Als Institut schaffen solche Mittelspersonen das nötige Vertrauen, das für den Abschluss einer Transaktion vorhanden sein muss. Amazon beispielsweise bietet eine eigene Zahlungsmethode an. Das ist auch institutionelles Vertrauen. Wir vertrauen Amazon, dem Unternehmen. Das ist wichtig, da Menschen bei Online-Transaktionen, bei denen die Parteien sich nicht sehen oder kennen, ein größeres Risiko wahrnehmen als bei Transaktionen, die ausschließlich in der realen Welt stattfinden (zum Beispiel im lokalen Supermarkt). Erst wenn das wahrgenommene Risiko in der digitalen Welt strukturell beseitigt wird, werden wir die neue Phase des Internets erreicht haben. Im Gestaltungsabschnitt dieses Buchs werden wir anhand praktischer Arbeitsmodelle ausführlich erörtern, wie das geschehen kann.

Phase 3: Transaktion

Die große Frage ist also: Wie kann in der virtuellen Welt optimal Vertrauen geschaffen werden, sodass es keinen Unterschied macht, ob eine Transaktion online oder in der physischen Welt stattfindet? Anders gesagt: Wann erreichen wir die dritte Phase des Internets, die Transaktionsphase? Wie wir bereits wissen, war das Internet trotz aller Möglichkeiten, die es bietet, nicht grundsätzlich für Transaktionen ausgelegt. Diese Einschränkung hat findige Mittelspersonen aber nicht davon abgehalten, trotzdem über das aktuelle interaktive Internet Transaktionen zu ermöglichen. Im Gegenteil: Sie haben äußerst raffinierte Vertrauensmechanismen in ihre Plattformen integriert, um das möglich zu machen.

Die Gründer von Airbnb beispielsweise haben von Anfang an erkannt, dass sie Vertrauen zwischen Angebot und Nachfrage aufbauen müssen. Das war der Schlüssel zum Erfolg für ihre Plattform, die Menschen auffordert, völlig Fremde in ihre Wohnungen und Häuser zu lassen. Airbnb hat dieses Problem mit den verschiedensten Funktionalitäten auf seiner Plattform gelöst, die für das nötige Vertrauen sorgen. Dafür verlangt Airbnb eine beträchtliche Vergütung. Nichtsdestotrotz ist es als Lösung nicht ideal, denn es bedeutet, dass Vertrauen auf verschiedene Art und Weise auf individuellen Plattformen geschaffen wird, die auf dem geteilten interaktiven Internet aufbauen. Alles, was benötigt wird, um das notwendige Vertrauen zu schaffen, wird jetzt auf einer Art „digitalem Klebeband" zusammengebracht. Das ist solide und für den Moment ausreichend, aber keine langfristige Lösung. Nur wenn Vertrauen fest in der DNA des Internets selbst verankert ist, entsteht das neue transaktionale Internet, das unsere wirtschaftlichen Aktivitäten grundlegend verändern wird.

Das transaktionale Internet ist von Vertrauen in die Infrastruktur geprägt; Vertrauen ist im Netz verankert.

Das transaktionale Internet ist das Internet, das aus sich selbst heraus für Transaktionen geeignet ist. Der Knackpunkt ist, dass das Vertrauen zwischen den Akteuren im Netz verankert ist. Das kann man als Vertrauensinfrastruktur bezeichnen. Das Vertrauen ist Teil der grundlegenden Infrastruktur, unabhängig von irgendwelchen Mittelspersonen. Das jüngste Aufkommen von *Distributed Computing* (verteilten Systemen) und Blockchain-Technologie ist ein erstes Zeichen, dass es so etwas wie infrastrukturelles Vertrauen geben und dass das transaktionale Internet Wirklichkeit werden könnte. Die 2019 von Facebook angekündigte Blockchaininitiative Libra ist ein Schritt in diese Richtung. Vertrauen wird dann durch Technologie sichergestellt, die auf den unfehlbaren Gesetzen der Physik beruht, die ohne Ausnahme für alle gelten. Netzneutralität passt grundsätzlich gut dazu, da Gleichheit eine gute Grundlage für Vertrauen ist.

Was bedeutet das in der Praxis? Zunächst einmal wird der Bedarf an institutionellem Vertrauen, das von Mittelspersonen geschaffen wird, ganz von allein sinken. Wir sind weniger abhängig von Unternehmen und von Prozessen, die von Menschen durchgeführt werden. Darüber hinaus werden Transaktionen automatisch günstiger werden, wenn wir weniger stark an die Vertrauensmechanismen großer Plattformen gebunden sind. Das wird wiederum die Schwelle für den Abschluss solcher Transaktionen senken, sodass die Wirtschaft – deren Motor Transaktionen sind – volle Fahrt aufnehmen kann.

Abbildung 13
Das transaktionale Internet steht vor der Tür.

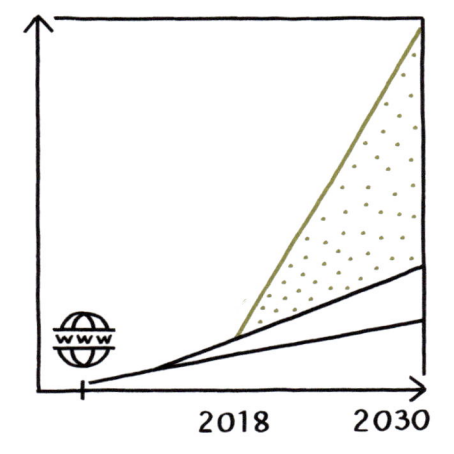

Wo stehen wir zurzeit?

Im Augenblick befinden wir uns in der Übergangsphase vom interaktiven zum transaktionalen Internet. Die Mittelspersonen, die die notwendigen Vertrauensmechanismen in ihre Plattformen integrieren, kurbeln diese Entwicklung gemeinsam an. Der Wendepunkt ist nah. Irgendwann wird es keinen Unterschied mehr geben zwischen Handel in der echten Welt und der digitalen Art, Geschäfte zu treiben[9]. Die beiden Welten nähern sich immer weiter an und werden schließlich vollständig integriert sein.

1.8 Zusammenfassung

In diesem Einführungskapitel haben wir die Grundlagen von Alles Transaktion umrissen.

- Die Konzepte *Interaktion* und *Transaktion* sind eng miteinander verbunden, vor allem im digitalen Bereich. Es gibt aber auch einige Unterschiede. In allen Fällen findet Austausch zwischen zwei *Akteuren* statt, die spezifische *Rollen* ausüben. Fast immer ist ein Intermediär beteiligt, der den Austausch ermöglicht. Die Rollen der Akteure können während des Prozesses tauschen (Interaktion) oder sind fest (Transaktion). Es muss ausreichend *Vertrauen* zwischen den beteiligten Parteien vorhanden sein, damit eine Interaktion zustande kommt. Das Vertrauen wird *implizit* (Interaktion) oder *explizit* (Transaktion) geschaffen. Darüber hinaus gibt es ein Intermediär, der den Austausch möglich macht, indem – unter anderem – Vertrauen aufgebaut wird.

- *Intermediäre* ermöglichen den Austausch zwischen zwei Akteuren. Wir unterscheiden drei Arten von Intermediären: Medien, Mittelspersonen und Plattformen. Ein *Medium* ist ein neutraler Träger von Interaktionen, zum Beispiel Luft, Äther oder Papier. Wenn ein Akteur, eine Organisation oder eine Partei als Intermediär auftritt, sprechen wir von einer *Mittelsperson*. *Plattformen* schließlich sind die „Fabriken" der Mittelspersonen und per Definition mit einer bestimmten Art von Medium verbunden; zum Beispiel eine Website oder ein Einkaufszentrum. Ein Medium kann unabhängig als Intermediär agieren, während eine Mittelsperson immer eine Plattform benötigt, die ein Medium nutzt.

- Ein Medium agiert grundsätzlich in Einklang mit den unfehlbaren Gesetzen der Physik. Aus diesem Grund können die Akteure sich darauf verlassen, dass der Austausch zwischen ihnen vertrauenswürdig ist. Das Internet ist insofern eine Ausnahme von dieser Regel, als dass es nur als reifes Medium funktionieren kann, nachdem wichtige Konstruktionsmängel behoben sind: Die Integrität der Datenübermittlung und die Authentizität der Akteure müssen sichergestellt sein. Zurzeit werden diese Risiken zu einem großen Teil von Mittelspersonen gesenkt, die Vertrauensmechanismen in ihre Plattformen integrieren. Wir nennen das *institutionelles Vertrauen*.

- Eine Mittelsperson, die eine Plattform betreibt, hat es per Definition mit Zweiseitigkeit zu tun, da sie zwei Akteure zusammenbringt und den Austausch zwischen ihnen ermöglicht. Können beide Akteure in ihren jeweiligen Rollen mit dem gleichen Angebot bedient werden, weil sie vergleichbare Bedürfnisse haben, sprechen wir von einem *symmetrischen Angebot*. Verlangen sie hingegen verschiedene Angebote, da sie unterschiedliche Bedürfnisse haben, nennen wir das ein *asymmetrisches Angebot*. Im letzteren Fall handelt es sich um einen *zweiseitigen Markt*.

- Jede Mittelsperson möchte in ihrem Markt Wachstum und Reichweite erzielen. Um mit symmetrischen Angeboten zu wachsen, reichen *direkte Netzwerkeffekte*. Jeder zusätzliche Nutzer erhöht den Wert für alle anderen Nutzer. Wachstum mit asymmetrischen Angeboten erfordert stets *indirekte Netzwerkeffekte*. Zusätzliche Nutzer auf beiden Seiten des Markts erhöhen den Wert für Nutzer auf der anderen Seite, in der Regel auf positive Art und Weise.

- Eine Mittelsperson, die eine Plattform betreibt, ist selbst keine Partei der Transaktion zwischen den beiden Akteuren, sondern macht diese nur möglich. Damit nimmt die Mittelsperson eine ganz andere Position ein als Mittelspersonen in einer *linearen Wertschöpfungskette*. Letztere sind Unternehmen, die selbst eine Risikoposition innerhalb der Beschaffungskette innehaben.

- Plattformen können entweder entlang einer Wertschöpfungskette arbeiten oder übergreifend über Wertschöpfungsketten hinweg. *Longitudinale Plattformen* sind auf eine lineare Wertschöpfungskette fokussiert oder ermöglichen mehrere Schritte des Kaufprozesses. *Transversale Plattformen* sind Plattformen, deren erzeugte Werte von anderen Plattformen wiederverwendet werden können. Sie agieren über Wertschöpfungsketten hinweg.

- Mittelspersonen haben zwei grundlegende Optionen, um ihre Plattform zu organisieren: das Hub-Modell und das Netzwerkmodell. Wenn die Mittelsperson selbst beide miteinander interagierenden Akteure bedient, sprechen wir von einem *Hub-Modell*. Wenn mehrere Mittelspersonen zusammenarbeiten, um die beiden miteinander interagierenden Akteure in ihren jeweiligen Rollen zu bedienen, ist das ein *Netzwerkmodell*. Die Nutzergruppe auf einer Seite kann häufig zwischen vielen Anbietern wählen und unabhängig davon, für welchen Anbieter sie sich entscheidet, mit allen Nutzern auf der anderen Seite interagieren.

- Um eine Transaktion abzuschließen, wird eine umfassende *Customer Journey* absolviert, die aus den folgenden Phasen besteht: *Bewusstsein*, *Abwägung*, *Kauf*, *Leistung* und *Bindung*. Teil davon ist der *Kaufprozess*, der wiederum sechs Schritte umfasst: *Entdeckung*, *Auswahl*, *Einigung*, *Zahlung*, *Lieferung* und *Kundendienst*. Der Verkäufer versucht, im Verlauf der Customer Journey so viele Interaktionen oder *Kontaktpunkte* wie möglich zu schaffen, um eine *Beziehung* aufzubauen.

- Im Rahmen des Kaufprozesses sind die drei Schritte *Einigung*, *Zahlung* und *Lieferung* untrennbar miteinander verbunden und bilden gemeinsam die *Transaktions-Trias*. Der Transaktionsprozess kann *synchron* (praktisch gleichzeitig) oder *asynchron* (zeitlich getrennt) ablaufen. Asynchrone Transaktionsprozesse werden aufgrund von Transaktionen in der digitalen Welt immer häufiger.

- Angesichts des immateriellen Wesens digitaler Plattformen erfordert jeder Austausch, der über eine Plattform abgewickelt wird, *Eingabedaten* und erzeugt im Gegenzug *Ausgabedaten*. Diese *Transaktionsdaten* stellen einen Wert dar, der als Tauschobjekt bei anderen Transaktionen eingesetzt werden kann. So entstehen *Datentransaktionen*.

- Jeder digitalen Transaktion liegt eine *Datenschicht* zugrunde, in der die Plattform als Akteur agiert. Diese Schicht hat selbst einen Wert, auf den die Plattform als einer der Akteure einen vollständigen Anspruch hat. Das eröffnet der Mittelsperson systematisch Zugriff auf alle Transaktionsdaten. In der Praxis gibt es hier ein *Ungleichgewicht*, wobei die Plattformen einen Vorteil gegenüber den Akteuren (einschließlich Nutzern und Unternehmen) haben.

– Innerhalb weniger Jahrzehnte hat sich das Internet als Medium von einem *Informationskanal* zu einem *interaktiven Medium* weiterentwickelt. Zurzeit stehen wir kurz davor, das Internet als *Transaktionsinfrastruktur* zu erreichen. Wir sprechen vom *transaktionalen Internet*. Im bestehenden Internet finden Transaktionen auf der Grundlage von *institutionelles Vertrauen* statt, das von Mittelspersonen mit ihren Plattformen geschaffen wird. Das transaktionale Internet, auf der anderen Seite, bietet *infrastrukturelles Vertrauen*, wobei das Vertrauen im Internet selbst verankert ist.

-ei

henne

KAPITEL 2
Die Dynamik der zweiseitigen Märkte

2.1 Einleitung

„Um einen zweiseitigen Markt zu entwickeln, müssen Sie immer zuerst das Henne-Ei-Problem lösen."

Erfolgreiche Unternehmen wie Twitter, TripAdvisor und Alibaba zeigen, dass das Internet das perfekte Medium ist, damit Mittelspersonen und ihre Plattformen gedeihen können. Das Internet bietet die optimale Infrastruktur, um viele verschiedene Nutzer schnell und effizient zusammenzubringen. Die Mittelsperson positioniert sich und ihre Plattform als Brücke zwischen den Nutzern und ermöglicht ihnen, mithilfe des Plattformangebots miteinander zu interagieren. Aus dieser Position heraus hat die Mittelsperson es immer mit „Zweiseitigkeit" zu tun. Die Twitter-Plattform beispielsweise bringt Verfasser und Leser von ultrakurzen Blogs zusammen, während Airbnb Gäste und Gastgeber, die Unterkünfte anbieten, zusammenführt. Als digitaler Marktplatz macht Alibaba das Gleiche und unterstützt die Käufer und Verkäufer aller möglichen Produkte, während die Plattform an den Gewinnen beteiligt wird. Wie wir bereits gesagt haben, sind die Bedürfnisse der Nutzer in der Rolle, die sie bei wechselseitigen Interaktionen oder Transaktionen einnehmen, von entscheidender Bedeutung. Das gilt nicht nur, weil diese Bedürfnisse erfüllt werden müssen, um sicherzustellen, dass alle die Plattform nutzen wollen, sondern auch, weil die verschiedenen Nutzergruppen anhand dieser Bedürfnisse unterschieden werden können. Es sind die unterschiedlichen Bedürfnisse der einzelnen Nutzergruppen, die schließlich zu asymmetrischen Marktangeboten führen und die Zweiseitigkeit auf Marktebene etablieren werden. In diesem Fall haben wir einen sogenannten *zweiseitigen Markt*.

Zweiseitige Märkte haben weitreichende Folgen für die Art und Weise, wie ein Unternehmen organisiert ist. Jede Mittelsperson in einem zweiseitigen Markt ist beispielsweise mit dem Henne-Ei-Dilemma konfrontiert: Jede neue Plattform beginnt praktisch ohne Nutzer auf beiden Seiten des Marktes. Gleichzeitig wird eine Plattform aber für die Nutzer auf einer Seite des Marktes nur relevant, wenn es ausreichend hohe Nutzerzahlen – Reichweite – auf der anderen Seite gibt.

Kein Produzent will seine Filme und Sendungen auf Netflix zeigen, wenn es keine Zuschauer gibt, die seine Inhalte ansehen. Andererseits

IM FOKUS
Einseitige und mehrfach zweiseitige Märkte

Aus Gründen der Vollständigkeit sei gesagt, dass häufig von einem *einseitigen Markt* gesprochen wird, wenn Benutzerbedürfnisse von einer Plattform mit einem symmetrischen Angebot erfüllt werden können. Beispiele sind Telefonie, Chatten, soziale Medien usw. Ein einseitiger Markt ist aber nichts Besonderes: Im Prinzip ist jeder Markt von Angebot und Nachfrage einseitig, auch ohne Plattform, beispielsweise in linearen Handelsketten. Darüber hinaus gibt es *mehrfach zweiseitige Märkte*, die mehr als einen Satz von zwei verschiedenen Nutzergruppen umfassen. Beispiele dafür sind unter anderem Facebook, wo Werbetreibende für ihre Anzeigen Zugang zu Nutzern erhalten, und Websites, auf denen Besucher sich mit ihrem Facebook-Account einloggen können. Zwei zweiseitige Märkte auf einer Plattform.

seits wird die Plattform keine Zuschauer gewinnen, wenn es nichts anzusehen gibt. Airbnb hatte am Anfang ein ähnliches Problem: Wenn es nicht genug Anbieter von Unterkünften auf der Website des Unternehmens gibt, wird niemand, der eine Reise plant, dort ein Zimmer buchen. Potenzielle Gastgeber hingegen werden die Plattform eher nicht nutzen, wenn nicht genug potenzielle Gäste die Website besuchen. Es ist Aufgabe der Mittelsperson, dieses Dilemma zu lösen – und zwar mit einem geeigneten Ansatz, der sich von Unternehmen unterscheidet, die Teil einer linearen Kette sind.

In diesem Kapitel werden wir die Grundlagen zweiseitiger Märkte erörtern, die für alle Mittelspersonen gelten, die in solchen Märkten tätig sind beziehungsweise solche Märkte bedienen. Jedes Unternehmen muss jedoch seine eigene Lösung finden. Bisher gibt es keine universelle Schablone, die für alle passt.

Wir stellen zunächst die Rolle der Mittelsperson anhand von Beispielen aus der physischen Welt vor: dem klassischen Markt und dem Einkaufszentrum. Dann richten wir unseren Blick auf die Kernkonzepte, die auf einen zweiseitigen Marktansatz zutreffen. Wir werden zeigen, dass eine Mittelsperson ein passendes Angebot für beide Zielgruppen entwickeln muss, das Interaktionen möglich macht. Der Betreiber der Plattform muss dann ausreichend Reichweite erzielen, um das Henne-Ei-Problem zu lösen. Bei diesem Prozess spielen Netzwerkeffekte eine entscheidende Rolle, um einen schnellen Anstieg der Besucherzahlen zu erzeugen. Wir werden sehen, dass sowohl die Art des Angebots als auch der Preis erheblichen Einfluss auf die Netzwerkeffekte für beide Zielgruppen haben. Mittelspersonen, die mit ihren Plattformen Transaktionen ermöglichen, müssen Nutzer überzeugen, einen Anfang zu machen, indem sie sich registrieren und personenbezogene Daten angeben. Durch die Registrierung und die Validierung von Informationen während des Onboarding-Prozesses ist es möglich, Vertrauen zwischen den Nutzern der Plattform zu schaffen. Schließlich befassen wir uns mit den Schwachstellen und Risiken für eine Plattform und der Frage, wie zweiseitige Märkte in Europa umstrukturiert und reguliert werden. In diesem Zusammenhang diskutieren wir Themen wie Liberalisierung und Datenkontrolle im Prozess.

2.2 Die Rolle der Mittelsperson

Mittelspersonen sind die treibende Kraft hinter jeder Plattform. Sie entwerfen ihre Plattform für ihren Markt und lösen dynamische Vorgänge aus, die dafür sorgen, dass die Plattform funktionieren kann. Die zugrunde liegenden Prinzipien einer digitalen Plattform unterscheiden sich nicht von denen einer physischen Plattform. In der digitalen Welt sind allerdings die Dimensionen, die Geschwindigkeit und die Möglichkeiten um ein Vielfaches größer. Deshalb können erfolgreiche digitale Plattformen eine sehr beherrschende Position einnehmen.

Die Konzepte von zweiseitigen Märkten und Plattformen sind, wie bereits erwähnt, untrennbar miteinander verbunden. Wenn wir noch einmal Abbildung 3 im ersten Kapitel betrachten, sehen wir, dass Plattformen immer wechselseitige Interaktionen zwischen zwei Akteuren ermöglichen. Die Akteure haben in der Regel den Eindruck, dass sie miteinander interagieren, auch wenn sie das per Definition nicht tun. Die Mittelsperson bedient beide Akteure in ihren spezifischen Rollen mit einem Plattformangebot. Wir werden das anhand von drei unterschiedlichen Beispielen erklären: dem klassischen Markt, dem Einkaufszentrum und Airbnb.

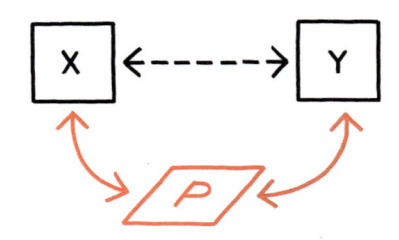

Abbildung 14
Eine Plattform als Intermediär

Der klassische Markt ist praktisch die Urform eines zweiseitigen Marktes, wobei die Plattform eine Reihe von Marktständen ist, an denen den Marktbesuchern verschiedene Waren angeboten werden. Der Albert-Cuyp-Markt in Amsterdam ist der bekannteste Straßenmarkt in den Niederlanden und begann Anfang des 20. Jahrhunderts als eine lose Ansammlung von Straßenverkäufern und Handkarren in den Straßen der niederländischen Hauptstadt. Das führte zu Chaos, sodass die Stadt entschied, einen freien Markt zu eröffnen, der ursprünglich nur samstagabends stattfand. Einige Jahre später wurde er zum Tagesmarkt. Noch heute gehört er zu den belebtesten Märkten Europas. In diesem Beispiel agierte der Gemeinderat als Mittelsperson und ermöglichte die Plattform. Die Intervention bestand zunächst nur darin, einige Straßen in Amsterdam auszuweisen, auf denen Verkäufer zu bestimmten Zeiten ihre Waren verkaufen konnten. So entstand die Plattform und es waren die Voraussetzungen dafür geschaffen, dass Handel stattfinden konnte. Für Besucher ist es gut zu wissen, wann bestimmte Produkte angeboten werden. Und für die Lieferanten ist es bequem, wenn die Mittelsperson die Infrastruktur bereitstellt und den Markt bewirbt und damit Besucher anzieht.

Im Falle eines Einkaufszentrums geht die Rolle der Mittelsperson darüber hinaus. Unternehmen, die ein Einkaufszentrum betreiben, vermieten Immobilien, die für ihren Zweck vollständig ausgerüstet sind – an einem guten Ort, mit der richtigen Anziehungskraft und zu einer angemessenen Miete. Der Betreiber hat bereits Parkplätze, Heizung, Toiletten und eine Kantine bereitgestellt, sodass sich die Einzelhändler darüber keine Gedanken machen müssen. Darüber hinaus wird das Marketing für ein Einkaufszentrum zentral organisiert, sodass die Ladenbetreiber sich nicht selbst darum kümmern und ihr Geld doppelt ausgeben müssen. Die Bereitstellung einer funktionierenden Infrastruktur ist für das Geschäft der einzelnen Ladenbetreiber von entscheidender Bedeutung, auch wenn das für sich genommen nicht ausreicht, um ihnen einen Wettbewerbsvorteil zu verschaffen. Auf der anderen Seite kann der Betreiber des Einkaufszentrums, wenn er seine Sache gut macht, attraktive Läden gewinnen und damit viele Käufer anziehen.

> **Eine digitale Plattform funktioniert nach den gleichen Grundsätzen wie ein Straßenmarkt, die Mittelsperson, die eine solche Plattform bereitstellt, hat allerdings eine umfangreichere Rolle.**

Während eine digitale Plattform wie Airbnb nach den gleichen Grundsätzen funktioniert, geht die Rolle der Mittelsperson darüber hinaus. Auf einer digitalen Plattform wissen die Akteure nicht, ob die anderen Akteure wirklich die sind, die sie vorgeben zu sein. Deshalb werden sie stärker zögern, Geschäfte miteinander zu tätigen. Das bedeutet, dass die Mittelsperson das nötige Vertrauen aufbauen und anschließend sicherstellen muss, dass alle Voraussetzungen vorhanden sind, um reibungslose Transaktionen sicherzustellen. Airbnb tut das unter anderem, indem Besucher auf beiden Seiten des Marktes sich zunächst registrieren und ihre Angaben bestätigen müssen, bevor sie die Plattform benutzen dürfen. Dank intelligenter Suchmechanismen können Gäste immer einen Einblick in das Angebot gewinnen, aber sie können erst nach dem erfolgreichen Onboarding Transaktionen durchführen. Die gesamte Kommunikation zwischen einem potenziellen Gast und Gastgeber wird daher über die Plattform abgewickelt, auch wenn sie das Gefühl haben, direkt miteinander zu interagieren. Kommt es zu einer Transaktion, zahlt der Gast an die Plattform, die nach Abzug einer Gebühr den Gastgeber bezahlt.

Es gibt große Unterschiede zu einem Straßenmarkt, auf dem Sie sich nicht identifizieren müssen, um Zugang zu erhalten. Sie müssen nicht mit dem Marktmanager darüber sprechen, welche Äpfel Sie kaufen wollen, und Sie müssen sich auch keine Ratschläge dazu anhören, welchen Stand Sie am besten besuchen sollten. Es wäre außerdem sehr seltsam, wenn man nicht an jedem einzelnen Stand, sondern nur an einem zentralen Punkt bezahlen könnte. Und es wäre völlig unvorstellbar, herauszufinden, dass der Marktmanager erst selbst einen beträchtlichen Anteil an der erhaltenen Summe einstreicht, bevor er das Geld am Ende des Tages an die Standbetreiber weitergibt.

In der aktuellen Phase des Internets finden wir es jedoch nicht komisch, wenn eine Mittelsperson als Betreiber einer digitalen Plattform diese Position einnimmt. Das ist eine direkte Folge davon, dass es dem Internet als zugrunde liegender Infrastruktur an Transparenz fehlt. Wir können nie hundertprozentig sicher sein, mit wem wir es zu tun haben – ganz egal wie sehr sich die Plattform bemüht, das herauszufinden. Das gilt gleichermaßen für Käufer und Verkäufer. Wir vertrauen allein der Mittelsperson, deren Aufgabe es ist, dieses Vertrauen zu schaffen. Deshalb üben die Mittelspersonen in der digitalen Welt eine deutlich umfassendere Funktion aus als in der physischen Welt. Praktisch alle Interaktionen finden über die digitale Plattform statt, auch wenn die Akteure vielleicht wie bei Airbnb den Eindruck haben, sie würden direkt miteinander interagieren.

2.3 Angebote

Es ist das Ziel jeder Plattform, ein Problem beim Austausch zwischen zwei Parteien zu lösen. Bei allen Arten von Austausch gibt es Hindernisse, die zwei Akteure davon abhalten, direkt über ein Medium zu interagieren. Wie wir an den Beispielen aus dem vorherigen Abschnitt ablesen können, können das je nach Art des Marktes unterschiedliche Hindernisse sein. Wenn wir die andere Partei nicht sehen, ihr nicht in die Augen schauen und ihr nicht die Hand schütteln können und ein unmittelbarer Austausch von Produkt gegen Geld stattfindet, lässt das Raum für Unsicherheit. Das ist für gewöhnlich bei Distanzhandel oder in der digitalen Welt ganz normal. Es ist Aufgabe der Mittelsperson, Unsicherheiten zu erkennen und zu beseitigen, sodass die beiden Akteure interagieren können – so schafft sie Mehrwert. Um diesen Mehrwert zu liefern, muss die Mittelsperson genau wissen, welches Problem ihre Plattform lösen soll.

Ach, wie schmerzt doch jede Zahlung.
– Lord Byron

Wegen dieser Kernfunktion kann die Mittelsperson *Angebote* für beide Seiten des Marktes machen. Diese Angebote sind Produkt- und

Dienstleistungspakete, die Mehrwert für die jeweilige Nutzergruppe – und letzten Endes auch für die Mittelsperson selbst – schaffen. Die Kernfunktion eines Einkaufszentrums zum Beispiel ist es, Käufer und Verkäufer an einem physischen Ort zusammenzubringen. Dazu entwickelt die Mittelsperson ein Mietangebot für den Einzelhändler, beispielsweise eine optimale Mischung aus Ort, Höhe der Miete und Gebäudemerkmalen. Wir haben bereits erwähnt, dass das für Transaktionen komplexer ist als für Interaktionen und wie sich das auf die Komplexität und Skalierbarkeit einer Plattform auswirkt.

Symmetrie

Bevor eine Mittelsperson damit beginnt, Angebote zu entwickeln, muss sie die Dynamik des Austausches verstehen, den sie ermöglichen will. Im Kern gibt es immer Asymmetrie: Um sicherzustellen, dass eine Interaktion effektiv ist, müssen die Akteure per Definition umgekehrte Funktionen haben. Das heißt zum Beispiel, wenn X redet, hört Y zu. Für die Mittelsperson macht es einen großen Unterschied, ob sie das gleiche Angebot für beide Akteure nutzen kann oder ob sie zwei verschiedene Angebote entwickeln muss, damit ein Austausch zustande kommt. Um dieses Konzept zu erklären, haben wir im ersten Kapitel die Begriffe *Symmetrie* und *Asymmetrie* eingeführt. Die Frage ist jetzt, ob die Mittelsperson die Funktionalität für beide Rollen in einem Angebot verpacken kann. Bei Interaktionen ist das oft möglich, da eine Interaktion aus einem Prozess besteht, bei dem beide Akteure leicht die Rollen tauschen können. Das ist zum Beispiel bei einem Telefonanruf der Fall – an einem Tag können Sie einen Freund anrufen, am nächsten Tag kann dieser Freund Sie anrufen. Das Gleiche gilt für soziale Medien, in denen Sie entweder einen Beitrag posten oder die Beiträge anderer Menschen lesen können. In beiden Fällen kann die Mittelsperson den Nutzern das gleiche Tool anbieten, das die Funktionalität für beide Rollen umfasst. In diesem Zusammenhang reicht es aus, ein symmetrisches Angebot zu machen.

Abbildung 15
Symmetrisches Angebot für Telefonate

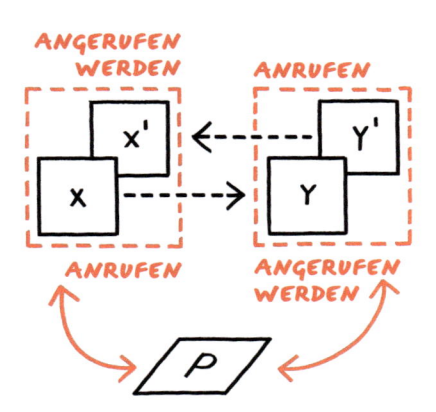

Eine Transaktion hat immer →

← zwei Seiten.

Will eine Mittelsperson Transaktionen ermöglichen, ist die Sache allerdings komplizierter. Jetzt müssen drei verschiedene Prozesse durchlaufen werden – Einigung, Zahlung und Lieferung –, bei denen die beiden Akteure jeweils eine feste Rolle einnehmen. Dazu benötigen sie eigene spezifische Tools. Es werden asymmetrische Angebote benötigt. So kann ein Käufer über die Funktionalität verfügen, eine Zahlung zu leisten (zum Beispiel ein Bankkonto und eine Karte, mit der er bezahlen kann), während der Verkäufer seine eigene Funktionalität sowie Tools hat, um die Zahlung zu empfangen (zum Beispiel ein Bankkonto und ein Kartenlesegerät). Ein weiteres Beispiel ist eine Plattform wie Google, über die Nutzer Zugang zu einer Suchfunktion haben, mit der sie die gewünschten Informationen schnell und effizient finden können, während Werbetreibende Funktionen nutzen können, mit denen sie bestimmte Nutzer gezielt anhand festgelegter Kriterien mit Werbung ansprechen können. Mittelspersonen, die Transaktionen ermöglichen, müssen selbstverständlich auf beide Seiten ihres Marktes eingehen, weil beide Akteure ihre eigenen festen Bedürfnisse haben.

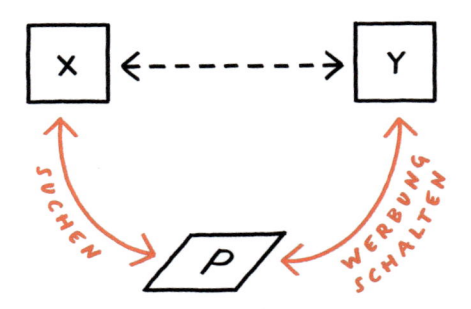

Abbildung 16
Die asymmetrischen Angebote einer Suchmaschine

Bei Plattformen kommen häufig symmetrische und asymmetrische Angebote zum Einsatz. Bei LinkedIn beispielsweise können alle Nutzer ihr berufliches Profil – im Prinzip ihren Lebenslauf – online veröffentlichen und das symmetrische Angebot nutzen, um sich kostenlos mit anderen zu verbinden. Eine zweite Gruppe besteht aus Recruitern und Headhuntern, die verschiedenste Arten von Tools für eine sehr viel umfangreichere und eingehendere Suche in diesen Profilen verwenden und gezielt Kontakt zu potenziellen Kandidaten aufnehmen können. Ihnen stehen eine andere Schnittstelle und andere Tools zur Verfügung und sie bezahlen LinkedIn für das Angebot.

Viele erfolgreiche Plattformen haben mit einem eigenständigen oder symmetrischen Angebot für eine Zielgruppe begonnen. Diese Arten von einseitigen Plattformen sind in der Regel einfacher zu entwickeln und zu skalieren.

IM FOKUS
Eigenständige Angebote

Es gibt auch sogenannte eigenständige Plattformangebote, die einem Nutzer Mehrwert bieten, ohne dass eine Interaktion mit einem anderen Nutzer stattfindet. Beispiele sind Dropbox, Box.net oder persönliche Datenspeicher. Solche Plattformen bieten Nutzern eine sichere Speichermöglichkeit für digitale Dokumente in verschiedenen Formaten. Nur für den Nutzer. Zumindest zu Anfang, da solche Plattformen oft interaktive Sharing-Funktionen entwickeln, die Nutzern ermöglichen, ihre Inhalte mit anderen zu teilen.

Anfänglich zieht die Größe der Nutzergruppe andere Nutzer an (*direkte* oder *gleichseitige Netzwerkeffekte*), in der nächsten Phase dann eine (oder mehrere) andere Nutzergruppe(n), für die asymmetrische Angebote entwickelt werden (*indirekte* oder *kreuzseitige Netzwerkeffekte*). Das führt irgendwann zu (mehrfach) zweiseitigen Plattformen und weiterer Wachstumsbeschleunigung. Eine Plattform wie Uber stellt Fahrern ein anderes Angebot bereit als Fahrgästen, sodass es sich um eine zweiseitige Plattform mit einem asymmetrischen Angebot handelt. Das Gleiche gilt für Netflix, Amazon und PayPal, die beide Seiten ihrer jeweiligen Märkte mit eigenen Tools versorgen. Wir haben bereits Werbetreibende als zweite Nutzergruppe bei Facebook angesprochen. Andere Plattformen wie die Websites von Zeitungen, auf denen Abonnenten mit ihrem Facebook-Konto Zugang zu allen Inhalten erhalten, können als dritte Nutzergruppe von Facebook betrachtet werden. Durch Verwendung des gleichen Tools können sich Nutzer mehrerer Plattformen leichter auf den einzelnen Plattformen einloggen. Skype Wi-Fi ist ein weiteres Beispiel. Mit dieser Funktion erhalten Skype-Nutzer weltweit WLAN-Zugang und bezahlen die Nutzung über ihr Skype-Konto. Damit wurden WLAN-Anbieter zu einer zweiten Nutzergruppe für Skype und definierten Skype neu als eine zweiseitige Plattform mit symmetrischen und asymmetrischen Angeboten. Das ist allerdings jetzt ein Stück Vergangenheit, da Skype diese Funktionalität nicht mehr anbietet[1]. Amazon schließlich bietet Käufern und Verkäufern eine eigene Bezahlfunktion, die auch von Verkäufern außerhalb der Plattform genutzt werden kann. Das bedeutet, dass eine dritte Gruppe ebenfalls mit einem eigenen asymmetrischen Angebot bedient wird. Tabelle 2 enthält weitere Beispiele von Plattformen mit eigenständigen, symmetrischen und/oder asymmetrischen Angeboten.

Die Bedeutung des Onboardings

Eine wichtige Aufgabe von Mittelspersonen besteht darin, Vertrauen zu schaffen – insbesondere, wenn sie in der digitalen Welt tätig sind. Für Online-Nutzer ist es schwierig zu wissen, mit wem sie es auf der „anderen Seite" zu tun haben. Es ist schwer, die Identität eines Akteurs festzustellen. Daraus ergibt sich ein Risiko. Auf der anderen Seite muss sich auch die Plattform der Identität des beteiligten Akteurs versichern. In ihrem eigenen Interesse, aber auch, um die Transaktion zwischen ihren Nutzern ermöglichen zu können. Das Risiko ist ein ernsthaftes Hindernis, das Mittelspersonen größtenteils aus dem Weg räumen können. In den allermeisten Fällen ist es Teil des Marktangebots der Plattform, Vertrauen zu schaffen. Der erste Schritt in diesem Prozess besteht darin, sich zu registrieren. Das wird auch als *Onboarding* bezeichnet. Wir alle kennen die Registrierungsverfahren von Plattformen wie Airbnb und Uber, die man „durchlaufen" muss, bevor man ein Zimmer oder eine Fahrt buchen kann. Die Mittelsperson stellt sicher, dass Akteure bei der ersten Registrierung Angaben zu ihrer Person machen, und kann so mit relativer Sicherheit die Identität dieser Akteure feststellen.

TABELLE 2
Beispiele von Plattformen mit symmetrischen und asymmetrischen Angeboten

Plattform	Akteur X	Akteur Y	Akteur Z	Art des Angebots
Uber	Fahrgäste	Fahrer		Asymmetrisch
eBay	Käufer	Verkäufer	Werbetreibende	Symmetrisch für Käufer und Verkäufer, asymmetrisch für Werbetreibende
Skype	Anrufer	Menschen, die angerufen werden		Symmetrisch
Netflix	Zuschauer	Produzenten (einschließlich der Plattform selbst)		Asymmetrisch
Amazon.com	Käufer	Produzenten (einschließlich der Plattform selbst)		Asymmetrisch
Amazon Pay	Zahlende	Zahlungsempfänger		Asymmetrisch
Facebook	Nutzer, die Inhalte posten	Nutzer, die Inhalte lesen	Werbetreibende	Symmetrisch für Nutzer, die Inhalte posten und lesen, asymmetrisch für Werbetreibende
Facebook-Login	Nutzer, die auch Nutzer anderer Plattformen sind	Andere Plattformen, deren Nutzer auch Facebook-Nutzer sind		Asymmetrisch
LinkedIn	Nutzer, die Verbindungen knüpfen	Nutzer, die Verbindungen annehmen	Recruiter	Symmetrisch für Nutzer, asymmetrisch für Recruiter
Dropbox	Nutzer, die Dokumente speichern	Nutzer, mit denen Dokumente geteilt werden		Eigenständig für Nutzer, symmetrisch für das Teilen von Dokumenten
PayPal	Nutzer, der eine Zahlung leistet; Zahlender	Nutzer, der eine Zahlung erhält; Zahlungsempfänger	Sonstige Plattformen	Asymmetrisch

Das Gewicht und die Komplexität des Onboarding-Prozesses hängen von der Art der Dienstleistung ab, die auf der Plattform angeboten wird. Der Finanzsektor beispielsweise unterliegt vielen Vorschriften, auch in Bereichen wie Zahlungen und Datenschutz. Das bedeutet, dass Plattformen, die Zahlungstransaktionen ermöglichen, gesetzlich verpflichtet sind, die Identität ihrer Nutzer festzustellen. Dementsprechend werden sie einen seriösen Registrierungs- und Identifizierungsprozess anwenden, dessen Ergebnisse herangezogen werden, um die Identität der Nutzer während der verschiedenen Schritte der folgenden Transkationen zu ermitteln und zu überprüfen.

Die Registrierung auf einer Plattform wie Airbnb ist wegen der gesetzlichen Pflichten also vergleichsweise aufwendig. Die Identität der Nutzer wird auf unterschiedliche Art und Weise überprüft. Wenn Nutzer anfangen, mehr von den Funktionen einer Plattform zu nutzen und Transaktionsrisiken zunehmen, müssen sie auch immer mehr Informationen zur Verfügung stellen. In einigen Fällen müssen sie sogar ein offizielles Ausweisdokument vorlegen, um sich physisch auszuweisen. Diese Verfahren tragen zur Zuverlässigkeit der Transaktionen bei, die über die Plattform abgewickelt werden. Das bedeutet, dass sie das Vertrauen unter den Nutzern erhöhen und damit wiederum ihre Bereitschaft steigern, Transaktionen abzuschließen. Plattformen, die nur Interaktionen ermöglichen, müssen sich ebenfalls mit Registrierungsverfahren befassen, die Menschen durchlaufen müssen, bevor sie die Plattform nutzen können. Das wäre zum Beispiel das Anlegen eines Twitter-Kontos. Hier gibt es drei mögliche Situationen.

Im ersten Szenario muss der Nutzer keine Angaben zu seiner Person machen. Das ist bei Plattformen wie der Google-Suche der Fall, die nur Informationen verbreiten. Nutzer können die Plattformen vollständig anonym nutzen, ohne dass sie eine Schwelle überschreiten müssen.

Im zweiten Szenario muss der Nutzer sich einmalig registrieren, um die Dienste der Plattform in Anspruch zu nehmen. In diesem Fall ist ein relativ einfacher Registrierungsprozess fester Bestandteil des Angebots. Das kann als „erster Moment der Wahrheit"[2] verstanden werden. Für einen Nutzer ist die Registrierung das erste Erlebnis auf der Plattform. Die Zufriedenheit mit dem Registrierungsprozess wird erheblichen Einfluss auf das Urteil über die Dienstleistung haben, die der Nutzer erst danach in Anspruch nehmen kann.

Im dritten Szenario stellt ein Akteur – häufig nach einem ersten und relativ einfachen Registrierungsprozess – immer mehr Angaben zu seiner Person zur Verfügung, um das Onboarding auf die nächste Stufe zu heben und Zugang zu einer Reihe von neuen Funktionen zu bekommen. Diese Variante wird als *schrittweises Onboarding* oder *progressive Offenlegung* bezeichnet.

Im Grunde kann man feststellen, dass während des Onboarding-Prozesses Informationen über die Identität des Nutzers gesammelt werden, die der Nutzer bereitstellen muss, um das tatsächliche Angebot der Plattform in Anspruch nehmen zu können. Weil dieser Vorgang einmalig und eine Voraussetzung für die spätere Nutzung des Angebots ist, wird dem Onboarding-Prozess bei der Entwicklung des Produkts oft nicht ausreichend Aufmerksamkeit gewidmet. Dabei ist das Onboarding ein ganz entscheidender Schritt. Schließlich stellt es eine Hürde dar, sich zu registrieren, die den potenziellen Nutzern einiges an Zeit und Aufwand abverlangt, von Datenschutzüberlegungen ganz abgesehen. Die meisten Mittelspersonen stehen daher vor der Herausforderung, Nutzer davon zu überzeugen, aktiv Informationen zu ihrer Person zur Verfügung zu stellen, bevor sie die Plattformdienste nutzen können. Die Mittelsperson muss ihr Bestes tun, den Registrierungsprozess so einfach und attraktiv wie möglich zu gestalten, um Nutzer auf ihre Plattform einzuladen.

Dieser strategischen Bedeutung wird Rechnung getragen, wenn der Onboarding-Prozess als ausdrücklicher und fester Bestandteil des Angebots etabliert wird. Das kann zum Beispiel mithilfe eines stufenweisen Ansatzes erfolgen, bei dem der Nutzer nach jeder Aktion belohnt wird. Das Benutzererlebnis dieser vorgeschalteten Funktionalität muss mindestens so gut sein wie das der Kernfunktionalität, wegen der der Kunde sich überhaupt für die Plattform entschieden hat. Mit anderen Worten: Der Registrierungsprozess für Netflix muss mindestens genauso einfach sein wie die spätere Nutzung des Netflix-Angebots. Ein konsistentes Erlebnis ist entscheidend, damit ausreichend Nutzer diese erste Hürde nehmen. Fehlt dieses, wirkt sich das negativ auf die Fähigkeit der Plattform aus zu wachsen und einen entsprechenden Marktanteil zu gewinnen.

Wir müssen erwähnen, dass eine neue Initiative wie Diem Onboarding in einem anderen Licht zeigt. Wenn Milliarden von Menschen in relativ kurzer Zeit in einer neuen Vertrauensinfrastruktur „ongeboardet" werden, schafft das große Teile der Onboarding-Prozesse einzelner Plattformen ab, die ebenfalls diese Infrastruktur nutzen, sodass die Schwelle zur Nutzung ihrer zentralen Wertversprechen gesenkt wird.

> Wir werden das in Kapitel 4 näher betrachten.

> Eine Mittelsperson kann die Registrierung bei ihrer Plattform attraktiver gestalten, indem sie die Nutzer nach jedem Schritt „belohnt" und ermuntert, fortzufahren.

2.4 Netzwerkeffekte

Uber hat keine eigene Taxiflotte. Airbnb besitzt keine eigenen Immobilien, die vermietet werden können. Facebook schafft keine eigenen Inhalte. Und dennoch haben all diese Unternehmen einen großen Wert. Anders als traditionelle Unternehmen, bei denen Vermögenswerte, Umsatz und Gewinn den Wert bestimmen, bemisst sich der Wert digitaler Plattformen vor allem durch die Reichweite, die sie innerhalb ihres Marktes erzielt haben. Diese Reichweite müssen sie letztlich monetarisieren – und ihre Fähigkeit, Daten auf bestimmte Art und Weise zu sammeln, zu strukturieren und einzusetzen ist dabei von entscheidender Bedeutung. Während bei traditionellen Skaleneffekten die Kosten auf der Produktions- oder Angebotsseite sinken, zeichnen sich digitale Plattformen durch Skaleneffekte auf der Nachfrageseite aus: Mit jedem zusätzlichen Nutzer, der auf einer Plattform aktiv ist, steigt der Wert der Plattform für ihre Nutzer, was wiederum die Nachfrage ankurbelt. Gut funktionierende Plattformen sind wie Magneten: Sie können in ihrem Markt noch größere Nutzerzahlen anziehen. Das ist das Ergebnis ausgeklügelter Netzwerkeffekte, die ein Intermediär in Gang setzen kann[3].

In der Geschichte jeder erfolgreichen Plattform gibt es diesen entscheidenden Moment, in dem die Dinge richtig Fahrt aufgenommen haben. Die Netzwerkeffekte haben eingesetzt und plötzlich sind die Nutzerzahlen auf beiden Seiten explodiert. Der kanadische Autor Malcolm Gladwell bezeichnet diesen magischen Punkt, an dem alles zusammenkommt und die Effekte sich gegenseitig verstärken, als *Tipping Point*. In seinem gleichnamigen Buch schreibt Gladwell, der Tipping Point sei „der Moment der kritischen Masse, die Schwelle, der Hitzegrad, bei dem Wasser zu kochen beginnt"[4]. Dieses Phänomen wird übrigens in der Wissenschaft auch kritisiert, da der unumkehrbare Moment nicht vorausgesehen und erst rückblickend festgemacht werden kann. Es ist trotzdem wichtig, wenn wir über Plattformen und einsetzende Netzwerkeffekte sprechen.

Alle erfolgreichen Plattformen haben anfangs ohne Nutzer praktisch keinen intrinsischen Wert. Die wichtigste Frage für die Mittelsperson ist, wo sie anfangen soll. Eine Plattform ohne Angebot funktioniert nicht. Aber die Sache ist auch nicht sehr vielversprechend, wenn es keine Nachfrage gibt. Ob in einer altmodischen Disco oder einem modernen Club – wenn nicht genug Frauen auf der Tanzfläche sind, bleiben auch die Männer weg. Und kommen keine Männer, verlieren auch die Frauen schnell ihr Interesse. Das berühmte Henne-Ei-Dilemma. Wie lösen erfolgreiche Plattformen dieses Problem?

Der *Tipping Point* ist der magische Moment, wenn alles zusammenkommt und die Plattform richtig Fahrt aufnimmt. Die Netzwerkeffekte verstärken sich gegenseitig und die kritische Masse ist erreicht.

Mit seiner Plattform bot Airbnb eine Lösung für ein konkretes Problem an: das begrenzte Angebot an Übernachtungsmöglichkeiten, die außerdem in Form von Hotelzimmern relativ teuer waren. Indem Privatunterkünfte angeboten wurden, stieg das Angebot an Übernachtungsmöglichkeiten und wurde deutlich differenzierter. Außerdem sank der Preis der verfügbaren Unterkünfte dank Airbnb um 30 bis 80 Prozent[5].

Airbnb konzentrierte sich am Anfang auf Städte mit ausverkauften Veranstaltungen, in denen ein akuter Mangel an Unterkünften bestand. So konnte das Unternehmen mithilfe traditioneller Marketingmaßnahmen wie Branding, Design und zielgruppenspezifischer Werbung die Nachfrageseite der Plattform aufbauen. Gastgeber wurden überzeugt, Unterkünfte anzubieten, indem ihr potenzieller Verdienst berechnet wurde. In den meisten Fällen konnte die Plattform ihr Versprechen halten, weil die Gäste praktisch Schlange standen. Das war ein erfolgreicher Ansatz, der es dem Unternehmen erlaubte, Reichweite auf beiden Seiten des Marktes zu erzielen. Jedoch nicht ausreichend, um den Tipping Point zu erreichen. Das Tool, mit dem Besitzer professionelle Fotos ihrer Wohnungen und Häuser machen konnten, hatte einen nachweislich positiven Effekt auf die Zahl der Nutzer – aber der echte Durchbruch kam mit der Funktion „Soziale Verbindungen", mit der potenzielle Gäste in sozialen Netzwerken sehen können, welche ihrer Freunde bereits an einem bestimmten Ort übernachtet haben. Das schuf Vertrauen und führte dazu, dass die kritische Masse erreicht wurde.

Bei Airbnb hat es drei Jahre gedauert, bis die Plattform richtig lief. Die Auktionsplattform Catawiki entschied sich für einen schrittweisen Ansatz, um Erfolg zu haben.

Die niederländische Plattform Catawiki ist zurzeit das am schnellsten wachsende Auktionshaus in Europa. Gründer René Schoemaker, der selbst ein leidenschaftlicher Comicsammler ist, verbrachte Stunden auf eBay damit, unzählige uninteressante Seiten zu durchforsten. Dabei entstand die Idee einer digitalen Auktion mit einem professionellen Kurationssystem, bei der Experten Objekte auswählen und für ein qualitativ attraktives Angebot sorgen. Den Gründern war bewusst, dass es schwierig sein würde, ein Online-Auktionshaus von Grund auf aufzubauen. So entschieden sie sich für einen schrittweisen Ansatz. Im Jahr 2008 begannen sie, rund um einen Katalog mit Sammlerstücken eine Community aufzubauen. Jeder konnte etwas hinzufügen und seine eigene Sammlung in diesem Katalog erfassen.

So gewannen die Gründer mit einem relativ einfachen, eigenständigen und symmetrischen Angebot potenzielle Käufer und Verkäufer für ihre Plattform. Erst 2011, als die Community groß genug war, kamen die Auktionatoren mit einem asymmetrischen Angebot ins Spiel. An diesem Punkt kamen die Transaktionskomponenten hinzu, sodass Sammler miteinander handeln konnten. Ein besonderes System wurde eingeführt, um sicherzustellen, dass das Risiko für die Nutzer begrenzt ist: Die Plattform hält das Geld des Käufers solange zurück, bis die Objekte tatsächlich geliefert wurden.

Anfänglich wurden bei Catawiki nur echte Sammelobjekte wie Briefmarken, Münzen und Modellzüge gehandelt. Dieses Spektrum wurde später um besondere Objekte wie Uhren, Kunst und Oldtimer erweitert. Mittlerweile umfasst Catawiki mehr als 185 Auktionatoren, die Objekte auf Echtheit prüfen, kuratieren und bewerten. Die Plattform zählt ungefähr 14 Millionen Besucher pro Monat; mehr als 50.000 Objekte werden in über 300 Auktionen pro Woche versteigert – das sind über 10.000 Auktionen pro Jahr[6].

Arten von Netzwerkeffekten
Es gibt zwei Arten von Netzwerkeffekten, die die Reichweite einer Plattform in einem zweiseitigen Markt beeinflussen können: *direkte* und *gleichseitige* Netzwerkeffekte. Beide können positiv oder negativ ausfallen[7]. *Indirekte Netzwerkeffekte* treten auf, wenn mehr Nutzer auf einer Seite des Marktes dazu führen, dass auf eben dieser Seite noch mehr Nutzer angezogen werden. Das ist beispielsweise der Fall, wenn es einem Plattformmanager gelingt, prominente Nutzer, sogenannte *Marquee-Nutzer,* zu gewinnen. Als beispielsweise Richard Branson und andere berühmte Unternehmer begannen, LinkedIn zu nutzen, gewann die Plattform neue Nutzer. Das Gleiche passierte, als PlayStation viele Gamer für seine Plattform gewinnen konnte, was sie attraktiver für andere Gamer machte, da es so einfacher war, sich auszutauschen und online gegen- oder miteinander zu spielen. Diese Effekte können aber auch *negativ* sein. Zum Beispiel, wenn es auf einer Plattform wie Skype wegen einer zu großen Anzahl von Nutzern zur Netzwerküberlastung kommt. Oder wenn eine Plattform nicht länger „in" ist und die Nutzer massenweise zu einer anderen Plattform „abwandern". Ein Beispiel dafür sind junge Facebook-Nutzer, die zu Instagram und TikTok wechseln, während ältere Generationen (deren Eltern und Großeltern) auf Facebook aktiv werden.

Bei *positiven indirekten Netzwerkeffekten* schaffen Mittelspersonen, die auf einer Seite ihres Marktes Volumen erzielen, auch Wert auf der anderen Seite des Marktes. Bleiben wir beim Beispiel Gaming: Ein Spieleentwickler fängt erst an, für eine Plattform zu arbeiten, wenn diese Plattform genug Spieler aufweist, sodass sich die Entwicklungskosten rentieren; Spieler hingegen interessieren sich erst für eine Plattform, wenn diese genug Spiele anbietet. *Negative Netzwerkeffekte* können eintreten, wenn auf einer Plattform wie Facebook zu viele Werbetreibende aktiv sind und das die Nutzer verärgert. In der Praxis sind diese Effekte jedoch seltener.

Im ersten Kapitel haben wir bereits den Zusammenhang zwischen der Art des Angebots und den Netzwerkeffekten angesprochen. Die meisten Plattformen, die Interaktionen ermöglichen, wie Skype oder Instagram, machen beiden Seiten des Marktes das gleiche Angebot, sodass jeder Nutzer jede Rolle ausüben kann. Mit der Skype-Software können Sie Leute anrufen oder selbst angerufen werden. Und wenn Sie Instagram benutzen, können Sie Bilder posten und Bilder ansehen, die andere Menschen gepostet haben, und auf diese Bilder reagieren. Bei solchen symmetrischen Angeboten reichen direkte Netzwerkeffekte aus: Wenn eine Mittelsperson ausreichend Nutzer gewinnen kann, die Inhalte posten, können sie das gleiche Tool verwenden, um die Posts anderer Menschen anzusehen.

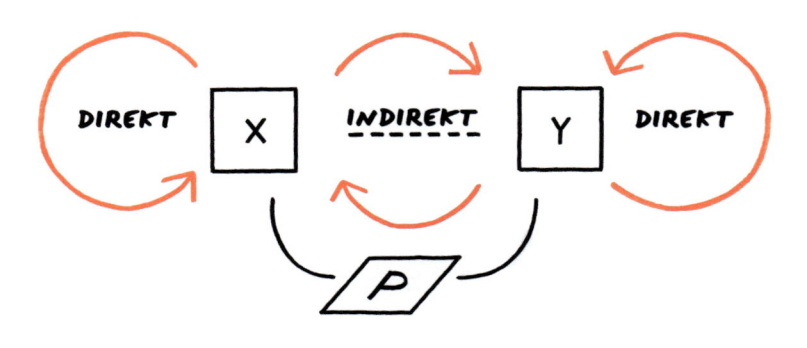

Abbildung 17
Direkte und indirekte Netzwerkeffekte bei Plattformen[8]

Für Plattformen, die Transaktionen ermöglichen, ist die Sache komplizierter. Wir haben bereits gesehen, dass der Markt für Kreditkarten einen asymmetrischen Ansatz verfolgt. Kreditkartenunternehmen wie Visa oder American Express haben zwei Nutzergruppen: die Händler und die Karteninhaber. Beide Gruppen haben ihr eigenes Angebot: eine Kreditkarte für die Kunden und ein Kartenlesegerät für die Händler. Für beide Gruppen ist die Akzeptanz auf der an-

> Wegen des asymmetrischen Angebots und des relativ aufwendigen Onboarding-Prozesses für Nutzer ist es schwieriger, Transaktionsplattformen zu skalieren.

FALLBEISPIEL
Facebook startete voll durch

In den frühen Tagen von Facebook gab es konkurrierende soziale Netzwerke, die mehr oder weniger das gleiche Angebot machten, aber sich nicht durchsetzen konnten. Facebook stellte regelmäßig etwas Neues vor und konnte damit jedes Mal neue Netzwerkeffekte erzielen, dank derer die Plattform schnell wachsen konnte. Wie hat der Gründer und – zur damaligen Zeit – Student Mark Zuckerberg das geschafft? Zunächst einmal war seine Plattform die perfekte Antwort auf ein dringendes Bedürfnis und wurde damit für jeden Harvard-Studenten unerlässlich. Facebook war die Möglichkeit, herauszufinden, wer in Harvard studiert, wer mit wem zusammen war oder, noch wichtiger, wer nicht mehr in einer Beziehung war. Kurz gesagt: Wer auf dem prestigeträchtigen Liebesmarkt verfügbar war. Ein Geniestreich. Facebook expandierte schnell an anderen Universitäten und konnte auf beiden Seiten des Marktes Reichweite gewinnen.

Aus den ersten Erfahrungen im Mikrokosmos Harvard konnten eine Reihe wichtige Lehren gezogen werden – zum Beispiel, dass neue Nutzer innerhalb von zwei Wochen mit mindestens zehn Freunden verbunden werden mussten, um sie an die Plattform zu binden. Facebook hat darauf reagiert: Nutzern wurden neue Freunde vorgeschlagen. Sie wurden ermuntert, andere Kontaktdateien zu importieren, und es wurden E-Mail-Kampagnen durchgeführt, die gezielte Vorschläge machten, um noch mehr Freunde einzuladen. Abbildung 18 zeigt, dass die anfänglichen Netzwerkeffekte für den Erfolg von Facebook eine wichtige Rolle gespielt haben – aber das war nicht alles. Facebook führte regelmäßig neue Funktionalitäten ein und schaffte so immer mehr Gründe für neue Nutzer, mitzumachen, beziehungsweise für bestehende Nutzer, die Plattform intensiver zu nutzen. Beispiele dafür sind die Einführung der Chatfunktion 2008 und die Einführung der Chronik 2010.

Das magische Jahr für Facebook war 2009, als in finanzieller Sicht alles zusammenkam und das Unternehmen zum ersten Mal Gewinn erzielte[10]. Die Einführung des Like-Buttons spielte dabei eine wichtige Rolle. Er zog noch einmal mehr Nutzer an und half Werbetreibenden, potenzielle Kunden gezielter anzusprechen. Waren bis 2008 die Umsätze noch begrenzt und die Kosten gewaltig, wurde 2009 der Tipping Point erreicht: Die Umsätze verdreifachten sich, während sich die Kosten nur verdoppelten, und Facebook schrieb schwarze Zahlen.

Abbildung 18
Die Netzwerkeffekte in den ersten Jahren von Facebook[9]

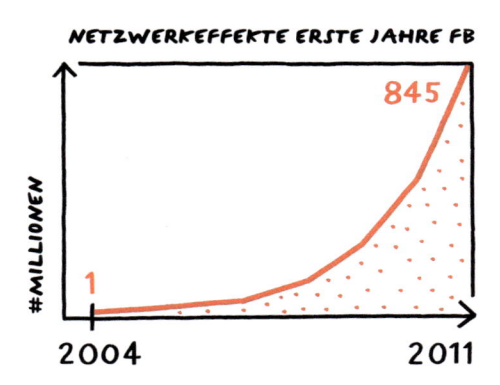

NETZWERKEFFEKTE ERSTE JAHRE FB

#MILLIONEN

1 (2004) → 845 (2011)

👉 Siehe Kapitel 4

deren Seite des Marktes maßgeblich für den Wert der Kreditkarte. Ein Kreditkartenunternehmen muss etwas für beide Seiten des Marktes entwickeln, um einen direkten Netzwerkeffekt anzustoßen, der die Plattform für die andere Seite des Marktes attraktiv macht. Um einen zweiseitigen Markt zu skalieren, werden kreuzseitige Netzwerkeffekte benötigt, die schwieriger zu erzielen sind. In Kapitel 4 zeigen wir, wie die Zahlungsplattformen PayPal und iDEAL diese Herausforderung gemeistert haben.

Der relativ aufwendige Onboarding-Prozess von Transaktionsplattformen kann außerdem in Widerspruch zu den Wachstumszielen stehen, wie wir bereits gezeigt haben. Insbesondere das Onboarding von professionellen oder geschäftlichen Nutzern unterliegt häufig Vorschriften. Potenzielle Nutzer können das als Hürde empfinden, vor allem, wenn der Prozess nicht reibungslos läuft. Die Mittelsperson muss Zeit und Geld investieren, um diesen ersten Schritt gut zu gestalten. Gelingt es ihr allerdings, in großem Umfang hochwertige Nutzer zu gewinnen, steigt der Wert ihrer Plattform exponentiell.

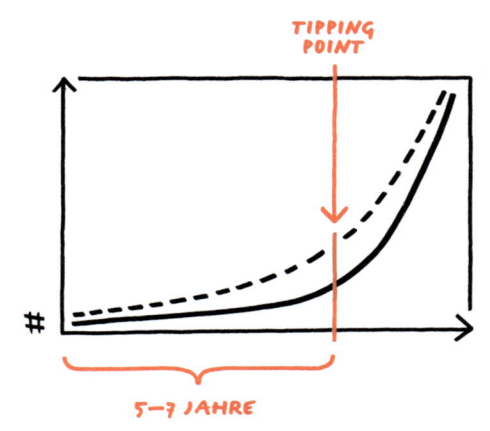

Abbildung 19
Es dauert in der Regel fünf bis sieben Jahre, bis eine Transaktionsplattform den Tipping Point erreicht.

Die technische Entwicklung voranzutreiben hilft, diese Hürde zu senken. Denken Sie beispielsweise an das mobile Abfotografieren von physischen Dokumenten, Live-Videochats oder biometrische Fingerabdrucks-, Gesichts- oder Stimmerkennung. Dank intelligenter Kombinationen dieser Technologien kann die Länge des Onboarding-Prozesses deutlich verkürzt werden – von Wochen auf Tage, von Stunden auf Minuten oder sogar von Minuten auf Sekunden. Immer mehr Bankenplattformen beispielsweise ersetzen Passwörter durch biometrische Log-in-Verfahren. Kunden der US-amerikanischen Bank Wells Fargo können nach einem Retina-Scan per Mobiltelefon auf ihr Bankkonto zugreifen, während eine andere US-amerikanische Bank, die Citigroup, 800.000 Kreditkarteninhaber per Stimmerkennung identifizieren kann[11]. Es ist sicherlich wahr, dass diese Entwicklungen noch in den Kinderschuhen stecken und in den meisten Fällen ein komplexeres Registrierungsverfahren erfordern, um die Identität eines neuen Kunden festzustellen. Der Trend ist jedoch nicht mehr aufzuhalten. Schnell wachsende neue Banken wie N26, Revolut und Monzo zeigen, dass technische Fortschritte einen potenziellen Wettbewerbsvorteil bieten.

Es kommt nicht von ungefähr, dass FinTech-Unternehmen überall auf der Welt an Registrierungsverfahren arbeiten, die wenig von den Nutzern verlangen und gleichzeitig sicher sind und die immer strengeren rechtlichen Anforderungen erfüllen.

Endziel ist die Ein-Klick-Anmeldung, bei der die digitalen Identitäten der Akteure sofort zur Verfügung stehen, um rechtsverbind-

Abbildung 20
Strategie für schnelleres Plattformwachstum und Wertzuwachs
(TP = Tipping Point)

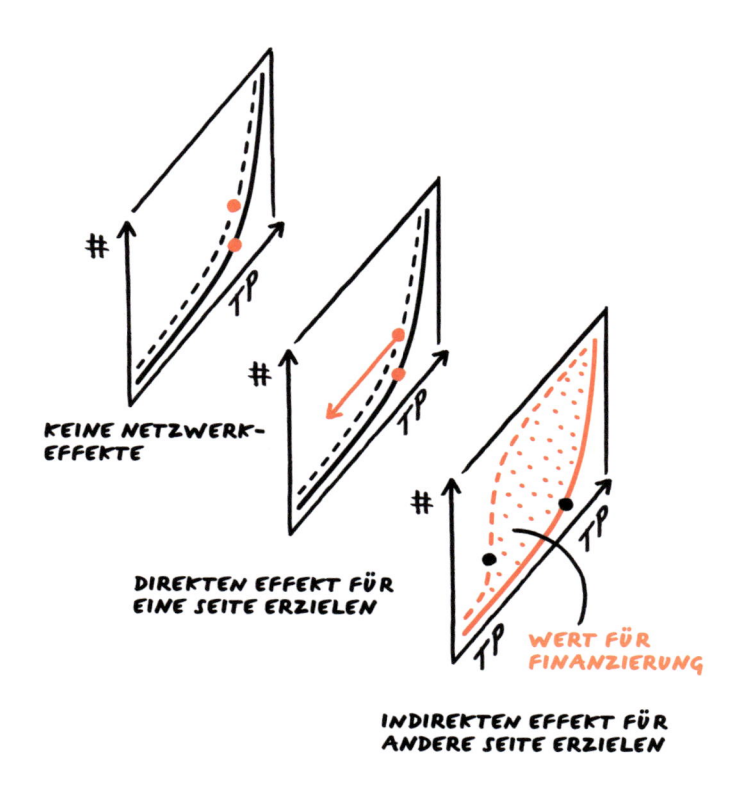

KEINE NETZWERK-EFFEKTE

DIREKTEN EFFEKT FÜR EINE SEITE ERZIELEN

WERT FÜR FINANZIERUNG

INDIREKTEN EFFEKT FÜR ANDERE SEITE ERZIELEN

liche Transaktionen abzuschließen. Das Onboarding ist dann nichts weiter als eine minimale Hürde für die Mittelsperson, um Netzwerkeffekte anzustoßen.

Abbildung 20 stellt dar, wie eine Mittelsperson auf Grundlage von Netzwerkeffekten und dem Wert einer Plattform eine Plattformstrategie entwickeln kann. Rückblickend kann man feststellen, dass viele erfolgreiche Plattformen – bewusst oder unbewusst – einen solchen Ansatz verfolgt haben. Wenn nichts getan wird, werden die Nutzerzahlen erst nach einiger Zeit den Tipping Point erreichen. Wie lange das dauert, hängt von vielen Faktoren ab, unter anderem vom Onboarding und von der Relevanz der Kernfunktion für die Nutzer. Das zeigt das Diagramm links. Das Diagramm in der Mitte zeigt, dass der Tipping Point für eine Gruppe mit einem direkten Netzwerkeffekt vorgezogen werden kann, wenn ein mögliches symmetrisches Angebot innerhalb der Nutzergruppe erkannt und mit höherer Priorität behandelt wird. Das Diagramm rechts zeigt, wie der Wert, den die erste Nutzergruppe darstellt, verwendet werden kann, um die Zeit zu überbrücken, in der die andere Nutzergruppe wächst. Indirekte Netzwerkeffekte helfen, diese Zeit zu verkürzen.

IM FOKUS
Drei „Gesetze" für den Wert von Plattformen

Die Bewertung von Plattformen hat schon viel Kopfzerbrechen verursacht. In diesem Zusammenhang ist interessant, dass es drei „Gesetze" zu geben scheint, die für Kommunikationsnetze gelten[12], und die offenbar direkt mit den Phasen des Internets zusammenhängen. Das erste ist das **Sarnoffsche Gesetz**, das besagt, dass sich der Wert (W) eines Mediums proportional (∝) zur Zahl der Nutzer (n) entwickelt W ∝ n. Zum Beispiel: Yahoo!.
Das **Metcalfesche** Gesetz gilt für die Peer-to-Peer-Kommunikation, bei der jeder Nutzer sich mit allen anderen Nutzern verbinden und mit ihnen interagieren kann, und besagt, dass der Wert gleich der Anzahl der Nutzer zum Quadrat ist: W ∝ n^2. Die Interaktionsphase des Internets ist von dieser Art von Plattformen wie Skype, Twitter, LinkedIn und Facebook geprägt. Neue Erkenntnisse führten dann zum **Reedschen Gesetz** für gruppenbildende Netzwerke. Dieses Gesetz gilt für flexible Kommunikationsnetzwerke, in denen Nutzer Teilgruppen bilden können, und besagt, dass der Wert dann gleich der Anzahl der möglichen Teilgruppen ist, die die Nutzer bilden können: W ∝ 2n. Der Wert wächst noch schneller als bei Peer-to-Peer-Gruppen. Beispiele sind WhatsApp und Slack, zwei interaktive Plattformen jüngeren Datums. Die Frage ist jetzt natürlich, welchen Wert Plattformen haben, die in der nächsten Phase – in der Phase des transaktionalen Internets – entstehen.

Zahlungsbereitschaft und Geschäftsmodell
Das Buch *Business Model Generation* von Alexander Osterwalder und Yves Pigneur[13] beschreibt ausführlich die Entwicklung von Geschäftsmodellen mithilfe der sehr nützlichen Business Model Canvas. *Mehrseitige Plattformen* sind eines von fünf *Mustern,* die sie identifizieren. Und das zu Recht, da Geschäftsmodelle für zweiseitige Märkte spezifische Merkmale aufweisen und die Preisbildung einer sehr eigenen Dynamik unterliegt.

Die Mittelsperson versucht, über die einzelnen Nutzergruppen hinweg Gewinne zu maximieren. Das eröffnet Spielraum: Wird eine Seite des Marktes mit Einnahmen gefördert, die aus der anderen Gruppe erzielt wurden, können Netzwerkeffekte ausgelöst werden[14].

Bei der Festlegung der Preisstrategie braucht die Mittelsperson jedoch ein tiefgreifendes Verständnis der „Zahlungsbereitschaft" auf beiden Seiten des Marktes. Sie stellt den maximalen Betrag dar, den Nutzer definitiv bereit sind, für das Produkt oder die Dienstleistung zu zahlen. In manchen Fällen sind die Nutzer gar nicht bereit, etwas zu bezahlen. Eine Gebühr zu erheben kann dazu führen, dass Nutzer die Plattform verlassen und so negative Netzwerkeffekte entstehen. Aber wenn Sie es richtig machen, steigt Ihr Umsatz direkt. Ein gutes Beispiel ist die niederländische Plattform Marktplaats.nl (jetzt Teil von eBay): Alle Anzeigen waren ursprünglich kostenlos und das gewaltige Wachstum der Plattform führte zu immer höheren Kosten, bis ein Punkt erreicht war, wo das ein ernsthaftes Problem wurde.

Von einem Tag zum nächsten entschied die Plattform, eine Gebühr von sechs Euro für Anzeigen für Produkte mit einem Angebotspreis von mehr als 200 Euro zu erheben. Das Unternehmen traf ins

Lektüretipp: *Business Model Generation* von Alexander Osterwalder und Yves Pigneur

Schwarze, weil es weiter wuchs, aber jetzt auch ordentliche Umsätze erzielte. Die Zahlungsbereitschaft ist ein dynamisches Phänomen und kann sich mit der Weiterentwicklung der Plattform verändern[15]. Kreditkarten waren zum Beispiel in den ersten Jahren kostenlos, während die Nutzer heute unter Umständen eine Jahresgebühr zahlen. Das ist möglich, weil der wahrgenommene Wert gestiegen ist. Die Mittelsperson muss herausfinden, welche Umstände die Zahlungsbereitschaft erhöhen. Hat sie herausgefunden, welche Seite des Marktes empfindlicher auf Preisänderungen reagiert, kann es sich lohnen, dieser Gruppe finanziell entgegenzukommen und zu erlauben, dass sie weniger bezahlt als für die betreffende Dienstleistung eigentlich üblich wäre. In einigen Fällen können solche Maßnahmen dauerhaft sein, während sie in anderen Fällen als Marketinginstrument genutzt werden, um genügend Nutzer zu gewinnen. PayPal beispielsweise hat schon früh vorübergehend Geld an neue Nutzer gezahlt, um einen Anreiz zu schaffen Als die Plattform ein gewisses Volumen erreicht hatte, war das nicht länger notwendig, weil es viel einfacher geworden war, neue Nutzer zu gewinnen.

> **Es kann sich lohnen, eine Seite des Marktes finanziell zu unterstützen, um Netzwerkeffekte auf der anderen Seite zu erzeugen.**

Diese Strategie kann erfolgreich sein, wenn Wachstum in der ersten Gruppe dazu führt, dass die Nachfrage in der zweiten Nutzergruppe stark steigt, also wenn indirekte Netzwerkeffekte entstehen. Eine Seite des Marktes, die *subventionierte Seite*, finanziell zu unterstützen, kann sich lohnen, solange die Kosten auf der anderen Seite des Marktes – der *Geldseite* – zurückgewonnen werden können[16]. Ein bekanntes Beispiel für einen Markt, in dem dieser Ansatz verwendet wurde, ist der Zahlungsmarkt, in dem Karteninhaber (subventionierte Seite) ursprünglich keine Gebühr zahlen mussten, um eine Zahlung zu tätigen – im Gegensatz zu den Händlern, die einen Betrag für das Kartenlesegerät sowie zusätzlich eine Gebühr für jeden Bezahlvorgang (Geldseite) bezahlen mussten. Ähnlich stellt es sich im Markt für Softwareanwendungen dar. Je größer die Zahl der Anwendungen, desto attraktiver ist die Softwareplattform. Softwareentwicklern werden alle Arten von Entwicklungstools zur Verfügung gestellt (subventionierte Seite), während die Nutzer eine Gebühr für die Anwendungen zahlen müssen (Geldseite).

Ein weitverbreiteter Irrtum ist zu glauben, dass dies das Gleiche ist wie die Modelle, die verwendet werden, um Rasierklingen, Drucker und Spiele zu verkaufen. Gillette subventioniert die günstigen Klingenhalter mit Umsätzen, die mit den vergleichsweise teuren Rasierklingen erwirtschaftet werden. Hewlett Packard und Nintendo machen das Gleiche mit günstigen Druckern und teuren Tonern beziehungsweise vergleichsweise günstigen Spielekonsolen und teuren

Spielen. Auch wenn in diesen Beispielen ein Produkt mit den Umsätzen aus einem anderen Produkt subventioniert wird, ist das ein völlig anderer Fall. Es findet keine Interaktion oder Transaktion zwischen den Nutzern statt; es handelt sich um ein eigenständiges Angebot für den Nutzer. Die Geld-/Subventionsstrategie kann tatsächlich nur bei asymmetrischen Angeboten angewandt werden; wenn das Angebot symmetrisch ist, wird der gesamten Nutzergruppe das gleiche Angebot gemacht, sodass Preisdifferenzierung per Definition nicht möglich ist. Will man zwischen Verbrauchern und Geschäftskunden in einer solchen Nutzergruppe unterscheiden, führt das häufig zur Entstehung eines B2C-Angebots für Verbraucher und eines B2B-Angebots für Geschäftskunden mit jeweils eigenen Preisen, sodass das Unternehmen in jedem Fall Umsätze erzielen kann.

Eine häufig – bewusst oder unbewusst – verwendete Taktik von Plattformen besteht darin, mit einem symmetrischen Angebot zu beginnen, das in der Regel kostenlos ist. Es ist relativ einfach, solche Plattformen mit direkten Netzwerkeffekten zu skalieren und die

TABELLE 3
Plattformen, auf denen eine Seite subventioniert wird

Plattform	Akteur X	Akteur Y	Akteur Z	Subventionierte Seite
Uber	Fahrgäste	Fahrer		Fahrgäste
eBay	Käufer	Verkäufer	Werbetreibende	Käufer
Skype	Anrufer	Menschen, die angerufen werden		Keine
Netflix	Zuschauer	Produzenten (einschließlich der Plattform selbst)		Keine
Amazon Pay	Zahlende	Zahlungsempfänger		Zahlende
Facebook	Nutzer, die Inhalte posten	Nutzer, die Inhalte lesen	Werbetreibende	Nutzer
Facebook-Login	Nutzer, die auch Nutzer anderer Plattformen sind	Andere Plattformen, deren Nutzer auch Facebook-Nutzer sind		Nutzer
LinkedIn	Nutzer, die Verbindungen knüpfen	Nutzer, die Verbindungen annehmen	Recruiter	Nutzer
Dropbox	Nutzer, die Dokumente speichern	Nutzer, mit denen Dokumente geteilt werden		Keine
PayPal	Nutzer, der eine Zahlung leistet; Zahlender	Nutzer, der eine Zahlung erhält; Zahlungsempfänger		Zahlende

Reichweite zu erhöhen. Mit einem symmetrischen Angebot in Form eines Onlinekontos für Nutzer, die Inhalte posten und lesen konnten, konnte Facebook sehr schnell seine gewaltigen Nutzerzahlen erreichen. Erst danach nutzte Facebook diese Reichweite bei Werbetreibenden – einer neuen Nutzergruppe mit einem asymmetrischen Angebot und einem eigenen Umsatzmodell. Die gewaltige Anzahl an Nutzern hatte einen indirekten Netzwerkeffekt auf Werbetreibende und Facebook konnte sich zu einer zweiseitigen Plattform weiterentwickeln. Alle anfänglichen Nutzer bilden die subventionierte Seite, während mit den Werbetreibenden das Geld verdient wird. Tabelle 3 zeigt, dass in der Regel die Nachfrageseitige die subventionierte Seite ist: Endverbraucher werden so niedrige Gebühren wie möglich berechnet, sodass ein attraktives Marktpotenzial für Anbieter entsteht. Wir sehen das bei Tauschplattformen wie Uber und eBay, bei Online-Einzelhändlern wie Amazon und bei Zahlungsplattformen wie PayPal: Sie alle umsorgen den Endverbraucher. Und obwohl Netflix keine subventionierte Seite in seinem Markt hat, gelingt es dem Unternehmen, viele zahlende Zuschauer zu gewinnen – dank des vielseitigen Angebots an hochwertigen Sendungen und Filmen und einer intelligenten Marketingstrategie. Neue Abonnenten erhielten anfangs ein dreimonatiges kostenloses Probeabo. Mit sehr erfolgreichen Eigenproduktionen wie *House of Cards* oder *Narcos* bietet Netflix seinen Kunden außerdem Exklusivität.

Spotify ist ein Beispiel für das *Freemium*-Modell, das auf ein Basisangebot setzt, das von Werbetreibenden subventioniert wird. Dank dieser niedrigen Schwelle ist die Zahlungsbereitschaf der Nutzer des kostenlosen Angebots erhöht; sie werden überzeugt, ein kostenpflichtiges Abo abzuschließen und ein Teil der subventionierten Seite wird zur Geldseite verschoben. Dieser Ansatz ist zwar weitverbreitet, aber auch kein Erfolgsgarant. Es besteht immer das Risiko, dass der Rabatt, der der subventionierten Seite eingeräumt wird, nicht wieder hereingeholt werden kann. Wenn das passiert, muss die Mittelsperson ihren Ansatz ändern. Diese Art von Flexibilität ist wichtig.

In seinen frühen Tagen hat Google lautstark behauptet, dass man niemals Werbetreibende auf der Plattform erlauben würde, da das die Objektivität der Suchergebnisse in Frage stellen würde. Werbung erwies sich aber letztlich als goldenes Geschäftsmodell und das Unternehmen erzielt Werbeeinnahmen in Höhe von 210 Milliarden US Dollar pro Jahr (2021) – und ein Ende des Wachstums ist noch nicht in Sicht.[17]

Airbnb ist ein weiteres Beispiel für ein Unternehmen, das am Anfang noch nicht wusste, auf welcher Seite des Marktes man Geld verdienen wollte. Tatsächlich stellen bei Airbnb die Gastgeber die subven-

---

210 Milliarden US-Dollar

Google erwirtschaftet ungefähr 210 Milliarden US-Dollar pro Jahr an Werbeeinnahmen – und ein Ende des Wachstums ist noch nicht in Sicht.

HINTERGRUND
Reichweite, Konversion, Kosten

Wir nehmen oft an, dass die Nutzung neuer Zahlungsdienste primär anhand der Kosten – beziehungsweise der Kosten pro Transaktion (oder genauer gesagt der Kosten pro Zahlung) – bewertet wird. Unsere vielen Gespräche mit Einzelhändlern zeichnen jedoch ein deutlich differenzierteres Bild, was an sich erklärbar ist. Die Vorstellung, dass Kosten der wichtigste Faktor seien, kommt aus dem stationären Einzelhandel. Dort werden neue Zahlungsmethoden tatsächlich vor allem auf Basis der Kosten pro Transaktion bewertet. Das liegt aber daran, dass sie aufgrund ihrer physischen Einschränkungen nur einen Teil des Gesamtmarktes bedienen können und dass die bestehenden Zahlungsmethoden zwei Bedingungen vollständig erfüllen: Jedem, der bezahlen will, steht eine gültige Zahlungsmethode zur Verfügung, und jeder ist mit der Nutzung dieser Methode vertraut. In anderen Worten: Der adressierbare Markt eines stationären Einzelhändlers wird nicht durch die Reichweite der Zahlungsmethoden begrenzt und die Zahlungskonversion ist immer 100 Prozent – anderenfalls können Sie die Ware nicht mitnehmen.

In der digitalen Welt sieht das etwas anders aus. Die gute Nachricht für Online-Plattformen ist, dass sie im Prinzip die ganze Welt bedienen können und ihr adressierbarer Markt im Grunde unbegrenzt ist: Bei einer Plattform können alle einkaufen, vorausgesetzt, sie bezahlen. Und bezahlen können sie, wenn die Zahlungsmethode unterstützt wird, die sie nutzen wollen. Aber das ist nicht immer der Fall. Nicht jeder, der etwas kaufen will, kann das auch tun. Der adressierbare Markt der Plattform ist auf die kumulierte Reichweite der unterstützen Zahlungsmethoden begrenzt. Je größer die Zahl der Zahlungsmethoden, desto größer der adressierbare Markt und desto höher das Umsatzpotenzial. Ein zweiter Gesichtspunkt ist Konversion. Wenn ein Kunde zahlen will, aber letzten Endes nicht bezahlt, weil die Zahlungsmethode zu kompliziert ist, wirkt sich das direkt negativ auf den Umsatz der Plattform aus. Je höher die Konversion, desto höher der Umsatz. Das bedeutet, dass Zahlungsmethoden mit höherer Konversion gegenüber solchen mit niedriger Konversion bevorzugt werden. Erst danach kommt der Kostenfaktor ins Spiel, da Kosten den Gewinn beeinflussen. Niedrigere Kosten bedeuten höheren Gewinn. Online-Plattformen haben also eine klare Reihenfolge, nach der sie Zahlungsmethoden bewerten: Reichweite, Konversion, Kosten. Das erklärt in hohem Maße einen großen Teil des Erfolgs von Zahlungsdienstleistern oder Zahlungsgateways, die Online-Plattformen die Möglichkeit bieten, ihre Reichweite von Zahlungsdienstleistungen relativ einfach auf den Markt/die Märkte abzustimmen, den/die sie bedienen wollen, und ihren Kunden die Entscheidung zu überlassen, wie sie am liebsten bezahlen. Auf diese Weise wird der Umsatz nicht unbeabsichtigt beeinträchtigt. Ein weiterer Vorteil ist, dass der Zahlungsdienstleister die Verwaltung und Compliance der Online-Plattform mit Blick auf Zahlungsströme vereinfacht. Das hat sich als starkes Angebot bewährt.

tionierte Seite dar; sie müssen nur drei Prozent des Buchungsbetrags an Airbnb bezahlen, während auf der Seite der Gäste je nach Reservierungsart sechs bis zwölf Prozent berechnet werden. Das ist also ein anderes Modell als bei den meisten Plattformen.

2.5 *Winner takes all*

Wenn alles gut läuft, kann eine digitale Plattform unglaublich schnell wachsen. Damit das passiert, müssen jedoch verschiedene Dinge gegeben sein: attraktive Wertversprechen, die von den Nutzern angenommen werden; wirksame Netzwerkeffekte; Umsätze, die anfangen zu fließen. In diesem Fall kann die digitale Plattform eine Größe erreichen, die in der physischen Welt niemals möglich wäre. Vor allem in den USA und China gibt es Plattformen, die gemessen an der Anzahl der Nutzer einem ganzen Kontinent voller Menschen entsprechen. Der Unterschied ist, dass diese digitalen Kontinente keine physischen Grenzen haben. Sie können einfach immer weiter wachsen. Ein Beispiel: Im zweiten Quartal 2018 hatte Facebook 2,2 Milliarden Nutzer[18], was der Gesamtzahl aller Internetnutzer im Jahr 2010 entspricht. Im Jahr 2017 erreichte WeChat in China 1,29 Milliarde Nutzer[19].

Da kommt einem die Analogie zu einer möglichen Theorie zur Entstehung der Erde in den Sinn. Lange bevor Menschen unseren Planeten besiedelten, gab es einen Superkontinent auf der Erde, *Pangaea*[20]. Dieser Kontinent brach nach und nach auseinander und es entstanden die Kontinente, die wir von modernen Landkarten kennen, jeder mit seinem eigenen Klima und Ökosystem. Nachdem der Mensch ins Spiel kam, entwickelten alle Kontinente eigene Kulturen, Wirtschaftssysteme und Gesellschaftsstrukturen. Ein ähnlicher Prozess findet in der virtuellen Welt statt: War das Internet zunächst ein zusammenhängender Cyberspace, kamen später geschlossene Plattformen wie Facebook, Google, Amazon, Apple, LinkedIn und WeChat auf, die als eigenständige Cyberkontinente funktionieren. Hier sind die neuen Ikonen der Geschäftswelt wie Mark Zuckerberg und Jeff Bezos, die CEOs von Facebook beziehungsweise Amazon, die Könige und absoluten Herrscher ihrer eigenen Reiche.

Abbildung 21
Analogie zwischen der Entwicklung der Erde und des Cyberspace.

Die Tatsache, dass Apple, Google und Facebook so groß werden konnten, macht Sinn, wenn man bedenkt, dass man allein in den USA ohne nennenswerte Einschränkungen einen Dienst für 300 Millionen Verbraucher einführen kann – in China sogar für 1,3 Milliarden Menschen. Lange Zeit bedeutete das für die USA und China einen sehr großen Vorteil gegenüber einem Kontinent wie Europa. Die Dominanz der führenden Plattformen kann außerdem als Sieg des US-amerikanischen Unternehmertums betrachtet werden. Die Überzeugung, der Einzige und der Beste in der jeweiligen Branche zu sein, ist in der US-amerikanischen Kultur tief verwurzelt. Sie müssen der „Burgherr" sein und ein Monopol schaffen, oder Sie können genauso gut Ihre Sachen packen. Peter Thiel, bekannter SiliconValleyUnternehmer und unter anderem Mitbegründer von PayPal und Investor bei Facebook und LinkedIn, hat diese Vision in seinem Buch *Zero to One: Wie Innovation unsere Gesellschaft rettet* genau erklärt[21]. Europa ist eine ganz andere Geschichte. Auch wenn es knapp 750 Millionen Europäer gibt, handelt es sich um einen fragmentierten Markt mit verschiedenen Kulturen und etwa 28 Sprachen. Außerdem gibt es vergleichsweise viele rechtliche und bürokratische Einschränkungen. In diesem Markt eine Plattform zu skalieren stellt jeden Unternehmer vor eine große Herausforderung.

Große Plattformen bauen ihr Geschäft weiter aus und tun alles Mögliche, um eine noch größere Rolle im Leben ihrer Nutzer zu spielen. Wie kann eine Mittelsperson dafür sorgen, dass ihre Plattform „sticky" („klebrig") ist, sodass die Menschen wiederkommen und die Plattform in ihre Verhaltensroutinen integrieren?
Der Investor und Experte für Produktdesign Nir Eyal schreibt in seinem Buch *Hooked*[22], dass ein Angebot idealerweise die Funktion eines „Schmerzmittels" haben sollte, das einen Schmerz oder Ärger beseitigt, unter dem die Menschen – oft unbewusst – leiden. Den Menschen muss die Lösung so gut gefallen, dass sie „anbeißen" und sie fest in ihre täglichen Abläufe integrieren. So genannte „Vitamintabletten", die ein Problem lösen, von dem man vorher noch gar nicht wusste, dass man es hatte, können schließlich durch den routinemäßigen Einsatz des Produkts zu einer Art dauerhafter Schmerztherapie führen. Die Nutzer sind immer stärker an eine solche Plattform gebunden und werden mehr und mehr von ihr abhängig.

Bedeutet das, dass Nutzer sich langsam, aber sicher vollständig diesen einflussreichen Unternehmen ergeben? Vielleicht – aber sie haben einen hohen Trumpf in der Hand: Anders als in der physischen Welt können die Menschen in der digitalen Welt gleichzeitig auf verschiedenen Kontinenten sein. Wir nennen das *Multihoming*. Das ist zum Beispiel der Fall, wenn Sie zwei verschiedene Browser auf Ihrem Computer installieren, damit nicht all Ihre Informationen bei einem Anbieter landen, oder wenn Sie mehrere Messaging-Apps parallel nutzen, sodass Sie nicht auf die Verfügbarkeit einzelner Apps angewiesen sind. Das funktioniert nur, wenn die Onboarding-Hürden und Benutzerkosten nicht zu hoch sind. So ist es eher unwahrscheinlich, dass Menschen gleichzeitig ein HBO- und ein NetflixAbo beziehen oder Zahlungskonten bei verschiedenen Banken eröffnen. Multihoming bietet Verbrauchern nur dann eine einfache Möglichkeit, die

> In der digitalen Welt können Verbraucher gleichzeitig auf verschiedenen Kontinenten leben, was die Abhängigkeit von einer Plattform reduziert.

Bindung an und die Abhängigkeit von einem Anbieter zu reduzieren, wenn das relativ wenig Zeit und Aufwand erfordert. Das eröffnet Mittelspersonen die Chance, zusätzliche Reichweite zu erzielen.

Der gewaltige Einfluss der großen Plattformen führt zu wachsendem Widerstand, in der Regel wegen der riesigen Menge an Benutzerdaten, die sie sammeln. Obwohl das verständlich ist, müssen die Plattformen aber auch eine gewisse Größe haben, um relevant zu sein und zu überleben. Das erklärt, warum sie wollen, dass „ihre" Lösung für viele Nutzer funktioniert. Agiert die Mittelperson also in einem fragmentierten Markt, weil viele Anbieter einen Standard anbieten – was übrigens für die Nutzer nicht immer von Vorteil ist –, muss die Mittelperson Wege finden, um ihren Standard großen Teilen des Marktes zur Verfügung zu stellen.

IM FOKUS
Die Anfälligkeit von Plattformen

Alle Plattformen können zwar schnell sehr stark wachsen, sie sind aber auch anfällig. Plattformen sind drei Risiken ausgesetzt: Erstens können negative Netzwerkeffekte den anfänglichen Erfolg zunichtemachen. Zweitens kann eine konkurrierende Plattform mit sich überschneidenden Leistungen dazu führen, dass die Plattform redundant wird. Und drittens können Umstände eintreten, die erfordern, dass das Geschäftsmodell überarbeitet wird.

Das erste Risiko besteht darin, dass sich die *Stimmung* zu einer Plattform dreht. Da der Wert von Plattformen im Markt entsteht, sind sie kontinuierlich auf die Begeisterung ihrer Nutzer und anderen Stakeholdern angewiesen. Ein trauriges Beispiel ist das niederländische Netzwerk Hyves, das innerhalb von wenigen Jahren zehn Millionen Nutzer gewinnen konnte. Nach der Übernahme durch einen Medienkonzern verschwanden die meisten Nutzer und wanderten zu Facebook ab. Oder die belgische Plattform Netlog, eine andere ehemals erfolgreiche Social-Media-Plattform, die ebenfalls dem Rivalen Facebook unterlag. Oder die US-amerikanische Plattform MySpace, die auf ihrem Höhepunkt im Jahr 2007 etwa 100 Millionen Profile umfasste. Negative Netzwerkeffekte können den Wert einer Plattform mindern. Das geht oft schneller als der ursprüngliche Wertgewinn der Plattform. Aber auch Facebook ist nicht unangreifbar. Die Reputation der Plattform hat gelitten, als Nachrichten, die Fake News enthielten, sich virusartig unter den 2,2 Milliarden Facebooknutzern verbreiteten und vorgeblich die US-amerikanischen Präsidentschaftswahlen zugunsten von Donald Trump beeinflussten[23]. Seitdem hat das Thema Fake News auf der Agenda von Facebook hohe Priorität.

Das zweite Risiko für eine Mittelsperson heißt *Envelopment (Umfassung)*. Das geschieht, wenn eine Plattform tatsächlich geschluckt wird und ihre Angebote von einem Wettbewerber kopiert werden, der erweiterte Dienste anbietet und die Funktionalität der eigenständigen Plattform in sein Geschäft integriert. Selbst ein großer Akteur wie Apple ist mit diesem Problem konfrontiert: Das iPhone wurde von Apple eingeführt, weil Unternehmen, die Smartphones entwickelten, drohten, den MP3-Markt zu übernehmen, an dem der iPod zur damaligen Zeit einen wesentlichen Marktanteil besaß. Steve Jobs war besorgt, dass ein anderes Elektronikunternehmen das machen würde. Die Einführung des iPhones war ein Verteidigungsschlag – was seinem Erfolg natürlich keinen Abbruch tut.

TomTom war in einer ähnlichen Situation. Das Unternehmen verkaufte ursprünglich Navigationsgeräte, aber musste sein Geschäftsmodell anpassen, als vergleichbare Tools kostenlos auf Smartphones verfügbar waren. Seitdem konzentrierte sich TomTom auf Kartenfunktionalität und Geodaten, nur um mit Apple und Google zu kollidieren, als diese eine ähnliche Funktion auf Basis ihrer eigenen Karten einführten. Theoretisch könnten sie dafür die Technologie von TomTom verwenden, aber das bedeutet, dass TomTom ein weiteres großes Problem hat. Es ist also an der Zeit, ein weiteres Kaninchen aus dem Hut zu zaubern.

2.6 Marktregulierung und Umstrukturierung

Neben den besonderen Herausforderungen, die einen zweiseitigen Marktansatz ausmachen, müssen Mittelspersonen auch externe Faktoren berücksichtigen, die großen Einfluss auf die Struktur und die Einführung ihrer jeweiligen Plattform haben. Regulierung und Umstrukturierung sind dabei vor allem in Europa ein sehr großer Faktor. Führende Plattformen wie Google haben sehr viel Macht erworben, die in vielerlei Hinsicht über die Gesetzgebung der Länder, in denen sie tätig sind, hinausgeht. Und doch haben vor allem die Plattformen eine entscheidende Rolle bei weltweiten Innovationen in den letzten Jahrzehnten gespielt. Darüber sind sich alle einig.

Zu viel Regulierung kann unter solchen Umständen lähmend sein. Die Gefahr ist in Europa besonders groß, wo jedes Land seine eigenen Gesetze hat. Dennoch braucht jeder Markt ein gewisses Maß an Regulierung, wenn auch manchmal nur minimal, um optimal funktionieren zu können[24]. Wir sprechen im Folgenden über die wichtigsten Formen von Regulierung, mit denen Plattformen in Europa konfrontiert sind: Marktliberalisierung, die Verhinderung von Machtmissbrauch und Datenschutzvorschriften.

> In Kapitel 4 werden wir uns auch mit Vorschriften zur Eröffnung von Zahlungskonten bei Banken befassen.

Liberalisierung

Damit ein Markt wirklich offen bleibt, müssen nationale und internationale Regierungen die Verantwortung übernehmen, bestimmte Märkte zu regulieren. Das mag widersprüchlich erscheinen, weil Regierungen häufig vorgeworfen wird, dass sie interne Märkte beschützen wollen. Aber das ist nicht immer der Fall. Denken wir beispielsweise an Märkte, in denen ein früheres Monopol eines Staatsunternehmens aufgebrochen wird. Eine solche Regulierung kann einen erheblichen Einfluss auf die strategische Ausrichtung einer Organisation haben, wie es beispielsweise Telekommunikationsanbieter erlebt haben, als der Markt für Telekommunikation geöffnet wurde. Der führende niederländische Telekommunikationskonzern KPN beispielsweise musste 1997 sein Netz für andere Anbieter öffnen. Die Marktakteure sind zu einem gewissen Maß an Kooperation gezwungen, um die Endkunden gut bedienen zu können. Auf der anderen Seite hat Regulierung zu größerer Wahlfreiheit für die Verbraucher und niedrigeren Preisen geführt.

> Wenn nationale und internationale Regierungen Märkte umstrukturieren, ist es nicht immer das Ziel, die Märkte zu schützen. Im Gegenteil: In der Regel florieren die Märkte.

Eine ähnliche Situation gab es im Energiemarkt, in dem alle Rollen – Vertrieb, Transport, Beschaffung – üblicherweise bei einer sehr kleinen Anzahl von Parteien konzentriert waren. Anfang der 2000er-Jahre wurde die Branche in ganz Europa privatisiert. Seitdem haben

FALLBEISPIEL
Die Herausforderung für Europa

Europa ist das perfekte Beispiel für einen heterogenen, fragmentierten Markt. Die relativ kleinen Heimatmärkte haben alle ihre eigene(n) Sprache, Kultur und Präferenzen. Ist eine Plattform in einem europäischen Land erfolgreich, ist es wahrscheinlich, dass in anderen Ländern Nachahmer entstehen. Wenn die Originalplattform in andere europäische Märkte expandieren will, ist es bereits mit lokaler Konkurrenz konfrontiert. Das führt dazu, dass keine der Plattformen die notwendige Größe erreicht, um relevante Umsätze zu erzielen. In den meisten Fällen werden sie von einer ähnlichen Plattform überholt, die in einem anderen, homogenen Markt zur Reife gelangen konnte. Dank ihrer Größe kann sich diese Plattform als Standard im Markt etablieren – und wegen ihres Erfolgs kann sie neues Kapital beschaffen, um ihre Angebote weiter zu optimieren und auszubauen, bis die europäischen Nutzer diesen Verlockungen schließlich erliegen.

verschiedene Länder gesetzliche Vorschriften eingeführt, die einen freien Markt gewährleisten sollen und den Verbrauchern Zugang zu verschiedenen Anbietern eröffnen. Der physische Teil, insbesondere die unterirdischen Leitungen und die Umspannanlagen der Netzbetreiber, blieb in den Händen regionaler Monopolisten, aber diese Unternehmen dürfen gemäß Gesetzgebung von 2006 keine Energie mehr produzieren oder handeln. Diese Gesetzgebung gilt als Beispiel für einen erfolgreichen staatlichen Eingriff[25]. Letzten Endes zeigte sich, dass viele private Parteien und Unternehmen mehr als bereit sind, ihre überschüssige Energie in das Netz einzuspeisen. Es ist also eine gute Sache, dass die Netzanbieter eine neutrale Rolle haben, sodass keine Interessenskonflikte entstehen.

Die Gesetzgebung hat sich außerdem auch positiv auf die europäische Integration ausgewirkt, weil sie die Verbindung zwischen den Transportnetzen zum Energiemarkt von Ländern wie Norwegen, Großbritannien, Belgien und Deutschland gestärkt hat. Regulierung erhöht auch hier den Wettbewerb – mit positiven Ergebnissen für die Verbraucher. Auf der anderen Seite haben wir in Kapitel 1 mit Blick auf *Netzneutralität* gesehen, dass die Dinge auch anders laufen können. Im Dezember 2017 schafften die USA die Netzneutralität ab. Das Ergebnis ist, dass nicht alle Daten bei der Übertragung im Internet gleichbehandelt werden. Stattdessen können Anbieter und andere verantwortliche Parteien Unterschiede zwischen verschiedenen Gruppen machen und unterschiedliche Konditionen anwenden. Das hat zu vielen Protesten geführt, da es dazu beitragen kann, das Vertrauen in das Internet weiter zu untergraben.

Machtmissbrauch verhindern
Die Monopole digitaler Konzerne wie Microsoft oder Google aufzubrechen, die als Privatunternehmen entstanden sind, erweist sich als schwierig. Ende der 1990er-Jahre scheiterte ein Versuch der Europäischen Union, Microsoft in ein Unternehmen für Betriebssysteme und ein Unternehmen für andere Anwendungen aufzuspalten. Tatsäch-

lich hätte das das damalige zentrale Problem – dass 90 Prozent aller Computer weltweit mit Windows-Betriebssystem liefen[26] – nicht gelöst. Eine Aufspaltung hätte zu Chaos im Softwaremarkt geführt und die Produkte für die Endnutzer deutlich teurer gemacht[27].

Machtmissbrauch jedoch kann erfolgreich sanktioniert werden. Im Jahr 2004 verklagte der US-amerikanische Wettbewerber RealNetworks Microsoft. In der 64-seitigen Klageschrift wurde dargelegt, dass im Zeitraum von Oktober 2011 bis März 2013 insgesamt 207 Millionen neue PCs ausgeliefert wurden. Auf den meisten von ihnen war der Windows Media Player installiert, während nur auf mageren zwei Prozent aller PCs der digitale Media-Player von RealNetworks vorinstalliert war. Microsoft hatte das in die Verträge mit PC-Herstellern aufgenommen, die regelten, dass es den Herstellern nicht erlaubt war, den Windows Media Player zu deinstallieren und vergleichbare Produkte wie den Media-Player von RealNetworks auf den PCs zu installieren[28]. Microsoft hatte es durch die Bündelung des Programms mit seinem Betriebssystem praktisch unmöglich gemacht, dass Wettbewerber Produkte vertreiben konnten, die mit dem Windows Media Player vergleichbar waren. Im Jahr 2004 belegte die Europäische Kommission Microsoft wegen Verstoßes gegen das Kartellrecht mit einem Bußgeld von 497 Millionen Euro. Der Fall wurde 2005 beigelegt: Microsoft zahlte 300 Millionen US-Dollar in bar und kündigte eine umfangreiche Zusammenarbeit mit RealNetworks in den Bereichen digitale Musik und Spiele an.

In den letzten Jahren hat sich die europäische Wettbewerbsbehörde intensiv mit dem Missbrauch der beherrschenden Stellung von Google im Suchmaschinenmarkt und dem Vorwurf befasst, dass Google seine eigenen Dienste wie Maps und Shopping bevorzuge. Gegenstand einer weiteren Untersuchung war Android, weil Google mutmaßlich verlangt hat, dass bestimmte Apps standardmäßig auf Android-Geräten installiert werden. Eine dritte Untersuchung beschäftigte sich mit Machtmissbrauch im Zusammenhang mit dem Angebot von Werbung an Dritte als Teil der Suchmaschinenfunktion. Im Jahr 2017 führte diese Untersuchung zu einer Geldbuße in Höhe von 2,7 Milliarden US-Dollar für Google – das bei weitem höchste jemals verhängte Bußgeld in einem solchen Fall[29].

Datenschutz
Ein anderes Thema, das weit oben auf der Agenda steht, ist der Verbraucherdatenschutz. Das scheint sinnvoll, wenn man bedenkt, dass bei jedem Austausch, der über digitale Plattformen stattfindet, Daten erzeugt werden. Im Prinzip wird alles erfasst. Unternehmen

> Ein Unternehmen zur Aufspaltung zu zwingen, um ein Monopol aufzulösen, kann zu Marktfragmentierung führen – das ist nicht immer von Vorteil für die Endnutzer.

wie Apple und Google wollen Kunden stärker an sich binden, indem sie ihnen eine breite Palette an Produkten anbieten. In Europa wurden wichtige Schritte in Bezug auf die Datenschutzgesetzgebung gemacht, um den Datenschutz zu verbessern und den Verbrauchern mehr Kontrolle über ihre eigenen Daten zu verschaffen. Die DSGVO (Datenschutz-Grundverordnung) der EU trat im April 2016 in Kraft[30] und löste eine Verordnung aus dem Jahr 1995 ab. Ziel der DSGVO ist es, Nutzern die Kontrolle über ihre personenbezogenen Daten zu geben. Unternehmen, die solche Daten erfassen, unterliegen daher jetzt strengeren gesetzlichen Vorschriften: Sobald ein Unternehmen eine bestimmte Geschäfts- oder Datenschwelle überschreitet, müssen Datenschutzbeauftragte benannt werden. Ihre Aufgabe ist es, sicherzustellen, dass die Vertraulichkeit von Daten ermittelt wird und dass Endnutzer immer auf die über sie gespeicherten Informationen zugreifen können. Der Eigentümer der Daten – in den meisten Fällen ein Verbraucher – muss außerdem ausdrücklich in die Verwendung der Daten einwilligen und hat das Recht, diese Zustimmung auf eigenen Wunsch zu widerrufen. Wenn ein Unternehmen diese Anforderungen nicht erfüllt oder ein Datenschutzverstoß stattgefunden hat, müssen die Behörde und der Verbraucher informiert werden.

Ein weiterer wichtiger Meilenstein war die Einführung des *Rechts auf Vergessenwerden*: Nutzer können Suchmaschinen zwingen, nicht länger Informationen anzuzeigen, die ihrer Einschätzung nach irrelevant sind oder die nicht mehr zutreffen. Google muss solchen Ersuchen weltweit nachkommen, unabhängig davon, in welchem Land nach den Informationen gesucht wird.

Ebenfalls neu eingeführt wurde das Recht der Nutzer auf *Datenübertragbarkeit*, um die Mobilität ihrer Daten zu verbessern. Dieses Recht verschafft Nutzern die Möglichkeit, personenbezogene Daten ohne Einschränkungen seitens einer Plattform von einem Informationssystem zu einem anderen System umzuziehen. Tatsächlich ist der Plattformmanager verpflichtet, diesen Prozess zu unterstützen, indem er die Daten in einem strukturierten und maschinenlesbaren Format zur Verfügung stellt. Das System, aus dem die Daten exportiert werden, muss all diese Daten löschen und in der Lage sein, das nachzuweisen, sobald der Kunde sein Konto gelöscht hat und eventuelle gesetzliche Aufbewahrungsfristen abgelaufen sind. Das reduziert den sogenannten *Data Lockin* und erleichtert es Kunden, von einem Unternehmen zu einem anderen zu wechseln. Seit Mai 2018 riskieren Unternehmen, die die neuen Anforderungen der DSGVO nicht erfüllen, Geldstrafen mit einer maximalen Höhe von 20 Millionen

---

Seit Anfang 2016 haben die europäischen Bürger ein Recht auf Vergessenwerden.

FALLBEISPIEL
„Die Privatsphäre ist tot"

Wie gehen dominierende Plattformen mit dem Thema Datenschutz um? Facebook testet bewusst die Grenzen dessen, was das Unternehmen mit den benutzergenerierten Daten machen kann, und überschreitet diese in den Augen einer kritischen Minderheit. Im Jahr 2011 legte die US-amerikanische Federal Trade Commission Beschwerde ein, weil Facebook mutmaßlich Nutzern sagte, dass ihre Informationen privat seien, während sie gleichzeitig auf vielfältige Art und Weise veröffentlicht wurden. Die Angelegenheit wurde mit einem Vergleich beendet und Facebook gelobte Besserung[32]. Als zwei Karikaturen des türkischen Präsidenten Erdogan ohne Zustimmung der Cartoonisten gelöscht wurden, nur um sie später wieder zu veröffentlichen, sorgte das auch für einiges Stirnrunzeln[33]. Interessant ist, dass die meisten Nutzer sich nicht allzu viele Gedanken darum machen, was mit ihren Daten geschieht. „Privatsphäre ist tot. Zumindest ist sie keine soziale Norm mehr", sagte Mark Zuckerberg 2014[34]. Die jüngsten Skandale um Datenlecks, einschließlich des Falls von Cambridge Analytica, haben Facebook einmal mehr gezwungen, seine Datenschutzbestimmungen anzupassen. Kapitel 4 geht näher auf diese Thematik ein.

Google verfolgt einen anderen Ansatz: Der Tech-Gigant hat Cookies von Drittanbietern im Jahr 2021 verboten und eine datenschutzfreundlichere Methode zur Erstellung von Nutzerprofilen für Werbekunden eingeführt[35]. Darüber ist nicht jeder glücklich, da dieses neue System die dominante Position von Google verstärkt. Auch Apple hat im Jahr 2021 den Stein ins Rollen gebracht und verlangt seitdem von den Nutzern ein Einverständnis-Pop-up für das „getrackt werden", wenn eine App dies tun möchte[36]. Für Apps von Unternehmen, die auf Werbung angewiesen sind, ist das von Nachteil. Die Debatte über Geschäftsmodelle für Werbung und Datenschutz ist noch lange nicht zu Ende, denn Datenschutzaktivisten üben weiterhin Druck auf die großen Tech-Unternehmen aus.

Euro oder vier Prozent ihres weltweiten Umsatzes im Vorjahr. Diese Verordnung soll die Position der Verbraucher gegenüber mächtigen Plattformen stärken. Es ist einfacher für einzelne Nutzer, ihre Rechte durchzusetzen.

Plattformen hingegen müssen mehr tun, um Daten – praktisch den Rohstoff für ihre Dienstleistungen – zu erlangen und zu schützen.

Angesichts der zunehmenden Bedeutung von digitalen Plattformen in unserer Gesellschaft ist zu erwarten, dass in den nächsten Jahren weitere Vorschriften eingeführt werden. Da das Thema neu ist, ist es eine Herausforderung für die Gesetzgeber, effektive und praktische Vorschriften zu entwickeln. In vielen Fällen ist das ein *Trial-and-Error*-Prozess, in dem immer wieder Anpassungen an die neusten Erkenntnisse erforderlich sind[31].

Wir werden das in Kapitel 4 näher betrachten

2.7 Zusammenfassung

Die wichtigsten Erkenntnisse über zweiseitige Märkte und darüber, wie eine Mittelsperson das Henne-Ei-Dilemma löst, werden im Folgenden zusammengefasst.

- Das Internet erweist sich als die perfekte Grundlage für Plattformen, die zwei Arten von Nutzern ermöglichen, sehr effizient miteinander zu interagieren. Diese Mittelspersonen bedienen per Definition *zweiseitige* oder *mehrfach zweiseitige Märkte*, die jeweils einen oder mehrere Sätze von Nutzergruppen bedienen.

- Eine digitale Plattform arbeitet auf Basis der gleichen Grundsätze wie klassische Märkte. Allerdings ist die Rolle einer digitalen Plattform oft viel umfangreicher, da die Mittelsperson hier auch *Vertrauen* aufbauen muss. Ein weiterer Unterschied besteht darin, dass die Dienstleistungen einer digitalen Plattform üblicherweise auf *Daten* basieren, die von den Nutzern gesammelt werden.

- Mittelspersonen müssen genau wissen, welches Problem sie in ein *Angebot* für ihre Nutzergruppen übersetzen wollen. Angebote sind Produkt- und Dienstleistungspakete, die Mehrwert für die jeweilige Zielgruppe schaffen.

- Interaktionen sind per Definition asymmetrisch, weil die Akteure gegensätzliche, komplementäre Rollen haben: Entweder rufen Sie jemanden an oder Sie werden angerufen. Wenn die verschiedenen Bedürfnisse beider Akteure in einem Angebot verpackt werden können, sprechen wir von einem *symmetrischen Angebot*. Wenn jeder Akteur eine eigene Funktionalität benötigt, die auf seine Rolle und seine Bedürfnisse abgestimmt ist, handelt es sich um ein *asymmetrisches Angebot*.

- *Onboarding* ist das Registrierungsverfahren, bei dem Daten zur Identität des Nutzers erhoben werden, und Voraussetzung für die Nutzung der Plattform. Onboarding ist ein fester Bestandteil des Angebots und muss als solches betrachtet werden. Es kann als mehrstufiger Prozess gestaltet werden, bei dem mehr Daten benötigt werden, wenn mehr des Angebots genutzt wird. Das wird *progressive Offenlegung* genannt.

- Die *Aufbauphase* einer zweiseitigen Plattform kann lange dauern. Deshalb ist es wichtig, zwischen verschiedenen Nutzergruppen zu unterscheiden und einen Schwerpunkt auf symmetrische Angebote zu legen, um *Wert* zu schaffen, der dann genutzt werden kann, um die Plattform weiterzuentwickeln.

- Um einen zweiseitigen Markt zu schaffen, muss die Mittelsperson das *Henne-Ei-Dilemma* lösen und Netzwerkeffekte erzeugen. Diese sorgen dafür, dass die Plattform wie ein Magnet wirkt und immer mehr Nutzer auf beiden Seiten des Marktes anzieht.

- *Direkte Netzwerkeffekte* treten ein, wenn Wachstum bei den Nutzerzahlen zu noch mehr Nutzern führt. Bei *indirekten Netzwerkeffekten* führt Wachstum bei den Nutzerzahlen auf einer Seite des Marktes auch zu Wachstum auf der anderen Seite des Marktes. Der *Tipping Point* ist der magische Moment, wenn alles zusammenkommt und die Plattform richtig Fahrt aufnimmt. Die Netzwerkeffekte verstärken sich gegenseitig und die kritische Masse ist erreicht.

- Bei der Festlegung einer Preisstrategie braucht die Mittelsperson ein genaues Verständnis der *Zahlungsbereitschaft* auf beiden Seiten des Marktes. Sie entspricht dem maximalen Betrag, den

Nutzer zu zahlen bereit sind, damit sie den Dienst wirklich in Anspruch nehmen. Es kann von Vorteil sein, der Seite des Marktes, die am stärksten auf Preise achtet, einen Preisvorteil zu bieten (*subventionierte Seite*), wenn dieser Vorteil auf der anderen Seite kompensiert werden kann (*Geldseite*). Die Zahlungsbereitschaft kann sich mit der Zeit verändern.

– Online-Plattformen achten bei der Auswahl ihrer Zahlungsmethoden nicht nur auf den Kostenfaktor, da die Merkmale der Zahlungsmethoden einen viel direkteren Einfluss auf ihren Markt haben. Sie wägen *Reichweite*, *Konversion* und *Kosten* der Zahlungsmethoden ab – in dieser Reihenfolge. Das erklärt zu einem großen Teil den Erfolg von Zahlungsdienstleistern.

– Große Plattformen, die Interaktionen ermöglichen, haben keine physischen Grenzen und können – mithilfe eines „Winner-takes-all"-Ansatzes – leicht die Größe eines digitalen Kontinents erreichen, auf dem sie die Regeln vorgeben. Das führt dazu, dass die Nutzer immer stärker von diesen Plattformen abhängig werden. Ein großer Vorteil der digitalen Welt ist jedoch, dass die Menschen gleichzeitig auf verschiedenen Kontinenten leben können. Das nennen wir *Multihoming*. Das bedeutet, dass sie weniger stark an eine einzelne Plattform gebunden sind, auch wenn jede Plattform versuchen wird, ihre „*Stickiness*" („Klebrigkeit") zu maximieren.

– *Envelopment* ist eine potenzielle Gefahr für Plattformen, nämlich das Risiko, dass die Kernfunktion einer Plattform als Ganzes nur mehr Teil des Gesamtangebots einer anderen Plattform wird.

– Neben den besonderen Herausforderungen zweiseitiger Märkte ist jede Mittelsperson mit Marktregulierung und -umstrukturierung konfrontiert, vor allem in Europa. Beispiele dafür sind *Marktliberalisierung* in Branchen wie Telekommunikation oder Energie oder Markteingriffe im Fall von *Machtmissbrauch*.

– *Datenschutz* für Bürger hat in Europa hohe Priorität. Das hat zur Einführung der DSGVO geführt, die den europäischen Bürgern seit 2016 mehr Kontrolle über ihre Daten gibt und es für sie leichter macht, ihre Daten wiederzuverwenden. Plattformen müssen sich mehr anstrengen, mit Blick auf deren *personenbezogene Daten* die *ausdrückliche Einwilligung* der Nutzer einzuholen.

mation

plattfor

KAPITEL 3
Alles eine Plattform

3.1 Einleitung

„Um die immer weitreichendere Plattformation zu managen, müssen wir Vertrauen in Plattformen bewusster verankern."

Platforms are eating the world: Diese Behauptung war beispielsweise im Magazin WIRED[1] zu lesen. An den Zahlen lässt es sich ablesen: Was den Marktwert betrifft, generieren 60 Prozent der 100 größten Unternehmen der Welt über 50 Prozent ihrer Einnahmen durch plattformbezogene Geschäfte[2] – und dieser Anteil wird nur noch weiter wachsen. Plattformen sind zu einem Teil unseres Lebens geworden. Sie haben die Interaktion zwischen Akteuren, und dadurch unsere sozioökonomische Landschaft, verändert. Ein unumkehrbarer Trend, der für den Moment scheinbar nicht zu stoppen ist; wir nennen ihn „Plattformation". Wie Transaktionen gibt es Plattformen schon seit der Antike. Der Archetyp einer Plattform ist der traditionelle Marktplatz. Die treibende Kraft hinter jeder Plattform sind Mittelspersonen, die Mechanismen in Gang setzen, die es Plattformen ermöglichen, eine immer größere Zahl von Nutzern zusammenzubringen.

Durch die Digitalisierung sind den Plattformen jedoch Flügel gewachsen und sie haben sich in die Lüfte geschwungen. Wenn eine Mittelsperson auf einen Markt treten möchte, kommt ihr der enorme Vorteil zugute, dass eine digitale Plattform ihr dafür einen hypereffizienten Weg zur Verfügung stellt. Plattformen spielen nicht nur bei Interaktionen eine zunehmend wichtige Rolle, sondern auch bei Transaktionen – als Teil des Kaufprozesses. Und dank digitaler Plattformen beschreiten fast alle Märkte neue Wege, wenn es darum geht, sich selbst zu organisieren. Facebook, Booking.com, Spotify und Alibaba haben es allesamt geschafft, sich in kurzer Zeit eine dominierende Position zu erarbeiten. Es gibt noch zahlreiche weitere Beispiele für Plattformen, die unsere Interaktionen im Vergleich zu der Zeit von vor ein paar Jahrzehnten verändert haben. Egal, worum es geht, irgendjemand hat dafür eine Plattform gebaut; ganz gleich, ob es dabei um Taxifahrten, Gästebetten oder das Verleihen von Geräten wie Rasenmähern geht. Unternehmer wurden dazu inspiriert, großartige Erfolgsgeschichten wie Uber, Airbnb und Peerby zu erschaffen. An dieser Stelle verweisen wir Sie gerne auf das Buch *Platform Revolution*[3], das einen guten Überblick über die vielen Aspekte von Plattformen und ihre Auswirkungen bietet.

Lassen Sie uns jetzt mit dem grundlegenden Rüstzeug aus den ersten zwei Kapiteln im Gepäck tiefer in die Welt der Plattformen, der „Fabriken" von Mittelspersonen, eintauchen. Zuerst liefern wir einen Blick auf das große Ganze. Wie haben digitale Plattformen die Wertschöpfungsketten in vielen Märkten beeinflusst? Wie dominieren sie zunehmend vollkommene Märkte? Wie kann die Zusammenarbeit mit anderen Akteuren innerhalb der weltweiten digitalen Infra-

Lektüretipp: *Platform Revolution* von Geoffrey Parker, Marshall van Alstyne und Sangeet Choudary.

struktur organisiert werden? Um ein wenig Ordnung in die vielen Definitionen von Plattformen zu bringen – ein Wort, das mittlerweile benutzt wird, um mehr oder weniger alles zu bezeichnen –, entwerfen wir eine Typologie. Welche Arten von Plattformen gibt es? Aufbauend auf dieser Theorie werfen wir dann einen Blick darauf, wie die Dinge in der Praxis funktionieren. Zu Beginn muss die Mittelsperson eine grundlegende Entscheidung treffen: Entweder sie arbeitet zusammen mit einem Netzwerk, um den Marktstandard zu entwickeln, oder sie beschreitet den Weg allein mit einer eigenen Plattform. Diese Entscheidung hat weitreichende Konsequenzen und legt unter anderem fest, wie die Konkurrenz der Plattform aussieht.

3.2 Neugestaltung von Wertschöpfungsketten

In vielen Märkten der physischen Welt war die lineare Handelskette eine angemessene Lösung. Produkte und Dienstleistungen fanden über eine Reihe von Agenturen und anderen Einzelhändlern ihren Weg zu den Verbrauchern; dabei erhielten alle Akteure einen Teil der Erlöse. Die Verbindungsglieder in solchen linearen Ketten bilden Unternehmen, die selbst Lagerbestände vorhalten und weitere Risiken übernehmen. Anders ausgedrückt: Sie handeln als einer der Akteure, die an einer Transaktion beteiligt sind. Im Gegensatz dazu stehen Mittelspersonen, die ihre Plattformen oftmals benutzen, um Tauschhandlungen, einschließlich Transaktionen, für andere zu ermöglichen. Im Zeitalter digitaler Plattformen werden Angebot und Nachfrage effektiver zusammengebracht und der Vertrieb von Produkten und Dienstleistungen kann in vielen Fällen effizienter ablaufen.

Zunehmende Kettenkonzentration

Dank des Internets sind sämtliche Informationen über beliebige Produkte, Dienstleistungen oder Themen nur einen Mausklick entfernt. Während sich Händler in der Vergangenheit durch exklusive Angebote, Informationen und Vertriebskanäle abheben konnten, ist es heutzutage oft nicht mehr möglich, sich dadurch auszuzeichnen. Diese simple Tatsache hat weitreichende Konsequenzen.

Der Reisesektor ist ein gutes Beispiel. Verbraucher müssen nicht mehr samstagnachmittags zu Reisebüros gehen, bei denen ihnen ein Bruchteil des Angebots präsentiert wird. Stattdessen gehen sie auf Plattformen wie Hotels.com, Expedia, Trivago, TripAdvisor oder Airbnb, auf denen Hotels weltweit und in allen Preiskategorien ihre Angebote präsentieren. Die Art und Weise der Präsentation erleichtert es dem Verbraucher, sich zurechtzufinden. Darüber hinaus zeichnen Bewer-

Wirtschaftliche Optimierung hat die Wertschöpfungskette in allen Märkten auf die kleinstmögliche Anzahl an Gliedern verkürzt.

tungen, die vorherige Gäste abgegeben haben, ein recht verlässliches Bild der Qualität des Angebots. Der Verbraucher kann dann selbst beim Anbieter oder Hotel der Wahl reservieren. Traditionelle Reiseunternehmen mit eigenen Pauschalurlauben, die sie von Agenten – sei es exklusiv oder nicht – kaufen und diese dann in physischen Läden an Verbraucher weiterverkaufen, spielen kaum noch eine Rolle. Verbraucher haben sofort Zugang zum Großteil des Angebots und benutzen die Plattform, um direkt mit dem Hotelbetreiber zu interagieren, ohne dass weitere Glieder in der Kette notwendig sind.

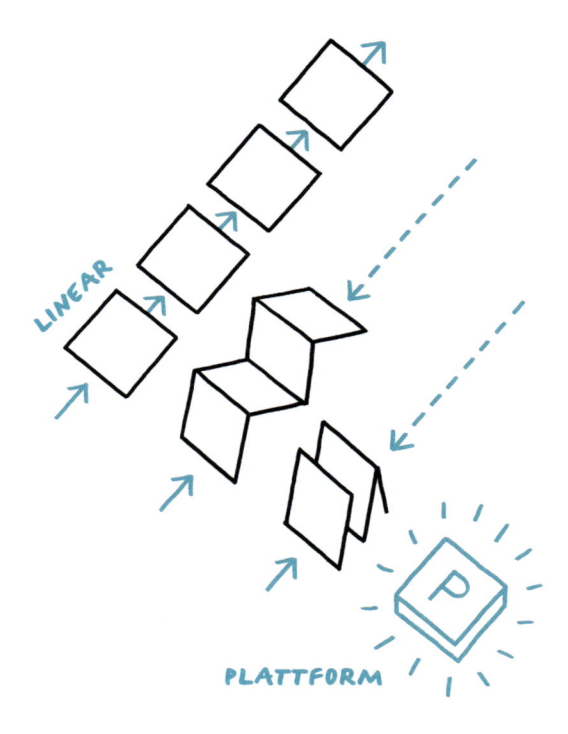

Abbildung 22
Plattformen quetschen die lineare Kette zusammen wie eine Ziehharmonika

Abbildung 22 zeigt, wie digitale Plattformen die traditionelle Wertschöpfungskette verkürzen. Die Gewinnspanne, die traditionell zwischen allen Gliedern der Wertschöpfungskette aufgeteilt wurde, wird jetzt unter weniger Parteien geteilt. Neben der Größe, die bezüglich der Reichweite ein Vielfaches der Größe eines traditionellen Reisebüros beträgt, gelingt es digitalen Reiseplattformen auch, sich einen größeren Anteil der Einnahmen pro Buchung zu sichern oder einen Teil davon in Form von Preissenkungen an ihre Kunden zurückzugeben.

Wachsender digitaler Vertrieb

Die lineare Kette ist noch aus einem zweiten wichtigen Grund unter Druck geraten: Die Produktbeschaffenheit ändert sich durch die

FALLBEISPIEL
Eine Plattform für alles: Peppr versus Airbnb

Plattformen gewinnen in unserer Welt an Bedeutung; sie werden in allen vorstellbaren Bereichen erschaffen. Wo eine Mittelsperson eine Zukunft in bezahltem Sex sah, setzte eine andere Gruppe ambitionierter Unternehmer auf Gästebetten. Daraus gingen zwei erfolgreiche Plattformen hervor: Peppr und Airbnb.

Peppr, eine Plattform für bezahlten Sex

Das Stigma wird dadurch wohl nicht unbedingt verschwinden, aber sowohl Sexarbeiter als auch ihre Kunden profitieren wahrscheinlich von den „Selbstreinigungsmöglichkeiten" des Internets. *The Economist* veröffentlichte einen ausführlichen Artikel über Peppr, eine App für kommerziellen Sex in Berlin[4]. Die Idee ist einfach: Man gibt einen Standort ein und erhält eine Liste der nächsten Prostituierten mit Bildern, Preisen und körperlichen Merkmalen. Die Ergebnisse werden gefiltert und Nutzer können gegen eine Reservierungsgebühr von ein paar Euro ein Treffen vereinbaren. Die App führt Angebot und Nachfrage online effektiv und diskret zusammen. Viele komplizierte Punkte werden durch das Internet gelöst. Zum einen war es in der Vergangenheit für Prostituierte und Kunden schwierig, sich zu finden. Die Suche fand oft verdeckt statt; dabei hielten potenzielle Kunden nach Referenzen Ausschau. Die Anbieter der Dienstleistung fürchteten stets Gewalt, Kriminalität und sexuell übertragbare Krankheiten – all das verändert sich jetzt. *The Economist* zufolge zeigt die Forschung, dass Prostitution als Geschäft anderen Dienstleistungen bemerkenswert ähnlich ist. Individuelle Lösungen mit entsprechender Preisgestaltung und Nischendienste mit Premium-Preispolitik gibt es auch hier. Kunden können nach Alter, Oberweite, Kleidergröße, ethnischer Zugehörigkeit, sexuellen Vorlieben oder Standort suchen. Dank der Digitalisierung können sich beide Marktseiten zu ihrer Erleichterung von den traditionellen Mittelspersonen – oftmals zwielichtigen Leuten – verabschieden.

Die Anbieter kontrollieren zunehmend ihr eigenes Geschäft und legen fest, wann und wo sie arbeiten. Sie können mehr Zeit darin investieren, sich selbst zu vermarkten, beispielsweise mit einer Website. Diese persönlichen Websites erlauben es ihnen, Werbung zu machen und Geschäfte online abzuschließen. Das Feedback ihrer Kunden auf Bewertungsseiten hilft anderen bei der Entscheidung. Um mehr über die andere Partei zu erfahren, wurden eigenständige Dienste entwickelt. So bietet die amerikanische Seite Roomservice 2000 gegen Gebühr Hintergrundüberprüfungen von Sexarbeitern an. Während traditionelle Mittelspersonen tendenziell einen schlechten Ruf genossen, ist eine digitale Plattform in der Lage, effektiv Vertrauen zu schaffen. Menschen, die sich vorher nie begegnet sind, können trotzdem in einer sicheren Umgebung ein Geschäft abschließen.

Airbnb: Eine neue Haltung entsteht

Von Beginn an waren sich die Gründer von Airbnb bewusst, dass ihr Erfolg vollständig vom Vertrauen abhängen würde, das sie auf beiden Seiten ihres Markts erzeugen würden. Sie richteten alles darauf, dies in die Tat umzusetzen. Ihre Anstrengungen waren von Erfolg gekrönt: Aktuell finden sich auf der Website über sechs Millionen private Unterkünfte von 4 Millionen Gastgebern in 220 Ländern und 100.000 Städten. Seit der Gründung des Unternehmens im Jahr 2008 wurden über eine Milliarde Übernachtungen gehandelt[5], obwohl es vier Jahre dauerte, um die erste Million zu erreichen. Davor musste einiges eingerichtet werden.

Airbnb wurde 2008 von Brian Chesky, Joe Gebbia und Nathan Blecharczyk in San Francisco gegründet. Sie bezeichneten ihr Unternehmen als eine „Plattform des Vertrauens". Die Idee war einfach: eine Plattform entwickeln, auf der Privatpersonen auf der ganzen Welt ihr Haus oder ein Zimmer zur Miete anbieten und andere diese Unterkunft buchen können. Heutzutage haben wir uns komplett an diese Vorstellung gewöhnt. Vor einigen Jahren jedoch war es undenkbar, vollkommen Unbekannte in sein Haus zu lassen oder eine Unterkunft bei einem vollkommen Unbekannten zu mieten. Airbnb hat es geschafft, die Wahrnehmung der Menschen diesbezüglich zu verändern. Wie? Bei Airbnb mitzumachen bedeutet, dass man sich nicht verstecken kann; man muss Informationen bereitstellen, um Vertrauen zu schaffen. Die Mischung aus dem Kurationssystem, bei dem der Inhalt zunächst verifiziert wird, und der skalierbaren Vermittlung ermöglichte das schnelle Wachstum der Plattform. Dies wiederum trägt dazu bei, Vertrauen zu fördern, weil Airbnb ein bekannter Akteur auf dem Markt ist, zum Teil dank seiner Größe: ein sich selbst verstärkender Mechanismus war erschaffen.

Digitalisierung dramatisch – so geschehen bei Zeitungen, Büchern und Musik. Produkte werden zu Daten und der Vertrieb wird zum Datentransfer. Produktion und Vertrieb finden nicht mehr in der physischen Welt statt, in der es Fabriken, Fertigungshallen und LKW gibt, die die Produkte von A nach B transportieren, sondern im immateriellen Bereich, in dem ein Paket aus Bits und Bytes zum Endverbraucher geschickt wird. Die Lieferung findet in der gleichen digitalen Infrastruktur statt, in der auch Angebot und Nachfrage einfach zueinander finden: Der Käufer nimmt seine Bestellung fast in Echtzeit in Empfang – nur ein paar Klicks sind notwendig und die Kosten sind erheblich geringer. Statt Atomen bewegen wir zunehmend Elektronen.

Mittelspersonen, die in der traditionellen Kette am Vertrieb beteiligt waren, sind größtenteils überflüssig geworden. Die Musikindustrie bekam diese Entwicklung unmittelbar zu spüren, als physische Datenträger wie LPs, Kassetten, CDs und DVDs in Rekordzeit durch Plattformen wie Spotify und iTunes ersetzt wurden. Wikipedia liefert einen fast nostalgischen Überblick zu diesen Entwicklungen[6]. Das hat dazu geführt, dass sich auch das Erlösmodell radikal verändert hat. Erlöse werden nicht mehr durch die Datenträger erzielt, sondern durch den Inhalt. Es gibt nun verschiedene Umsatzströme, wobei Liveauftritte der wichtigste Treiber sind. „Der Inhalt ist König." Sowohl traditionelle Mittelspersonen als auch Glieder aus der linearen Kette finden im Wesentlichen völlig neue Rahmenbedingungen vor. Der Mehrwert, den sie ursprünglich boten, wurde in vielen Fällen durch das Aufkommen digitaler Plattformen nebensächlich. Letztere haben das Potenzial, alle Arten von Tauschhandlungen zwischen Akteuren effektiver zu organisieren. Als solche führt Plattformation zu einer Wertkonzentration in der Kette, sowohl, was Nettogewinnspannen als auch, was den Firmenwert angeht, der oft mit Kundenreichweite in Verbindung gebracht wird.

Fortschreitende Kettenintegration

Die digitale Infrastruktur, innerhalb derer Menschen in Echtzeit kommunizieren können, eröffnet Unternehmen zahlreiche Möglichkeiten, auf verschiedensten neuen Wegen zusammenzuarbeiten. Letztlich sind die Nutzung und der Vertrieb von Dienstleistungen des jeweils anderen viel einfacher geworden. Wir alle kennen Google Maps, was Uber-Funktionen enthält. Dies erleichtert es Menschen, ein Taxi zu bestellen; die Zusammenarbeit zwischen KLM und Uber haben wir bereits erwähnt. Twitter, PayPal und Salesforce sind gewachsen, indem sie mit Akteuren zusammenarbeiten, die komplementäre Dienstleistungen anbieten. Diese Arten von Part-

HINTERGRUND
Das Ende der *Smiling Curve*

Wie beeinflussen digitale Plattformen die Wertschöpfungskette in einem Markt? Das Konzept der *Smiling Curve* (der *lächelnden Kurve*) kann hilfreich sein, um eine Antwort auf diese Frage zu finden. Es wurde in den frühen 1990er-Jahren eingeführt, um die damaligen Entwicklungen innerhalb der Produktionskette in der Elektronikbranche zu erklären. Es wurde von Stan Shih entworfen, dem Gründer und CEO des taiwanesischen Computerherstellers Acer[7]. Er stellte fest, dass ein Hersteller auf der einen Seite vor allem am Anfang der Produktionskette Mehrwert schaffen könne – also am Anfang der Smiling Curve; dort wird auf Produktionsebene Relevanz durch innovative Ideen und Patente geschaffen. Auf der anderen Seite könne er dies am Ende der Kette oder Kurve erreichen, dort, wo Endnutzern eine wiedererkennbare Erfahrung geboten wird – dank unverwechselbarer Funktionalitäten in Kombination mit effektiver Markenpolitik und effektivem Kundendienst. Der Zusammenbau oder die Produktion der Elektronik selbst (in der Mitte der Kette oder Kurve) ist am wenigsten profitabel. Unternehmen wie Apple lagern diesen Teil der Kette an Dritte in Ländern wie China aus. Dort wird ihre Hardware zu niedrigen Kosten hergestellt. In vielen Fällen wird die Mitte der Kurve von Plattformen verschoben, die diese viel effizienter organisieren können. Die X-Achse des Diagramms wird quasi zusammengedrückt: Der Löwenanteil des Mehrwerts wird von immer weniger Akteuren bereitgestellt. Daraus ergibt sich, dass sich der Beitrag pro Partei entlang der Y-Achse erhöht. Ein gutes Beispiel dafür ist der chinesische Hersteller DealExtreme, bei dem Kunden aus der ganzen Welt Geräte direkt kaufen können. Momentan sind es daher die digitalen Plattformen, die die kürzest möglichen Wertschöpfungsketten erzeugen.

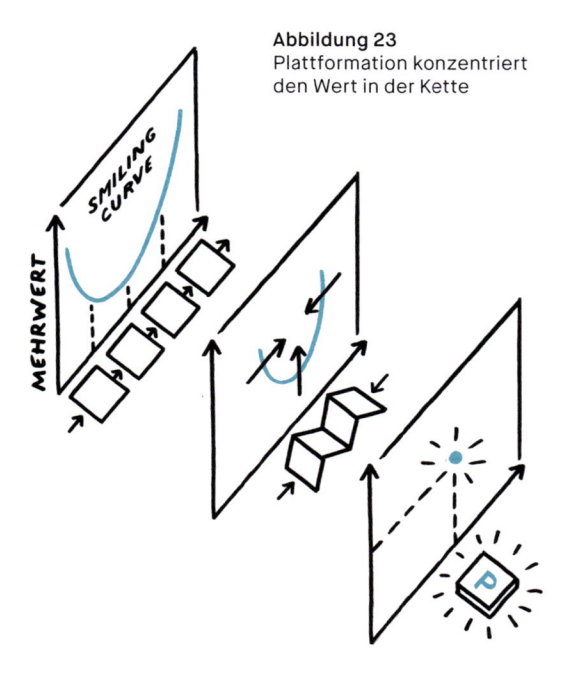

Abbildung 23
Plattformation konzentriert den Wert in der Kette

nerschaften verwenden Application Programm Interfaces (APIs, Programmierschnittstellen). Dabei handelt es sich um „Software-Stecker", die es Dritten ermöglichen, Anwendungen gewissermaßen „auf" bestehender Software zu entwickeln. Sie lassen sich einfach in eine gemeinsame Infrastruktur einbinden, über die Daten zu Identität, Onlineverhalten sowie Angebot und Nachfrage erfasst werden; so werden wirtschaftliche Interaktionen ermöglicht. Deshalb kann man sein Twitter-Konto nutzen, um auf andere Apps zuzugreifen, einfach, indem man sich mit dieser App verbindet und die Verbindung mit seinem Twitter-Passwort bestätigt. PayPal verwendet den gleichen Mechanismus, sodass Zahlungen in Onlineshops vereinfacht werden. Ein weiteres Beispiel ist die Software für Kundenbeziehungen von Salesforce, die als Grundlage für andere Anwendungen verwendet wird, darunter medizinische Anwendungen von Philips. Auf diese Weise werden medizinische Patienteninformationen digital ausgetauscht, sodass Patienten in ihrer häuslichen Umgebung überwacht werden können.

Diese Arten von Partnerschaften werden alle durch den digitalen Vertrieb unterschiedlicher Funktionen ermöglicht, die auf komplementären Plattformen verwendet oder verkauft werden. Im ersten Kapitel haben wir sie *digitale Ökosysteme* genannt. Sie unterscheiden sich grundlegend von Plattformen, die in einem Netzwerkmodell betrieben werden und an der gleichen Funktionalität arbeiten. Auf diese Form der strategischen Zusammenarbeit kommen wir in Kapitel 3.5 zurück. Infolgedessen werden Ketten immer integrierter. Diese Unternehmen sind sich alle bewusst, dass sie in der aktuellen Umgebung auf unterschiedliche Weise Mehrwert schaffen können. Sie wissen, dass dieser Mehrwert nicht mehr länger innerhalb ihres eigenen Unternehmens geschaffen wird, sondern zusammen mit anderen Akteuren, die sie mit ins Boot holen können. Dadurch geht die Entwicklung von Geschäftsprozessen über die Ebene separater Einheiten hinaus. Erfolgreiche Unternehmen nutzen die aktuellen Chancen in vollem Umfang und nehmen dabei oft eine Vermittlerrolle ein; ihre Plattformen fungieren dabei als unerlässliche Werkzeuge.

Bestehende Unternehmen müssen ebenfalls den Schritt in diese neue Ära vollziehen, obwohl es oftmals schwierig für sie ist, sich von bestehenden Prozessen und Infrastrukturen freizumachen. Nichtsdestotrotz können sie auf unterschiedlichste Weise schnell auf neue Entwicklungen reagieren, beispielsweise, indem sie sich einer Reihe von Netzwerken anschließen, die zu ihren Kernaktivitäten passen. Ein Beispiel aus dem Automobilsektor: Fiat hat Partnerschaften mit Akteuren wie TomTom, Reuters und Facebook geschlossen, um an – wie sie es nennen – „vernetzten Autos" zu arbeiten. Diese Autos rüsten sie so mit Funktionen für Kommunikation, Unterhaltung und Navigation aus, dass sich der Fahrer (immer noch) vollständig auf das Autofahren konzentrieren kann. Das gilt zumindest so lange, wie das Fahrzeug weiterhin menschliches Eingreifen erfordert – die Entwicklung autonom fahrender Autos ist schließlich in vollem Gange. Diese Arten der Zusammenarbeit erlauben Unternehmen, Chancen zu ergreifen, die potenziell ganze Wirtschaftszweige weltweit verändern können. Diese Vorhaben könnten sie niemals alleine stemmen.

Dank des digitalen Vertriebs, bei dem Plattformen gegenseitig komplementäre Funktionen verwenden und anbieten, sind Unternehmen in der Lage, ihre Reichweite erheblich zu vergrößern.

3.3 Plattformarten

Wenn der Wettbewerb hart ist, entstehen überall neue dominante Plattformen und schaffen es, sich zwischen zwei Arten von Akteuren zu positionieren, die oftmals für das bestehende Angebot und die bestehende Nachfrage stehen. Weiter oben haben wir bereits das Beispiel Booking.com in der Reisebranche besprochen. Eine ähnliche Wirkung entfaltete Amazon im Einzelhandel und Uber auf dem Taximarkt. Auf jedem vorstellbaren Markt vollziehen sich ähnliche Entwicklungen; dies wird auch weiter so bleiben.

Die *Raison d'Être* einer Mittelsperson ist die Beseitigung von Hindernissen, die Akteure daran hindern, direkt miteinander in Kontakt zu treten. Diese Hindernisse unterscheiden sich je nach Markt und Situation. Es ist an der Mittelsperson, die richtige Lösung zu finden. Diese können sie auf einige Arten finden, zum Beispiel über Märkte (auf denen Käufer Verkäufer treffen) oder die Medien (in denen Werbetreibende auf ihre Zielgruppen treffen). Männer und Frauen auf Partnersuche trafen sich einst in bekannten Kneipen, Clubs oder Discos. Jetzt findet man viele von ihnen auf Tinder oder Happn und allen möglichen Plattformen, die diese spezielle Nachfrage effektiv stillen. Der Staat kann ebenfalls als Mittelsperson agieren – zum Beispiel, indem er Bargeld prägt und druckt. Dadurch können Käufer und Verkäufer einander mit Münzen und Scheinen bezahlen, denen sie beide vertrauen. Im nächsten Abschnitt erörtern wir die verschiedenen bestehenden Plattformen und schauen uns genauer an, welche Rolle sie bei der Vermittlung von Transaktionen spielen.

Eine Typologie

Plattformen können den Handelsprozess auf unterschiedliche Art und Weise vereinfachen. In den meisten Fällen wird von Plattformen im technischen Sinne gesprochen. In diesem Buch werden sie jedoch aus einer ökonomischen Perspektive betrachtet. Wir konzentrieren uns auf Plattformen, die den Handelsprozess unterstützen, indem Interaktionen und Transaktionen zwischen zwei unterschiedlichen Nutzergruppen aktiv ermöglicht werden. Zu diesem Zweck schauen wir uns den universellen Kaufprozess an, der im ersten Kapitel dieses Buches beleuchtet wurde. Er beschreibt alle Schritte, die zwei Akteure durchlaufen, wenn sie ein Geschäft miteinander abschließen. In Kapitel 1 haben wir den Kaufprozess auf der Grundlage von Erkenntnissen über Transaktionen leicht abgewandelt. Dadurch umfasst er nun sechs Schritte: *Entdeckung, Auswahl, Einigung, Zahlung, Lieferung* und *Kundendienst*. Auf jeder Stufe sind die Wünsche der potenziellen Käufer von zentraler Bedeutung. Der Anbieter versucht, diese Wünsche so gut er kann zu stillen, um seine Chance auf eine erfolgreiche Transaktion zu erhöhen. Wie wir gesehen haben, gehören die Schritte der Einigung, Zahlung und Lieferung beim Kaufprozess zusammen. Gemeinsam bilden sie die Transaktions-Trias: Eine Transaktion ist abgeschlossen, sobald diese drei Schritte beendet sind.

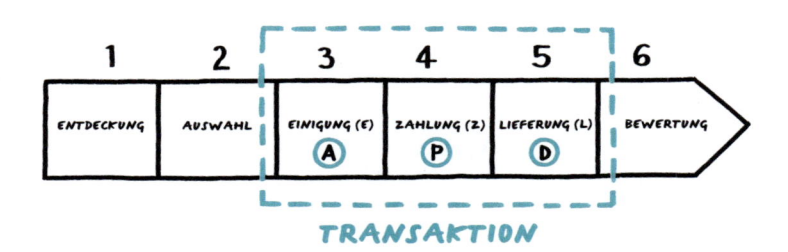

Abbildung 24
Die sechs Schritte des Kaufprozesses

Welche Arten von Plattformen lassen sich innerhalb dieses Kaufprozesses unterscheiden? Jede Mittelsperson hat mit ihrer Plattform ein gewisses Ziel und wählt zu dessen Erreichung eine spezifische Herangehensweise. Diese Herangehensweise wird ständig weiterentwickelt, um die Kundennachfrage besser befriedigen zu können. Daher existiert keine abschließende Plattformtypologie. Die meisten Plattformen enthalten unterschiedliche Merkmale, da sie unterschiedliche Ziele mit einer breiteren Palette an Funktionen erreichen wollen. Für unsere Zwecke bietet vermutlich die Unterteilung nach Evans und Schmalensee[8] den besten Überblick. Alle von ihnen unterschiedenen Plattformtypen weisen eine Zahlung – durch Akteur X – und eine Lieferung – durch Akteur Y – auf, ermöglicht durch die Plattform. Wie das Ganze organisiert ist, unterscheidet sich von Plattform zu Plattform. Evans und Schmalensee unterscheiden nacheinander *Softwareplattformen, Tauschplattformen, werbegestützte Medien* und *Transaktionsplattformen*. Dies bildet die Grundlage für die unten dargestellte Typologie, zu der wir ein paar Kategorien mit einer kurzen Erklärung hinzugefügt haben.

Softwareplattformen sind typischerweise mit einer bestimmten Art von Hardware verknüpft, für die Softwareentwickler die Tools erhalten, um Anwendungen zu erstellen, die sie später an die Nutzer der betreffenden Hardware verkaufen können. Apple gewährt ausgewählten Softwareentwicklern Zugang zum App Store. Daraufhin müssen diese versuchen, aus dem Verkauf ihrer Spiele oder Apps an Apple-Nutzer einen Gewinn zu erwirtschaften. Weitere Beispiele sind Nintendo oder Sony, die Entwicklern die Möglichkeit geben, Spiele für die Nutzer ihrer jeweiligen Konsolen zu erfinden und zu entwickeln. APIs (die Softwareschnittstellen, die wir in Kapitel 3.2 behandelt haben) spielen hier wieder eine wichtige Rolle. Diese Toolboxen stellen eine effiziente Möglichkeit dar, Dritte neue Funktionalitäten entwickeln zu lassen und den Nutzwert der Plattform als Ganzes zu erhöhen.

Tauschplattformen konzentrieren sich auf die *Vermittlung*. Teilnehmer auf beiden Marktseiten können Gesuche aufgeben oder

> Wir unterscheiden fünf Typen digitaler Plattformen: Softwareplattformen, Tauschplattformen, (elektronische) Handelsplattformen, Medienplattformen und Transaktionsplattformen.

Angebote präsentieren; Übereinstimmungen können ermittelt werden. Beispiele dafür sind Auktionshäuser, Immobilienmakler und Kontaktbörsen wie Tinder. Ebenfalls zu nennen sind Literaturagenturen und Reisebüros wie Booking.com. In diesem Sinne nehmen sie die Rolle des traditionellen Agenten ein, aber ihre „Fabrik" ist zu einer digitalen Plattform geworden. Wir fügen eine weitere Kategorie hinzu: die *(elektronischen) Handelsplattformen*. Diese Art von Plattformen bietet nicht nur eine Vermittlungsfunktion, sondern ermöglicht zusätzlich dazu die eigentlichen Transaktionen. Beispiele sind Google Play, Amazon und Etsy. Diese Plattformen ermöglichen den gesamten Transaktionsprozess.

Medienplattformen legen den Fokus auf den Austausch von Inhalten. Die Kosten dafür werden oft (teilweise) durch Werbung von Dritten finanziert. *The Huffington Post* ist ein Beispiel für diese Art Portal: Die Inhalte, die für die Leser als kostenlos erscheinen, werden weitestgehend durch ein Werbemodell finanziert. Bei diesem Aufbau wird das *Targeting* der Besucher ein zunehmend wichtiger Baustein; es erlaubt Werbetreibenden beispielsweise, ihre Anzeigen auf Grundlage von Verhaltensdaten, die durch die Verwendung von Cookies gewonnen werden, zielgerichteter zu schalten. Besucher zahlen am Ende für die Benutzung der Medienplattform mit den Daten, die sie hinterlassen – oft ohne es zu wissen. Zusätzlich zum Werbemodell greifen Medienplattformen manchmal auch auf ein Abomodell zurück. Netflix ist ein bekanntes Beispiel. Als Unterkategorie haben wir *Social-Media-Plattformen* wie Instagram hinzugefügt. Sie stellen ihren Nutzern die Werkzeuge bereit, um Informationen, Bilder und andere Inhalte zu teilen und zu empfangen. Wieder basiert das vorherrschende Erlösmodell auf Werbung.

Die letzte Kategorie, die Evans et al. unterscheiden, sind *Transaktionsplattformen*, die im Zentrum dieses Buches stehen, da hier die Welt der Plattformen und die Welt der Transaktionen aufeinandertreffen; diese entwickeln sich schließlich zum transaktionalen Internet.

Ungeachtet dessen definieren Evans et al. Transaktionsplattformen als weitgehend akzeptierte Zahlungsmethoden, die die Zahlung innerhalb einer Transaktion ermöglichen. Denken Sie dabei an Kreditkarten oder eine Online-Zahlungsmethode wie PayPal oder iDEAL. Aus unserer Sicht handelt es sich dabei lediglich um *Zahlungsplattformen*. Andere Plattformen, beispielsweise E-Commerce-Plattformen wie Etsy, nutzen eine spezialisierte Zahlungsplattform, um die Zahlung bei Online-Transaktionen zu ermöglichen. Zahlungsplattformen werden so oft von anderen Plattformen genutzt, die auf ihre

---

Transaktionsplattformen ermöglichen digitale Transaktionen, sowohl mit Geld als auch mit Daten. Sie bestehen aus Zahlungsplattformen, die Vertrauen auf unterschiedliche Arten schaffen, sowie Identitätsplattformen.

TABELLE 4
Typologie digitaler Plattformen

Plattformart	Beschreibung
Software	Plattformen, die mit einer bestimmten Art von Hardware oder Software verknüpft sind, wobei Entwickler Tools an die Hand bekommen, um Anwendungen zu erschaffen, die sie später an Nutzer derselben Hardware verkaufen können.
Tausch	Plattformen, die Angebot und Nachfrage zusammenbringen und sich dabei auf die Vermittlung konzentrieren. Oft basieren sie auf der traditionellen Vermittlerrolle einer Mittelsperson.
(Elektronischer) Handel	Digitale Läden, die sowohl Vermittlung als auch digitale Transaktionen ermöglichen.
Medien (einschließlich Social Media)	Plattformen, die sich auf den Austausch von Inhalten konzentrieren, wobei die Kosten oftmals weitestgehend durch Werbung von Dritten finanziert werden. Die Unterkategorie der Social Media stellt Nutzern Werkzeuge zum gegenseitigen Austausch von Inhalten in einem bestimmten Format bereit.
Zahlung	Transaktionsplattformen, die digitale Zahlungen einschließlich bekannter Zahlungsmethoden ermöglichen. Methoden, die andere Zahlungsformen, wie etwa mit Daten, ermöglichen, fallen ebenfalls in diese Kategorie.
Identität	Transaktionsplattformen, die digitale Transaktionen durch Vertrauensbildung ermöglichen, wie etwa Identitätsplattformen.

Funktionen und die von ihnen gesammelten Daten zurückgreifen. Aufgrund dieser Wiederverwendung durch andere Plattformen nehmen Zahlungsplattformen eine eigene Position innerhalb des Kaufprozesses ein. Darauf kommen wir später noch einmal zurück.

Im Rahmen unserer Definition geht die Kategorie der Transaktionsplattformen jedoch über die reinen Zahlungsmethoden hinaus. In der digitalen Sphäre erfüllen Plattformen den Zweck, das für eine Transaktion notwendige Vertrauen zu schaffen. Wir bezeichnen Plattformen, die sich speziell auf diesen Aspekt konzentrieren, als *Identitätsplattformen*. Ihre Funktion besteht darin, die Identität und Authentizität der beteiligten Akteure nachzuweisen und diese Informationen im Anschluss in digitaler Form verfügbar zu machen. Dies ist ein wichtiger Teil des Vertrauens, das bei Transaktionen sichergestellt werden muss. In diesem Buch nehmen wir eine zweite Ergänzung der Beschreibung von Transaktionsplattformen von Evans et al. vor, indem wir von Zahlungslösungen im weiteren Sinne sprechen. Beachten Sie, dass es in der digitalen Sphäre möglich ist, mit anderen Dingen als mit Geld zu bezahlen; zum Beispiel mit Daten, Likes oder Guthaben. Plattformen, die diese Formen des Wertetransfers ermöglichen, fallen nach unserer Definition auch in die Kategorie der Zahlungsplattformen. Dies führt zu der Kategorisierung in Tabelle 4.

IM FOKUS
Technische Plattformen

In der Forschungsliteratur werden Plattformen unterschiedlich definiert. Wir betrachten Plattformen aus einem ökonomischen Blickwinkel, von dem aus Plattformen Tauschhandlungen ermöglichen, die den Handelsprozess unterstützen; andere hingegen betrachten sie aus einer technischen Perspektive. Eine ausführliche Betrachtung dieser technischen Aspekte würde den Rahmen dieses Buches sprengen, nichtsdestotrotz wollen wir einen kurzen Blick darauf werfen. Wir betrachten zwei Deutungen aus dieser Perspektive: Die erste beschreibt interne und externe Plattformen, die zweite nimmt technische Marktstandards in den Blick. Beide Ansätze finden in Forschungsliteratur und Praxis häufig Erwähnung.

Interne versus externe Plattformen
Gawer und Cusumano[9] betrachten Plattformen als eine technische Basisinfrastruktur und unterscheiden zwischen internen und externen Plattformen. Nach dieser Unterscheidung umfassen interne Plattformen ein Unternehmen oder Produkt, wie etwa einen Bestand von Gütern, der in einer gemeinsamen Struktur organisiert ist, aus dem selbiges Unternehmen verwandte Produkte effizient entwickeln kann. Sony, Hewlett-Packard und Honda sind Beispiele für Unternehmen, die diese Strategie anwenden.

Die zweite Kategorie bilden die externen Plattformen, die auch unter dem Namen Industrieplattformen bekannt sind. Diese sind Anbieter von Produkten, Dienstleistungen oder Technologien, welche die Basis bilden, auf der andere Unternehmen ihre komplementären Produkte, Dienstleistungen oder Technologien aufbauen können. Diese zweite Kategorie hat wichtige Innovationen wie Mikroprozessoren hervorgebracht, die in PCs sämtlicher Hersteller verbaut werden. Die aktuellen Cloud-Plattformen Amazon Web Services (AWS), Microsoft Azure und Google Cloud fallen ebenso unter diese Kategorie wie Smartphones, die auf iOS oder Android laufen, die wiederum Internetzugang bieten, in dem Suchmaschinen wie Google und soziale Netzwerke wie Instagram verwendet werden können. Im Grunde handelt es sich dabei jeweils um Plattformen, die auf anderen Plattformen aufsetzen.

Marktstandards
Plattformen werden auch oft genannt, wenn man von technischen Standards innerhalb eines Marktes spricht. Eine Reihe von Standards sind außerordentlich erfolgreich; sie üben einen starken Einfluss auf die Marktorganisation aus. Ein bekanntes Beispiel für einen Marktstandard ist Wintel, die groß angelegte Zusammenarbeit zwischen Microsoft und dem Mikroprozessorhersteller Intel. Das Geschäft begann in den frühen 1980ern als Resultat eines sehr fragmentierten Marktes für Mikrocomputer mit vielen Anbietern und ebenso vielen Standards. Zusammen nahmen die zwei Unternehmen über Nacht eine beherrschende Position ein; sie sind immer noch der größte Akteur bei der Architektur von Desktopcomputern und Laptops. Man kann Wintel als einen offenen Standard für Hardware und Software bezeichnen, dem Dritte Funktionen hinzufügen können, da unterschiedliche Elemente in das System integriert werden können und ein Austausch von Informationen möglich ist. Die Teilnahme an einem solchen Standard lohnt sich für die jeweiligen Partner, da er es ihnen ermöglicht, seine Basisfunktionen zu nutzen und gleichzeitig Merkmale für spezielle Zielgruppen hinzuzufügen. Dadurch wird viel redundante Arbeit vermieden und das Marktwachstum beschleunigt. Eine Zusammenarbeit mit ähnlicher Wirkung ging 1979 zwischen Philips und Sony an den Start; diese hatte zum Ziel, den weltweiten Standard für die Compact Disc zu entwickeln. Die erste CD der Welt wurde 1982 in der deutschen Stadt Langenhagen produziert. Der Rest ist Geschichte.

Transversale und longitudinale Plattformen
Wie bereits in der Typologie beschrieben, nehmen Zahlungsplattformen innerhalb des Kaufprozesses eine besondere Position ein. Während sich einige Plattformarten auf einen oder mehrere Schritte innerhalb eines Kaufprozesses konzentrieren, werden Zahlungsplattformen beispielsweise von anderen Plattformen verwendet, um den Zahlungsschritt der Transaktion zu ermöglichen. Deshalb definieren wir Zahlungsplattformen als transversale Plattformen: sie operieren „senkrecht" zu den Ketten. Sie sind das Gegenteil von longitudinalen Plattformen, die „entlang" einer Kette operieren. Wir werfen nun einen genaueren Blick auf diese im ersten Kapitel eingeführte Unterscheidung.

Transversale Plattformen sind Plattformen, deren Werte von anderen Plattformen wiederverwendet werden können. Unter diese Kategorie fallen Zahlungsplattformen sowie Identitätsplattformen, die sich auf die Authentifizierung von Akteuren konzentrieren – eine wichtige Voraussetzung für das während einer Transaktion benötigte Vertrauen. Im Falle von Zahlungssystemen kann ein Nutzer, sobald er beispielsweise mit einer Kreditkarte registriert ist, diese Zahlungsmethode auf allen anderen Plattformen verwenden, die diese Methode akzeptieren. Das bedeutet, dass der Nutzer sich nur einmal registrieren muss, statt sich für jede Transaktion immer neu registrieren zu müssen.

Darüber hinaus schaffen Zahlungsplattformen auch das notwendige Vertrauen, um den Weg für eine Transaktion zu ebnen, indem Daten über beide Akteure gespeichert werden, darunter der Ort, das Gerät, die Eingabegeschwindigkeit, die IP-Adresse usw. Auf Grundlage dieser Informationen wird die Authentizität der Identität beider Akteure während des gesamten Transaktionsprozesses ständig überprüft. Dank der transversalen Wiederverwendung dieser Informationen müssen die Nutzer *innerhalb* einer Transaktion keinen vollständigen Registrierungsprozess durchlaufen.

Das gilt nicht nur für Zahlungsmethoden oder Identitätsplattformen, die Vertrauen zwischen Akteuren erzeugen, auch wenn das nicht immer in eine monetäre Zahlungstransaktion münden muss. Mit der Zeit hat ein Akteur wie Facebook eine riesige Nutzergruppe angesammelt, was einen transversalen Wert darstellt. Die Daten über die digitale Identität von Nutzern können von anderen Plattformen wiederverwendet werden, beispielsweise beim Onboarding und der Authentifizierung von Nutzern. Dieser Prozess ist eine eigene Transaktion für sich und stellt einen gesonderten Wert dar. Identitätsplattformen erfüllen die Funktion, die Authentizität der beteiligten Akteure bei der gesamten Transaktions-Trias (Einigung, Zahlung und Lieferung) zu überprüfen. Welche Akteure stimmen einander zu? Haben wir es bei jedem Schritt noch mit derselben Gegenpartei zu tun?

Zusätzlich zu transversalen Plattformen gibt es auch *longitudinale Plattformen,* also Plattformen, die eine Kette verkürzen; das heißt, dass sie mehrere Schritte innerhalb einer Wertschöpfungskette oder Customer Journey ermöglichen. Im vorherigen Abschnitt haben wir bereits über diese Plattformart gesprochen. Das Ziel ist oftmals, einen größtmöglichen Anteil am Geschäftsprozess für die unternehmenseigenen Kunden zu organisieren. Bekannte Beispiele sind eBay, Amazon und Apple, die alle einen Kaufprozess für gebrauchte Waren

> Zahlungsplattformen operieren **senkrecht zu** Ketten: Ihr geschaffener Wert kann von anderen Plattformen wiederverwendet werden.

Abbildung 25
Longitudinale
versus transversale
Plattformen

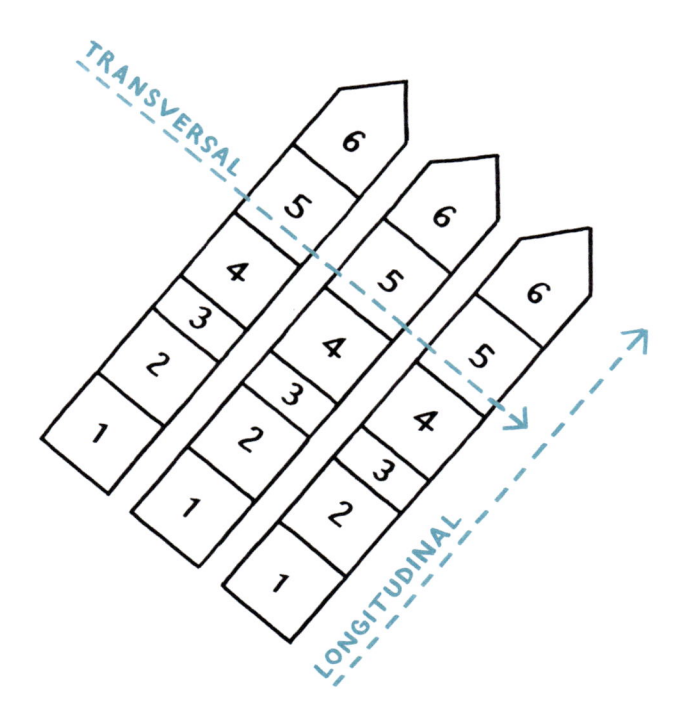

ermöglichen: Entdeckung, Auswahl und Transaktion sowie gegebenenfalls After-Sales-Services. Diese unterscheiden sich von Zahlungslösungen wie PayPal, die einen einzigen Schritt im Prozess über die verschiedensten Wertschöpfungsketten hinweg unterstützen.

Können neben Zahlungsplattformen auch andere Plattformen innerhalb dieser Typologie transversal sein? Bis zu einem gewissen Grad ja. Wir können festhalten, dass Zahlungsplattformen per definitionem wiederverwendbaren Wert schaffen. Zusätzlich gib es Softwareplattformen mit einem transversalen Mehrwert wie Zendesk oder Intercom im Bereich Kundenbetreuung oder Trustpilot im Bereich Bewertungen. Diese transversalen Plattformen spezialisieren sich auf einen Prozessschritt der Customer Journey und bringen dabei zwei Gruppen von Nutzern für andere longitudinale Plattformen zusammen, ohne dass Transaktionen zwischen ihnen notwendig sind.

Hybride Modelle
Plattformen lassen sich schwer in eine Schublade stecken. Um die Dienstleistungen, die sie für Endnutzer erbringen, zu optimieren, nutzen Mittelspersonen oft hybride Modelle; daraus ergibt sich, dass ihre Plattformen unter mehrere Kategorien fallen. Wie wir bereits gesehen haben, nutzen longitudinale Plattformen eine allseits bekannte transversale Plattform zur Unterstützung der Zahlungs-

HINTERGRUND
Das *Make-or-buy* bei Plattformen

Longitudinale und transversale Plattformen stärken sich gegenseitig. Der Grund dafür ist, dass die Erstellung einer transversalen Plattform einen großen Aufwand mit sich bringt. Oftmals ist die Wiederverwendung von Daten eine attraktive Alternative dazu. Dies führt zu niedrigeren Kosten[10] und beschleunigt die Annahme des Produkts oder der Dienstleistung. Nichtsdestotrotz steht jede Mittelsperson vor der Entscheidung, Mehrwert entweder durch die Spezialisierung auf einen Prozessschritt oder durch die Integration mehrerer Prozessschritte zu schaffen. Dann muss sie entscheiden, diese Schritte entweder selbst zu organisieren oder sie auszulagern – die traditionelle Entscheidung: *Make-or-buy*. Es stellt sich jedoch die Frage, ob sie auch bei den Transaktionsschritten und insbesondere bei der Zahlungsfunktion über die gleiche Wahlmöglichkeit verfügt. Zusätzlich zum Henne-Ei-Dilemma, das wir bereits erörtert haben, ist der Zahlungsprozess von so vielen rechtlichen Vorgaben reguliert, dass es für eine transversale Plattform fast unmöglich ist, ihn ganz allein zu bewältigen.

In diesem Kapitel werden wir bei genauerer Betrachtung von *Zahlungen* feststellen, dass letzten Endes bei der Zahlungsabwicklung immer eine Bank beteiligt ist. Transversale Plattformen können jedoch selbst Teile der Zahlungsfunktion organisieren. Bei Apple Pay werden Transaktionen unter seinem eigenen Label autorisiert und so der Zahlungsprozess in Gang gesetzt. Damit fügt Apple den ersten Schritt des Zahlungsprozesses zu seinen Plattformfunktionen hinzu. Die verbleibenden Schritte werden dann von Banken und anderen Akteuren ausgeführt. Dies zu umgehen, ist fast unmöglich, außer eine Plattform beschließt, ihre eigene Währung auszugeben. Das wurde tatsächlich einige Male probiert, beispielsweise mit Microsoft Points und Facebook Credits. Jedoch wurden diese Initiativen wieder beendet, weil Kunden kein Interesse daran hatten, ihr Geld unnötigerweise umtauschen zu müssen. Amazon hat dieses Ziel noch nicht aufgegeben: Amazon Coins können zum Kauf von Apps, Spielen und In-App-Gegenständen verwendet werden[11]. Insgesamt gesehen müssen viele Rahmenbedingungen geschaffen werden, damit eine Plattform den Zahlungsvorgang allein organisieren kann; daher bilden transversale Plattformen eine eigene Kategorie für sich. Sie ermöglichen den Zahlungsschritt der Transaktion. Nebenbei bemerkt: Es ist für eine Plattform sehr viel einfacher, den anderen Teil der Transaktion, die Lieferung, selbst zu organisieren. Beispielsweise hat der niederländische Online-Elektronikeinzelhändler Coolblue seinen eigenen Lieferdienst aufgebaut und auch Amazon baut diesen Schritt in der Wertschöpfungskette immer weiter aus.

funktion. Dadurch werden sie zu Beispielen von hybriden Modellen. Uber beispielsweise ist ein Online-Taxiunternehmen, bei dem man einfach eine Fahrt buchen und mit einer bestehenden Kreditkarte – einer transversalen Plattform – bezahlen kann. Damit lässt sich Uber als Tauschplattform mit Zahlungsfunktion definieren. Die Zahlungsfunktion ist so reibungslos in das Nutzerangebot integriert, dass die Menschen sie nicht wirklich als einen separaten „Schritt" wahrnehmen. Uber versucht nun, darauf aufzubauen, so wie Apple und Amazon es bereits getan haben. Diese Plattformen haben mit der Zeit so viele Zahlungsdaten von Nutzern gesammelt, dass sie diesen Wert als separate Zahlungsplattformen erschließen konnten, die wir mittlerweile als Apple Pay und Amazon Pay kennen. Diese Arten von Plattformen sind eine Mischung aus longitudinalen und transversalen Plattformen.

Ein weiteres Beispiel für unterschiedliche überlappende Funktionen ist die bereits erwähnte Log-in-Funktion von Facebook, Twitter oder LinkedIn. Diese wird auch als separate Funktion von anderen Plattformen wie Airbnb genutzt. So wird es für Nutzer einfacher, sich einzuloggen oder zu registrieren. Für sie ist es sehr bequem, auf jeder neuen Plattform keinen erneuten Log-in- und Registrierungsprozess durchlaufen zu müssen. In diesem Sinne kann Facebook als eine Social-Media-Plattform betrachtet werden, die auch Daten zur Identität ihrer Nutzer auf transversale Weise zur Verfügung stellt. Andererseits handeln Akteure wie Amazon und Bol.com, neben der Vermarktung ihrer eigenen Produktlinien, mit Drittprodukten. In diesem Sinne sind sie Einzelhändler und Plattform in einem. Diese ganzen Beispiele zeigen, dass unterschiedliche Arten von Wertaustauschen zwischen Akteuren auf einer Plattform ermöglicht werden können. In der Tat gilt das für die meisten Plattformen beim Versuch, die Nachfrage von unterschiedlichen Nutzern zu stillen. Plattformen können gleichzeitig ganz unterschiedliche Erscheinungsformen annehmen, um damit das Ziel der Umsatzsteigerung zu verfolgen.

TABELLE 5
Einige bekannte Plattformen und die Kategorien, in die sie eingeordnet werden

Plattform	Akteur X	Akteur Y	Akteur Z	Art	Transversal, longitudinal
Uber	Fahrgäste	Fahrer		Tausch + Zahlung	Longitudinal
eBay	Käufer	Verkäufer	Werbetreibende	Handel + Zahlung	Longitudinal
Skype	Anrufer	Menschen, die angerufen werden		Tausch + Zahlung	Longitudinal
Netflix	Zuschauer	Produzenten (einschließlich Plattform selbst)		Medien + Zahlung (+ Produzent)	Longitudinal
Amazon	Käufer	Anbieter (einschließlich Plattform selbst)		Handel + Zahlung (+ Einzelhändler)	Longitudinal
Amazon Pay	Zahlende	Zahlungsempfänger		Zahlung (Transaktion)	Transversal
Facebook	Nutzer, die Inhalte posten	Nutzer, die Inhalte lesen	Werbetreibende	Social Media	Longitudinal
Facebook-Login	Nutzer, die auch Nutzer anderer *Plattformen* sind	Andere Plattformen, deren Nutzer auch Facebook-Nutzer sind		Identität (Transaktion)	Transversal
PayPal	Zahlende	Zahlungsempfänger	Sonstige Plattformen	Zahlung (Transaktion)	Transversal

FALLBEISPIEL
Die B2B-Aktivitäten von Amazon

Wir haben bereits mehrfach die vielen Plattformangebote von Amazon angesprochen. Mithilfe der Unterscheidung zwischen transversalen und longitudinalen Plattformen lässt sich nun eine Plattform wie Amazon sezieren, um zu verstehen, in welchem Verhältnis die verschiedenen Elemente stehen. Zunächst einmal gibt es Amazon.com – Amazon als eine longitudinale E-Commerce-Plattform –, aber mit Amazon Services organisiert sie den Kaufprozess auch für andere. Andererseits sind Amazon Pay und Amazon Global/Prime transversale Plattformen, die von anderen Plattformen bei ihrem Kaufprozess verwendet werden. Eine neue Entwicklung ist, dass die großen Plattformen Teile ihrer Infrastruktur für andere öffnen – als sogenannte Cloud-Services wie AWS, Microsoft Azure und Google Cloud. Aliyun ist ein vergleichbarer Dienst, der von Alibaba bereitgestellt wird. Alle großen Plattformen mussten ihre Infrastruktur für ihre eigenen Volumina skalierbar machen, was es ihnen erlaubt, ebenfalls andere Akteure aufzunehmen. Dies gilt zum Beispiel im Bereich Rechenleistung, Speicherkapazität und Datenbankdienste (Database-as-a-Service). Dabei handelt es sich um gewöhnliche, einseitige B2B-Dienstleistungen, die Amazon und Alibaba selbst Dritten zur Verfügung stellen. Das heißt, dass Amazon und Alibaba selbst einer der beiden Akteure bei der Transaktion sind: Sie sind der Verkäufer (Akteur Y). Abbildung 26 zeigt, dass die unteren Schichten des Plattform-Stacks als eine transversale Plattform betrachtet werden können. Bei transversalen Plattformen werden dann Werte in einem spezifischen Prozess-„Schritt" oder einer spezifischen Plattform-„Schicht" wiederverwendet. Der *Plattform-Stack* mit seinen Schichten wird im Abschnitt „Gestaltung" ausführlicher besprochen.

Tabelle 5 enthält Beispiele von Plattformen aus dem vorherigen Kapitel. Bei jeder Plattform haben wir angegeben, um welchen Typ gemäß unserer Typologie es sich handelt sowie ob eine transversale oder eine longitudinale Plattform vorliegt. Wir stellen fest, dass Plattformen oft eine ausgeklügelte Kombination aus unterschiedlichen Funktionen bieten, ganz wie ein Schweizer Taschenmesser, das für die Lösung unterschiedlicher Probleme seiner Nutzergruppen verwendet wird.

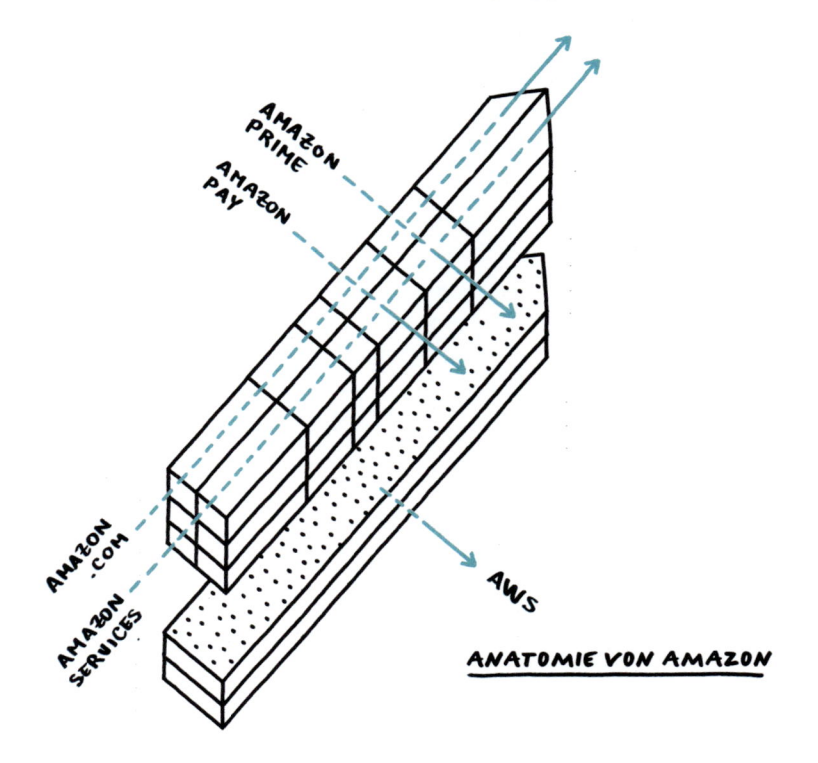

Abbildung 26
Die Anatomie der Amazon-Plattform

3.4 Die Plattformation des Kaufprozesses

Als Ergebnis der Digitalisierung hat sich das Verhältnis zwischen Käufer und Verkäufer verändert. Einerseits sind Verbraucher dank der erhöhten Verfügbarkeit von Technik stärker geworden: Mit nur ein paar wenigen Stichwörtern können wir uns jedes nur vorstellbare Produkt zum niedrigsten Preis an die Haustür liefern lassen.

Da wir alle auf Plattformen einkaufen, erhalten die Verkäufer Zugriff auf immer mehr Daten, mit denen sie den Kaufprozess steuern können.

Andererseits haben Anbieter Zugriff auf immer mehr Daten. Dadurch können sie besser verstehen, wonach Menschen suchen – und entsprechend darauf reagieren. Im Grunde geht es um die Plattformation des Kaufprozesses als solches – beziehungsweise des Verkaufsprozesses, je nachdem, aus welchem Blickwinkel man es betrachtet. Zur Erklärung nehmen wir noch einmal Bezug auf das Modell für den Kaufprozess, das wir weiter oben erläutert haben. Wir wissen jetzt, dass die Customer Journey sechs allgemeingültige Schritte umfasst: Entdeckung, Auswahl, Einigung, Zahlung, Lieferung und Kundendienst.

Rechts in Tabelle 6 werden für jeden Prozessschritt typische Aktivitäten beschrieben, die ein potenzieller Kunde bis zum Kauf unternimmt. Auf der einen Seite versucht der Anbieter so gut es geht, die Aufmerksamkeit eines potenziellen Kunden auf sein Produkt oder seine Dienstleistung zu lenken. Die Aktivitäten, die der Anbieter mit diesem Ziel unternimmt, sind auf der rechten Seite der Tabelle aufgeführt. Sein Ziel ist es, so viele Kontaktpunkte wie möglich zu schaffen, um die Entscheidung des potenziellen Kunden zu beeinflussen. Idealerweise führt das zu einer Transaktion. Der Anbieter versucht, den Prozess so zu organisieren, dass der Kunde zufrieden ist und zu einem treuen Käufer oder Nutzer wird. Tabelle 6 veranschaulicht, dass die Plattformation in vollem Gange ist[12]. Jeder Schritt des Kaufprozesses wird von allen möglichen Plattformen unterstützt, was automatisch bedeutet, dass sowohl Akteure als auch die zugrunde liegenden Plattformen Daten erzeugen, die weiter die Richtung im Prozess vorgeben. Das ist eine wichtige Tatsache, auf die wir im nächsten Kapitel näher eingehen.

TABELLE 6
Plattformation der Customer Journey

Prozessschritt	Kundenaktivitäten	Plattformart	Anbieteraktivitäten
Entdeckung	Sich eines Bedürfnisses bewusst werden
Suche nach Inspiration
Suche nach Informationen
Erstellen einer groben Auswahl
Auswerten
Erstellen einer engeren Auswahl	Amazon, Google, Bing (Medienplattformen)
Shopzilla, NexTag, Choice (Social-Media-Plattformen)	Sichtbarkeit
Auffindbarkeit
Zugänglichkeit
Anziehungskraft
Benutzererlebnis
Leistung
Funktionale Elemente
Auswahl	Eine Entscheidung treffen
Das Grundprodukt auswählen
Mögliche komplementäre Produkte hinzufügen
Auswerten der Einstellungen
Einen abschließenden Vergleich anstellen	Amazon, eBay, Booking.com (Tauschplattformen)
Shopify, Magento (Softwareplattformen)	Eintrag
Schnittstelle
Produktpalette
Produktinformationen
Informationen zu Preis und Lieferung
Favoriten der Wunschliste
Produktvergleiche
Einkaufswagen
Upselling, Cross-Selling
Einigung	Die Wahl treffen
Die Wahl bestätigen
Personenbezogene Zahlungsangaben eingeben
Die endgültige Auswahl überprüfen
Transaktionsbestätigung erhalten	Amazon, CheapTickets, Walmart (Handelsplattformen)	Onboarding
Kasseneintrag
Kassenablauf
Lieferinformationen
Zahlungsmöglichkeiten
Bedingungen und Dienstleistungen
Opt-in
Betrugserkennung
Zahlung	Zahlung genehmigen
Zahlung tätigen	PayPal, MasterCard, Visa, China UnionPay (Zahlungsplattformen)	Zahlung empfangen und abgleichen
Lieferung	Bestellbestätigung
Sendungsverfolgung.
Produkt entgegennehmen oder abholen
Auspacken
Testen und bewerten
Optional: zurückschicken
Informationen zur Rückgabe und Rückerstattung erhalten
Retoure verpacken	DHL, Deliveroo, Google Express (Lieferplattformen), Amazon	Verpacken
Bestellbestätigung
Sendungsverfolgung
Lieferung
Auspacken
Retouren
Kundendienst	Antworten auf Fragen erhalten
Rückmeldung zu möglichen Beschwerden erhalten
Feedback zum Kauf geben
Produkt genießen
Produkt bewerten
Auf Kaufinformationen zugreifen	Trustpilot, Yelp, TripAdvisor (Social-Media-Plattformen), UserVoice, Zendesk, Casengo (Softwareplattformen)	Nachverfolgung
Feedback-Optionen
Rezension und Bewertungsoptionen
Helpdesk/Kundenbetreuung
Informationen zu Preis und Lieferung

3.5 Strategische Geschäftsmodelle

Um ihre jeweilige Lösung interessant zu machen, ist es für jede Plattform unerlässlich, eine hohe Akzeptanz bei großen Nutzergruppen im Markt zu erreichen. Diese kritische Masse ist für fast alle Dienste, die Plattformen anbieten, von großer Bedeutung – egal ob es um Dating, Bezahlen oder das Buchen einer Reise geht. Die Akteure wollen über die Plattform interagieren können; das ist schließlich der Daseinszweck einer Plattform. Eine Mittelsperson, die ein Plattformgeschäft starten möchte und sich eine Geschäftsidee überlegt hat, muss nun eine wichtige strategische Entscheidung treffen: Will sie den Standard setzen, wie es die „GAFA" (Google, Amazon, Facebook, Apple) oder „FATBAG" (Facebook, Amazon, Tencent, Baidu, Ant, Google)[13] mit ihren Plattformen getan haben? Oder will sie es so machen wie Banken und Telekommunikationsanbieter, die den Standard jeweils innerhalb eines Netzwerks ähnlicher Anbieter entwickeln? Die erste Alternative wird als Hub-Modell, die zweite als Netzwerkmodell bezeichnet. Im ersten Kapitel haben wir diese beiden generischen Modelle bereits kurz erläutert. In diesem Abschnitt wollen wir sie nun etwas genauer unter die Lupe nehmen.

Hub-Modell
Im *Hub-Modell* entscheidet sich die Mittelsperson dafür, den Markt selbst zu bedienen und eine eigene Reichweite aufzubauen. Das Ziel besteht darin, das Wachstum der Plattform zu maximieren und die Kontrolle über den Prozess zu behalten. Wie wir bereits gesehen haben, ist dieses Ziel leichter zu erreichen, wenn das Angebot symmetrisch ist. In diesem Fall muss die Mittelsperson nur eine Art von Nutzern anziehen. Diese Nutzer können dann automatisch mit anderen Nutzern interagieren, wobei dasselbe Angebot Funktionalität für beide Seiten bietet. Ein Beispiel dafür ist das Posten und Lesen von Nachrichten in den sozialen Medien. Sobald eine ausreichende Reichweite geschaffen wurde, werden oftmals zusätzliche – asymmetrische – Angebote entwickelt, um diese Reichweite zu monetarisieren. In diesem Fall gewährt die Plattform einer neuen Nutzergruppe Zugang zu der ursprünglichen Nutzergruppe, die aufgrund ihrer Größe für die neue Nutzergruppe von Interesse ist. Daher ist die neue Nutzergruppe auch bereit, für das Angebot zu zahlen – wie zum Beispiel die Werbetreibenden auf Facebook. Das Hub-Modell kann als der Plattform-Ansatz in seiner reinsten Form bezeichnet werden.

Diese Strategie ist auch als *three-corner model* (Drei-Parteien-Modell) bekannt. Wie bereits erwähnt bezieht sich dies auf die Rollen der verschiedenen Beteiligten: die der Mittelsperson, die

die Plattform bereitstellt, und die der beiden Akteure, die in ihrer gegenseitigen Interaktion unterstützt werden.

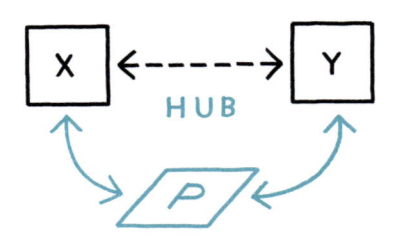

Abbildung 27
Das Hub-Modell

Mittelspersonen, die sich für das Hub-Modell entschieden haben, bedienen die beiden Akteure selbst und steuern zentral den gesamten Prozess. Sie haben mit beiden Beteiligten eine Vereinbarung über die Dienstleistungen, die sie erbringen. Außerdem legen sie die Bedingungen fest, zu denen die beiden Arten von Akteuren miteinander interagieren. Die Regeln der Interaktion selbst sind Teil der Vereinbarung, die zwischen den Akteuren getroffen wird. Es gibt also drei Funktionen und drei Beziehungen, die in einem Dreieck zusammenwirken. Entlang dieser Beziehungen bewegen sich die Daten, wie wir im Datendreieck in Kapitel 4 zeigen werden. Google (mit Ausnahme von Android), Facebook und Twitter, aber auch American Express sind Musterbeispiele für Plattformen, die nach dem Hub-Modell betrieben werden.

Exogener Wettbewerb
Die Entscheidung für das Hub-Modell hat weitreichende Konsequenzen. Wenn eine Mittelsperson diesen Ansatz verwendet, konkurriert sie mit anderen Anbietern auf einer Plattformebene, im sogenannten *exogenen Wettbewerb*. Dabei handelt es sich um einen Wettbewerb, der außerhalb der Plattform zwischen Plattformen stattfindet. Die Reichweite einer Plattform ist Teil ihres Wettbewerbsvorteils; dies kann zu einer Fragmentierung führen. Zum Glück gibt es auf beiden Seiten des Marktes Nutzer, die sich bei mehreren Plattformen anmelden und so ein *Multihoming* betreiben können. Schließlich können sie aus mehreren Plattformen wählen, die alle mehr oder weniger das Gleiche anbieten. Wenn es nicht zu teuer und aufwendig ist, könnte es also eine Option sein, sich bei mehreren Plattformen zu registrieren.

In der analogen Welt ist das auch relativ einfach. So kann man etwa den samstäglichen Familieneinkauf im Shoppingcenter um die Ecke oder bei der Konkurrenz am anderen Ende der Stadt erledigen. Das bleibt jedem selbst überlassen. Auf der Anbieterseite des Marktes gilt das genauso: Auch Ladenbesitzer können *Multihoming* betreiben, indem sie einfach in beiden Einkaufszentren ein Geschäft eröffnen. Wenn man dieses Prinzip auf die digitale Welt überträgt, ergibt sich folgendes Bild: Nutzer können sich zum Beispiel für einen Laptop mit macOS von Apple und einen Desktop-Computer mit Microsoft Windows als Betriebssystem entscheiden. Sie können dann Adobe-Anwendungen auf beiden Rechnern ausführen, denn auf der anderen Seite des Marktes haben Software-Entwickler die Möglichkeit, Anwendungen für beide Plattformen zu entwickeln.

Abbildung 28
Hub-Modell:
Wettbewerb auf
Plattform-Ebene

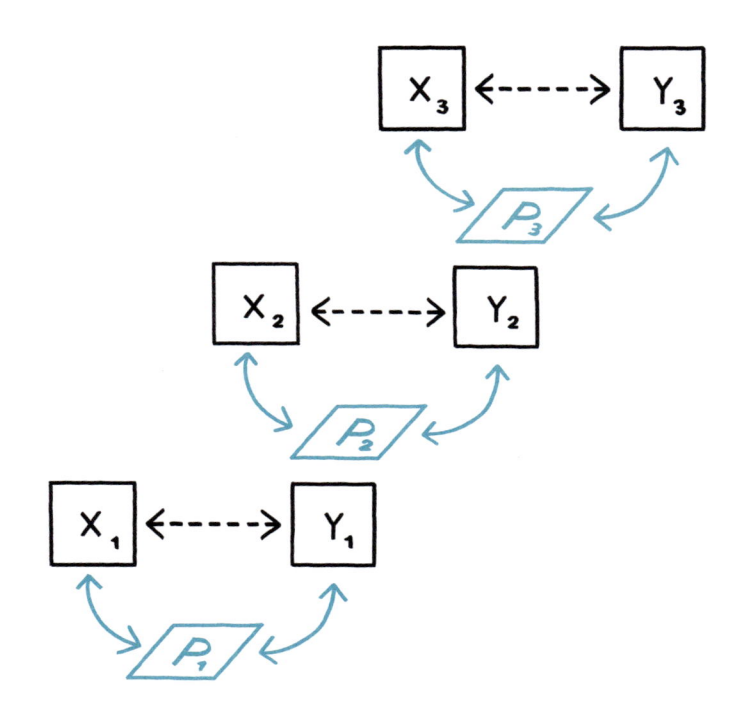

Wann funktioniert das Hub-Modell?
Das Hub-Modell kann besonders effektiv sein, wenn es sich um einen neuen Markt handelt oder es noch ungenutztes Marktpotenzial gibt, denn dann kann man gleich auch die jeweiligen Regeln festlegen. Einer Mittelsperson, die einen solchen Markt geschaffen hat, bietet sich die Möglichkeit, diesen Markt für sich zu gestalten und zu sichern. Dieser Ansatz wird auch als *Blue-Ocean-Strategie*[14] bezeichnet. Jede Mittelsperson hat den Ehrgeiz, so groß wie möglich zu werden. „Meine Plattform ist größer als deine" – so lautet das wichtigste Alleinstellungsmerkmal für Plattformen wie Facebook und Google. Es kommt also nur auf die Größe an; Skalierung und Reichweite sind

alles, was zählt. Das sieht man daran, dass die kumulierte Reichweite genutzt wird, um einen Mehrwert zu schaffen, der die Grundlage für bezahlte asymmetrische Angebote bildet. Diese können dann später für neue Zielgruppen, wie zum Beispiel die Werbetreibenden dieser beiden Plattformen, hinzugefügt werden. Zunächst wird der Wert der Plattform vor allem durch ihre Größe bestimmt; ihre Monetarisierung soll dann in einem späteren Schritt erfolgen.

Auch wenn die Kunden davon profitieren, dass der Anbieter einen großen Marktanteil hat, ist es sinnvoll, über die Reichweite zu konkurrieren: Je größer der Marktanteil, desto größer der Mehrwert für den Kunden – und für das Unternehmen. Das ist zum Beispiel bei den Nutzern von Plattformen wie WhatsApp, Skype oder PayPal der Fall. Je größer die Zahl der Nutzer ist, mit denen sie potenziell interagieren können, desto interessanter wird die Plattform für sie.

Wenn vergleichbare Plattformen als Hubs nebeneinander existieren, fangen Anwender auf beiden Seiten des Marktes an, Multihoming zu betreiben – es sei denn, es ist zu teuer.

Besonders effektiv ist das Hub-Modell in Ländern mit großen, homogenen Heimatmärkten, wo Plattformen schnell skalieren können. Und sobald eine Plattform erfolgreich ist, kommen die Netzwerkeffekte zum Tragen. Das kann am Ende dazu führen, dass eine Plattform den Markt dominiert und alle Nutzer von diesem starken, zentralen Anbieter bedient werden. Der Vorteil: Die angebotene Lösung wird de facto zum Marktstandard und ermöglicht einem großen Teil der Akteure eine einfache Interaktion.

Ein großer Nachteil dieses Szenarios liegt allerdings darin, dass ein solches Monopol im Widerspruch zu den Prinzipien des freien Wettbewerbs steht. Das kann zu Machtmissbrauch führen, der wiederum Eingriffe der Regulierungsbehörden zur Folge hat. Wie im vorigen Kapitel dargestellt, musste sich Microsoft in der Vergangenheit mit der Europäischen Kommission auseinandersetzen – und jetzt ist Google an der Reihe. Außerdem stellt sich die Frage, ob Monopolisten auf lange Sicht von ihrer Position profitieren, denn ihre Innovationskraft wird dadurch nicht unbedingt gefördert. Microsoft etwa hat den Trend zu mobilen Betriebssystemen komplett verschlafen – als das Windows Phone auf den Markt gebracht wurde, hatten iOS und Android längst eine dominante Position eingenommen.

FALLBEISPIEL
Alibaba und WeChat: die Bedeutung der Skalierung

Es scheint so, als ob die meisten erfolgreichen Plattformen, die auf der Grundlage des Hub-Modells arbeiten, aus den USA kommen. Der große Heimatmarkt und die geringe rechtliche Fragmentierung bieten ideale Voraussetzungen, um schnell eine große Reichweite zu erzielen. Dass es noch eine Nummer größer geht, beweist ein Land wie China, das den größten Internetmarkt der Welt hat. Angesichts einer Bevölkerung von fast 1,4 Milliarden Menschen und einer Regierung, die den Markt sorgfältig reguliert und subtil vor ausländischer Konkurrenz abschirmt, ist das nicht verwunderlich. Internetunternehmen wie Alibaba, JD.com, Baidu und WeChat können unter diesen Umständen florieren. In diesem Abschnitt beleuchten wir zwei von ihnen: Alibaba und WeChat.

Fallbeispiel 1: Alibaba
Alibaba ist die chinesische Version von eBay, Amazon und PayPal – nur alles in einem. Das Unternehmen wurde vor etwa zwanzig Jahren von dem ehemaligen Lehrer Jack Ma gegründet. Er sammelte 60.000 Dollar von siebzehn Unterstützern und startete damit den ersten Ableger von Alibaba: Taobao, eine Art eBay ohne Bietsystem. Zwei Jahre später beschlossen die Investmentbank Goldman Sachs und das japanische Konglomerat Softbank, in die Initiative zu investieren und damit das Wachstum der Plattform zu unterstützen. Das hat gut funktioniert: Bei seinem Börsengang hatte das Unternehmen einen Wert von 206 Milliarden US-Dollar und markiert damit den größten Börsengang in der Geschichte der New York Stock Exchange. Über Marken wie Taobao und Tmall haben mehr als 420 Millionen aktive Kunden Zugang zu einem segmentierten Marktplatz mit über zehn Millionen Shops. Der gemeinsame Marktanteil dieser Shopping-Plattformen liegt bei etwa 80 Prozent[16].
Mit AliPay verfügt Alibaba außerdem über einen eigenen Zahlungsservice, der ähnlich wie PayPal funktioniert. Das System bietet einen komplexen Treuhandservice: Bevor die Nutzer das Geld an den Verkäufer überweisen, können sie zunächst entscheiden, ob sie mit der gelieferten Ware zufrieden sind. Mit über 800 Millionen Nutzern ist AliPay das größte digitale Zahlungssystem der Welt und gilt als das Kronjuwel von Alibaba[17].
Alibabas Erlösmodell unterscheidet sich stark von dem einer Plattform wie Amazon. Statt sich auch als E-Retailer zu präsentieren, stellt Alibaba vielmehr eine echte Plattform dar, die Käufer und Verkäufer zusammenbringt. Als Mittelsperson verdient Alibaba Geld durch Transaktionsgebühren und vor allem durch Werbung, die Händler auf den Seiten schalten. Der Erfolg von Alibaba beruht auf drei Säulen: Jack Ma erkannte früh, dass im Wachstum kleiner und mittelständischer Unternehmen viel Potenzial für den E-Commerce in China steckt. Dies machte er sich zunutze, indem er die anfangs eher zögerlichen Händler nicht mit einer festen Nutzungsgebühr für die Plattform abschreckte, sondern lediglich eine Gebühr für jede erfolgreiche Transaktion verlangte. AliPay selbst schafft genug Vertrauen, um Menschen zu überzeugen, Transaktionen durchzuführen[18]. Darüber hinaus vergibt AliPay Kredite an Unternehmer auf der Grundlage seines eigenen Bewertungssystems Sesame. Heute besteht das Konglomerat aus einem riesigen Geflecht von Plattformen, auf denen Käufer und Verkäufer vor allem über mobile Geräte in Kontakt treten. Mittlerweile macht das Unternehmen weitaus mehr Umsatz als eBay und Amazon zusammen.

Fallbeispiel 2: WeChat
Der chinesische Messenger-Dienst Weixin – bei uns unter dem Namen WeChat bekannt – ist ebenfalls ein großer Erfolg[19]. Die Plattform wurde im Jahr 2011 von Tencent, einem Online-Gaming- und Social-Media-Unternehmen, auf den Markt gebracht; mittlerweile, im Jahr 2022, hat sie rund 1,3 Milliarden Nutzer. Was ist das Geheimnis? Über WeChat kann man von morgens bis abends seine gesamte weltweite Kommunikation abwickeln. Mit Services wie kostenlosen Videoanrufen, Instant-Gruppenchats und der Möglichkeit, große Dateien zu teilen, macht die App das Geschäftsleben erheblich leichter. Sie bietet aber auch viele Funktionen für die nicht-betriebliche Nutzung, zum Beispiel Online-Shopping, Bezahlen in Ladenlokalen, Speichern von Guthaben, Bearbeiten von Rabatten, Bezahlen von Taxifahrten und Buchen von Reisen – alles innerhalb des WeChat-Universums.
Obendrein macht die App auch noch Spaß. Zum Beispiel kann man neue Freunde finden, die ebenfalls mit der Plattform verbunden sind, indem man mit dem Smartphone herumwedelt. Und wenn man in Richtung des Fernsehers winkt, kann sich die App mit dem laufenden Programm verbinden. WeChat gilt als Vorbote der klassenlosen Wirtschaft. Viele Chinesen nutzen die App den ganzen Tag über für Transaktionen; Zahlung per Karte oder Bargeld wird damit überflüssig. In China findet die Hälfte aller Online-Zahlungen über das Smartphone statt. In den USA ist es nur ein Drittel. WeChat hat sich als vertrauenswürdige Marke etabliert und sich damit einen festen Platz in der täglichen Routine vieler Menschen gesichert. So haben sich bereits mehr als die Hälfte der Nutzer davon überzeugen lassen, eine Online-Wallet einzurichten. Dazu hat auch ein erfolgreicher Marketing-Gag beigetragen: In China verschickt man zum neuen Jahr traditionell Bargeld in roten Umschlägen an Freunde und Verwandte. Im Jahr 2016 startete WeChat die Aktion „Rotes Paket", mit der die Menschen diese Tradition in digitaler Form aufleben lassen konnten. Die Rechnung ging auf: Mehr als 400 Millionen Nutzer schickten sich gegenseitig insgesamt 32 Milliarden Pakete mit digitalem Geld. Das sind 80 Pakete pro Nutzer!

Reichweite allein reicht natürlich nicht aus, um eine Plattform florieren zu lassen. Die angebotene Dienstleistung muss darüber hinaus auch bestimmte Qualitätsanforderungen erfüllen, um eine führende Position im Markt zu erlangen. Es wird immer Anbieter geben, die sich auf Nischenbereiche konzentrieren und Premiumprodukte für ausgewählte Kundengruppen anbieten, die bereit sind, mehr zu bezahlen. Dennoch haben die großen Mainstream-Anbieter einen enormen Vorteil gegenüber kleineren Playern. Ursprünglich war das Produkt von Microsoft nicht die beste Wahl, aber das Unternehmen war damit trotzdem erfolgreich. Dank seiner Dominanz hatte Microsoft so viel Geld zur Verfügung, dass es alles kaufen konnte, was es brauchte, um sein Produkt zu optimieren. Auch Innovationen wurden eingekauft; so konnte im Laufe der Jahre die Qualität des Produkts verbessert und die Position des Unternehmens gefestigt werden.

Das erinnert an das klassische Beispiel aus dem Markt für Videosysteme, bei dem VHS als Sieger hervorging, obwohl es den Konkurrenzprodukten Betamax von Sony und Video 2000 von Philips unterlegen war. Durch die sofortige Veröffentlichung einer großen Anzahl von Filmen wurde die VHS-Lösung für eine große Gruppe von Menschen auf einmal attraktiv. Es heißt, Philips habe sich geweigert, Pornotitel zu veröffentlichen und ihr qualitativ überlegenes System daher nicht die notwendige schnelle Akzeptanz gefunden[15]. Die Strategie, auf Reichweite statt Qualität zu setzen, um den Umsatz zu maximieren, kann also sehr effektiv sein.

Das Hub-Modell ist relativ weit verbreitet, weil es auf der Grundlage des „Der Gewinner bekommt alles" relativ einfach zu starten ist. Allerdings haben nur wenige damit Erfolg, was zu einer Fragmentierung führt. Das muss an sich kein Problem sein, wenn die gleichzeitige Nutzung mehrerer Lösungen durch einfaches Onboarding und freie Nutzung möglich ist. Wenn dann aber die Kosten zu steigen beginnen, kann die Fragmentierung zu einer Stagnation des Marktes führen. In diesem Fall bietet das Netzwerkmodell eine sinnvolle Alternative.

Netzwerkmodell
Mittelspersonen können sich auch für einen alternativen Ansatz in Form des *Netzwerkmodells* entscheiden, das auch als *four-corner model* (Vier-Parteien-Modell) bekannt ist. In diesem Fall agieren sie nicht völlig unabhängig, sondern arbeiten in gewissem Umfang mit ähnlichen Anbietern zusammen, von denen jeder seine Reichweite in die Zusammenarbeit einbringt. Ein entscheidender Vorteil dieses Modells besteht darin, dass die angestrebte Lösung einer großen

Gruppe von Anwendern zur Verfügung gestellt wird, ohne dass man selbst den ganzen Aufwand dafür betreiben muss. So kommt es auch zu Netzwerkeffekten.

Kommen wir noch einmal kurz auf die Theorie aus dem ersten Kapitel zurück: Wir hatten gesagt, dass der Vermittler im Netzwerkmodell eine dezentrale Rolle einnimmt. Diese Rolle wird zwischen mehreren Mittelspersonen aufgeteilt, die gemeinsam an der gleichen Kernfunktionalität arbeiten, sodass die Interaktion zwischen zwei Akteuren erleichtert wird, obwohl sie mit unterschiedlichen Anbietern verbunden sind. Ein wichtiges Detail besteht dabei darin, dass die Mittelspersonen keinen direkten, sondern immer nur indirekten Zugang zu den Nutzern des jeweils anderen haben. Es gibt keine diagonalen Verbindungen: Jeder Akteur wird ausschließlich von seinem eigenen Provider und gemäß seiner eigenen Vereinbarung bedient. Die beiden Provider wiederum interagieren ebenfalls auf der Basis einer gegenseitigen Vereinbarung; das Gleiche gilt für die Akteure. In diesem Vier-Parteien Setup gibt es also vier Rollen und vier Beziehungen, wobei sich die Daten ausschließlich entlang dieser Beziehungen bewegen.

Mehr dazu in Kapitel 4

Beide Vermittlerrollen, die in einem Austausch benötigt werden, können von mehreren Plattformen übernommen werden, und es können auch beide Rollen von einer Plattform übernommen werden. Dadurch können Nutzergruppen auf beiden Seiten aus mehreren Anbietern im Netzwerk wählen und trotzdem miteinander interagieren – unabhängig davon, mit welcher Plattform sie verbunden sind. Diese Netzwerke sind offen für Anbieter, die sich verpflichten, die Regeln für die Teilnahme am Netzwerk zu befolgen. Wir nennen sie *Teilnehmer*. Die Regeln, die innerhalb eines Netzwerks gelten, sind in einem *Trust Framework* festgelegt.

Abbildung 29
Das Netzwerkmodell

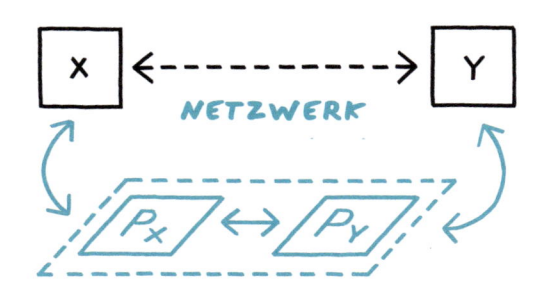

Telekommunikationsunternehmen sind ein gutes Beispiel für diesen Ansatz. Manchmal ermöglichen sie das Einleiten eines Anrufs (*call origination*), ein anderes Mal ermöglichen sie den Empfang eines Anrufs (*call termination*), der möglicherweise von einem konkurrierenden Unternehmen eingeleitet wurde. Die Unternehmen haben sich auf dieses System geeinigt, um eine große gemeinsame Reichweite zu schaffen.

Wenn der Netzwerkansatz erfolgreich ist, steigt der Mehrwert für den gemeinsamen Kundenstamm. Im Bereich der Telekommunikation wurden spezielle Organisationen geschaffen, um die notwendigen Standards zu entwickeln und zu sichern. So ermöglicht die International Telecom Union (ITU) unter anderem die Verbindung internationaler Telekommunikationsnetze, während die GSM Association (GSMA) die Interessen der weltweiten Mobilfunkbetreiber wahrnimmt. Und der Weltpostverein (WPV) spielt für den internationalen Postmarkt eine ähnliche Rolle.

Weit verbreitet ist das Netzwerkmodell auch in Märkten wie dem Kreditkarten- und Online-Zahlungsmarkt. Später in diesem Kapitel werden wir darauf eingehen, wie das funktioniert. Zu beachten ist, dass das Netzwerkmodell eine zusätzliche Herausforderung in Bezug auf die Rechte und Pflichten rund um die Transaktionsdaten darstellt. In diesem Fall ermöglichen die Mittelspersonen in der Regel nicht die komplette Interaktion zwischen den Akteuren, sondern nur einen Teil davon. Das bedeutet, dass ihnen vertraglich gesehen nur „die Hälfte" der aus einer Transaktion resultierenden Daten gehört. Wenn die Daten dann mit der Zustimmung nur eines der Akteure an Dritte weitergegeben werden, kann das zu einigen Problemen führen – speziell im Rahmen der DSGVO.

Endogener Wettbewerb
Beim Netzwerkmodell gibt es keinen Wettbewerb um Reichweite. Stattdessen soll durch die Zusammenarbeit ja gerade die gemeinsame Reichweite maximiert werden. Beim Netzwerkansatz konkurrieren die Mittelspersonen innerhalb des Netzwerks, an das sie angeschlossen sind. Dies wird als *endogener Wettbewerb* bezeichnet. Dabei stehen die Teilnehmer innerhalb des Netzwerks zwar in Konkurrenz um Servicequalität und Preise, aber nicht um die Netzwerkgröße, denn die ist für alle Teilnehmer gleich.

Das Netzwer
kann eine Lö
Plattformen
genen und fr
Märkten biet

modell
ung für
 hetero-
gmentierten
n.

IM FOKUS
Zusammenarbeit ja oder nein: das „Gefangenendilemma"

Die Kernfrage beim Aufbau einer Plattform lautet: Wann entscheidet man sich für eine Zusammenarbeit und wann ist es besser, einen Alleingang zu wagen? In der heutigen digitalen Wirtschaft, in der nichts sicher ist und die Teilnehmer ständig Neuerungen vornehmen, verschiedene Rollen spielen und neue Märkte schaffen, ist diese Frage viel schwieriger zu beantworten als früher. Für ihre Beantwortung kann es hilfreich sein, die Regeln der Spieltheorie als Ausgangspunkt zu nehmen. Bei der Spielplanung gibt es zwei Extreme. In der ersten Variante – dem „Nullsummenspiel" – befinden sich zwei Unternehmen in einem harten Konkurrenzkampf und am Ende kann nur eines von ihnen überleben. Die Gewinne des einen Unternehmens wirken sich direkt auf die des anderen aus. Am anderen Ende des Spektrums – dem „Nicht-Nullsummenspiel" – gibt es zahlreiche Spieler, die jeweils ihre eigene Herangehensweise an den Markt haben. Hier muss der Gewinn des einen nicht unbedingt den Verlust des anderen bedeuten. In diesem Fall addieren sich die Gewinne und Verluste aller Beteiligten nämlich nicht zu Null. Mit anderen Worten: Jeder kann gewinnen und die Zusammenarbeit führt zu einer Win-Win-Situation. Die meisten Märkte liegen irgendwo zwischen den beiden Extremen dieses Spektrums.

Das Gefangenendilemma[20] ist das klassische Beispiel für ein Nicht-Nullsummenspiel. Es geht dabei um zwei Verdächtige eines Verbrechens, die getrennt voneinander verhört werden. Je nachdem, wie sie einzeln aussagen, beträgt ihre Strafe entweder null oder zehn Jahre Gefängnis. Deshalb wäre es für die beiden Verdächtigen besser, wenn sie zusammenarbeiten – in diesem Fall, indem sie schweigen, denn dann bekommen beide nur eine Geldstrafe. Wenn jedoch einer von ihnen gesteht, der andere aber nicht, hat der Verdächtige, der das Geständnis ablegt, einen erheblichen Vorteil. Er wird freigelassen, weil er kooperiert hat, während der andere für zehn Jahre ins Gefängnis geht. Oder sie müssen beide gestehen und werden jeweils zu fünf Jahren Gefängnis verurteilt, wie Tabelle 7 zeigt. Damit das passiert, müssen sie sich jedoch gegenseitig gleichermaßen vertrauen.

Jede Mittelsperson ist mit einer Art Gefangenendilemma konfrontiert und muss ständig die Vor- und Nachteile einer Zusammenarbeit gegenüber einem Alleingang abwägen. Im Falle eines reinen Hub-Modells wird die Zusammenarbeit auf ein Minimum beschränkt. Hier kommt das klassische Nullsummenspiel zum Tragen: Es geht um alles oder nichts. Die Konkurrenten um die führende Position müssen nur eines tun: sich gegenseitig bekämpfen. Wenn das zu einer Monopolstellung führt, fährt der Sieger eine Zeit lang enorme Gewinne ein. Bietet eine Zusammenarbeit klare Vorteile, stellt das Netzwerkmodell eine bessere Option dar. Das ist das „Nicht-Nullsummenspiel", bei dem alle Teilnehmer gewinnen können. Wenn einer von ihnen wächst, muss das nicht auf Kosten der anderen gehen. Sind Märkte zu fragmentiert, um für die meisten Akteure gut zu funktionieren, kann das Netzwerkmodell eine Lösung bieten. In einer solchen Situation haben alle Plattformen Schwierigkeiten, jeweils eine ausreichende Skalierung zu erreichen. Das bedeutet, dass ihr Mehrwert für die Nutzer unzureichend ist und sie nicht die erwarteten Gewinne erwirtschaften. Zusammenarbeit und gemeinsames Wachstum sind dann die logische Konsequenz.

TABELLE 7
Das klassische Gefangenendilemma

	Ich schweige	Ich gestehe
Der andere schweigt	Beide zahlen eine Geldstrafe	Ich bleibe straffrei
Der andere gesteht	Ich bekomme zehn Jahre	Ich bekomme fünf Jahre

Bezogen auf Plattformen:

	Ich nutze das Hub-Modell	Ich nutze das Netzwerkmodell
Der andere nutzt das Hub-Modell	Wir haben beide eine Chance auf alles oder nichts	Ich habe eine kleinere Chance auf alles
Der andere nutzt das Netzwerkmodell	Ich habe eine größere Chance auf alles	Wir können gemeinsam einen größeren Markt entwickeln und teilen

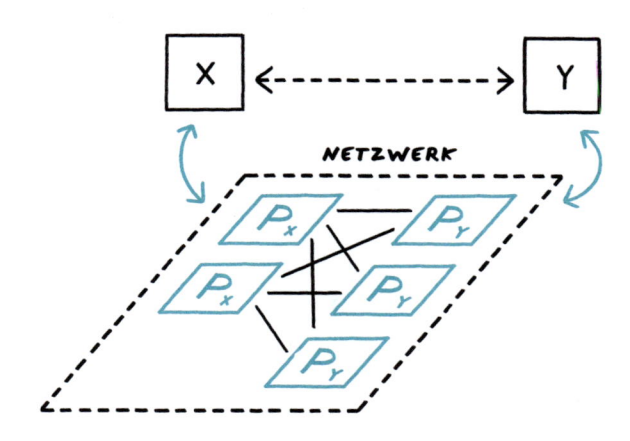

Abbildung 30
Netzwerkmodell: Wettbewerb zwischen den Teilnehmern innerhalb des Netzwerks

Die Machtverteilung unter den Netzwerkteilnehmern ergibt sich aus ihren internen Marktanteilen. Je erfolgreicher ein Teilnehmer im Hinblick auf die Qualität seiner Angebote, des Marketings und der Lieferung an die Endnutzer ist, desto größer ist sein Anteil innerhalb des Netzwerks. Außerdem profitieren die Nutzer vom Wachstum des gesamten Netzwerks, da der Druck auf die Plattformen steigt, die Skaleneffekte in Preissenkungen umzusetzen, mit denen sie sich von der Konkurrenz abheben können. Auch hier gilt: Je dominanter ein Teilnehmer innerhalb des Netzwerks ist, desto eher ist er in der Lage, Skaleneffekte an seine Kunden weiterzugeben. Aus wirtschaftsliberaler Sicht besteht der Vorteil dieses Modells darin, dass die Gefahr eines Monopols geringer ist als beim Hub-Modell.

Beim Netzwerkmodell kommt es entscheidend darauf an, den Grad der Zusammenarbeit innerhalb des Netzwerks zu bestimmen. Das Geheimnis besteht darin, bei nicht kompetitiven Elementen zusammenzuarbeiten – man spricht hier vom *kollaborativen* oder *kooperativen Bereich*. Zu den typischen Elementen dieses kollaborativen Bereichs zählen unter anderem Infrastruktur, Standards, Markenpflege und Zertifizierung. Zusätzliche Dienstleistungen, Preisgestaltung, Service-Level und Support hingegen sind normalerweise Teil des kompetitiven Bereichs.

Wann funktioniert das Netzwerkmodell?
Wenn mehrere kleinere Unternehmen versuchen, einen Markt unabhängig voneinander mit einer jeweils eigenen Lösung zu bedienen, scheint die Zusammenarbeit eine logische Strategie zu sein. In der Praxis funktioniert das allerdings oft nicht. Was, wenn jeder Akteur wie eine unabhängige Plattform denkt? Was, wenn alle denken, dass sie am größten werden und dann die Konkurrenz aus dem Weg räumen können? Das würde die Zusammenarbeit erschwe-

ren – vor allem, wenn eine ambitionierte Mittelsperson gerade ihr eigenes Netzwerk gestartet hat. Wenn jedoch die einzelnen Akteure nach Jahren der Plackerei gemeinsam zu dem Schluss kommen, dass niemand der Gewinner sein kann und der Markt als Ganzes hinterherhinkt, könnte es an der Zeit sein, über ein gemeinsames Modell zu sprechen. Denn letztendlich ist es besser, ein kleines Stück von einem großen Kuchen zu bekommen als ein großes Stück von einem kleinen Kuchen.

In welchen Situationen hat ein kollaboratives Modell die größten Erfolgsaussichten? Die Antwort lautet: in heterogenen Märkten, die durch ein hohes Maß an kultureller und rechtlicher Vielfalt gekennzeichnet sind, in stark fragmentierten Märkten und in Märkten, in denen Multihoming teuer und für den Nutzer nicht zweckmäßig ist. Dienste mit einem relativ aufwendigen Onboarding-Prozess, wie etwa Zahlungs-, Identitäts- und Abrechnungsdienste, führen häufig zu fragmentierten Märkten. Das lässt sich dadurch erklären, dass die Skalierung dieser Art von Diensten schwieriger ist, was zeitlich gesehen mehr Raum für Wettbewerb lässt.

Das Hub-Modell hat es in einem heterogenen Markt weitaus schwerer als in großen, homogenen Märkten, wo dieses Modell eine schnelle Skalierung ermöglicht. Aus kleineren Teilmärkten bestehende Märkte wie Europa, Südamerika oder Teile Asiens führen fast zwangsläufig zu einer Fragmentierung. Für Unternehmen, die in diesen Märkten tätig sind, ist es fast unmöglich, Reichweite und Skalierung zu erzielen, bevor sie eine alternative Lösung zu einer Konkurrenzplattform anbieten können, die auf einem großen homogenen Heimatmarkt gestartet wurde. In diesen fragmentierten Märkten kann das Netzwerkmodell eine Alternative darstellen, da es den kooperierenden Mittelspersonen Zugang zu den Kunden der jeweils anderen verschafft und es ihnen ermöglicht, gemeinsam die notwendige Skalierung zu erreichen.

Schließlich können die einzelnen Plattformen zu einem gewissen Grad zusammenarbeiten, wenn es für die Endnutzer schwierig ist, Multihoming zu betreiben und gleichzeitig auf mehreren Plattformen aktiv zu sein.

Dies ist zum Beispiel auf dem Zahlungs- und Abrechnungsmarkt der Fall, wo aufwendige Onboarding-Prozesse das Multihoming erschweren. Die Plattformen sind daher unter anderem dazu gezwungen, komplexe *Know-Your-Customer(KYC)*-Verfahren [KYC = Kenne deinen Kunden] zu implementieren, um Geldwäsche und Betrug zu

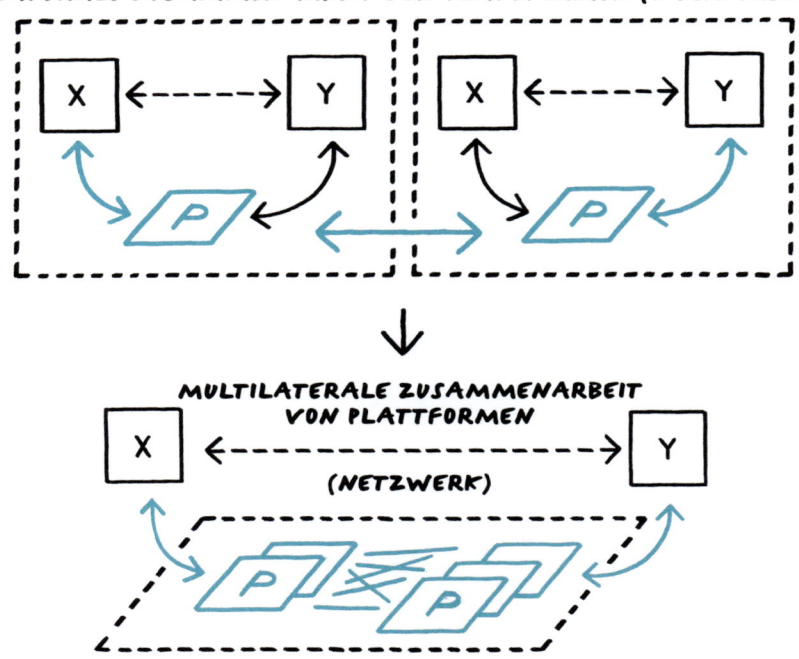

WETTBEWERB ZWISCHEN PLATTFORMEN (HUB)

BILATERALE ZUSAMMENARBEIT VON PLATTFORMEN (PARTNERSCHAFT)

MULTILATERALE ZUSAMMENARBEIT VON PLATTFORMEN (NETZWERK)

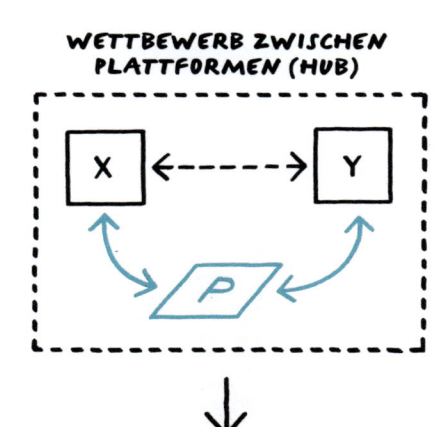

Abbildung 31
Entwicklung vom unilateralen Hub-Modell über die bilaterale Partnerschaft zum multilateralen Netzwerkmodell

verhindern und verschiedene Systeme zu integrieren. Aus Nutzersicht sind Plattformen, die in diesen Märkten tätig sind, mehr oder weniger gezwungen, in irgendeiner Weise zusammenzuarbeiten. Der niederländische Online-Zahlungsmarkt beispielsweise war stark fragmentiert, bis die iDEAL-Plattform eingeführt wurde. Zunächst versuchten die großen Banken des Landes jeweils, eine eigene Plattform nach dem Hub-Modell zu schaffen. Nach einigen mühevollen Jahren stellte sich heraus, dass dieses Modell für keine der Banken profitabel war. So wurden sie offener für das Netzwerkmodell als einzige Möglichkeit, den Kuchen für alle zu vergrößern. Im Jahr 2004 wurde daraufhin mit iDEAL eine Lösung entwickelt, bei der Verbraucher ihre Online-Bank nutzen, um direkte Zahlungen an einen Webshop zu tätigen. Das war ein Riesenerfolg und in der Folge wuchs der E-Commerce-Markt in den Niederlanden so schnell und kräftig wie es niemand erwartet hätte.

Was den Start einer Zusammenarbeit der Parteien angeht, gibt es drei mögliche Zeitpunkte: von Anfang an, wenn der Markt ins Stocken gerät, oder wenn eine externe Partei – zum Beispiel eine Handelsorganisation oder Regierung – eingreift, um die Dinge in Gang zu bringen oder zu regeln.

Manchen Märkten liegt die Zusammenarbeit in den Genen, wie zum Beispiel Telekommunikation, Logistik (einschließlich Post) und Bankwesen (einschließlich des Zahlungsverkehrs). Die Zusammenarbeit ist in der DNA dieser Sektoren verankert, weil es gar keine andere Möglichkeit gibt. Um ihre Dienstleistungen auf globaler Ebene anbieten zu können, sind Länder und Mittelspersonen einfach gezwungen, zusammenarbeiten. Wenn Akteur X (mit Mittelsperson A in Land 1) mit Akteur Y (mit Mittelsperson B in Land 2) interagieren möchte, ist immer ein gewisses Maß an Zusammenarbeit zwischen den Ländern und Mittelspersonen erforderlich.

Wenn Mittelspersonen nicht zusammenarbeiten, nutzen Endnutzer ihre Dienste weniger oder gar nicht. Ein Telekommunikationsanbieter, bei dem man nur die Kunden des Unternehmens selbst anrufen kann, ist ebenso undenkbar wie ein Szenario, bei dem man nur die Personen oder Unternehmen bezahlen kann, die ein Konto bei der eigenen Bank haben. Bei dieser Art von Dienstleistungen ist es für die Nutzer entscheidend, eine *universelle Reichweite* zu haben, um *Many-to-Many*-Interaktionen zu ermöglichen. Sie wollen mit jedem interagieren können, unabhängig davon, welchen Anbieter sie oder ihr Gegenüber nutzen. Die Telefonie ist ein Beispiel für einen Markt, in dem die Zusammenarbeit durch Regulierung erzwungen wurde. In vielen Ländern genossen die etablierten Telekommunikationsanbieter jahrelang eine Monopolstellung. Durch Regulierung in verschiedenen Ländern öffnete sich jedoch in den 1990er-Jahren langsam der Markt für andere Telekommunikationsanbieter und ermöglichte ihnen den Zugang zur bestehenden Infrastruktur.

Bei Branchen wie Logistik, Telekommunikation und Banken ist die Zusammenarbeit Teil der DNA, denn nur so können sie ihre Dienstleistungen global anbieten.

Der mobile Zahlungsverkehr und die elektronische Rechnungsstellung sind schließlich fragmentierte Märkte, in denen ein Eingreifen Dritter wünschenswert ist. Ein grundlegendes Maß an Zusammenarbeit ist notwendig. Wenn viele Anbieter weiterhin unabhängig voneinander agieren, werden alle angebotenen Lösungen zwangsläufig suboptimal sein. In beiden Fällen würde eine Standardlösung dem Markt einen großen Schub geben. Oft ist es Aufgabe der Regierung, in solchen Fällen einzugreifen. In der Realität ist es jedoch nicht so einfach, unterschiedliche Akteure auf dem Markt davon zu überzeugen, eine strategische Zusammenarbeit einzugehen. Das *T.R.U.S.T.-Framework* kann dabei helfen, diesen Prozess zu gestalten. Es stellt ein effektives Werkzeug dar, mit dem Plattformen nach dem Hub- oder Netzwerkmodell geschaffen werden können.

Mehr dazu im Abschnitt „Gestaltung".

FALLBEISPIEL
Wie bekommt man einen stockenden Markt wieder in Bewegung? Das Beispiel E-Invoicing

In vielen Märkten muss eine Lösung eine ausreichende Größe haben, um effektiv zu sein. Das ist zum Beispiel im Zahlungsmarkt der Fall. Letztendlich muss jeder in der Lage sein, jeden anderen zu bezahlen. Um das zu erreichen, müssen die Akteure irgendeine Art von Zusammenarbeit realisieren – und so landen wir schnell beim Netzwerkmodell. Das gilt auch für andere Märkte, etwa, wenn sie aufgrund von Fragmentierung stagnieren und die Beteiligten nicht in der Lage sind, die Probleme unter sich zu klären. Manchmal ist dann die Mitwirkung der Regierung vonnöten. Ein Beispiel für einen solchen Markt ist die elektronische Rechnungsstellung, kurz E-Invoicing. Wie überall sind auch in vielen niederländischen Unternehmen Verwaltungsmitarbeiter Tag für Tag damit beschäftigt, Fehler auszubügeln, die durch inkompatible Rechnungssysteme entstehen, und so sicherzustellen, dass alles in Ordnung kommt. Die erste Herausforderung bei der Organisation des E-Invoicing besteht darin, dass niemand für den Erhalt einer Rechnung bezahlen möchte. Das bedeutet, dass der Absender die Kosten zu tragen hat. Er muss die Rechnung erstellen, versenden und dafür sorgen, dass sie in der Finanzverwaltung seines Kunden landet – und zwar am besten so, dass der Kunde sofort bezahlen will. Im Moment gibt es auf dem niederländischen Markt Dutzende von Unternehmen, die ihre eigenen E-Invoicing-Plattformen anbieten, darunter einige relativ große Anbieter wie OB10, Basware, Ariba und Tradeshift. Normalerweise ist eine E-Mail mit angehängter PDF-Rechnung bereits der höchste erreichbare Standard. In einer Branche wie dieser, in der wichtige rechtliche und steuerliche Interessen eine Rolle spielen, ist das nicht gerade die ideale Lösung.
Im Jahr 2012 unterstützte die niederländische Regierung eine Marktinitiative zur Schaffung eines Netzwerks kooperierender E-Invoicing-Anbieter, mit dem Sender und Empfänger leichter miteinander in Kontakt treten können. Es wurde ähnlich aufgebaut wie andere Märkte, die mit einem gemeinsamen Standard arbeiten, wie etwa Telefonie und E-Mail. Daraus entstand das Simplerinvoicing-Netzwerk[21], dem sich inzwischen eine wachsende Zahl von E-Invoicing-Anbietern angeschlossen hat. Nachdem E-Invoicing im Jahr 2018 für die niederländische Regierung verpflichtend wurde, wird erwartet, dass es sich im großen Stil durchsetzen wird. Wenn die Anbieter in einem Netzwerk zusammenarbeiten, müssen sich die Versender und Empfänger von E-Rechnungen nur noch um die Qualität der erbrachten Leistungen kümmern und nicht um die Frage, ob ein bestimmter Teilnehmer über das jeweilige System erreichbar ist oder nicht. Ähnlich wie bei Telefonanrufen oder E-Mails sind alle Kunden der einzelnen Plattformen über das Netzwerk erreichbar. Der Gesamtnutzen für alle Anwender der am Netzwerk teilnehmenden Unternehmen wird durch die Einführung eines Netzwerkmodells deutlich größer.

3.6 Zusammenfassung

Hier eine Zusammenfassung der wichtigsten Überlegungen zu Plattformen für verschiedene Märkte.

- Plattformen werden für alles Mögliche entwickelt – sei es ein Gästebett oder eine Taxifahrt. Ein Trend, den wir als *Plattformation* bezeichnen.

- Große digitale Plattformen reorganisieren die Wertschöpfungskette und beanspruchen die Gewinnmargen, die früher auf mehrere Zwischenglieder verteilt waren, weitgehend für sich. Das Ende der *Smiling Curve* ist in Sicht.

- Es gibt fünf Arten von digitalen Plattformen, die im Kaufprozess eine Rolle spielen: *Softwareplattformen, Tauschplattformen, Handelsplattformen, Medienplattformen* und *Transaktionsplattformen*.

- Transaktionsplattformen ermöglichen digitale Transaktionen. Innerhalb dieser Kategorie unterscheiden wir *Zahlungsplattformen* und *Identitätsplattformen*. Letztere sind Plattformen, die das Vertrauen der Nutzer in andere Nutzer organisieren. Zu dieser Kategorie gehören auch Methoden für bargeldloses Bezahlen.

- Eine weitere mögliche Unterscheidung ist die „Richtung", in der eine Plattform eine Wertschöpfungskette unterstützt. Mittelspersonen, die eine *longitudinale Plattform* betreiben, erleichtern einen, mehrere oder alle Schritte entlang ihrer Kette. *Transversale Plattformen* sind Plattformen, die einen Wert angesammelt haben, der von anderen Plattformen wiederverwendet werden kann, wie etwa Zahlungsplattformen, Identitätsplattformen oder *Cloud-Plattformen*. Sie agieren senkrecht zu anderen Wertschöpfungsketten.

- Jede Mittelperson muss bei der Entwicklung seiner Plattform eine wichtige strategische Entscheidung treffen: Will sie selbst den Standard in einem *Hub-Modell* setzen? Oder will sie mit ähnlichen Anbietern in einem *Netzwerkmodell* zusammenarbeiten?

- Mittelspersonen, die das Hub-Modell nutzen, bedienen beide interagierenden Nutzer selbst. Sie steuern den gesamten Prozess zentral. In diesem Szenario gibt es einen *exogenen Wettbewerb*, das heißt, es findet ein Wettbewerb zwischen den Plattformen statt. Im Erfolgsfall aufgrund wirtschaftlicher Optimierung überlebt eventuell nur ein Anbieter, der sich dann als Marktstandard durchsetzt. Ein solches Monopol kann zu Machtmissbrauch führen und Innovationen behindern.

- Plattformen nach dem Hub-Modell passen gut zu *Blue-Ocean-Strategien* oder großen *homogenen* Märkten. Das Hub-Modell kann auch in Situationen funktionieren, in denen mehrere ähnliche Dienstleister nebeneinander existieren können und die Nutzer auf beiden Seiten des Marktes Optionen haben – ohne dass der Nutzen solcher Dienste beeinträchtigt wird.

- Wenn mehrere Mittelspersonen zusammenarbeiten, um den beiden Akteuren ihr Angebot zur Interaktion zur Verfügung zu stellen, spricht man von einem *Netzwerkmodell*. Nutzergruppen können zwischen mehreren Anbietern im Netzwerk wählen und miteinander interagieren, unabhängig davon, welchen Anbieter sie nutzen. In diesem Fall findet der Wettbewerb innerhalb des Netzwerks, an das die Plattform angeschlossen ist, im sogenannten *endogenen Wettbewerb* statt. Die Teilnehmer stehen in Konkurrenz um Dienstleistungen und Preise, aber nicht um die Netzwerkgröße.

– Dieses Modell kann in heterogenen oder fragmentierten Märkten oder in Märkten, in denen *Multihoming* für die Endnutzer schwierig ist, sehr effektiv sein, zum Beispiel bei hohen Onboarding-Kosten. Die Abwägung für oder gegen eine Zusammenarbeit erinnert stark an das klassische *Gefangenendilemma*: Eine Zusammenarbeit bietet die besten Chancen für ein gutes Ergebnis für beide Beteiligten.

– Bei der Zusammenarbeit im Rahmen des Netzwerkmodells ist es wichtig, den *kollaborativen Bereich* klar vom *kompetitiven Bereich* zu trennen. Wenn es nicht genügend Raum für Wettbewerb gibt, ist der Preis das Einzige, worum Unternehmen konkurrieren können. Ist der Spielraum für den Wettbewerb zu groß, ist der Nutzen einer Zusammenarbeit möglicherweise nicht groß genug.

– Märkte, die mit mehreren *unilateralen* Hub-Modellen beginnen, können sich nach einer Phase *bilateraler* Partnerschaften zwischen einigen Hubs zu einem *multilateralen* Netzwerkmodell entwickeln.

WIE FUNKTIONIERT DER ENTWURF EINER PLATTFORM?

rauen

risil

Einleitung

Dieser Teil des Buches bietet in Form zweier Arbeitsmodelle praktische Werkzeuge, die Mittelspersonen als Hilfestellung beim Entwurf ihrer Plattformen dienen können. Diese Modelle eignen sich für die Praxis, liefern aber auch tiefergehende Erklärungen für die in den vorigen Kapiteln dargelegten theoretischen Betrachtungen. Wie funktionieren Plattformen und was gehört alles zu deren Aufbau dazu? Wie kann eine Mittelsperson ein Angebot schaffen, das die wahrgenommenen Risiken für die Akteure senkt, indem ihre Plattform ausreichend Vertrauen schafft, sodass beide Nutzergruppen bereit sind, Interaktionen und Transaktionen miteinander einzugehen?

Im ersten Teil des Gestaltungsabschnitts erläutern wir das *Transaktionskontextmodell*. Es beinhaltet vier Risikofaktoren, die die Erfahrungen der Akteure bei einer Transaktion festlegen und die als solche somit die Verwendung von Vermittlungsplattformen bestimmen. Mithilfe des Modells können die wichtigsten Risikofaktoren bei Transaktionen identifiziert werden, um Angebote zu schaffen, die ausreichend Vertrauen zwischen den Akteuren herstellen – eine wichtige Voraussetzung für den Betrieb einer Plattform, denn wir wissen: ohne Vertrauen keine Transaktionen.

Das zweite Modell, das in diesem Kapitel behandelt wird, ist das *T.R.U.S.T.-Framework*. Es umfasst fünf miteinander zusammenhängende Hauptdimensionen, die beim Entwurf und Aufbau einer Plattform zum Tragen kommen. Sie können herangezogen werden, um den Risikofaktoren systematisch zu begegnen. Ob eine Plattform nun gemäß des Hub-Modells oder des Netzwerkmodells aufgebaut ist, spielt keine Rolle: Das T.R.U.S.T.-Framework bietet in beiden Fällen effektive Hilfestellung.

Beide Modelle, die in diesem Kapitel erörtert werden, stammen aus der Beratungspraxis von INNOPAY. Dort kommen sie seit 2003 bei Großprojekten mit zweiseitigen Märkten in Bereichen wie Zahlungen, Identität, öffentliche Verkehrsmittel, Rechnungsstellung und gemeinsame Datennutzung zum Einsatz. Die Modelle werden durch die Integration neuer und fortschrittlicher Erkenntnisse ständig weiterentwickelt.

I. Das Transaktionskontextmodell

Das Transaktions-kontextmodell stellt die wichtigsten Faktoren zum Erreichen einer Transaktion dar.

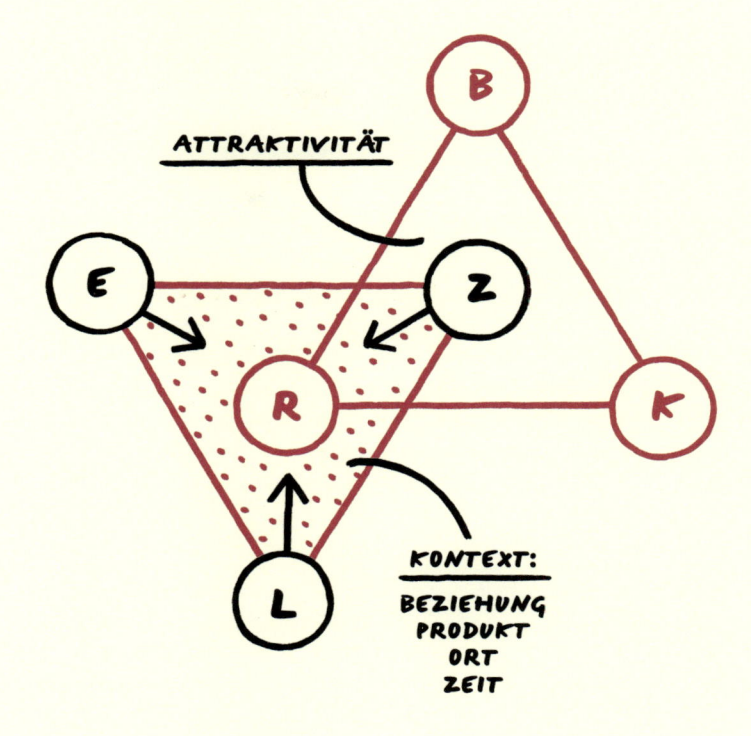

Das Transaktionskontextmodell[1] stellt die wichtigsten Faktoren für das Zustandekommen einer Transaktion dar. Es zeigt die Risikobereiche für beide Akteure. Anders ausgedrückt: Aus welchen Gründen sieht ein Käufer oder Verkäufer möglicherweise von einer Transaktion ab? Wenn eine Mittelsperson oder ein Anbieter eine klare Vorstellung davon hat, kann sie oder er die notwendigen Maßnahmen ergreifen, um potenzielle Hindernisse zu beseitigen. Der Ausgangspunkt ist, dass das tatsächliche Verhalten von Käufern und Verkäufern der ausschlaggebende Faktor ist. Dieses Verhalten wird zu einem großen Teil von dem von beiden wahrgenommenen Risiko bestimmt. Jeder Transaktionsschritt – Einigung, Zahlung, Lieferung – birgt für beide ein bestimmtes Risiko. Bei jedem Schritt kann etwas schiefgehen. Dieses Risiko macht sich in der digitalen Welt sogar noch deutlicher bemerkbar, wenn es mehr Spielraum für Risiken gibt, sofern die die Transaktion ermöglichende Mittelsperson nicht die notwendigen Maßnahmen auf der Grundlage des T.R.U.S.T.-Frameworks ergreift.

I.1 Die vier Kontextfaktoren

In unserer Beratungspraxis verfügen wir über umfangreiche Erfahrung mit unterschiedlichsten Arten von Transaktionen für ein breites Spektrum von Mandanten. Dieser Erfahrungsschatz ermöglicht uns, die Bereiche zu ermitteln, in denen Akteure bei Transaktionen Risiken wahrnehmen. Diese werden von den folgenden vier situationsbedingten Faktoren bestimmt: *Beziehung, Produkt, Ort* und *Zeit.* Diese Faktoren stehen fest und können nicht verändert werden. Wir nennen unterschiedliche Konstellationen dieser Faktoren den „Transaktionskontext". Es gibt unzählige mögliche Transaktionskontexte, die bei den beteiligten

Akteuren jeweils eine bestimmte Risikowahrnehmung erzeugen. Mit anderen Worten: Das wahrgenommene Risiko schwankt mit jeder Transaktion.

Es ist die Aufgabe der Mittelsperson, ein tiefgreifendes Verständnis des Transaktionskontexts zu haben und darauf aufbauend sicherzustellen, dass die Risiken für jeden bedienten Akteur akzeptabel sind. Sie erreicht dies durch optimale Organisation ihrer Prozesse. Wenn das funktioniert, sind die Voraussetzungen für das Vertrauen geschaffen, das für die Transaktion und die Plattform benötigt wird.

Damit kommen wir zum „Eins-zwei-drei-vier der Transaktion": Eine Transaktion findet zwischen zwei Akteuren statt, die gemeinsam drei Prozesse durchlaufen, die in einen Kontext aus vier Faktoren eingebettet sind.

Abbildung 32
Die vier Kontextfaktoren einer Transaktion

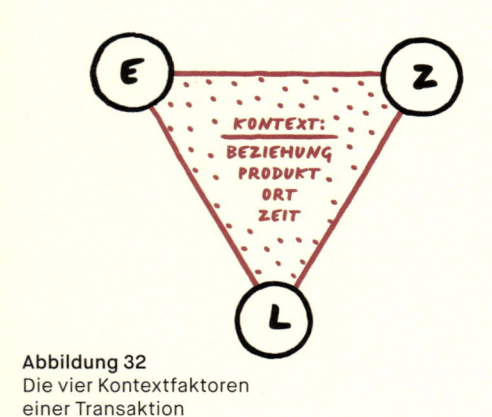

Abbildung 32 zeigt die Teilprozesse – Einigung, Zahlung und Lieferung – die gemeinsam die Transaktions-Trias bilden. Die drei Prozesse sind untrennbar miteinander verbunden; eine Transaktion ist abgeschlossen, sobald diese drei Prozesse beendet sind. Nichtsdestotrotz birgt jeder Prozess für jede Partei gewisse Risiken. Wenn das Risiko zu groß ist, verfolgt eine die Transaktion nicht bis zu Ende. Das Risikoniveau wird von den vier Kontextfaktoren bestimmt, die bei jedem Prozess unterschiedlich sein können. Eine Mittelsperson kann insbesondere, wenn ein ernstes wahrgenommenes Risiko besteht, einen deutlichen Mehrwert liefern – sofern es ihr gelingt, dieses Risiko durch Vertrauensbildung zu senken. Denken Sie beispielsweise an den Erfolg von Airbnb: Eigentümer zögern dort nicht, ihre Wohnungen und Häuser an vollkommen Unbekannte zu vermieten, weil es der Plattform gelungen ist, die richtigen Rahmenbedingungen zu schaffen. Aber auch auf Plattformen wie Rakuten oder eBay zahlen die meisten Menschen lange vor Erhalt der bestellten Produkte. Wie beeinflussen die vier Kontextfaktoren das wahrgenommene Risiko während der drei Prozesse einer Transaktion? Diese wollen wir im Folgenden einzeln betrachten.

1. Beziehung
Jede Transaktion umfasst per definitionem zwei Akteure, die in einer bestimmten Beziehung zueinander stehen, die aus ihren (wiederholten) gemeinsamen Interaktionen und Transaktionen entsteht. Die Art dieser *Beziehung* zwischen dem Käufer und dem Verkäufer legt in Teilen fest, welches Risiko die beiden während einer Transaktion wahrnehmen. Sind sie beide anonym, kennen sie sich oder sind sie miteinander vertraut? Wir erwähnten bereits, dass Vertrauen herrschen muss, bevor eine Transaktion zustande kommen kann. Dafür müssen die Akteure wissen, mit wem sie es zu tun

haben. Je schlechter sie sich kennen, desto größer ist das wahrgenommene Risiko. Wenn das der Fall ist, muss die Mittelsperson das Risiko beseitigen, beispielsweise durch ihren Ruf: Wie wird diese Person oder dieses Unternehmen von anderen wahrgenommen? Auf Grundlage der Einschätzung anderer kann der Akteur entscheiden, ob er mit der betreffenden Partei eine Geschäftsbeziehung eingehen möchte oder nicht. In diesem Zusammenhang spielt das Marketing eine wichtige Rolle. Denken Sie zum Beispiel an Rezensionen oder Bewertungen, die auf vielen Plattformen zum Einsatz kommen.

> Wenn es im Laufe der Zeit zu immer mehr Interaktionen und Transaktionen kommt, ändert sich die Art der Beziehung. Das kann weiteren Transaktionen den Weg ebnen.

Die Art der Beziehung verändert sich, wenn weitere Austausche stattfinden. Wenn sich beide Parteien dazu entschließen, miteinander zu interagieren und sie beide mit dem Austausch zufrieden sind, kann das zu wiederholten Interaktionen und schlussendlich Transaktionen führen. Ein Käufer kann so Informationen von einem Anbieter anfordern. Wenn diese Interaktion dann zufriedenstellend abläuft, entscheidet er sich möglicherweise, den nächsten Schritt in der Customer Journey zu beschreiten. Je größer die Anzahl an positiven Erfahrungen ist, desto schneller wächst das Vertrauen zwischen ihnen. Das gilt in beide Richtungen: Ein hohes Maß an Vertrauen führt mit größerer Wahrscheinlichkeit zu wiederholten Transaktionen, wiederholte Transaktionen wiederum stärken das Vertrauen noch weiter – ein sich selbst verstärkender Kreislauf von Vertrauen und Transaktionen. Treueprogramme können ebenfalls dazu beitragen, Vertrauen zwischen Akteuren zu schaffen, da sie die Interaktion zwischen Käufer und Verkäufer fördern. Auch hier wieder: Je höher die Anzahl an Kontaktpunkten, desto mehr wächst das Vertrauen und desto „enger" wird die Beziehung.

2. Produkt

Der Kern jeder Transaktion umfasst eine Zahlung und eine Lieferung. Wie sehr nehmen beide Parteien das Risiko in Bezug auf das wahr, was ausgetauscht wird? Für den Käufer liegt es in der Lieferung, oder anders ausgedrückt, dem bezahlten Produkt oder der bezahlten Dienstleistung. Der Verkäufer nimmt das Risiko vermutlich bezüglich der Gegenleistung, der Zahlung, wahr. Dabei kann es sich um Geld handeln, aber auch Daten werden zunehmend als Währung genutzt. Wenn es in diesem Zusammenhang zu wenig Vertrauen gibt, entstehen Risikofaktoren, die eine Mittelsperson identifizieren und beilegen muss. In der Praxis ist es schwierig, denjenigen Teil der Transaktion zu beeinflussen, der mit Geld zu tun hat, weil Währungen und Vorschriften Aufgabe der Regierungen und Zentralbanken sind; aus diesem Grund konzentrieren wir uns auf die Unsicherheiten, die Käufer in Bezug auf das *Produkt* selbst erleben.

> Jedes Produkt birgt gewisse Risiken, und je besser eine Mittelsperson diese abbilden kann, desto effektiver können auch die von ihr umgesetzten Lösungen sein.

Das Risikoniveau hängt in diesem Fall direkt mit der Art des Produkts zusammen. Ist es digital oder physisch? Gar flüssig oder zerbrechlich? Lässt sich seine Qualität einfach anhand eines Bildes erkennen? Wie viel ist es wert? Lässt sich das Produkt einfach wiederverkaufen (womit es zu einem potenziellen Objekt für Diebstahl wird)?

Jedes Produkt birgt gewisse Risiken, und je besser eine Mittelsperson diese abbilden kann, desto effektiver können auch die von ihr umgesetzten Lösungen sein. So betreibt ein Buchhändler sein Geschäft anders als ein Ladeninhaber von Ace & Tate, das Brillen online vertreibt. Eine Person, die ein Buch kaufen möchte, weiß im Allgemeinen, was sie erwartet. Eine Brille zu kaufen ist tendenziell komplizierter, denn sie soll die richtige Sehstärke haben und dabei gut aussehen. Ace & Tate hat diese Hürde beseitigt, indem es allen Kunden das Recht einräumt, neue Brillen innerhalb von dreißig Tagen ohne Angabe von Gründen zurückzuschicken. Jedes Produkt hat spezifische Risiken, die abgedeckt werden müssen. Ein seltenes gebrauchtes Buch, das neueste Smartphone oder eine illegale Waffe: All diese Produkte haben bei einer Transaktion ihr eigenes Risikoprofil.

3. Ort und Entfernung
Der dritte Faktor, der sich auf das Risikoniveau auswirkt, dem sich jeder Käufer und Verkäufer bei einer Transaktion ausgesetzt sieht, ist der *Ort* der Akteure und die *Distanz* zwischen ihnen. Wo findet die Transaktion statt? Diese Information bestimmt den sozialen, kulturellen und rechtlichen Rahmen, innerhalb dessen sie ihr Geschäft tätigen. Es ist einleuchtend, dass es einen Unterschied macht, ob man etwas auf einem Basar in Tunesien kauft oder auf seinem Markt vor Ort. Jedes Land hat seine eigene Kultur, in der das Vertrauen stärker oder schwächer auf sozialer Ebene verankert ist. Zudem haben sie ihre eigene Rechtsordnung, die in den meisten Verträgen explizit angegeben ist. All das sind potenzielle Risikofaktoren, die mit dem Ort zusammenhängen.

Der physische Standort, von dem ein Produkt versendet wird, kann im wahrsten Sinne des Wortes weit weg sein – zum Beispiel, wenn ein deutscher Käufer ein Gerät über eine chinesische Plattform wie DealExtreme bestellt. Es gelten die gleichen Unsicherheiten. Welche Möglichkeiten hat der Käufer bei Nichtlieferung oder wenn das Produkt innerhalb einer Woche kaputtgeht? Anders formuliert: Was ist der rechtliche Rahmen für den Vertrag, wie ist er abgesichert? Wenn es nicht ausreichend klar ist, ob ein Käufer seine Rechte gegenüber dem Anbieter geltend machen kann, handelt es sich um einen Risikofaktor, um den sich die Mittelsperson kümmern muss.

Der Ort umfasst auch den verwendeten Vertriebskanal. Handelt es sich um einen physischen oder digitalen Kanal? Ein zusätzliches Risiko entsteht, wenn sich die Parteien nicht kennen und sich aufgrund der Entfernung nicht einfach miteinander in Verbindung setzen können. In dieser Hinsicht erzeugt der Kauf eines Diamanten von einem komplett Unbekannten vom anderen Ende der Welt eine andere Risikowahrnehmung als der Kauf bei einem Juwelier vor Ort. In beiden Fällen müssen die Voraussetzungen für das Zustandekommen der Transaktion erfüllt sein.

Kurz gesagt erzeugt physische Distanz Unsicherheit; die Mittelsperson muss Mechanismen in Gang setzen, die diese Unsicherheit beseitigen.

4. Zeit und Timing
Der Zeitfaktor bezieht sich auf die *Zeit* und das *Timing* der drei Transaktionsprozesse, die sich auch auf das wahrgenommene Risiko auswirken. Absolut betrachtet spielt

die Zeit, zu dem die Transaktion stattfindet, eine Rolle. Findet sie tagsüber oder mitten in der Nacht statt? Findet die Lieferung statt, wenn der Käufer zu Hause ist, oder muss einer der Nachbarn das Paket annehmen? Auch die Reihenfolge, in der die drei Prozesse stattfinden, erweist sich als äußerst wichtig. In welcher Reihenfolge werden die Schritte Einigung, Zahlung und Lieferung ausgeführt? Wird das Produkt zuerst geliefert und später bezahlt oder andersherum? Welche Zahlungsmethoden stehen zur Verfügung? Siehe dazu auch Abbildung 12.

Mittlerweile finden immer mehr Transaktionen in der digitalen Welt statt. Das ermöglicht eine größere Variabilität beim Timing, was wiederum bedeutet, dass es zu mehr Asynchronität kommt. In der physischen Welt findet die gesamte Transaktions-Trias an einem Ort und in Anwesenheit beider Akteure statt; in der digitalen Welt ist der gesamte Prozess hingegen wesentlich intransparenter. Die drei Teilprozesse – Einigung, Zahlung und Lieferung – sind voneinander getrennt, wodurch es für beide Parteien schwerer wird, den Verlauf der Transaktion nachzuvollziehen. Das erzeugt Unsicherheit und demnach Risiko.

I.2 Risiko und Risikogleichgewicht

Für jeden Akteur in einer Transaktion ist das wahrgenommene Risiko eine Funktion des individuellen Risikos der Elemente der Transaktions-Trias, von denen alle drei von dem Risiko festgelegt werden, das mit den vier Kontextfaktoren zusammenhängt: Beziehung (b), Produkt (p), Ort (o) und Zeit (z). Das Bild ist dadurch jedoch noch nicht ganz vollständig, da das Gesamttransaktionsrisiko die Summe der Risikowahrnehmung des Käufers und Verkäufers ist. Für beide Akteure entspricht es der Summe des bei allen Teilprozessen der Einigung, Zahlung und Lieferung herrschenden Risikos, wobei die vier Kontextfaktoren bei jedem Schritt der Transaktion eine Rolle spielen.

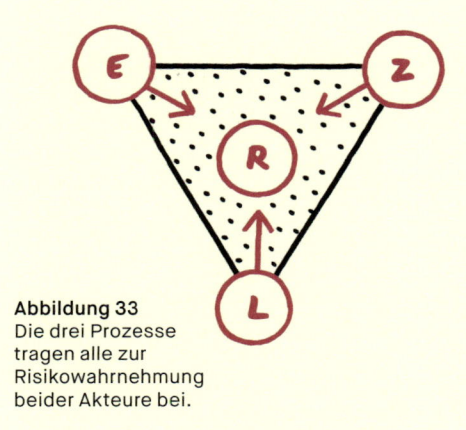

Abbildung 33
Die drei Prozesse tragen alle zur Risikowahrnehmung beider Akteure bei.

Die folgende Formel fasst dies zusammen, wobei X die Einigung (E), Zahlung (Z) oder Lieferung (L) sein kann und T die gesamte Transaktion bezeichnet.

$$R_x = f(R_b, R_p, R_o, R_z)$$

und

$$R_T = R_E + R_Z + R_L$$

Basierend auf dem wahrgenommenen Risiko können sich sowohl die Verkäufer als auch die Käufer für bestimmte, für sie in der gegebenen Situation akzeptablen Zahlungs- und Lieferarten entscheiden. Um eine Transaktion zu ermöglichen, muss zwischen den Transaktionsrisiken des Käufers und Verkäufers ein Gleichgewicht herrschen. In diesem idealen Szenario stufen beide Akteure ihr Risiko als akzeptabel ein und entscheiden sich beide, die Transaktion zu Ende zu bringen. Wir nennen das das *Risikogleichgewicht*.

Wenn einer der beiden Akteure ein deutlich größeres Risiko wahrnimmt als der andere, spricht man von einem *Risikoungleichgewicht* – an diesem Punkt kommt der Mehrwert der Mittelsperson zum Tragen. Wenn sie es schafft, dieses Ungleichgewicht eindeutig zu identifizieren und dann glaubwürdig zu beseitigen, schafft sie das Vertrauen, das es den beiden Akteuren ermöglicht, ein Geschäft abzuschließen. Das ist eine wichtige Voraussetzung für Konversion, das heißt der Moment, an dem der Käufer sich für den Kauf eines Produkts oder einer Dienstleistung entscheidet. Daher nimmt es kaum Wunder, dass dies einer der wichtigsten Parameter ist, um den Erfolg von Mittelspersonen zu messen, die Plattformen und Webshops betreiben.

> Wenn eine Mittelsperson in der Lage ist, ein Risikoungleichgewicht eindeutig zu identifizieren und es dann glaubwürdig zu beseitigen, schafft sie wichtigen Mehrwert.

Abschließend noch ein Wort zu den Auswirkungen individueller Kontextfaktoren: Wie stehen diese miteinander in Zusammenhang? Welcher Faktor wirkt sich am meisten auf das wahrgenommene Transaktionsrisiko aus? Der Praxistest des Modells hat gezeigt, dass besonders der Kontextfaktor der *Zeit* und insbesondere des *Timings*, das heißt „Vorkasse gegenüber Zahlung nach Lieferung", bestimmt, wie das Risiko zwischen Käufer und Verkäufer aufgeteilt wird. Darüber hinaus spielt auch die Art des Produkts eine wichtige Rolle: Produkte von hohem Wert, die sich dazu noch einfach transportieren und weiterverkaufen lassen, wie elektronische Geräte, Kryptowährungen und Telefonkarten, ziehen mit höherer Wahrscheinlichkeit Betrüger an, was ein zusätzliches Risiko für Verkäufer erzeugt. Der Faktor Ort scheint auf den ersten Blick weniger wichtig zu sein, allerdings schließt er auch die Arten der Vertriebskanäle ein, die die Beziehung zwischen den Parteien beeinflussen. Es besteht eine starke Korrelation zwischen dem Internetkanal und anonymen Beziehungen. Dies ist ein Hinweis darauf, dass das Internet als Ort das wahrgenommene Risiko erhöht, weil es relativ anonym ist.

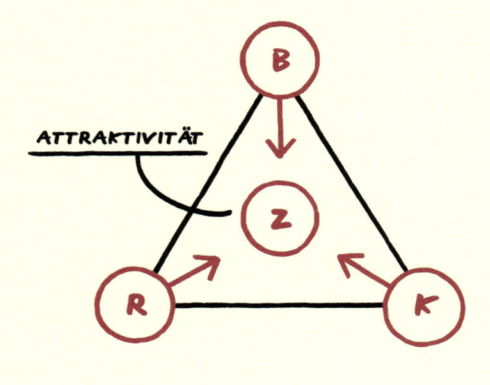

Abbildung 34
Das 3P-Modell bezogen auf Zahlungsdienstleistungen

I.3 Risikoakzeptanz von Zahlungsmethoden

Der jeweilige Kontext spielt bei einer Transaktion eine wichtige Rolle. Wie wir bereits gesehen haben, ist er in einem großen Maße entscheidend dafür, ob Käufer und Verkäufer bereit sind, eine Transaktion abzuschließen. Bei genauerer Betrachtung der Zahlungsmethoden im Transaktionskontextmodell lässt sich erkennen, dass auch das Zahlungsangebot selbst eine wichtige Rolle für deren Akzeptanz spielt. Wie attraktiv ist es und auf welcher Grundlage bewertet es ein Akteur? Das 3P-Modell von Betty Collis[2] liefert interessante Hinweise. Das Modell beschreibt, wie ein Akteur auf eine Dienstleistung reagiert und wie er diese Dienstleistung mit seinen eigenen Motiven, Emotionen und Erfahrungen verbindet. Die drei Ps liefern dafür eine Erklärung: *Profit (Nutzen), Practicability (Praktikabilität)* und *Pleasure (Freude)*. Der Nutzen stellt die Nützlichkeit einer gegebenen Lösung dar; der Benutzer muss sie in diesem Sinne als werthaltig empfinden. Praktikabilität beschreibt, wie einfach die digitale Dienstleistung zu verwenden ist. Und dann kommt noch die Freude mit ins Spiel; zum Beispiel, wenn der Benutzer in den Genuss schönen Designs oder von Zusatzfunktionen kommt.

Wenn wir das 3P-Modell auf die Verwendung von Zahlungsmethoden übertragen, lassen sich die folgenden Faktoren identifizieren: Praktikabilität lässt sich auf Benutzerfreundlichkeit übertragen. Was bietet die Funktionalität dem Benutzer (zum Beispiel in Sachen Interaktion und Geschwindigkeit) und inwieweit trägt es zur Konversion des Händlers bei? Der Nutzen lässt sich interpretieren als Kosten, die für Käufer und Verkäufer anfallen. Wie stehen diese in Zusammenhang mit den Vorteilen? Schließlich wird die Freude als minimales Risiko ausgedrückt. Unter welchen Umständen wird eine bestimmte Zahlungsmethode ausgewählt? Diese Wahl ist eine Optimierung der Faktoren *Risiko (R), Kosten (K)* und *Benutzerfreundlichkeit (B)* sowohl für den Käufer als auch für den Verkäufer.

Wenn wir dann das 3P-Modell auf das Transaktionskontextmodell anwenden, ergibt sich ein Rahmen, der zeigt, wie das Verhalten der beiden Akteure beeinflusst wird. Damit lässt sich feststellen, inwieweit eine Zahlungsmethode in einer gegebenen Situation für beide Akteure akzeptabel ist.

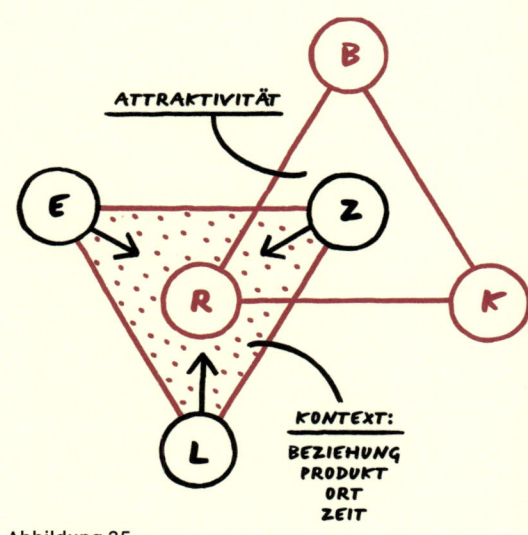

Abbildung 35
Rahmen zur Bewertung einer Zahlungsmethode

Die Wahrscheinlichkeit, dass etwas im Laufe des Prozesses schiefgeht, die Tragweite der möglichen Konsequenzen und der für die Zahlung benötigte Aufwand bestimmen gemeinsam das Verhalten der Akteure. Beide Akteure beziehen diese Aspekte mit ein. Zum Beispiel können manche Produkte mit Karte bezahlt werden, aber nicht mit Lastschrift. Das ist unter anderem beim Kauf eines Online-Lottoscheins der Fall. Eine Lastschrift wäre für den Verkäufer zu riskant, weil der Käufer das Recht hat, die Zahlung umzukehren, selbst nachdem der Gewinner verkündet wurde. Mit einer Kartenzahlung ist dies in diesem speziellen Fall nicht möglich – ein Vorteil.

Für beide Parteien ist die Bewertung einer Zahlungsmethode in einer gegebenen Situation eine sensible Angelegenheit, da Kosten und Benutzerfreundlichkeit gegen das verbundene wahrgenommene Risiko abgewogen werden. Der Anbieter bestimmt sein Risiko auf der Grundlage der Kontextfaktoren Ort, Beziehung und Produkt. Er muss dabei abschätzen, wie hoch die Wahrscheinlichkeit ist, einen Auftrag aufgrund der Zahlungs- und Liefermethoden zu verlieren, die er anbieten möchte. Das führt zu einem Angebot mit einem bestimmten Timing, das seine eigenen Risiken minimiert und gleichzeitig dem Käufer eine akzeptable Lösung anbietet.

Der Käufer muss daraufhin sein Risiko auf der Grundlage der vom Verkäufer angebotenen Zahlungs- und Liefermethode bestimmen und dabei versuchen, das ideale Gleichgewicht zwischen Risiko, Benutzerfreundlichkeit und Kosten zu finden. Wenn die Transaktion schließlich durchgeführt wird und in eine Zahlung und Lieferung mündet, haben sich Käufer und Verkäufer auf eine gemeinsam akzeptierte Aufteilung der Risiken, Kosten und Benutzerfreundlichkeit geeinigt – ein Gleichgewicht ist hergestellt. Tabelle 8 bietet einen Einblick in die Abwägungen der beiden Akteure.

Die nächste Frage lautet dann, inwieweit die Bewertung der Zahlungsmethode seitens der Akteure vom Kontext beeinflusst wird. Dafür wurden verschiedene Situationen unter die Lupe genommen. Eine Auflistung der Ergebnisse für die unterschiedlichen Zahlungsmethoden aus der jeweiligen Sicht der beiden Akteure in zwei Situationen ist in Tabelle 9 dargestellt. Der erste Fall betrifft den Onlinekauf einer Designeruhr im Wert von 199 US-Dollar. Der Käufer hat sich zunächst registriert, daher kennt ihn der Verkäufer; die Zahlung wird vor der Lieferung geleistet. Im zweiten Fall geht es um eine in einem Laden gekaufte CD im Wert von 17 US-Dollar; Zahlung und Lieferung finden gleichzeitig statt.

TABELLE 8
Überlegungen bei der Auswahl einer Zahlungsmethode

	Akteur X (Käufer)	Akteur Y (Verkäufer)
Risiko („Freude")	Kann die Transaktion rückgängig gemacht werden? Wie sicher ist sie?	Kann der Käufer die Transaktion rückgängig machen?
Kosten („Nutzen")	Dies hängt von der Vereinbarung zwischen dem Käufer und seiner Bank ab. Für den Käufer fallen oftmals keine Kosten an – das ist Teil des Angebots von der Bank.	Die Kosten für die Bank pro Zahlung zuzüglich weiterer Verwaltungskosten, die für das Anbieten der Zahlungsmethode anfallen.
Benutzerfreundlichkeit („Praktikabilität")	Ist die Zahlungsmethode einfach zu verwenden? Ist eine Registrierung notwendig? Ist eine Authentifizierung vorgeschrieben?	Ist die Zahlungsmethode einfach zu verwenden? Ist der Prozess voll automatisiert und gibt es eine gute Abstimmung mit der Vertriebsverwaltung?

TABELLE 9
Risikoprofil von Zahlungsmethoden in zwei Situationen

Situation 1: Onlinekauf einer Designeruhr im Wert von 199 US-Dollar

	Akteur X (Käufer)			Akteur Y (Verkäufer)		
	Rk	Kk	Bk	Rv	Kv	Bv
Banküberweisung	--	+	--	++	++	--
Echtzeittransfer	--	+	++	++	+	++
Kreditkarte	+	+	++	--	--	+
Automatische Lastschrift	++	+	++	--	++	++

Situation 2: Kauf einer CD im Wert von 17 US-Dollar in einem Laden

	Akteur X (Käufer)			Akteur Y (Verkäufer)		
	Rk	Kk	Bk	Rv	Kv	Bv
Bar	+	+	+	-	-	-
EC-Karte	++	+	++	++	++	++
Kreditkarte	++	-	++	++	--	++
Scheck	+	-	-	-	--	--

FALLBEISPIEL
Wie sich die Risikowahrnehmung auf die Wahl der Zahlungsmethode auswirkt

Das Transaktionskontextmodell, so wie es in diesem Buch beschrieben wird, wurde als Ausgangspunkt für eine Studie verwendet, bei der es um die Auswirkung des wahrgenommenen Risikos bei Transaktionen für E-Retailer geht und wie es ihnen bei ihrer Entscheidung für die anzubietenden Zahlungsmethoden hilft[3]. Die Studie wurde in Ländern in Zentralasien durchgeführt, wo sich die Volkswirtschaften in einer Übergangsphase befinden. Grob gesagt können die Zahlungsarten für Internetkäufe in den beteiligten Ländern in die Klassifizierung in Tabelle 10 untergliedert werden. Die Studie bestätigt die Relevanz des Transaktionskontextmodells: Wenn der Verkäufer ein höheres Produktrisiko erlebt, verwendet er eine Zahlungsmethode mit niedrigem Risiko, wie eine Prepaid-Kreditkarte, von der der Betrag sofort abgebucht wird. Andererseits sind Produktrisiko und die Akzeptanz von Kreditkarten negativ korreliert, wobei die Zahlung nachträglich stattfindet und das Risikoprofil erhöht ist. Die Risikobereitschaft des Käufers spielt auch eine Rolle: Wenn eine relativ riskante Liefermethode ausgewählt wird, ist es auch wahrscheinlicher, dass bei der Zahlungsmethode ein höheres Risiko als akzeptabel erachtet wird.

TABELLE 10
Klassifizierung von Zahlungsmethoden nach Medium und Timing

	Vorauszahlung	Sofortige Zahlung	Spätere Zahlung
Elektronisch	Online-Gutschein, Digital Wallet, Geschenkkarte, Prepaid-Karte, elektronische Geldbörse	Prepaid-Kreditkarte (Debit-Karte), elektronische Banküberweisung, „Payroll Card" (Karte, auf der der Arbeitgeber den Lohn oder das Gehalt direkt einzahlt, ohne dass der Empfänger ein Bankkonto haben muss)	Kreditkarte, Zahlungskarte
Papier	Gutschein, automatischer Einzug	Zahlung per Nachnahme, Zahlung beim Postamt, Banküberweisung	Scheck, papierhafte Rechnung

Die Studie hat gezeigt, dass das Risikoprofil einer Transaktion vom Kontext abhängig ist. Sie hat gezeigt, dass Zahlungsmechanismen Unterschiede bei den Kosten und beim Benutzererlebnis sowohl für Käufer als auch Verkäufer mit sich bringen. Diese spielen bei der Entscheidung für eine bestimmte Methode eine Rolle. Damit beruht die Wahl nicht ausschließlich auf dem wahrgenommenen Risiko, sondern hängt auch von Kosten- und Benutzerfreundlichkeitsaspekten der Zahlungsmethode ab. Dadurch lässt sich erklären, warum es immer noch so viele verschiedene Zahlungsmethoden auf dem Markt gibt und sich keine einheitliche Zahlungsmethode durchgesetzt hat. Schlussendlich gibt es viele verschiedene Szenarien, die jeweils ihre eigene Lösung erfordern.

I.4 Zusammenfassung

Das Transaktionskontextmodell schließt die wichtigsten Faktoren ein, die für eine Transaktion eine Rolle spielen, und zeigt damit, wo sich für beide Akteure die Risikofelder befinden. Auf Grundlage dieser Informationen kann die Mittelsperson ihre Anwendungsfälle formulieren, die ihr Angebot festlegen. Wenn dies klar ist, können die notwendigen Maßnahmen getroffen werden, um potenzielle Hindernisse zu beseitigen.

NOTIZEN

Das Risiko wird auf der Suche nach Gleichgewicht zwischen beiden Akteuren aufgeteilt.

Das Vertrauen muss bei beiden Akteuren ausreichen, dann summiert es sich.

II Das T.R.U.S.T.-Framework

Das T.R.U.S.T.-Framework spricht die fünf miteinander zusammenhängenden Hauptdimensionen einer Plattform an.

DAS T.R.U.S.T.-FRAMEWORK

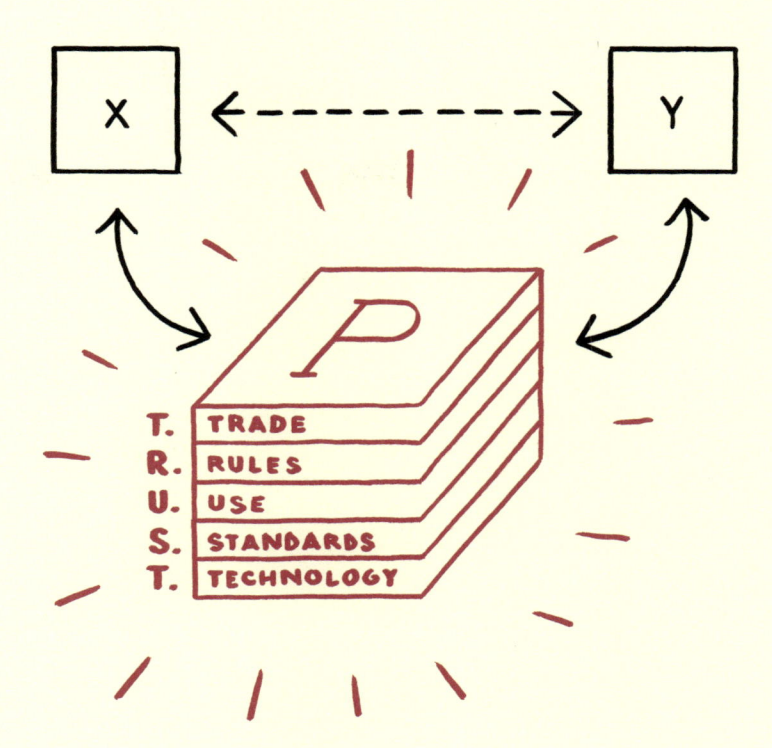

T. TRADE
R. RULES
U. USE
S. STANDARDS
T. TECHNOLOGY

Eine wiedererkennbare Marke, attraktive Angebote und ein spannendes Benutzererlebnis für jeden Benutzertypen – das alles sind wichtige Voraussetzungen für eine erfolgreiche Plattform. Eine Mittelsperson muss dies mit ihrer Plattform für ihre spezifische Marktsituation und ihre spezifischen Kundengruppen organisieren. Um die Angebote und das Benutzererlebnis richtig bereitzustellen, ist es für die Mittelsperson beispielsweise wichtig, die Anwendungsfälle zu beschreiben, die sie mit ihrer Plattform ermöglichen möchte. Wer kann mit der Plattform was tun? Aber das ist noch nicht alles.

Plattformen müssen sich auch um weniger sichtbare Dinge kümmern wie ein nachhaltiges Geschäftsmodell, solide Sicherheit und ausreichende Verfügbarkeit. Es ist ebenfalls essenziell, eindeutige Bedingungen zu definieren, zum Beispiel bezüglich des Datenschutzes für die Benutzer und der Verwendung von Daten. Diese Dinge müssen für alle Stakeholder organisiert werden, angefangen bei den zwei Benutzergruppen. Dies ist notwendig, um Komfort für die vorgesehenen Nutzer bereitzustellen, sodass sie tatsächlich bereit sind, Interaktionen und Transaktionen über die Plattform zu tätigen Alle Designer, Entwickler und Betreiber von Plattformen müssen daher eine Vielzahl von Themen auf allen möglichen Ebenen angehen, die zudem alle miteinander zusammenhängen. So kann zum Beispiel eine Entscheidung bezüglich der Technologie wie die Verwendung eines bestimmen Sicherheitsstandards große Auswirkungen auf die rechtlichen Bedingungen haben; oder sie kann eine Schwelle erzeugen, die sich möglicherweise negativ auf das Benutzererlebnis auswirkt – und damit auch das Geschäftsmodell betrifft.

II.1 Die fünf T.R.U.S.T.-Dimensionen

Wie strukturiert die Mittelsperson ihre Plattform so, dass sie funktional ist und den beabsichtigten Mehrwert bietet? Wie stellt sie sicher, dass die Plattform für eine große Zahl an Nutzern auf beiden Seiten ihres Marktes zugänglich ist? Wie kann sie sicher sein, dass nichts Essenzielles fehlt? Das T.R.U.S.T.-Framework kann eine Hilfe sein.

T.R.U.S.T. steht im Englischen für *Trade (Handel), Rules (Regeln), Use (Verwendung), Standards (Standards)* und *Technology (Technologie)*. In diesem multidimensionalen Ansatz werden alle relevanten Aspekte erörtert, mit denen eine Mittelsperson auf ihrer Plattform umgehen muss. Diese fünf Dimensionen müssen jederzeit in ihrer Gesamtheit betrachtet werden; das heißt, nicht nur bei der Entwicklung der Plattform, sondern auch während ihres Betriebs, damit ihre Kohärenz sichergestellt wird. All diese Aspekte haben zum Ziel, Vertrauen unter den Benutzern zu schaffen, sodass sie unbedingt gewillt sind, die Plattform zu benutzen. Und auch wenn die Reihenfolge der Buchstaben des Akronyms T.R.U.S.T. nahelegen mag, dass die Themen nacheinander abgearbeitet werden, ist dies nicht der Fall. Tatsächlich ist es so, dass alle Themen zu jeder Zeit ineinandergreifen.

Das Wertversprechen kann als das Rückgrat der Plattform bezeichnet werden: Was möchte die Mittelsperson mit der Plattform für ihre Kunden sein? Die Grundlage dafür bildet das Bedürfnis, das die Plattform für die Nutzergruppen stillt, welches dann in Marktangebote übertragen wird. Wie in Kapitel 2 beschrieben, hängt dies mit den Paketen an Funktionalitäten zusammen, die den unterschiedlichen Nutzergruppen zur Verfügung gestellt werden, um die beabsichtigten Interaktionen und Transaktionen über die Plattform zu ermöglichen. Die Wertversprechen bestimmen die Art und Weise, wie die fünf Dimensionen und der Rahmen organisiert werden. Faktoren, die bei diesem Prozess eine Rolle spielen können, sind unter anderem folgende: Welche zwei (oder mehr) Nutzergruppen bedient die Plattform? Welches Problem löst die Plattform für die Benutzer? Welche Schritte in der Wertschöpfungskette ermöglicht die Plattform? Handelt es sich um ein symmetrisches oder ein asymmetrisches Angebot? Wie findet das Onboarding von Nutzern statt? Gibt es einen Onboarding-Prozess, der ein komplexes Registrierungsverfahren

TABELLE 11
T.R.U.S.T.-Dimensionen

Dimension	Aspekte
Trade & Business (Handel u. Geschäft)	Geschäftsmodell, Markenpolitik, Lizenzierung und Zugangskriterien
Rules & Regulations (Regeln u. Bestimmungen)	Regeln und Bestimmungen, Rechte und Pflichten, Nutzungsbedingungen, Verfügbarkeit, Governance und Compliance
Use & Application (Nutzung u. Anwendung)	Funktionalität, Anwendungsfälle und Customer Journey
Standards & Semantics (Standards u. Semantik)	Branchen- oder De-Facto-Standards, Semantik und Verhalten
Technology & Infrastructure (Technologie u. Infrastruktur)	Medium, Technologiestack, Konnektivität, Skalierbarkeit und Sicherheit

umfasst? In welchen Punkten hebt sich die Plattform von Wettbewerbern oder alternativen Lösungen ab? Werden für bestimmte Prozessschritte transversale Plattformen verwendet? Ist die Plattform Teil eines Ökosystems? Dies sind nur einige der Fragen, auf die die Mittelsperson eine Antwort geben muss.

Es gibt kein Patentrezept und jede Mittelsperson muss – einem Koch gleich – die Zutaten seines T.R.U.S.T.-Frameworks so aufeinander abstimmen, dass der Mehrwert für alle Stakeholder am besten schmeckt. Wenn die Mittelsperson alle relevanten Aspekte und ihre gegenseitigen Abhängigkeiten gründlich abgewogen hat, kann sie mit der Entwicklung ihrer Plattform beginnen. Bei der Entwicklung der Plattform gewinnt sie Erkenntnisse; dieser Prozess geht weiter, auch nach dem Go-live der Plattform. Schlussendlich entwickelt sich Technologie beständig weiter, was bedeutet, dass sich neue Chancen eröffnen. Dadurch unterliegt auch der Wettbewerb einem steten Wandel und die Dinge verändern sich entsprechend. Heißt: Plattformen sind nie „fertig", sondern müssen sich stets anpassen. Schauen wir uns die fünf in Tabelle 11 zusammengefassten Dimensionen einmal genauer an.

1. Trade (Handel)
Die erste Dimension des T.R.U.S.T-Frameworks ist *Trade (Handel)*. Sie umfasst die strategischen Entscheidungen, die bezüglich der Kernpunkte der Plattform gefällt werden müssen, angefangen bei der Marke, unter der die Plattform bekannt und wiedererkannt wird. Dies ist wichtig, weil die Nutzer so die Plattform wiedererkennen, vor allem, wenn sie transversal von anderen Plattformen verwendet wird. Zweitens benötigt Geschäftskontinuität die Aussicht auf Gewinn. Zunächst mag der Hauptfokus darauf liegen, auf beiden Seiten der Plattform Reichweite zu generieren, aber irgendwann gelangt man zu dem Punkt, an dem die Reichweite monetarisiert werden muss. Wie wird Wert geschaffen und wo wird das Geld verdient? Manchmal ist das zu Beginn noch nicht klar. Beispielsweise gaben die Google-Gründer zu Beginn an, dass sie Werbetreibenden niemals Zugriff auf ihre Plattform geben würden, weil dies der Objektivität der Suchergebnisse im Wege stünde. Heute ist Werbung die wichtigste Einnahmequelle von Google: 2017 belief sich ihre Höhe auf über 94 Milliarden US-Dollar.[4] In anderen Märkten gibt es Vereinbarungen darüber, welche Seite des Marktes zahlt. Dies ist beispielsweise bei der Telefonie der Fall. Wenn der Angerufene bei einem anderen Provider ist, müssen die Gebühren an irgendeinem Punkt beglichen werden. Bei der Telefonie ist es so, dass für gewöhnlich der Anrufer zahlt.

***Trade* umfasst alle strategischen Entscheidungen: Wie schafft die Mittelsperson Wert für alle Stakeholder und Nutzergruppen?**

Mittelspersonen müssen daraufhin ihr Geschäftsmodell entwerfen, einschließlich aller Dimensionen, die Wert für das Unternehmen schaffen, und der Art, wie dieser Wert darauf aufbauend in Geld umgesetzt werden kann. Oftmals hat das daraus resultierende Erlösmodell eine komplexe Struktur, weil unterschiedliche Nutzergruppen betroffen sind; zusätzlich kann sich die Mittelsperson für ein Hub-Modell oder ein Netzwerkmodell entscheiden – eine sehr wichtige Entscheidung. Alle Stakeholder müssen in dem Modell miteinbezogen werden, darunter auch die primären Nutzergruppen und andere Partner, die der Plattform einen Mehrwert hinzufügen. Der Kern des Erlösmodells ist, dass es eine Transaktionsstruktur beinhalten muss, die für die Plattform selbst profitabel ist und gleichzeitig für alle beteiligten Stakeholder die beste Lösung darstellt. Ein gut funktionierendes Geschäftsmodell ist wie ein Mischpult, das dafür sorgt, dass der Klang der Musik perfekt ausbalanciert ist: Eine kleine Veränderung kann die ganze Balance durcheinanderbringen.

Ein weiterer Aspekt ist die Organisation der Plattform. Mit welchen Menschen und Parteien entwickelt und betreibt die Mittelsperson die Plattform? Wer spielt bei der Schöpfung des Mehrwerts welche Rolle? Wie ist die Organisation strukturiert und wie sieht der Entscheidungsfindungsprozess aus? Welche Aktivitäten werden intern erledigt und welche werden ausgelagert? Strategische Dimensionen, die die Markenpolitik und die Kommunikation umfassen, sind ebenfalls Teil dieser Dimension. Wenn die Mittelsperson innerhalb des Netzwerkmodells agiert, kann es dazu kommen, dass Vereinbarungen mit den anderen Teilnehmern im Netzwerk getroffen werden müssen, zum Beispiel, was die Zugangskriterien für die Teilnahme und die Lizenzierung für den Betrieb im Netzwerk angeht.

2. Rules (Regeln)
Die zweite Dimension besteht aus den Rules (Regeln). Im Gegensatz zur ersten Dimension, die die Entscheidung betrifft, welche Rollen die beiden Nutzergruppen und all die anderen Stakeholder bei der Schaffung des Mehrwerts der Plattform jeweils spielen, wird all dies in der zweiten Dimension in Vereinbarungen übertragen, die im Einklang mit den anwendbaren Regeln und Vorschriften stehen und die – rechtlich gesehen – wasserdicht sind. Der Hauptfokus liegt darauf, den Einfluss und den Entscheidungsfindungsprozess aller beteiligten Stakeholder zu strukturieren und zu sichern. Was sind die Rahmenbedingungen, innerhalb derer die Stakeholder agieren, welche Rollen und Verantwortlichkeiten ergeben sich daraus und wie wird mit Veränderung umgegangen?

Rules stehen für die Übertragung der strategischen Entscheidungen in Vereinbarungen, die – rechtlich gesehen – wasserdicht sind.

Alle relevanten Abteilungen sind beteiligt: Marketing, IT, Support, Finanzen, Recht und Personal. Die Anforderungen bezüglich der Verfügbarkeit der Plattform spielen auch eine Rolle: Ist der Dienst rund um die Uhr verfügbar oder kann die Plattform zu bestimmten Zeiten nicht verfügbar sein? Die Service-Levels müssen klar sein. Diese Ziele müssen wohl definiert und praktisch umsetzbar sein. Vereinbarungen müssen auch mit Parteien außerhalb der Plattform getroffen werden, so zum Beispiel Nutzungsbedingungen und Vereinbarungen bezüglich der Haftung, genauso aber Verträge mit Lieferanten. Wenn die Mittelsperson in einem Netzwerk operiert, kommen dann noch Zugangsvoraussetzungen für neue Teilnehmer hinzu.

Innerhalb dieser Kategorie werden gute Governance und korrekte Entscheidungsfindung sichergestellt. Governance kann als Regelsatz betrachtet werden, der beschreibt, wer an einer Plattform teilnehmen kann, wie ihr Wert aufgeteilt wird, wie Konflikte gelöst werden und wie die relevanten Entscheidungen gefällt werden. Diese Themen erfordern bei Plattformen zusätzliche Aufmerksamkeit, da ihr Wert größtenteils von Nutzern und Stakeholdern außerhalb der Organisation geschaffen wird; die Mittelsperson hilft dabei, den Markt zu lenken. Nutzer sind oft aktiv an einer Plattform beteiligt, für die sie einen Teil des Mehrwerts schaffen. Die Plattform ist in hohem Maße von ihrer Zufriedenheit abhängig, vor allem, wenn es vergleichbare Alternativen gibt[5]. Wie wir bereits erwähnt haben führt das dazu, dass Datenschutz ein wichtiges Thema ist, weil es unter anderem relativ leicht für die Nutzer ist, hier Kontrolle auszuüben. Es kann sich als klug erweisen, ihnen ein gewisses Mitspracherecht einzuräumen, so wie Facebook es schließlich 2012 mit der Änderung seiner Datenschutzrichtlinie getan hat.

3. Use (Anwendung)

Die dritte Dimension des T.R.U.S.T-Frameworks ist *Use (Anwendung)*. Hier findet die Übertragung von den Angeboten auf die benötigten Funktionalitäten für beide Nutzergruppen statt. Die Dimension beschreibt, wie ein konsistentes Benutzererlebnis bereitgestellt wird, welche Anwendungsfälle mindestens unterstützt werden und wie dies aus funktionaler Sicht organisiert wird. Anders ausgedrückt: Innerhalb dieser Dimension wird das funktionale Design auf Grundlage der Nutzeranforderungen entwickelt, die sich aus der beabsichtigten Customer Journey, die ermöglicht werden soll, in unterschiedlichen Situationen ergeben.

Use steht für die Übertragung der Angebote auf die benötigte Funktionalität für beide Nutzergruppen.

Im Fall eines asymmetrischen Angebots kann den Anforderungen der beiden Nutzergruppen mit einem einzigen Angebot entsprochen werden, weil die Rolle jeder Nutzergruppe ihre jeweils eigene Funktionalität erfordert. Auf einer Plattform wie Airbnb beispielsweise haben sowohl die Gäste als auch die Gastgeber ihre eigenen funktionalen Bedürfnisse. Die gesamte Customer Journey wird abgebildet, in diesem Fall also der Prozess der Bereitstellung einer Unterkunft oder der Suche danach und daran anschließend der Vergleich, die Auswahl, Bezahlung, Änderung und Bewertung. Dieser Prozess wird detailliert aus Sicht beider Seiten des Markts beschrieben. Dies umfasst den Prozess, zu einem Kunden zu werden und die Identität der beiden Nutzertypen festzulegen – die erste Phase des bereits definierten Onboardings.

Basierend auf dem erläuterten Transaktionskontextmodell kann die Mittelsperson ihre gesamten Anwendungsfälle im Hinblick auf das Risiko beschreiben. Dies liefert Aufschlüsse darüber, welche wahrgenommenen Risiken beide Kundengruppen in verschiedenen Situationen erleben können. Es obliegt der Mittelsperson, diese Risiken zu mindern, indem sie ausreichende Vertrauensmechanismen in ihre Plattform einbaut.

4. Standards (Standards)

Die vierte Dimension des T.R.U.S.T-Frameworks ist die der *Standards*. Im weitesten Sinne geht es dabei aus technischer Sicht um die Norm in einer bestimmten Branche. Auf welchen Paradigmen fußen bestehende Ansätze und Lösungen? Gibt es formale Industriestandards wie Spezifikationen oder Protokolle, die verwendet werden müssen? Beispiele umfassen Standards, die von

Organisationen wie der ISO vorgeschrieben werden, aber auch von der UN/CEFACT, der Abteilung der Vereinten Nationen, die sich um die Handelsförderung kümmert, unter anderem durch elektronische Handelsstandards. Auch zu nennen sind hier das ETSI, eine europäische Organisation, die mit der gleichen Aufgabe betraut ist, und die GSMA, eine Organisation, die sich speziell auf die mobile Telekommunikation konzentriert.

***Standards* sind die in einem Markt geltenden Normen. Dies kann sich auf technische Standards oder weithin akzeptierte Handlungsweisen beziehen.**

Wenn es zudem De-Facto-Standards gibt, die nicht verpflichtend sind, aber weithin verwendet werden, können sie zu Standards werden. Ein Beispiel dafür ist die Zahlungsplattform iDEAL in den Niederlanden. Andere Beispiele sind iOS und Android, die jeweiligen Standards von Apple und Google bei Betriebssystemen für Smartphones und Tablets. Tatsächlich sind auch LinkedIn und WhatsApp zu De-Facto-Standards in ihren jeweiligen Bereichen geworden. Es kann sich für Mittelspersonen als vorteilhaft erweisen, diese Standards zu übernehmen. Sie bieten Zugang zu anderen Wertschöpfungsketten mit größeren Nutzergruppen, sodass die Plattform in die Lage versetzt wird, die Voraussetzungen zur Auslösung von Netzwerkeffekten zu schaffen.

Zusätzlich dazu ist es wichtig, Einblicke in die Art der Interpretation von Daten zu gewinnen. Welche Semantik wird verwendet? Ein Beispiel: Der UN/CEFACT CII-Standard für E-Invoicing[6], bei dem sowohl das technische Format als auch die Datenmodelle standardisiert wurden. Und schließlich ist es wichtig, die üblichen Praktiken aufzulisten, die Aufschluss darüber geben, wie Menschen innerhalb oder auch außerhalb einer bestimmten Branche arbeiten. Gibt es bestimmte Verhaltensweisen unter den Nutzergruppen, die als „der Standard" angesehen werden können? Und gibt es „Standard"-Infrastrukturen, die sie verwenden, auf denen die Mittelsperson aufbauen kann? In der Logistikbranche stellt der Seecontainer einen solchen Standard dar, bei der Rechnungsstellung ist dies das Format von Rechnungen. Vielleicht gibt es sogar Nutzergruppen, mit denen sich die Mittelsperson mit ihrer Plattform verbinden kann, wie die Kunden einer bestimmten Art Kreditkarte. Ein wichtiger Vorteil dieser Art des „Huckepack"-Vorgehens ist, dass es Kosten spart. Allerdings kann sich eine ambitionierte Mittelsperson auch dafür entscheiden, etwas komplett Neues einzuführen, einen Paradigmenwechsel zu erzwingen und schlussendlich den neuen Standard vorzugeben.

5. Technology (Technologie)
Die fünfte und letzte Dimension des T.R.U.S.T.-Frameworks ist *Technology (Technologie)*. Was ist das technische Design der Plattform und was ist ihre Architektur? Es ist wichtig, den vollständigen „Technologiestack" abzubilden: die Gesamtheit der Softwarekomponenten, die für das Anbieten der gewünschten Dienste notwendig ist. Das liefert das Fundament, auf dem der Rest der Plattform aufgebaut ist, und ist die Grundlage für ein optimales Benutzererlebnis. Es ist schwierig, Entscheidungen, die auf dieser Ebene getroffen werden, später rückgängig zu machen. Das bedeutet, dass die Mittelsperson genau wissen muss, was sie mit

ihrer Plattform tun möchte, damit sie die richtige Software auswählen kann. Wenn sie beispielsweise mit ihren Diensten rund um die Uhr verfügbar sein möchte, ist dies an diesem Punkt eine wichtige Überlegung. Dasselbe gilt für die letztendlich angepeilte Anzahl an Nutzern, die sie mit ihrer Plattform anziehen möchte, und die Häufigkeit, mit der diese den Dienst nutzen. Stellt eine bestimmte Softwarelösung die Optionen bereit, die die Mittelsperson benötigt, um den anvisierten Plattform-Traffic zu unterstützen? Als nächstes muss eine Entscheidung getroffen werden bezüglich des Grades an Offenheit der eingesetzten Technologie. Hier werden auch die Verbindungen zwischen den verschiedenen Softwarekomponenten abgebildet, sowohl innerhalb der Plattform als auch gegenüber der Außenwelt, beispielsweise bezüglich APIs, die Zugriff auf andere Plattformen bereitstellen können. In den meisten Fällen wird ein gewisser Grad an Konnektivität benötigt, um transversale Funktionalität zu ermöglichen – zum Beispiel, wenn die Plattform auf eine spezialisierte digitale Zahlungsplattform zurückgreift. Ein wichtiger Teil dieser Dimension ist die Sicherheit: Wie werden die Informationen gegen alle möglichen Arten von Missbrauch geschützt? Wie wird der Datenschutz der Nutzer sichergestellt? All diese Themen haben die Zuverlässigkeit der Plattform für ihre Endnutzer zum Ziel. Das Internet als Grundlage und Cloud-Services wie AWS, Azure und Google Cloud stellen gute Möglichkeiten bereit.

Technology bezieht sich auf die Architektur einer Plattform. Sie schließt auch den „Technologiestack" ein, die Gesamtheit der Softwarekomponenten, die benötigt wird, um in der Lage zu sein, den gewünschten Dienst anzubieten.

Obwohl heutzutage fast alle digitalen Plattformen das Internet als Medium nutzen, ist es möglich, bewusst eine andere, weniger offene Netzwerktechnologie zu wählen. Es existieren verschiedene Situationen, in denen das eine sinnvolle Option darstellen kann; wenn die Plattform zum Beispiel Teil eines Netzwerkmodells ist, wie es bei der Telefonie der Fall ist. Oder SWIFT, die ihr eigenes Kommunikationsnetzwerk für Transaction Banking zur Verfügung stellt. Die Plattform kann auch Teil eines Ökosystems sein, in dem Kunden komplementäre Funktionalitäten zur Verfügung gestellt werden. Twitter und PayPal beispielsweise erlauben ihren Nutzern, andere Apps mit ihren Accounts zu verknüpfen und greifen dabei auf eine Vielzahl von APIs und Toolboxen zurück.

II.2 Vertrauen im Hub- und im Netzwerkmodell

Eine grundsätzliche Entscheidung beim Entwurf einer Plattform ist, ob mit dem Hub- oder dem Netzwerkmodell gearbeitet wird. Zu einem großen Teil wird die Wahl davon bestimmt, wie das Wettbewerbsumfeld im betreffenden Markt aussieht. Auf der anderen Seite haben wir bereits gesehen, dass die Entscheidung für ein bestimmtes Modell weitreichende Auswirkungen auf die Art des Wettbewerbs hat, mit dem sich die Plattform konfrontiert sieht. In diesem Kapitel zeigen wir, dass es vor allem diese Entscheidung ist, die die Art und Weise bestimmt, wie die Mittelsperson die Vertrauensdimensionen organisieren muss. Deshalb unterscheiden wir zwei Versionen des T.R.U.S.T.-Frameworks, die sich im Grunde gleichen, aber die sich jeweils an einem der beiden strategischen Modelle ausrichten.

In diesen beiden Versionen spielt der Unterschied zwischen dem *kollaborativen Bereich* und dem *kompetitiven Bereich* eine wichtige Rolle. Ganz gleich, ob die Plattform nach dem Hub-Modell oder dem Netzwerkmodell organisiert ist – die Mittelsperson muss ihre Vertrauensdimensionen innerhalb des kompetitiven Bereichs organisieren. Dies wird auch in Abbildung 36 ersichtlich. Wie ist die Plattform innerhalb der kompetitiven Sphäre positioniert? Wenn die Mittelsperson das Netzwerkmodell wählt, gibt es zusätzlich zum kompetitiven Bereich auch noch einen kollaborativen Bereich, in dem alle Teilnehmer des Netzwerks vereint sind. Vereinbarungen müssen nun ebenfalls entlang der gleichen Vertrauensdimensionen getroffen werden, die für alle Teilnehmer gelten. Anderenfalls können sie einander als Teil des Netzwerks kein Vertrauen schenken. Das ist der Hauptunterschied zwischen den Blaupausen des Hub-Modells und des Netzwerkmodells. Schauen wir uns beide genauer an.

T.R.U.S.T. im Hub-Modell
Wenn eine Mittelsperson die Hub-Strategie wählt, bedeutet das im Grunde, dass sie alles unter Kontrolle behält. Sie ist bei der Lieferung und Ausführung ihres Wertversprechens nicht von anderen Anbietern in einem Netzwerk abhängig, sondern findet sich in einer Lage wieder, in der sie beide Seiten des Marktes direkt und unabhängig voneinander mit ihren spezifischen Dienstleistungen bedienen muss.

> Eine Mittelsperson, die eine Hub-Strategie verfolgt, muss sich nur um den kompetitiven Bereich kümmern.

In diesem Fall fällt das T.R.U.S.T.-Framework vollständig in den kompetitiven Bereich, in dem die Mittelsperson versucht, alle Aspekte ihrer Plattform optimal und unverwechselbar für ihre Zielgruppen zu organisieren. Selbst wenn sie theoretisch in Bereichen, die per definitionem

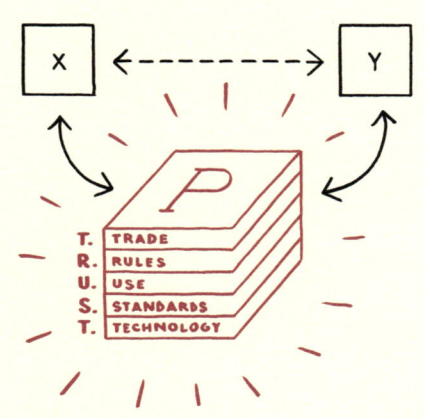

Abbildung 36
Die fünf Dimensionen des T.R.U.S.T.-Frameworks

weniger kompetitiv sind, auf Zusammenarbeit zurückgreifen könnte, entscheidet sie sich, so weit wie möglich die Kontrolle zu behalten. Das bedeutet, dass die Mittelsperson das T.R.U.S.T.-Framework so organisieren kann, wie im vorherigen Abschnitt beschrieben. Aufgrund der Tatsache, dass sie nur im kompetitiven Bereich operiert, muss sie sich nicht um den kollaborativen Bereich kümmern.

T.R.U.S.T. im Netzwerkmodell
Auf der anderen Seite kann die Mittelsperson entscheiden, mit anderen ähnlichen Parteien zusammenzuarbeiten. Diese Anbieter beabsichtigen, ihr Wertversprechen gemeinsam einem größtmöglichen Zielpublikum zu präsentieren und arbeiten dabei bei den nicht kompetitiven Aspekten ihrer

Plattformen zusammen. Die Entscheidung für das Netzwerkmodell ist keine leichte, weil dabei oftmals eine große Anzahl an Stakeholdern beteiligt sind und die Dinge noch komplexer werden. Ein wichtiger Beweggrund, sich trotzdem für den Netzwerk-Ansatz zu entscheiden, ist der Wunsch, den „Kuchen zu vergrößern". Die gemeinsame Bedienung des gesamten Marktes ermöglicht die Maximierung der Akzeptanz eines Angebots. Allerdings dauert es lange, bis die Früchte einer solchen Zusammenarbeit geerntet werden können. Zudem besteht für die einzelnen Teilnehmer Unsicherheit dahingehend, ob sie ausreichend von diesen Vorteilen profitieren oder nicht. Zu Beginn stehen oftmals einige wenige bestehende Marktteilnehmer, die die Wichtigkeit einer Zusammenarbeit anerkennen. Wenn eine Initiative dann als erfolgreich wahrgenommen wird, schließen sich mehr und mehr Parteien an. In anderen Fällen ist es die Regierung, die aus einer sozialen Perspektive heraus Zusammenarbeit gutheißt; beispielsweise aufgrund von potenziellen Effizienzgewinnen. Wenn die Zusammenarbeit von Erfolg gekrönt ist, kann sie wirklich an Fahrt aufnehmen. Nur so konnten beispielsweise MasterCard und Visa, das Internet und die mobile Telekommunikation zu den Erfolgsgeschichten werden, die wir heute kennen.

mit den anderen Teilnehmern zusammenarbeitet – den kollaborativen Bereich. Sie muss dies mit den beteiligten Teilnehmern im Netzwerk tun. So wird ein gemeinsamer Rahmen geschaffen, von dem aus – auf Grundlage der Kollaboration – die fünf Vertrauensdimensionen organisiert und verwaltet werden. Dieser kollaborative Bereich lässt sich beschreiben als eine Reihe von Vereinbarungen – auch bekannt als *Scheme* oder *Trust Framework* – der jeder Teilnehmer zustimmt und auf deren Grundlage die Teilnehmer technische Verbindungen und rechtliche Verhältnisse miteinander aufbauen können. Abbildung 37 zeigt, wie das T.R.U.S.T.-Framework auf das Netzwerkmodell angewandt werden kann.

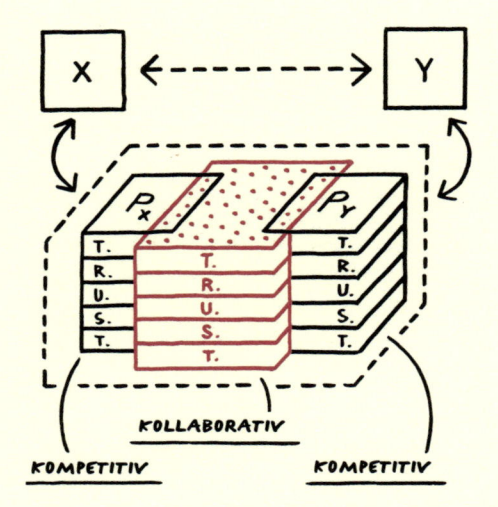

Abbildung 37
T.R.U.S.T. im kollaborativen Bereich des Netzwerkmodells

> Eine Mittelsperson, die eine Netzwerkstrategie verfolgt, muss sich sowohl mit dem kompetitiven als auch mit dem kollaborativen Bereich auseinandersetzen. Das heißt, dass sie die T.R.U.S.T.-Dimensionen gemeinsam mit den anderen Teilnehmern im Netzwerk organisieren muss.

Was bedeutet das für den Aufbau der Plattform? Der Hauptunterschied liegt darin, dass die Mittelsperson nicht nur den kompetitiven Bereich organisieren muss, sondern auch die Bereiche, in denen sie

In der Mitte sehen wir die T.R.U.S.T.-Dimensionen als Teil des kollaborativen Bereichs, für den gemeinsame Vereinbarungen getroffen werden müssen. Daneben befinden sich die T.R.U.S.T.-Dimensionen innerhalb des kompetitiven

Bereichs, den jede Mittelsperson für ihre eigene Plattform angehen muss. Dieses Modell zeigt für jede Dimension, wo einzelne Teilnehmer im Markt zusammenarbeiten und wo sie sich abheben können und mit anderen Teilnehmern im Netzwerk im Wettbewerb stehen. Letzten Endes ist das Ziel für die teilnehmenden Plattformen, in der Lage zu sein, die angestrebten gemeinsamen Dienste auf dem gewünschten Niveau anzubieten: Im Prinzip erleben alle gemeinsamen Kunden das gleiche Benutzererlebnis, aber die Plattformen haben genügend Spielraum, um sich abzuheben und auf Grundlage der Angebote für beide Nutzergruppen in den Wettbewerb zu treten. Das Scheme oder Trust Framework liefert den Kontext, innerhalb dessen die Mittelspersonen ihre eigenen Plattformen betreiben können. Doch damit ist es nicht getan. Die Verwaltung dieser Vereinbarungen muss auch für die Betriebsphase organisiert werden. Für gewöhnlich wird eine neue Organisation aufgebaut, um sich um die geteilten Funktionen – oftmals nicht gewinnorientiert und nicht kompetitiv – des T.R.U.S.T.-Frameworks im Auftrag aller Teilnehmer zu kümmern.

II.3 Zusammenfassung

Das T.R.U.S.T.-Framework definiert alle miteinander zusammenhängenden Aspekte, die für den Entwurf, den Aufbau und den Betrieb einer Plattform relevant sind. Sie sind entlang von fünf Dimensionen geordnet: *Trade (Handel), Rules (Regeln), Use (Anwendung), Standards (Standards)* und *Technology (Technologie)*; sie müssen jederzeit kohärent bewertet werden. Das Ziel bei diesen Punkten ist es, für die Nutzer Vertrauen in die Plattform zu erzeugen, sodass ihre Zurückhaltung gesenkt und ihre Bereitschaft, die Plattform für ihre gegenseitigen Interaktionen und Transaktionen zu nutzen, maximiert wird.

NOTIZEN

In aller Kürze:

Eine Transaktion, zwei Akteure, drei Prozesse, vier Kontextfaktoren und fünf T.R.U.S.T.-Dimensionen

EXKURS
Praktische Tipps zur Erstellung eines kollaborativen T.R.U.S.T.-Frameworks

Es ist ein heikler Prozess, die Teilnehmer eines Netzwerks auf die gleiche Seite zu bringen, an einem Strang zu ziehen. Wie gelangt man zu einer weithin unterstützten Reihe von Vereinbarungen, die die Grundlage jeder erfolgreichen Netzwerkplattform bilden? Hier kommen sieben praktische Tipps aus der Praxis von INNOPAY:

1. Bereits zu Beginn vom Ende her denken

Oder beginnen Sie mit der angestrebten Zielsetzung, dem Ziel der Zusammenarbeit. Alles beginnt mit dem Kunden: Welches Problem wird gelöst, was ist das Grundangebot und wie sieht die Customer Journey aus? Der Endnutzer muss als Gewinner hervorgehen, sonst verlieren am Ende alle. Beginnen Sie mit dieser zentralen Vision und kommunizieren Sie diese stets über den gesamten Prozess hinweg.

2. Eine Vorreitergruppe aus Innovatoren sichern

Und vergrößern Sie diese ständig. Dadurch entstehen dauerhafte Unterstützung sowie ein konstanter Fluss an Ideen und Verbesserungen.

3. Co-Creation organisieren

Und tun Sie dies in kleinen, überschaubaren und multifunktionalen Gruppen. Kommunizieren Sie effektiv mit der Außenwelt und legen Sie so den Grundstein für Akzeptanz von anderen Teilnehmern.

4. Ganzheitlich optimieren

Bringen Sie die fünf T.R.U.S.T.-Dimensionen zusammen und entwickeln Sie sie gemeinsam, schnell und kohärent.

5. Den Mehrwert der Zusammenarbeit genau herausarbeiten

Machen Sie den Mehrwert der Zusammenarbeit explizit und machen Sie deutlich, an welchen Stellen Wettbewerb herrscht; behalten Sie dabei immer den Endnutzer im Blick. Erkennen Sie individuelle Rollen und Interessen an.

6. Den agilen Ansatz verwenden

Verwenden Sie Timeboxing und iterieren Sie häufig und stellen Sie so sicher, dass das Erreichen von Ergebnissen und die Budgetverwaltung Hand in Hand gehen.

7. Transparent sein

Schaffen Sie Klarheit bezüglich des Fortschritts, der Teilnehmer und der Meilensteine, die erreicht werden müssen. Kommunizieren Sie zu jeder Zeit!

ko   vert

rauen

wir vert

in daten

KAPITEL 4
Transaktionsplattformen

4.1 Einleitung

„Ohne Daten keine Interaktion und ohne Interaktion keine Daten."

Alles ist Daten und Daten sind alles. Daten sind das digitale Öl – vor allem Massendaten, *Big Data*. Jeder redet darüber, aber nur einige wenige haben Zugriff darauf. Die bisher erörterten Themen haben den Blick auf die Konzepte der Interaktionen, Transaktionen und Plattformen geschärft. Daten spielen eine wichtige Rolle: Transaktionen florieren, wenn Vertrauen gegeben ist, und in der digitalen Welt nimmt Vertrauen die Gestalt von Daten an. Informationen liefern die Bausteine, mit Hilfe derer die Mittelspersonen mit ihren Plattformen Nutzern attraktive Angebote *und* Vertrauen bieten können. Und sie sind damit sehr erfolgreich – mit weitreichenden gesellschaftlichen Folgen wie neuen Formen der Taxibeförderung, des Urlaubs und der befristeten Tätigkeiten. Aber welche Daten genau meinen wir? Erwartungsgemäß sprechen wir im Rahmen dieses Buches über „Transaktionsdaten", die per definitionem personenbezogene oder geschäftliche Daten sind, weil Transaktionen immer von Akteuren getätigt werden – oder unter deren Verantwortung. Wenn wir von Massendaten reden wir davon nicht im Sinne von Radiowellen aus dem Weltall, Messdaten aus dem Meer oder Verkehrsstatistiken.

Transaktionsdaten werden an jedem *Kontaktpunkt* innerhalb einer *Customer Journey* auf den Plattformen erzeugt, die diese Kontaktpunkte ermöglichen. Es gilt festzuhalten, dass die Mittelspersonen mit ihren Plattformen in Wirklichkeit auf zwei Ebenen operieren: Auf der übergeordneten Ebene ermöglichen sie Interaktionen und Transaktionen zwischen Nutzern, die Werte austauschen, ohne dass die Mittelspersonen als Akteure beteiligt sind. Aber auf der untergeordneten Ebene des Datenaustausches sind die Mittelspersonen sehr wohl Akteure. Sie stellen die Gegenparteien für jeden Nutzer auf beiden Seiten dar, was sie zu rechtmäßigen Miteigentümern der Daten aus ihren Interaktionen mit jedem Nutzer macht.

Daten sind ein neues Tauschobjekt, das unendlich monetarisiert werden kann. In diesem Sinne unterscheiden sich Daten grundlegend von Geld, wohingegen andere Unterschiede marginal ausfallen.

Mittelspersonen haben entdeckt, dass sie die Möglichkeit haben, diese Transaktionsdaten auch auf anderen Märkten zu monetarisieren. Zusammen mit den Onboarding-Daten sind diese Transaktionsdaten von großem Wert, da sie ausführliche Nutzerprofile darstellen. Diese Profile bestehen aus Informationen über Nutzer, über ihr Verhalten und zunehmend auch über ihre Reputation. Die Daten in Bezug auf letztere werden erzeugt, wenn Dritte die Verhaltensdaten von Menschen oder Unternehmen auswerten und beginnen, sich ihre Meinung über diese Nutzer zu bilden. Reputationsdaten verstärken sich dann selbst, da diese Daten in der digitalen Welt, in der alles zu jeder Zeit gespeichert wird, wiederum Teil des Profils werden. Das stärkt die Fähigkeit der Mittelspersonen, Vertrauen zu schaffen und ihre Rolle einzunehmen, institutionelles Vertrauen zu schaffen. Das ist großartig, denn es hilft dabei, dass mehr und mehr Nutzer im digitalen Bereich aktiv werden.

Gleichzeitig führt es zu einem vermehrten und immer stärker wahrgenommenen Ungleichgewicht zwischen Nutzer und Mittelsperson, wenn es darum geht, wer von den Daten profitiert; Nutzer sind dabei im Nachteil. Nutzer haben unzureichende Kontrolle über ihre umfassenden Profile und wenig Zugriff auf die Art, wie diese verwendet werden und was sie dafür als Gegenleistung bekommen – abgesehen von den größtenteils guten und kostenfreien Dienstleistungen, die hohen Komfort bieten. Dadurch wird das *Daten-Nutzen-Gleichgewicht* verschoben. Es ist möglich, dieses Gleichgewicht über die Gesetzgebung (wie die DSGVO und die Richtlinien und Gesetze im Rahmen der Datenstrategie) und die Entwicklung einer neuen Infrastruktur wiederherzustellen, die Vertrauen schafft, indem Kunden die Kontrolle über ihre eigenen Profile übertragen wird. Daraus ergeben sich Chancen: *Digitale Selbstbestimmung*, *Datenhoheit* oder *gemeinsame Datennutzung* als neue Vorschläge und Funktionalität für Individuen, auch in ihrer Rolle innerhalb von Unternehmen und Regierungen. Dies ist ein neuer zweiseitiger Markt, für den sowohl Plattformen nach dem Hub-Modell als auch Plattformen nach dem Netzwerkmodell in Frage kommen und der bereits zu einer neuen Kategorie innovativer Unternehmen geführt hat.

4.2 Daten als vielseitiger Wert

Daten sind Wissen und Wissen ist Macht. Anders ausgedrückt: Derjenige, der die Daten kontrolliert, gewinnt. Jetzt könnte man einwenden, dass das bis dahin nichts Neues ist. Das galt schon, als der Handel noch größtenteils entlang linearer Ketten in der physischen Welt organisiert war. Und doch gilt dieser Satz im Zeitalter der *Plattformation* umso mehr. Die bereits erwähnten großen digitalen Plattformen von heute haben ihre dominante Position zum Teil den gigantischen Datenmengen zu verdanken, die ihnen zur Verfügung stehen und die – wie sich herausstellt – eine Goldmine sind. Doch wie lässt sich das erklären?

Fangen wir mit einem genaueren Blick auf das Datenkonzept an. Daten sind umfangreich, was eine Differenzierung erleichtert. Daten lassen sich in die Hauptkategorien strukturierte versus unstrukturierte und interne versus externe Daten untergliedern. Viele Daten werden verwendet, um Prozesse zu analysieren und zu optimieren, beispielsweise in der Produktion (für Wartung und Qualität) oder in der Verwaltung (zum Nachverfolgen von Zielen (Leistungskennzahlen) oder zur Betrugserkennung). Dank der anhaltenden Digitalisierung werden Daten automatisch groß (*big*), ein Adjektiv, das oft zusammen mit Daten (*data*) verwendet wird. Aber das sind nicht die Daten, die wir behandeln möchten. In diesem Buch ist oft die Rede von Daten. Wenn wir von Daten sprechen, beziehen wir uns explizit auf die Transaktionsdaten von zwei interagierenden Parteien, die strukturiert durch Plattform-Akteure gespeichert werden.

Diese Art von Daten sagt viel über die beteiligten Parteien aus und kann verwendet werden, um kommerziell interessante Vorhersagen zu treffen, was sich an dem immensen Erfolg von Plattform-Akteuren ablesen lässt, die Zugriff auf Daten von beiden Seiten der Interaktionen und Transaktionen haben.

Um zu verstehen, was hierbei passiert, müssen wir zunächst zu unserer Definition einer Interaktion zurückgehen. Wie wir bereits gesehen haben, finden Austausche zwischen zwei Akteuren – X und Y – per definitionem über „etwas dazwischen" statt, was in der digitalen Welt die Mittelsperson mit ihrer Plattform ist. Wir stellen fest, dass die Mittelsperson einen Wertaustausch ermöglicht, oft ohne selbst dabei eine Position einzunehmen. Um ihre Aufgabe zu erfüllen, ist sie allerdings an mehreren digitalen Interaktionen mit jedem der beiden Akteure (X und Y) separat beteiligt. Das ist die Folge der Zweiseitigkeit und der Tatsache, dass beide Akteure unabhängig voneinander von ihrer Seite des Marktes aus mit der Mittelsperson interagieren. Die Geschwindigkeit, mit der die Interaktionen ablaufen, vermittelt den Akteuren den Eindruck, dass sie direkt miteinander interagieren. Die Wertschöpfungskette ist kurz und schnell. Darüber hinaus wechselt sie während der Interaktion ständig die Richtung. Auf der untergeordneten Ebene spielt die Mittelsperson allerdings eine Rolle als Pendant. Anders ausgedrückt: Auf einer Datenebene liegt sicherlich eine gewöhnliche lineare Kette vor, wobei die Mittelsperson als – wie der Name schon sagt – *Mittels*person handelt.

> Obwohl die Mittelsperson mit ihrer Plattform kein Akteur beim Wertaustausch selbst ist, tritt sie als Akteur bei allen digitalen Interaktionen auf, die den Transaktionsprozess zwischen den Akteuren ermöglicht.

Abbildung 38
Das Datendreieck und die Position der Mittelsperson auf den beiden Ebenen des Datenaustauschs

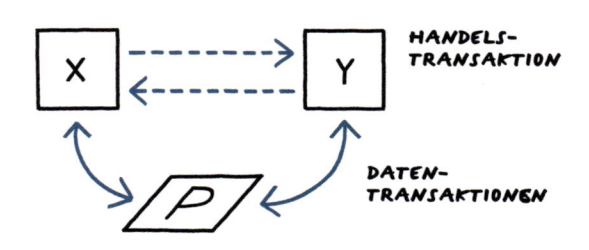

Wir können dies als das *Datendreieck* bezeichnen, das schlussendlich dafür sorgt, dass alles funktioniert. Im Datendreieck werden Eingabedaten in Ausgabedaten umgewandelt. Dabei handelt es sich um die bereits mehrfach erwähnten Transaktionsdaten, die ein wichtiger Teil der personenbezogenen Daten oder der Identität sind.

Wie bereits erläutert sind *Eingabedaten* diejenigen Daten, die es ermöglichen, dass die Transaktion stattfindet. Denken Sie dabei an die Nutzerdaten, mit denen die Identität der beteiligten Akteure bestimmt werden kann und die es ermöglichen, dass während des Prozesses überprüft werden kann, ob immer noch dieselben Akteure beteiligt sind. Diese Bestätigung der Authentizität der Akteure ist eine Voraussetzung für eine Transaktion und liefert die Grundlage für die Einigung. Es verhindert, dass eine der beteiligten Parteien später behaupten kann: „Ich war es nicht!" Zudem muss klar sein, was genau der Austausch umfasst: Was legen die Akteure auf den Tisch? Erst wenn diese ganzen Eingabedaten bereitgestellt sind, kann die durch die Mittelsperson ermöglichte Transaktion stattfinden. Eingabedaten können jedoch viel mehr sein als nur Nutzerinformationen. Wir reden dabei von den kontextuell relevanten Daten innerhalb der Profile der Akteure, die mehr Hintergründe und Eigenschaften über die beteiligten Akteure liefern. Dadurch kann die Interaktion optimiert werden.

Ferner gibt es die Daten, die sich aus der Transaktion selbst ergeben: die *Transaktionsdaten*. Im Prinzip handelt es sich um ein Transkript beziehungsweise ein Protokoll über das, was passiert ist. Es enthält alle möglichen Nutzer- und Nutzungsdaten: Wer war an dem Austausch beteiligt, was wurde ausgetauscht und was ist das Ergebnis? Es umfasst die Daten, die aus allen Interaktionen entstehen, die für den Austausch notwendig waren und die über die den Austausch ermöglichende Mittelsperson abgewickelt wurden. Wir haben dies bereits *Ausgabedaten* genannt. Diese sind per definitionem kontextbezogene Daten, weil sie den gesamten Kontext der Interaktion enthalten. Dies umfasst die Profile der Akteure, das Ziel, die verwendeten Tools, den Ort, die Zeit, die Zahlung/Lieferung und das Ergebnis.

Nutzerprofil
Wenn wir von personenbezogenen Daten sprechen, verwenden wir den Begriff *Nutzerprofil* oder einfach *Profil*. In der Branche werden hingegen oft die Begriffe *Identität* oder *Identitätsmanagement* verwendet. Bei der Identität geht es darum, die Einheit wiederzuerkennen. Dadurch wird sie aus unserer Sicht ein relativ statischer Teil des Profils. Profile enthalten Daten, die weitaus mehr kontextbezogenen Wert haben.

Abbildung 39
Arten von Daten innerhalb von Nutzerprofilen

Das Profil eines Akteurs enthält die folgenden drei Arten von Daten:

- *Entitätsdaten:* Nutzerdaten über die handelnde Einheit. Typischerweise sind dies Attribute wie Name, Geschlecht, Alter, Pseudonym und Kontonummer. Es kann sich dabei auch um Attribute handeln, die zu bestimmten *Adressräumen* offener Infrastrukturen gehören wie Adresse (Straße, Hausnummer, Postleitzahl, Ort, Land), E-Mail-Adresse, Telefonnummer oder, bezogen auf Plattformen, *Skype-ID* oder *Twitter-Nutzername*. Diese Daten sagen etwas darüber aus, wer der Akteur ist, wie man ihn erreicht und wie man ihn anspricht. Wortwörtlich handelt es sich dabei um *ID-entitäten*.
- *Verhaltensdaten:* Nutzerdaten, die die handelnde Einheit selbst durch ihre digitalen Aktivitäten erzeugt. Sämtliche Transaktionsdaten aus Interaktionen oder Transaktionen mit anderen, die aus sämtlichen Eingabedaten (Daten, die als Eingabe verwendet wer-

den, das Profil) und sämtlichen Ausgabedaten (erzeugte Daten) bestehen. Im Prinzip liefern diese Transaktionsdaten einen Nachweis über persönliches Verhalten und bieten als solcher auf Grundlage der Aktivitäten, Interessen, Vorlieben usw. des Akteurs Einblicke in sein Handeln.

- *Reputationsdaten:* Reputationsdaten sind neue Daten über die handelnde Einheit, die von Dritten durch die Auswertung der Verhaltensdaten der Einheit erzeugt werden. Das bedeutet, dass diese Daten uns etwas darüber verraten, was andere über den Akteur auf Grundlage seiner Handlungen halten – ein wichtiger Anhaltspunkt für Vertrauen.

Diese Art von Profil ist nichts Neues. Einzelpersonen und Unternehmen haben sie schon seit Jahrzehnten. Wenn man sich vertrauenswürdig verhielt, wurde man für „vertrauenswürdig" erachtet. Entitätsdaten wurden bereits früh aufgezeichnet, wohingegen Verhaltens- und Reputationsdaten vorwiegend in den Köpfen der Menschen existierten. Neu ist, dass nun sämtliche Ausgabedaten digital gespeichert werden, für gewöhnlich durch einen der beiden Akteure (Mittelspersonen oder Organisationen und ihre Plattformen). Das führt dazu, dass die Menge an Verhaltensdaten explodiert.

Abbildung 40
Nutzerprofile in der physischen und in der digitalen Welt

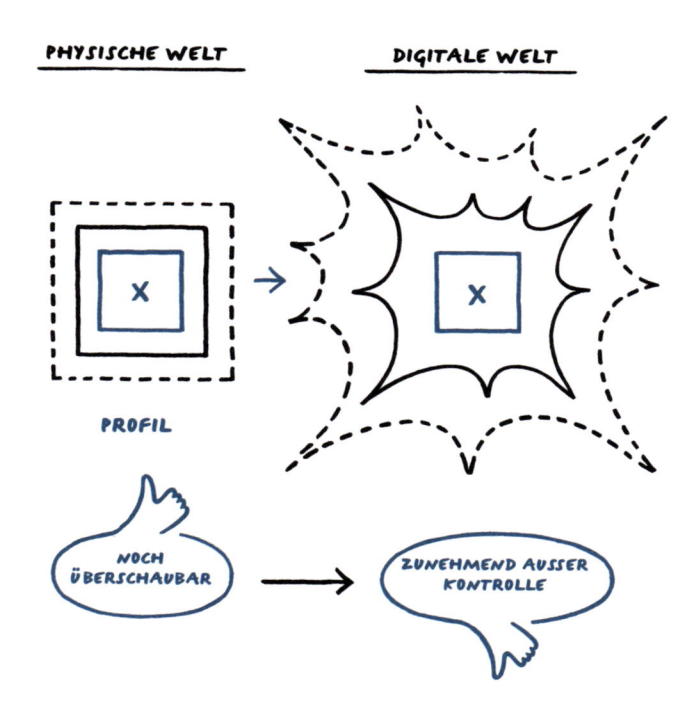

Durch systematische und manchmal sogar automatische Sammlung und Analyse dieser Daten wächst nun auch die Menge an Reputationsdaten exponentiell. Typischerweise ohne das Wissen und außerhalb der Kontrolle der beteiligten Akteure, auch wenn diese Daten Teil ihrer Profile werden. Das lässt den Ruf nach Transparenz nur noch lauter werden und sorgt für zunehmende Bedenken bezüglich des Datenschutzes.

Neu ist ebenfalls, dass solche detaillierten Profile wiederum digital als Eingabedaten verfügbar sind, was bei Transaktionen einen enormen Wert darstellt. Allerdings werden diese wegen der einseitigen Protokollierung der Daten normalerweise nicht von den Akteuren selbst, sondern von der Mittelsperson bereitgestellt, der die Plattform gehört, da letztere über weitaus umfassendere Profile der Akteure verfügt als die Akteure selbst.

Mittlerweile ist auch klar, dass diese Profile einen hohen Wert darstellen, wobei die Mittelsperson die vollkommen rechtmäßige Eigentümerin der Daten ist. In den letzten zehn Jahren haben Mittelspersonen entdeckt, wie man gleichzeitig kostenlose Dienstleistungen anbieten und mit diesen Daten Geld verdienen kann – und zwar richtig: Sieben der zehn nach Börsenwert wertvollsten Unternehmen sind datengetriebene Unternehmen. Mitte 2018 waren dies Apple, Amazon, Alphabet (Google), Microsoft, Facebook, Tencent und Alibaba[1].

Ihr Wert wird auf zwei Ebenen geschaffen. Zunächst baut eine Mittelsperson verifizierte Reichweite auf beiden Seiten ihres Markts auf und verwendet dabei ein einmaliges Onboarding-Verfahren für beide Akteure und sammelt so Entitätsdaten. Dies bildet die Grundlage für transaktionales Vertrauen. Mit der Zeit wird mithilfe der wiederholten Benutzung der Plattform ein Verhaltensprofil aller Akteure zusammengestellt. Durch Auswertung dieser Daten kann eine Reputation für die Akteure erstellt und Risiken können gemanagt werden. Darüber hinaus kann die Mittelsperson die Daten verwenden, um noch bessere Angebote für ihre Endnutzer zu entwickeln.

IM FOKUS
Warum groß nicht automatisch auch großartig bedeutet

Plattformen erzeugen oftmals immense Mengen an Daten über ihre Nutzer, was als attraktive Goldmine erscheint. Ob dies wirklich der Fall ist, muss sich allerdings erst noch zeigen. Beim einmaligen Onboarding-Verfahren stellt der Akteur der Plattform Informationen über seine Identität bereit und erzeugt mit fortdauernder Nutzung der Plattform Nutzungsdaten, oftmals, ohne sich dessen bewusst zu sein. Die häufige Nutzung einer Plattform durch sehr viele Nutzer erzeugt große Datenmengen (*Big Data*). Das gilt für alle Daten, die durch die Nutzung von internetbasierten Diensten wie Social Media, Cloud-Computing und Apps erzeugt werden.

Die folgenden Anmerkungen sollen dazu dienen, den Begriff „große Datenmengen" (*Big Data*) etwas genauer einzuordnen. Zunächst einmal ist es ein Thema, das bei einer Plattform, die sich gerade am Anfang befindet, nicht ganz oben auf der Agenda stehen müsste. Eine Voraussetzung für die Erzeugung von großen Datenmengen ist die Massenanwendung. Dies wird nur durch häufig wiederkehrende Nutzung eines Dienstes durch eine große Zahl von Nutzern erreicht; nur dann ist es möglich, Muster zu erkennen. Ein solches Volumen kann nur von einem Dienst erreicht werden, der ständig relevant bleibt. Da es nur eine begrenzte Anzahl an Plattformen gibt, die eine wichtige und lang anhaltende Rolle in unserem Leben spielen, reden wir bei der Diskussion über große Datenmengen hauptsächlich über einige wenige Glückliche. Für Apple ist das Thema möglicherweise für den Verkauf von Bewegungsdaten aus der Nutzung von mobilen Geräten an Parteien interessant, die im Gesundheitswesen tätig sind und die daraus relevante Trends ableiten können. Für eine Plattform, die gerade am Anfang steht, oder für eine Plattform, die nicht die Größe von Facebook oder Alibaba hat, ist es bis dahin allerdings noch ein langer Weg.

Abgesehen davon gibt es andere Hindernisse, auf die Unternehmen bei der Monetarisierung von Daten stoßen. Wir haben bereits erwähnt, dass die europäische Gesetzgebung, Stichwort DSGVO, Nutzern weitere Tools an die Hand gibt, um Transaktionsdaten zu kontrollieren. Nutzer müssen bereits explizit in die Analyse ihrer Daten einwilligen. Ferner werden Unternehmen haftbar gemacht, wenn sie personenbezogene Daten nicht mit der nötigen Sorgfalt behandeln. Eine weitere Hürde ist die Tatsache, dass große Datenmengen erst dann einen gewissen Wert erlangen, wenn sie korrekt verarbeitet und analysiert werden; das ist nicht so einfach, wie man gemeinhin denken mag. Die enorme Menge an Daten kann oft nicht mehr mit „konventionellen" Datenbankmodellen gepflegt werden. Dies erfordert eine neue Art von Data-Mining und birgt einige technische Herausforderungen. Oftmals stammen die Daten aus allen möglichen unterschiedlichen Datenbanken und Systemen, sie sind also nicht homogen. Je heterogener die Daten, desto höher die Kosten, sie nutzbar zu machen. Um gewöhnliche Geschäftsentscheidungen zu begründen, bedeutet das einen großen Mehraufwand, bei dem die Kosten die Vorteile oft überwiegen. Das führt dazu, dass viele Unternehmen ihre Managemententscheidungen noch genauso so treffen, wie sie es die letzten dreißig Jahren lang getan haben[2]. Für die häufigsten Geschäftsangelegenheiten sind große Datenmengen nicht die Lösung. Wenn man das Gegenteil behauptet, bedeutet dies, ungeheure Mengen an Energie und Geld in Datenintegration zu investieren. Das führt zu einer Vielzahl von Projekten mit teuren Technikern und Analysten, von denen nur sechs Prozent Erfolg haben. Kurz gesagt sind nicht alle großen Datenmengen auch großartig.

Abbildung 41
Ineffiziente Verwendung von großen Datenmengen (Big Data)

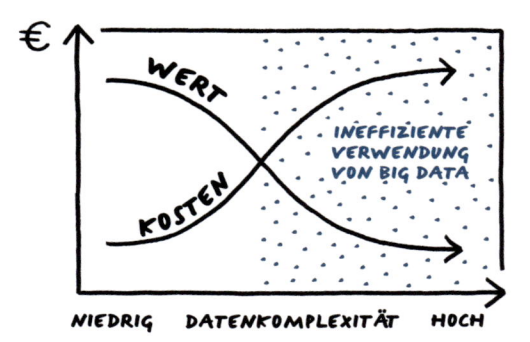

Daten sind Produkte und Produkte sind Daten

Wie wir gesehen haben, erzeugen alle digitalen Austausche Transaktionsdaten. Plattformen verwenden sie, um ihre Dienste auf die Bedürfnisse ihrer Nutzer abzustimmen und Großtrends herauszuarbeiten. Wenn sich ein Nutzer in Facebook einloggt, weiß die Plattform, um wen es sich handelt, und dieser Datenpunkt allein besitzt einen Wert. Die Plattform gewinnt Einblicke in das Surfverhalten des Nutzers, indem ihr die Verwendung von Cookies erlaubt wird. Auch hier handelt es sich um etwas, das einen gewissen Wert darstellt. Verbraucher geben ihre personenbezogenen Daten oft unter der Annahme preis, dass sie als Gegenleistung eine „kostenlose" Dienstleistung erhalten. Je mehr Informationen sie preisgeben, desto mehr erhalten sie als Gegenleistung. So kann die Angabe einer E-Mail-Adresse Zugriff auf exklusive Inhalte freischalten. Obwohl diese Arten von Tauschhandlungen oft als Interaktionen wahrgenommen werden, handelt es sich in Wirklichkeit um Transaktionen, bei denen wirtschaftliche Werte ausgetauscht werden. Es existieren unterschiedliche Varianten dieser neuen Art des Tauschhandels, wobei im Austausch für personenbezogene Daten Rechte, Tools oder Preisnachlässe angeboten werden.

Wir dürfen nicht vergessen, dass diese Dienstleistungen alles andere als kostenlos sind, da der betreffende Akteur (das heißt der Verbraucher) mit seinem Profil bezahlt. Er akzeptiert, oft ohne sich dessen bewusst zu sein, eine Vereinbarung, die besagt, dass sämtliche Profildaten im Zusammenhang mit der Verwendung des Dienstes Eigentum der Mittelsperson werden. Bei solchen Transaktionsarten nehmen die Profildaten des Akteurs die Rolle des Geldes ein, was sie zu einem neuen digitalen, universellen *Tauschobjekt* für digitale Dienste macht. Im Prinzip werden die personenbezogenen Daten gegen Datenprodukte ausgetauscht und es findet eine *Datentransaktion* statt. Wie schlägt die Mittelsperson daraufhin Kapital aus ihrer Nutzerreichweite und den Nutzerdaten? Dies geschieht oftmals, indem die erstellten Profile oder Teile davon als Produkt für Dritte (das heißt Unternehmen) verwendet werden. Diese Unternehmen können dank der Daten ihre Zielgruppen präziser über die Plattform erreichen, wofür sie bezahlen ... mit echtem Geld. Denken Sie beispielsweise an Werbedienstleistungen, die dank der personenbezogenen Daten sehr präzise an den Empfänger gerichtet werden können. Interessant ist zudem, dass der gleiche Datensatz nicht nur einmalig, sondern unendlich oft verwendet und an jedes Unternehmen verkauft werden kann, das an seiner Verwendung interessiert ist. Eine Glanzleistung der *Geschäftsmodellierung*, wie die beeindruckenden Gewinnspannen erfolgreicher Plattformen beweisen.

Daten sind Geld und Geld ist Daten
Man hört oft den Satz: „Daten sind Geld." Erfolgreiche Plattformen wie Facebook und Google bauen auf dem Prinzip auf, dass Daten wertvoll sind. Sie sehen Daten als eine neue Art von Geld. Aber im Gegensatz zu Geld können Daten kopiert und unendlich oft wieder-

Daten sind eine neue Art von Geld, die unendlich oft ausgezahlt werden kann.

verwendet werden. Diejenigen, die Besitzer dieser Daten sind – in diesem Fall sind es die Mittelspersonen – können dieses „Geld" endlos wiederverwenden und „sich auszahlen lassen". Das bringt sehr viel mehr ein als die „kostenlosen" Dienste, die sie bereitstellen (wie Onlinesuche, E-Mail, Video, Social Media). So gesehen ist Facebook mehr als ein Werbedienst, der Zugriff auf alle möglichen Zielgruppen bietet. Die Plattform verfügt über Einkommensquellen auf beiden Seiten des Marktes. Die Milliarden von Nutzern zahlen mit ihren Nutzerdaten, wohingegen die Werbetreibenden auf der anderen Seite für den Zugriff auf diese Nutzer mit gewöhnlichem Geld bezahlen. Daten, die Nutzer einmal bereitstellen, werden auf dem Werbemarkt mehrmals ausgezahlt. Man kann sich die Frage stellen, ob Nutzer den Daten, die sie preisgeben, den korrekten Wert beimessen. Erhalten sie eine angemessene Gegenleistung? Erhalten sie einen angemessenen Anteil an den Erlösen? Im aktuellen System scheint der Wert, der bei Datentransaktionen ausgetauscht wird, aus dem Gleichgewicht geraten zu sein. Es wächst die Erkenntnis, dass Nutzer im Nachteil sind. Das Gleichgewicht hat sich zu sehr zugunsten der großen Plattformen verschoben, die auf diese Weise ganze Branchen kontrollieren. Die sozialen Auswirkungen dessen machen sich immer mehr bemerkbar. Man schaue sich zum Beispiel die Proteste rund um Airbnb, Uber und Lebensmittel-Lieferdienste an. Der ungarische Philanthrop George Soros hat dieses Ungleichgewicht im Januar 2018 auch in seiner Rede auf dem Weltwirtschaftsforum im Schweizer Davos thematisiert[3].

Die Nutzer müssen sich des Werts ihrer Daten und ihrer Rechte an diesen bewusst werden.

Daten als Währung haben ihre eigenen Bewertungsprobleme; zudem befinden sie sich noch im Anfangsstadium. Wenn herkömmliches Geld verwendet wird, gibt es eine direkte Verbindung zwischen dem Preis und dem Einstandspreis eines Produkts. Bei Daten sieht die Lage anders aus. In diesem Fall handelt es sich bei der eingekauften Sache für gewöhnlich um eine Dienstleistung mit einem viel undurchsichtigeren Einstandspreis. Wir haben in Kapitel 3 gesehen, dass der Wert von Plattformdiensten nicht so sehr über ihren Einstandspreis festgelegt wird, sondern über die Reichweite innerhalb der beiden Nutzergruppen, die die Mittelsperson erreichen kann. Bei einem solchen *Skaleneffekt auf der Nachfrageseite* steigt mit jedem zusätzlichen Nutzer, der auf der Plattform aktiv ist, ihr Wert. In diesem Fall bestimmt die Summe aller Nutzer den Wert des Produkts, was bedeutet, dass es sich nicht um einen feststehenden, sondern um einen variablen Wert handelt.

Darüber hinaus ist es für Nutzer schwer herauszufinden, was genau mit ihren Daten passiert. Wie oft monetarisiert die Plattform diese? Was erhält die Plattform als Gegenleistung? Abgesehen von höherer Transparenz braucht es neue Berechnungsmodelle, die mehr Aufschluss über den Wert von Daten geben. Dies wiederum muss in Tools übertragen werden, die Nutzer verwenden können, um ihre Daten ökonomischer einzusetzen. Nutzer sind sich oft nicht bewusst, dass sie mit ihren personenbezogenen Daten jeden Tag Mikrotransaktionen tätigen. Der Zugang auf alle möglichen Tools, Inhalte oder Dienste, den sie dadurch erhalten, bietet ihnen vor allem Komfort.

Eine echte Alternative für die Nutzer ist bislang nicht gefunden. Viele Unternehmen im Bereich der *persönlichen Datenspeicher* haben das versucht und viele versuchen es noch, darunter Datacoup, Citizen.me, People.io, Meeco und MyDex.

IM FOKUS
Identität als das neue Geld

Die Bezahlung mit Geldscheinen und Münzen ist bei der jüngeren Generation seltener geworden. In naher Zukunft werden dem britischen Autor David Birch zufolge alle Zahlungen bargeldlos ablaufen[4]. Der Meinungsführer zum Thema digitale Identität erklärt, dass die Konzepte von Identität und Geld einen tiefgreifenden Wandel durchlaufen. Beginnen wir mit dem Geld. Was ist Geld in Wirklichkeit?
Geld ist ein Tauschobjekt, eine Manifestation eines gespeicherten Werts, eine Recheneinheit, eine Währung. Formaler ausgedrückt: Es ist ein System, um den Überblick zu behalten. Im Wesentlichen hat es nichts mit Scheinen und Münzen zu tun. Irgendwann haben sich alle auf die Verwendung von Geld geeinigt, um den Wert zu bestimmen, der bei einer Transaktion ausgetauscht wird. Das Geld war sehr gut darin: Jahrzehntelang hat Geld in großem Umfang für Vertrauen zwischen Käufern und Verkäufern gesorgt, die sich physisch trafen und eine Transaktion durchführten.
Allerdings erfordert der Wertaustausch über das Internet andere Wege der Vertrauensbildung zwischen den Akteuren. Plötzlich ist es wichtig zu wissen, mit wem man das Geschäft abschließt. Das ist ein Aspekt, der nicht im Internet selbst verankert ist, denn dort können Akteure vollständig anonym bleiben oder einfach eine andere Identität annehmen. Bargeld beseitigt diese Ungewissheit nicht. Es braucht etwas Neues, das Akteure in die Lage versetzt, mit Sicherheit die Identität ihres Geschäftspartners feststellen zu können. Das führt uns zum zweiten Konzept, das einen tiefgreifenden Wandel durchläuft: die Identität. Birch zufolge hat Identität wenig zu tun mit dem Namen oder dem Wohnort einer Person, sondern vielmehr mit der Fähigkeit, verlässlich darzulegen, dass man bestimmte Eigenschaften erfüllt. Zum Beispiel die Tatsache, dass man ein Student an einer bestimmten Universität ist, damit man Zugriff auf spezifische Informationen erhält, oder dass man alt genug ist für den Führerschein. In vielen Fällen haben diese Eigenschaften nichts mit dem Namen einer Person zu tun. Die Tatsache, dass ihr Name auf einer Kreditkarte aufgedruckt ist, macht sie genau genommen nicht sicherer. Im Gegenteil: Kein Kassierer interessiert sich dafür, Kriminelle dafür umso mehr. Ihr Name auf der Karte erleichtert es ihnen, sich mit Ihrem Geld aus dem Staub zu machen. Birch zufolge dreht sich Identität ganz um Reputation, etwas, was wir allmählich – und mit zunehmender Verlässlichkeit – im digitalen Bereich aufbauen. Diese Reputation, dieses soziale Kapital wird durch die Daten bereitgestellt, die auf Mobiltelefonen und sozialen Netzwerken gespeichert sind, und macht die Identitätsfeststellung eines Akteurs und die verlässliche Durchführung von Transaktionen möglich. Aktuell ist es einfacher, etwas mittels einer Plattform wie LinkedIn über eine Person herauszufinden als über jedes andere Überwachungssystem. Sobald dieses soziale Kapital in Transaktionen umgemünzt werden kann, wird Bargeld wie wir es kennen Birch zufolge überflüssig. Identität übernimmt dann die Funktion des Bargelds. In naher Zukunft ersetzt Identität Bargeld bei Transaktionen. Daten dienen als „Wechsel" und haben einen expliziten Wert. Langfristig entstehen neue Formen digitalen Geldes, damit auch größere Transaktionen durchgeführt werden können.

Dabei handelt es sich übrigens in allen Fällen um Plattformen, die dieses Bedürfnis auf ihre eigene Weise stillen. Sie alle haben den Anspruch, den Marktstandard zu setzen, und haben sich deswegen alle für das Hub-Modell entschieden. Letzten Endes würden Nutzer in diesem Markt allerdings von einem Marktstandard (Netzwerkmodell) profitieren, der es ihnen ermöglichte, ihre Daten an alle möglichen Parteien auf Grundlage eines standardisierten Formats zu verkaufen. Aktuell ist es unklar, wie sich dieser Markt langfristig entwickelt. Vielleicht wird Web3 diesbezüglich eine wichtige Rolle einnehmen: eine globale Infrastruktur, in der Einzelpersonen und Unternehmen ihre Datenbestände kontrollieren, einschließlich Belohnungs- und Anreizmechanismen über Token.

Gleichzeitig ist Geld auch immer weniger greifbar geworden. Wo wir uns in der Vergangenheit gegenseitig mit Muscheln, Perlen, Gold, Münzen und Papier bezahlt haben, tun wir dies heute zunehmend in digitaler Form mit Bits – Elektronen statt Atome. Kryptowährungen sind genau wie elektronisches Geld ein gutes Beispiel. Einfach ausgedrückt: Ein Betrag auf einem Bankkonto und Überweisungen über mobiles Banking. Geld wird zunehmend zu Daten.

HINTERGRUND
Geld als „materialisiertes Vertrauen"

Im Pazifischen Ozean liegt eine kleine Insel namens Yap. Die Insel erlangte Berühmtheit, weil sie dazu beitrug, dass Ökonomen eine Antwort auf die grundlegende Frage „Was ist Geld in Wirklichkeit?" finden konnten. Es ist vermutlich reiner Zufall, dass Yap rückwärts „Pay" heißt, das englische Wort für „bezahlen". Abgesehen davon blickt die Insel auf eine interessante Geschichte zurück: Vor einigen hundert Jahren entdeckten die Inselbewohner von Yap Kalkstein auf einer anderen Insel, die einige hundert Meilen entfernt war. Sie verarbeiteten den Kalkstein zu riesigen Steinscheiben und transportierten sie auf ihren kleinen Booten aus Bambus zurück auf ihre eigene Insel. Warum sie dies taten, ist nicht überliefert, aber man weiß, dass sie daraufhin anfingen, diese Scheiben als Währung zu verwenden. Sie hatten kein Gold oder Silber, aber sie hatten diese riesigen Scheiben aus Kalkstein. Sie waren in den Augen der Menschen wertvoll. Diese benutzten sie für große Käufe. Es ist interessant, dass die Scheiben nicht physisch vom Käufer zum Verkäufer weitergegeben wurden. Sie blieben dort, wo sie waren, weil jeder wusste, wer der Eigentümer war und wer wen bezahlt hatte. Die Inselbewohner stellten irgendwann fest, dass sich die Scheiben tatsächlich noch nicht mal auf der Insel befinden mussten. Einer Volkssage nach versank einmal eine frisch gehauene Scheibe in einem Sturm im Meer. Zwar liegt die Scheibe immer noch auf dem Grund des Meeres, sie ist aber immer noch Eigentum eines Inselbewohners, und das, obwohl keiner der heutigen Inselbewohner jemals die fragliche Scheibe aus Kalkstein mit eigenen Augen gesehen hat.

Das mag zunächst komisch klingen, aber dieser Vorgang ähnelt sehr unserem heutigen Umgang mit Zahlungen. Der einzige physische Gegenstand, den wir in unseren Händen halten, ist ein Kontoauszug mit Zahlen, von denen wir ausgehen müssen, dass sie korrekt sind. Mit anderen Worten: Daten. Sowohl bei den Bewohnern von Yap mit ihren Scheiben aus Kalkstein als auch bei uns mit unseren Kontoauszügen geht es darum, dass Vertrauen greifbar gemacht wurde, „in Stein gemeißelt" oder „in Daten festgehalten" ist. Ganz gleich, ob wir uns gegenseitig mit Scheiben aus Kalkstein bezahlen, die nicht den Ort wechseln, uns gegenseitig Säcke voller Gold übergeben oder digitales Geld überweisen – die Grundvoraussetzung ist, dass unter den gegebenen Bedingungen eine allgemein akzeptierte Form von Vertrauen herrscht. Nur dann kann der Handel florieren.

4.3 Das Daten-Nutzen-Gleichgewicht

Der Logik der Interaktionen entsprechend können die Transaktionsdaten, die Nutzerprofile so wertvoll machen, nur durch die Interaktion zwischen den beiden beteiligten Akteuren erzeugt werden. Das heißt, dass beide Akteure per definitionem gleichermaßen Eigentümer aller Transaktionsdaten sind. Ein ausschließliches Eigentumsrecht kommt hier einfach nicht in Frage. In einer idealen Welt wären nach einer Interaktion beide Akteure im Besitz der vollständigen Transaktionsdaten – und beide könnten sie dann unbegrenzt auf dem Datenmarkt monetarisieren. Wenn das der Fall ist, besteht ein *Daten-Nutzen-Gleichgewicht*.

Eigentum an Daten
Wie wir bereits im ersten Kapitel dieses Buches gezeigt haben, ist es jedoch manchmal sehr kompliziert zu bestimmen, wer Eigentümer der Transaktionsdaten ist, denn oftmals ist gar nicht klar, wer die Akteure überhaupt sind. Wenn ein Akteur Google eine Frage stellt, antwortet Google. Beide Seiten nehmen an der Interaktion teil. Aber wem gehören die Daten über die Tatsache, dass dieser Akteur diese spezielle Frage gestellt hat? Es erscheint vernünftig, dass beide Akteure Eigentümer daran sind. Und wenn diese Daten dann verwendet werden sollen, müssen beide ihre Zustimmung geben. Fragen dieser Art werden nun in allgemeinen Datenschutzerklärungen behandelt, die innerhalb eines rechtlichen Rahmens erstellt werden und in denen die Akteure den Plattformen die Erlaubnis erteilen, ihre Daten für bestimmte Zwecke zu verwenden.

Oft scheinen allerdings mehrere Parteien an einem Austausch beteiligt zu sein. Ein Beispiel: Unternehmen A nimmt die Dienstleistungen eines Unternehmens in Anspruch, um eine an seine Kontakte gerichtete E-Mail-Kampagne zu versenden. Das verarbeitende Unternehmen fungiert nur als Verteiler und kann keinen Anspruch auf das Eigentum an den E-Mail-Adressen erheben, da keine direkte Beziehung zwischen dem Verarbeiter und den Adressaten der Kampagne besteht. Wenn Unternehmen A jedoch eine Datei mit den Kontakten eines Dritten für seine E-Mail-Kampagne verwendet – etwa die Abonnenten einer Zeitschrift, die ihr Einverständnis gegeben haben –, so ist Unternehmen A als Initiator auch kein Eigentümer der E-Mail-Adressen, sondern handelt einmalig als verarbeitende Partei. Im Falle einer Transaktion liegen die Dinge sogar noch komplizierter. Am Zahlungsvorgang allein sind mindestens vier Parteien beteiligt: auf der einen Seite der Initiator X – der Käufer, der einen Kauf tätigt, – und seine Bank, die die Zahlung durchführt, und auf der anderen Seite Akteur Y – der Verkäufer – und

> Transaktionsdaten werden per definitionem nur während der Interaktion zwischen zwei Akteuren erzeugt. Das bedeutet, dass die Daten nicht im Besitz eines einzigen Akteurs sein können.

Das Daten-N
Gleichgewic
Schieflage g
zwar zum Na
Verbraucher.
wiederherge

TRANSAKTIONSPLATTFORMEN

tzen-
ist in
aten, und
hteil der
s muss
ellt werden.

dessen Bank, die das Geld erhält. Sie alle spielen bei der Transaktion eine Rolle. Wer ist nun Eigentümer der Daten dieses Kaufs, und wo liegen die Rechte und Pflichten? In diesem Beispiel fungieren beide Banken als Mittelspersonen. Akteur X hat eine direkte Beziehung zum Verkäufer und zu seiner eigenen Bank, die die Zahlung in seinem Namen abwickelt. Die Bank von Akteur Y ist nur eine verarbeitende Partei, die Daten verteilt, ohne etwas anderes hinzuzufügen. In dieser speziellen Rolle kann diese Bank keinen Eigentumsanspruch geltend machen.

Die Rolle der Mittelsperson kann also variieren: Besteht eine direkte Beziehung zu dem Akteur, der die Initiative ergreift, ist die beteiligte Mittelsperson automatisch für die Transaktion verantwortlich. Entscheidet sich die Mittelsperson zur Zusammenarbeit mit einer anderen Mittelsperson, in diesem Fall der Bank von Akteur Y, um ihre Aufgabe zu erfüllen, so stellt letztere die verarbeitende Partei dar. Die verantwortliche Mittelsperson ist verpflichtet, transparent zu machen, mit wem sie datenschutzrelevante Informationen teilt. Außerdem muss sie prüfen, ob diese Partei im Einklang mit dem Gesetz handelt. Im Falle eines Datenlecks bei der verarbeitenden Partei ist die Mittelsperson als outsourcende Partei verantwortlich.

In der Praxis landen die Transaktionsdaten selten bei beiden Akteuren, sondern bei dem Akteur, der für sie ausgerüstet ist (das heißt bei Organisationen und ihren Plattformen). Die Verbraucher sind im Nachteil, weil sie, wie bereits erwähnt, sich des Werts strukturierter Transaktionsdaten nur unzureichend bewusst sind, unzureichend ausgestattet sind und sich mit unstrukturierten und oftmals nicht in digitaler Form vorliegenden Daten zufriedengeben. Das betrifft zum Beispiel Quittungen, Rechnungen, E-Mails, PDF-Dateien usw. Auch hier muss das Bewusstsein der Verbraucher geschärft werden. Sie wissen oft gar nicht, dass diese Transaktionsdaten existieren und dass sie einen Anspruch darauf haben.

Und damit fängt die ganze Misere an. Wir können es nur noch einmal wiederholen: Es fehlt ein *Daten-Nutzen-Gleichgewicht*. Dies beunruhigt die Menschen zunehmend und untergräbt genau das Vertrauen, das mit den Nutzerprofildaten gestärkt werden könnte. Immer mehr Verbraucher empfinden die Situation als ungerecht und der Datenschutz wird immer häufiger zum Gegenstand von Diskussionen. Natürlich werden im Gegenzug für die Daten, die Verbraucher preisgeben, Dienstleistungen angeboten, wie zum Beispiel attraktive Social-Media-Tools, E-Mail oder Video. Den Nutzern fehlt aber schlicht und einfach die Infrastruktur, um ihre Daten auf gleiche Weise (wieder-) zu verwenden wie die Plattformen.

Das Daten-Nutzen-Gleichgewicht muss zugunsten der Verbraucher wiederhergestellt werden.

Das Daten-Nutzen-Gleichgewicht muss zugunsten der Verbraucher wiederhergestellt werden. Später werden wir uns andere Lösungen wie Digi.me und das Netzwerkmodell von Qiy anschauen. In Europa dient die neue Datenschutz-Grundverordnung, kurz DSGVO, genau diesem Ziel. Sie zielt darauf ab, die Verbraucher beim Spiel um die Daten an die erste Stelle zu setzen, indem sie ihnen „ihre" Daten zur Verfügung stellt. Das belegen die Vorschriften über die *ausdrückliche Einwilligung* in die Verwendung personenbezogener Daten und über die *Datenübertragbarkeit*. Seit Mai 2018 steht den Verbrauchern ein rechtliches Instrument zur Verfügung, mit dem sie sich bezüglich der Verwendung ihrer personenbezogenen Daten an Mittelspersonen wenden können. Doch obwohl Europa nun die strengsten Datenschutzgesetze hat, ist der Weg zur Veränderung noch lang. Bisher hat dieses neue Gesetz vor allem dazu geführt, dass die Verbraucher eine Flut von E-Mails erhalten. Darin werden sie von den Unternehmen darum gebeten, zum ersten oder wiederholten Mal ihre Einwilligung zu geben und der Verwendung ihrer personenbezogenen Daten zuzustimmen. Trotz der gesetzlichen Rechte steht Verbrauchern immer noch kein funktionales Instrument für die Kontrolle und Wiederverwendung ihrer Daten zur Verfügung.

Die Nutzer haben keine echte Wahl. Zum einen, weil die Datenschutzbedingungen äußerst umfangreich sein können, und zum anderen, weil eine Nichtzustimmung das Ende der „kostenlosen" Dienstleistungen bedeuten kann. Hinzu kommt, dass die Verbraucher derzeit nur in ihrem E-Mail-Posteingang einen Überblick darüber bekommen können, wem sie ihre Einwilligung erteilt haben. Es gibt weder Infrastruktur noch Dienstleistungen zur Beurteilung und Verwaltung dieser Einwilligungen und auch keine ausreichende Kommunikation und Sensibilisierung. Es liegt also noch ein langer Weg vor uns.

In Kapitel 5 werden wir uns eingehender damit beschäftigen.

Datensouveränität und digitale Selbstbestimmung

Die Wiederherstellung des Daten-Nutzen-Gleichgewichts eröffnet Möglichkeiten. Immer mehr Unternehmen entdecken das Phänomen Daten und fragen sich, was sie damit anfangen können. Viele suchen nach Möglichkeiten, ihre Daten an andere Akteure zu vermarkten oder ihre Daten mit Daten aus anderen Quellen von Unternehmen und Regierungen anzureichern, was als *Teilen von Daten* (*Data Sharing*) bezeichnet wird. Es handelt sich hierbei übrigens auch um einen zweiseitigen Markt, da immer mehr Daten von großen Gruppen von Akteuren nach dem *Many-to-Many*-Prinzip geteilt werden. Es ist wichtig, zwischen dem Teilen strukturierter und unstrukturierter Daten zu unterscheiden. Das Teilen unstrukturierter Daten hat sich

HINTERGRUND
PSD2 gibt unbeabsichtigt vertrauliche und wettbewerbssensible Informationen preis

Die zweite europäische Zahlungsdiensterichtlinie PSD2 ist 2018 in Kraft getreten. Sie ermöglicht Dritten den Zugang zu den Transaktionsdaten ihrer Kunden bei ihren Banken, sofern der Kunde seine Zustimmung erteilt hat und der Dritte über die erforderliche Lizenz verfügt. Obwohl diese Richtlinie viele interessante Innovationen möglich macht, gibt es auch ein Risiko. Stellen Sie sich vor, eine Mittelsperson einer longitudinalen Plattform überredet ihren Kunden, seine Zustimmung zu geben, um seinen eigenen Transaktionsschritt zu erleichtern. Das bedeutet, dass sie Zugriff auf die Daten zu Zahlungsvorgängen des Kunden hat, die auch Informationen über Transaktionen mit anderen Parteien enthalten. Gemäß der DSGVO müssen die personenbezogenen Angaben zu Gegenparteien in den Transaktionsübersichten unleserlich sein. Durch einen „seitlichen" Blick auf denselben Transaktionsschritt bei anderen Parteien kann die Mittelsperson jedoch eventuell Zugang zu mehr als den beabsichtigten Informationen bekommen. Da bei den Daten zu Zahlungsvorgängen immer zwei Parteien involviert sind, enthalten sie automatisch auch Informationen über die andere Partei. Auf diese Weise erhält die Plattform Einblick in die Transaktionen ihres Kunden auf konkurrierenden Plattformen.

durch Infrastrukturen wie E-Mail, SMS, WhatsApp und natürlich die normale Post erheblich weiterentwickelt. Diese digitalen Infrastrukturen haben sich seit Anfang der 1990er-Jahre überall auf der Welt rasch entwickelt. Kennzeichnend ist dabei, dass an jedem Austausch ein Mensch beteiligt ist, der die unstrukturierten Informationen interpretieren und Folgemaßnahmen ergreifen kann. Die Techniken der künstlichen Intelligenz ermöglichen zunehmend die Interpretation unstrukturierter Daten durch Maschinen – man denke hier nur an autonomes Fahren, Gesichtserkennung und Betrugserkennung.

Mit dem Teilen strukturierter Daten ist es etwas anderes: Es handelt sich um eine viel komplexere Angelegenheit, weil die Inhalte von Maschinen interpretiert werden müssen – und das lässt sich viel schwieriger standardisieren. Innerhalb bestimmter Sektoren und bei besonderen transversalen Anwendungen (senkrecht zu den Ketten, zum Beispiel im Falle von Zahlungen und Authentifizierung) kann standardisiert und das Teilen von Daten über eine Infrastruktur ermöglicht werden. Das ist inzwischen erwiesen.

Die fortschreitende Technologie hat das Teilen von Daten durch Organisationen im Laufe der Zeit einfacher gemacht. Das haben Entwicklungen beim Verbinden von Computern möglich gemacht, zum Beispiel Breitband, APIs und neue Protokolle (wie SOAP, REST und JSON). Auch die großen Plattformbetreiber nutzen APIs, um ihre Dienstleistungen attraktiv zu halten. Twitter hat es beispielsweise ermöglicht, Anwendungen von Drittanbietern mit dem Benutzerkonto zu verbinden. PayPal lässt seit 2010 externe Entwickler auf seiner Plattform zu, und Google Maps kann genutzt werden, um Abfahrts- und Ankunftszeiten von öffentlichen Verkehrsmitteln oder Uber-Taxis in Echtzeit anzuzeigen.

Im Finanzsektor haben die PSD2-Vorschriften ebenfalls zur gemeinsamen Nutzung von Daten beigetragen. Seit 2018 haben Nutzer das Recht, auf ihre Bankdaten zuzugreifen und Überweisungen auch mit anderen Apps als den eigenen Banking-Apps zu tätigen. Darüber wurde zwischen den Banken und der FinTech-Branche viel Aufhebens gemacht. Der Versuch, die API zu standardisieren, führte letztendlich dazu, dass Apps der Zugriff auf die Bankkonten gestattet wurde. Die Frage ist, ob es in Europa einen einzigen Standard geben kann, solange der Markt so gespalten ist wie im Moment. In Indien sieht das ganz anders aus. Dort haben die Behörden 2016 einen API-Standard eingeführt, den FinTech-Unternehmen nutzen können, um Bankkunden neue Dienstleistungen anzubieten[5].

Weitere technologische Begriffe im Zusammenhang mit Daten sind *Analytik, maschinelles Lernen* und *künstliche Intelligenz*. Diese Begriffe überschneiden sich bis zu einem gewissen Grad und sind schon seit Dutzenden von Jahren im Umlauf. Sie konzentrieren sich auf die Präsentation von Daten (*Beschreibung*), die Gewinnung von Erkenntnissen (*Diagnose*) und die Vorhersage von Prozessen und Verhalten (*Vorhersage*). Seit etwa 2010 wird diesen Themen immer mehr Aufmerksamkeit geschenkt. Das liegt an den Entwicklungen bei der Rechenleistung, der Bandbreite und natürlich auch den Daten als solchen. Der große Einfluss der sozialen Plattformen auf die Gesellschaft trägt ebenfalls dazu bei. Will man Daten in Informationen umwandeln, müssen diese *available* (*verfügbar*), *accessible* (*zugänglich*) und *applicable* (*anwendbar*) sein. Nach den Anfangsbuchstaben der englischen Begriffe bilden diese drei Eigenschaften gemeinsam das sogenannte *Triple-A-Modell*. Die Datenverfügbarkeit ist ein Ergebnis der fortschreitenden Digitalisierung. Bei der Zugänglichkeit geht es um die Offenlegung und das Teilen der Daten unter bestimmten Bedingungen und für bestimmte Anwendungen, einschließlich Analytik, maschinellen Lernens und künstlicher Intelligenz.

Wenn sich Daten innerhalb einer einzigen Organisation bewegen – beispielsweise bei Plattformen mit einem Hub-Modell, aber auch bei Nicht-Plattform-Unternehmen –, so hat diese Organisation die volle Kontrolle über alle Eigenschaften (alle drei A). Wenn Daten zwischen den Akteuren geteilt werden, müssen immer Vereinbarungen über die „drei A" getroffen werden. Und obwohl die API-Technologie die Daten leicht zugänglich machen kann, sollte den Aspekten der Verfügbarkeit und Anwendbarkeit besondere Aufmerksamkeit zukommen, um das Vertrauen zwischen den Akteuren zu gewährleisten. Unter technischen Gesichtspunkten ist zwar in Bezug auf das Teilen von Daten vieles möglich. Der springende Punkt ist jedoch, dass zwischen den Daten teilenden Parteien Vertrauen besteht, insbesondere in den beiden unteren Schichten des Triple-A-Modells. Wenn sich die Parteien gut kennen und einander vertrauen (zum Beispiel verschiedene Abteilungen innerhalb einer Organisation), muss weniger für die Authentifizierung, Identifizierung und Autorisierung getan werden, als wenn Daten zwischen unabhängigen Unternehmen geteilt werden. In diesem Fall müssen Vereinbarungen zu folgenden Fragen getroffen werden: „Wer ist wer?", „Wer kann was in wessen Namen und unter welchen Bedingungen tun?" und „Was machen wir, wenn etwas schief läuft?" Die Zusammenarbeit in einem Netzwerk auf Grundlage des *T.R.U.S.T.-Frameworks* (siehe Abschnitt „Gestaltung") könnte hier eine Lösung bieten.

Das Teilen von Daten weist alle Merkmale eines zweiseitigen Marktes auf, da es sich um einen *Many-to-Many*-Markt handelt. Im Prinzip wollen alle Akteure jederzeit mit allen anderen Akteuren interagieren können. Beispiele dafür wären die Bereiche Telekommunikation, E-Mail und Zahlungsverkehr. Wie wir bereits weiter oben in diesem Kapitel kurz erläutert haben, hat die Einführung der DSGVO dazu geführt, dass zahlreiche neue Plattformen für das Teilen personenbezogener Daten mit Unternehmen entstanden sind. Zu diesen Initiativen gehören Meeco, People.io, Cozy.io, MyDex und Verimi. Wir wissen inzwischen, dass die Präsenz mehrerer Plattformen zu einer Fragmentierung für die Endnutzer führt und dass Multihoming eine Lösung darstellen kann. Multihoming auf mehreren Plattformen zum Teilen von Daten ist jedoch schwierig. Es müssen dabei nämlich mehrere Beziehungen verwaltet werden, und das erforderliche Vertrauen ist nur mit erheblichem Onboarding-Aufwand zu erlangen.

Viele Mittelspersonen haben mittlerweile damit begonnen, die bestehenden Bedürfnisse bezüglich des Teilens von Daten aufzugreifen. So sind zahlreiche Plattformen für das Teilen von Daten entstanden, die in der Regel nach dem Hub-Modell arbeiten, bei dem die Akteure zu Kunden der Plattform werden. Danach stellen sie ihre Daten anderen Nutzern der Plattformen zur Verfügung. Sie tun dies alle unter den gleichen Bedingungen, die von der Mittelsperson festgelegt werden. Damit das funktioniert, müssen alle auf die Mittelsperson vertrauen. Aber wie wir gesehen haben, führen diese Arten von Plattformen oft zu einer Schieflage im Daten-Nutzen-Gleichgewicht, weil die Plattform die alleinige Eigentümerin der Daten ist und dies zu ihrem Vorteil nutzt. Eine Möglichkeit, das Gleichgewicht wiederherzustellen, besteht darin, beiden Akteuren einfachen Zugang zu den Transaktionsdaten zu gewähren. Im Wesentlichen bedeutet dies, dass beiden Akteuren die gleichen Informationen über ihre gegenseitigen Interaktionen und Transaktionen zur Verfügung gestellt werden. Digi.me[6] ist eine Plattform, die es den Nutzern leicht macht, ihre Daten in mehreren sozialen Medien an einem Ort zu sammeln und von dort aus mit anderen zu teilen. Die Plattform bombardiert sie nicht mit Werbung.

Eine weitere Strategie, um Nutzern den Zugang zu ihren Daten zu erleichtern, ist das Netzwerkmodell, das sich immer mehr durchsetzt. Das niederländische Unternehmen Qiy[7] treibt seit mehr als zehn Jahren sein Netzwerkmodell für den Austausch personenbezogener Daten voran, und im Bereich Business-to-Business gibt es mit iSHARE[8] eine Initiative, die darauf abzielt, das Teilen von Daten nach dem *Many-to-Many*-Prinzip im internationalen Logistiksektor zu erleichtern. Beim Netzwerkansatz für das Teilen von Daten verbleiben die Daten an der Quelle, während das Vertrauen und der Austausch zwischen den Akteuren gemäß dem T.R.U.S.T.-Framework standardisiert werden. Wir haben das im Abschnitt „Gestaltung" ausführlich behandelt. Im Falle von iSHARE beschränkt sich der Anwendungsbereich auf die Identifizierung, Authentifizierung und Autorisierung, was die Voraussetzung für alle Data-Sharing-Lösungen ist, bei der die Nutzer die Kontrolle über ihre Daten haben.

Das Teilen von Daten nach dem Netzwerkmodell befindet sich noch in der Anfangsphase. Seine Einführung ist aufgrund des bereits erwähnten Henne-Ei-Problems eine große Herausforderung. Das Netzwerkmodell kann als Infrastruktur betrachtet werden. Nicht als „harte" Infrastruktur wie Straßen, Eisenbahnen, Kabel und Sendestationen, sondern eher als eine „weiche" Art von Infrastruktur, die auf *T.R.U.S.T.-Frameworks* basiert. Der Begriff „Infrastruktur" beinhaltet auch eine Reihe anderer Aspekte, darunter ihre allgemeine Nutzung und die damit verbundene Notwendigkeit, für verschiedene Arten von Nutzern (Privatpersonen, Unternehmen, Regierungen) und für viele Sektoren (Gesundheitswesen, Finanzen, Landwirtschaft, Logistik, Energie, Bauwesen usw.) geeignet zu sein. Das Wort „Infrastruktur" sagt auch etwas über das Geschäftsmodell aus, das oft auf dem Non-Profit-Prinzip basiert, den Akteuren aber gleichzeitig die Nutzung zu kommerziellen Zwecken ermöglicht. Beispiele hierfür sind die GSM- und Internet-Standards, die jeweils die Basis für große, kommerzielle, weltweite Aktivitäten bilden. Auch unsere Straßennetze und Energiesysteme sind für unseren Wohlstand unerlässlich. Im Übrigen muss eine Infrastruktur nicht immer von vornherein öffentlich sein. Es gibt Beispiele für kommerzielle Anbieter, die inzwischen öffentliche Infrastrukturen bereitstellen; wir denken beispielsweise an über WhatsApp-Gruppen organisierte

Nachbarschaftswachen in den Niederlanden, aber auch an die Dominanz bestimmter Computerbetriebssysteme wie iOS, Windows und Android. Die Zahlungsnetzwerke (mit ihren eigenen *T.R.U.S.T.-Frameworks*) von Visa und MasterCard sind inzwischen zu einer privaten Infrastruktur unter öffentlicher Aufsicht geworden — so groß ist ihre Bedeutung.

Wenn wir es schaffen, das Daten-Nutzen-Gleichgewicht wiederherzustellen, werden die Nutzer mehr Vertrauen in die digitale Wirtschaft haben und Transaktionen unkomplizierter und in größerem Umfang durchführen. Dies ist eine entscheidende Grundlage für das bereits erwähnte transaktionale Internet. Indem den Akteuren der Zugang zu ihren Daten mit einer eigenen Kopie oder einem eigenen Eintrag ermöglicht wird, fällt der eigentliche Kern der Nutzendiskussion weg. Wir werden das gut organisieren müssen. Und wie bereits erwähnt kann sich das *T.R.U.S.T.-Framework* als nützlich erweisen.

4.4 In Daten wir T.R.U.S.T.

Vertrauen ist ein schwer zu fassendes Konzept, für das es keine klare Definition gibt. Wir befassen uns in diesem Buch vor allem mit dem Vertrauen in Bezug auf Transaktionen, dem transaktionalen Vertrauen, und dies speziell im digitalen Bereich. Aus dieser Perspektive kann Vertrauen beschrieben werden als das Ausmaß, in dem zwei Akteure davon ausgehen, dass sie die Erwartungen des jeweils anderen erfüllen. Wie hoch schätzen sie die Wahrscheinlichkeit ein, dass der Transaktionsprozess zu ihrer beiderseitigen Zufriedenheit verläuft? Bekommt der Käufer das vorgesehene Produkt oder die vorgesehene Dienstleistung und wird der Verkäufer wie vereinbart vergütet? Wenn die Parteien sich nicht kennen, werden sie einander nicht automatisch vertrauen. Das verringert die Wahrscheinlichkeit einer Transaktion erheblich. Das Vorliegen von Profilen der beiden Akteure ist eine Voraussetzung für die Transaktion; ihr Inhalt entscheidet darüber, ob Vertrauen entsteht oder nicht.

In der derzeitigen Phase des Internets spielt die Mittelsperson zusammen mit den Nutzerprofilen eine wichtige Rolle dabei, dieses Vertrauen zu schaffen. Von ihrer Position im Datendreieck aus hat sie Zugang zu allen erforderlichen Informationen. Sie nutzt dies zunächst, um größtmögliches Vertrauen zwischen den Akteuren zu schaffen. Dadurch wiederum entsteht bei den Akteuren die Bereitschaft, die Angebote der Mittelsperson zu nutzen und über ihre Plattform Transaktionen abzuwickeln. Wie wir bereits festgestellt haben, hilft ein Onboarding-Verfahren bei diesem Prozess. Aber auch Reputationsdaten, etwa in Form von Bewertungen, tragen dazu bei, das Vertrauen zu stärken. Die beiden Modelle im Abschnitt „Gestaltung" dieses Buches beschreiben, wie Mittelspersonen das nötige Vertrauen herstellen können, wobei jede Marktsituation nach einer eigenen Lösung verlangt. Wie das Transaktionskontextmodell zeigt, ist das Risiko einer Transaktion die Summe der Risiken, die mit den Teilprozessen Einigung, Zahlung und Lieferung einhergehen. Mit ihrer Plattform reduziert die Mittelsperson das wahrgenommene Risiko, wo immer es möglich ist. So kann Vertrauen entstehen – und all das mit Daten.

Gegenwärtig wird das transaktionale Vertrauen hauptsächlich von Mittelspersonen mit ihren Plattformen organisiert. Wir nennen das Institutionelles Vertrauen.

Im digitalen Bereich wird das transaktionale Vertrauen ausschließlich mit Daten erzeugt. In Daten wir T.R.U.S.T., könnte man also sagen. In der derzeitigen Phase des Internets sind die Akteure sehr stark von Mittelspersonen abhängig, die mit ihren Plattformen Vertrauen schaffen. Man könnte sogar sagen, dass Vertrauen die Essenz dessen ist, was die Plattformen der Mittelspersonen zum Austausch zwischen zwei Parteien beisteuern. Von daher ist das transaktionale Vertrauen immer noch weitgehend auf institutioneller Ebene organisiert. Obwohl transversale Plattformen eine besondere Rolle bei der Erleichterung dieses Prozesses spielen, gilt dies auch für longitudinale Plattformen wie Amazon oder AliExpress, selbst wenn sie „nur" Interaktionen ermöglichen. Wenn eine Mittelsperson als *Institution* Vertrauen unter ihren Nutzern erzeugen kann, dann hat sie einen wichtigen Wettbewerbsvorteil auf dem Markt. Es stellt sich also die Frage, welche Faktoren denn eigentlich zu transaktionalem Vertrauen führen. Eine Frage, die nicht leicht zu beantworten ist, denn Vertrauen ist etwas Subjektives, das von Emotionen gefärbt ist[9]. Auch hier bietet das Transaktionskontextmodell eine Orientierungshilfe. Aus der Sicht der Mittelsperson gibt es drei Arten von Vertrauen in Zusammenhang mit einer Transaktion: Beziehungsvertrauen, Produktvertrauen und Prozessvertrauen. Schauen wir uns alle drei doch einmal an.

Beziehungsvertrauen

Das Fundament des transaktionalen Vertrauens erwächst aus der Beziehung zwischen den beiden beteiligten Akteuren: Käufer und Verkäufer müssen einander vertrauen. Wie aus dem Transaktions-

> Beziehungsvertrauen entsteht durch wiederkehrende positive Interaktionen, die wiederum die wechselseitige Beziehung formen.

kontextmodell ersichtlich, ist die gegenseitige Beziehung einer jener Faktoren, die den Kontext einer Transaktion definieren. Diese Beziehung ist dynamischer Natur und das Ergebnis (wiederkehrender) Interaktionen und Transaktionen. Je häufiger wir letztlich wechselseitige (positive) Interaktionen und Transaktionen erleben, desto stärker vertrauen wir einander und desto mehr tauschen wir bei diesen Interaktionen aus. Die Beziehung folgt also den Interaktionen.

Der Mittelsperson kommt die wichtige Aufgabe zu, hierfür die richtigen Bedingungen zu schaffen: Beide Akteure müssen der Plattform für ihren Austausch vertrauen. Umgekehrt will die Mittelsperson wissen, mit welchen Akteuren sie es zu tun hat. Wir haben bereits davon gesprochen, dass die digitalen Transaktionen, die nach der Wahrnehmung der Akteure unmittelbar zwischen ihnen stattfinden, in Wahrheit häufig über eine Mittelsperson abgewickelt werden. Bei Airbnb schließen zum Beispiel sowohl der Gastgeber als auch der Gast einen Vertrag mit der Mittelsperson, die faktisch als einer der an der Transaktion beteiligten Akteure handelt. Wenn ein Akteur dem anderen nicht uneingeschränkt vertraut, kann er stattdessen mit der Plattform interagieren und die Transaktion trotzdem durchführen. Es ist wichtig, sich bei jeder Transaktion (jedem Schritt) ein klares Bild davon zu verschaffen, wer die beteiligten Akteure wirklich sind.

Abbildung 42
Eine Mittelsperson (Plattform) kann Beziehungsvertrauen zwischen zwei Akteuren ermöglichen oder sich selbst als Akteur beteiligen.

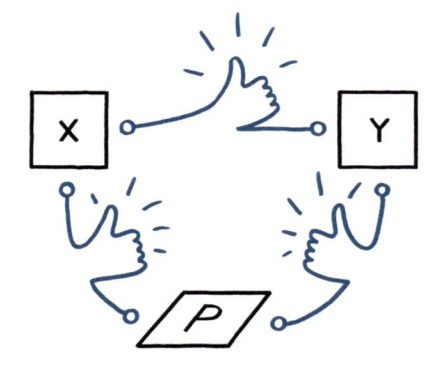

Beziehungsvertrauen ist das Vertrauen, das ein Akteur dem anderen entgegenbringt. Das kann eine Person sein, aber auch ein System oder eine Organisation. Die Grundlage für dieses Vertrauen bildet das Nutzerprofil mit den Verhaltens- und Reputationsdaten. Der Akteur ist überzeugt davon, dass die andere Person nicht nur aus Eigeninteresse handelt, sondern auch sein Interesse an dem Austausch respektiert. Diese Form des Vertrauens beruht auf der Entscheidung eines Akteurs zugunsten eines bestimmten Szenarios. Es hängt damit zusammen, welches künftige Verhalten er von anderen erwartet. Ob es zu einer Transaktion kommt, hängt letztlich von den beiden Akteuren ab. Unabhängig voneinander entscheiden sie, ob sie sich auf eine Geschäftsbeziehung einlassen wollen – je nachdem, ob ausreichend gegenseitiges Vertrauen vorhanden ist. In diesem Zusammenhang lässt sich Vertrauen auffassen als die Bereitschaft einer Person, ihr Wohlbefinden durch die Entscheidungen anderer beeinflussen zu lassen[10].

Das künftige Verhalten Einzelner ist schwer vorherzusagen, denn menschliche Interaktion folgt keinen unumstößlichen Naturgesetzen. Das bedeutet: In jeder Beziehung gibt es ein gewisses Risiko. Wenn zwei Menschen einander vertrauen, tun sie so, als würden sie die Zukunft kennen. Aus Risiko wird Vertrauen[11]. Entscheiden sich beide Akteure für eine Transaktion, erachten sie die damit verbundenen Risiken als vertretbar. Anders ausgedrückt: Sie akzeptieren die Unvorhersehbarkeit menschlichen Verhaltens – ein Glücksspiel, das gut oder schlecht ausgehen kann.

Welches Vertrauen ein Akteur einem anderen entgegenbringen kann, sehen wir zum Beispiel dann, wenn jemand seine Kinder in die Obhut eines Babysitters gibt. Die Alternative besteht darin, dem Babysitter nicht zu vertrauen und zu Hause zu bleiben. Akteure entscheiden sich nicht einfach so für ein bestimmtes Szenario. Sie suchen nach Argumenten, die ihre Einschätzung der Kompetenz und der Absichten des anderen untermauern. Im Beispiel oben werden sich die Eltern nach Referenzen des Babysitters erkundigen. Vielleicht sprechen sie auch erst einmal mit in Frage kommenden Bewerbern. Anhand des Verhaltens und der Reputation des Bewerbers erstellen sie ein Profil.

Bei der Entscheidung, ob man einem anderen Akteur vertrauen kann, spielen Reputationsdaten eine wichtige Rolle.

Das ist vergleichbar mit der Art und Weise, wie Unternehmen eingeschätzt werden: Werden sie ihre Aufgaben integer und fachkundig wahrnehmen? Gibt es Informationen, anhand derer sie sich einschätzen lassen? Fehlen Erfahrungen mit der anderen Partei und ist keine Vorgeschichte bekannt, wird die Entscheidung, ob man ihr vertrauen soll, schwierig. Dem Konzept der Reputation kommt in diesem Zusammenhang große Bedeutung zu. Wie wir gesehen haben, hat die Digitalisierung auch die Bedeutung dieses Begriffs verändert. Früher existierte die Erfolgsbilanz einer Person oder Organisation vor allem in den Köpfen jener, die einmal mit ihr zu tun hatten. Heutzutage wird die Reputation digital im Rahmen eines Nutzerprofils gespeichert. Das macht sie leichter messbar und einer breiten Öffentlichkeit zugänglich.

Weiter oben haben wir Reputationsdaten als Einschätzung einer Person anhand ihrer Nutzer- und Nutzungsdaten definiert. Dabei stellt sich weniger die Frage, um wen es sich bei einem Akteur handelt. Vielmehr geht es darum, wie er handelt. Ist er zuverlässig, kommt er seinen Verpflichtungen nach? Die Plattform stellt das hierfür nötige Werkzeug bereit; sie protokolliert das Onlineverhalten ihrer Nutzer. Zudem kann eine Mittelsperson auf Bewertungen anderer zurückgreifen, bei denen sich die Nutzer gegenseitig bewerten. So entsteht eine umfangreiche Sammlung von Reputationsdaten, die den Austausch zwischen Akteuren fördert.

Plattformen wie TripAdvisor, Yelp oder Booking.com beruhen auf diesem grundlegenden Prinzip. Dank der zahlreichen Bewertungen anderer Reisender fällt es potenziellen Kunden leicht, die Qualität der Unterkunft zu beurteilen und eine Wahl zu treffen. Ein weiteres Beispiel ist der Plan der chinesischen Regierung, die Verhaltensdaten aller chinesischen Bürger zur Errichtung eines nationalen Reputationssystems zu nutzen; dieses Sozialpunktesystem soll den Behörden tiefere Einblicke in das Verhalten der Bürger verschaffen[12].

Es gibt noch andere Mechanismen, welche die Mittelsperson zur Stärkung des Vertrauens in ihre Plattform nutzen kann, etwa die Qualität der Technologie, die Gestaltung der Plattform und ihre Umsetzung. Heranziehen lassen sich außerdem alle Abläufe, Protokolle und sonstigen Kontrollen, die während des Austauschprozesses durchgeführt werden. Gesichtspunkte wie Professionalität der Mitarbeiter und Unternehmenskultur spielen ebenfalls eine Rolle. Hat das Unternehmen die richtigen Personen eingestellt? Inwieweit liegt ihnen die Mission der Plattform am Herzen? Der Einfluss der Mittelsperson auf Vertrauen dieser Art ist relativ groß. Gelingt es ihr, die über ihre Plattform ablaufenden Prozesse gut zu organisieren, wird sie von den Akteuren als sicher wahrgenommen.

Produktvertrauen

Auch wenn die beiden Akteure sich selbst und der Mittelsperson ausreichend Vertrauen entgegenbringen, ist es noch nicht geschafft. Die nächste Frage lautet: Haben sie genug Vertrauen in *das*, was bei der Transaktion ausgetauscht wird? Für den Käufer ist dies das Produkt oder die Leistung – die Lieferung. Für den Verkäufer ist es das, was er als Gegenleistung bekommt – die Zahlung. Häufig wird mit Geld bezahlt. Zunehmend dienen aber auch Daten als Zahlungsmittel.

Beginnen wir mit dem ersten Akteur, dem Käufer. Wie entscheidet er, ob er der Qualität des Produkts oder der Dienstleistung ausreichend vertrauen kann? In der ersten Phase des Kaufprozesses, der Entdeckungsphase, sucht er nach Alternativen für seinen geplanten Kauf. Wie wir im vorigen Kapitel gesehen haben, stehen dem potenziellen Käufer für die Beschaffung der nötigen Informationen Plattformen aller Art zur Verfügung: von Suchmaschinen wie Google und unabhängigen Bewertungsseiten bis hin zu longitudinalen Plattformen wie Amazon, die sich selbst um diesen Schritt in der Customer Journey kümmern. Der potenzielle Käufer kombiniert dieses Wissen mit weiteren Informationen, die er wissentlich oder unwissentlich anhand eigener Erfahrungen oder der Erfahrungen anderer gespeichert hat. Auch das Marketing der verschiedenen Anbieter entfaltet in dieser Phase seine magische Wirkung. All das führt zu einer Entscheidung zugunsten eines bestimmten Produkts.

Und dann gibt es noch den zweiten Akteur, den Verkäufer. Wie entscheidet er, ob er der Zahlung vertrauen kann? Wird er mit Geld bezahlt, bestimmt sich dessen Wert nach dem Gesetz. Die Regierung hat eine Reihe von Zahlungsmitteln vorgegeben, die im Handel unter bestimmten Bedingungen akzeptiert werden müssen. Das Vertrauen in Geld hat mit der Beziehung zwischen den beiden Akteuren nichts zu tun. Es spielt im Transaktionsprozess eine eher untergeordnete Rolle. Im Abschnitt 4.5 „Eine kurze Geschichte des Geldes" befassen wir uns eingehender mit der Entstehung von Geld und der wichtigen Rolle von Vertrauen bei seiner Entwicklung.

In letzter Zeit haben außerdem Kryptowährungen wie Bitcoin, Litecoin und Ethereum die Bühne betreten. Streng genommen sind das gar keine Währungen, da staatliche Stellen keine tragende Rolle spielen. Doch obwohl es sich nicht um gesetzliche Zahlungsmittel handelt, hält das bestimmte Gruppen von Akteuren nicht davon ab, ihnen als Währungen zu vertrauen.

Weiter oben haben wir erwähnt, dass bei Transaktionen auch Daten zunehmend als Zahlungsmittel zum Einsatz kommen. Das hat eine ganz eigene Dynamik: Während Geld neutral und nicht mit dem jeweiligen Nutzer verknüpft ist, sind Daten ebenso wie die Person, die sie als Zahlungsmittel verwendet, untrennbar miteinander verbunden.

Will der Verkäufer von Waren oder Dienstleistungen den Wert von Daten als Währung ermitteln, muss er mehr über den potenziellen Käufer in Erfahrung bringen, der die Daten anbietet. Bei diesem Vorgang können Identitätsplattformen eine Rolle spielen.

> Während Geld neutral und nicht mit dem jeweiligen Nutzer verknüpft ist, sind Daten ebenso wie die Person, die sie als Zahlungsmittel verwendet, unmittelbar miteinander verbunden.

FALLBEISPIEL
Der Aufstieg des Tauschhandels

Eine zweite Alternative, die dank des Internets eine Art Comeback gefeiert hat, ist der altmodische Tauschhandel. Online ist grundsätzlich alles, was angeboten wird, für jedermann zugänglich. Man findet daher viel einfacher als in der realen Welt ein passendes Angebot. Aus diesem Grund sind Komplementärwährungen aller Art entstanden – sowohl zu rein kommerziellen Zwecken als auch sozial motiviert. In Amsterdam entwickelt ein Unternehmen namens Qoin seit 1993 alternative Geldformen, die sogenannten *Gemeinschaftswährungen*. Sie existieren neben dem regulären Geld, um den Bedürfnissen bestimmter Gemeinschaften nachzukommen, etwa durch Verknüpfung wirtschaftlicher Beziehungen mit dem sozialen Bereich. Diese Währungen gibt es in digitaler Form und als Papiergeld. Sie sind individuell zugeschnitten. Häufig handelt es sich um eine Kombination aus Prämienprogramm, Investition und Kartensystem. Im Amsterdamer Stadtteil Oost wird zum Beispiel eine Währung namens „Makkie" verwendet. Ein Makkie steht für eine Stunde gegenseitiger Dienste oder Gemeinschaftsarbeit. Mit Makkie-Scheinen bekommt man in diesem Stadtteil außerdem Rabatte in Läden, Restaurants und Museen[13].
In der Schweiz ist ein Tauschsystem namens Wirtschaftsring (WIR) ein anerkannter Bestandteil der offiziellen Wirtschaft. Das WIR-System, bei dem Unternehmen Waren und Dienstleistungen austauschen, hatte anscheinend einen stabilisierenden Effekt auf die Geldwirtschaft. In Zeiten des wirtschaftlichen Fortschritts schrumpft das WIR-System und alle kehren zum regulären Geldsystem zurück.

Gemeinschaftswährungen sind alternative Geldformen, die wirtschaftliche Beziehungen mit dem sozialen Bereich verknüpfen.

Diese komplementären Formen des Tauschhandels entstehen häufig in Regionen oder Gemeinschaften in der finanziellen Peripherie, die mit der Globalisierung nur schwer Schritt halten können und nach neuen wirtschaftlichen Entwicklungsstrategien suchen[14].
Neben diesen Gemeinschaftswährungen entstehen auch andere Formen des Tauschhandels. So werden etwa auf der niederländischen Website ruilen.com Produkte aller Art getauscht – zum Beispiel Puma-Sneaker gegen eine gleichwertige Surfausrüstung. Es dauert vielleicht einige Zeit, aber wenn die Reichweite der Plattform groß genug ist, kann man das Gewünschte finden. In Krisenzeiten hat es gewisse Vorteile, auf Geld als Zahlungsmittel zu verzichten. Das Geld wird knapp; dafür gibt es ein Überangebot an Arbeitskräften. Da ist es kein Wunder, dass Waren unter diesen Umständen zu neuem Leben erweckt werden.

Doch selbst wenn der Verkäufer weiß, mit wem er es zu tun hat, und er die Zuverlässigkeit der Daten besser einschätzen kann, bedeutet das nicht zwingend, dass es keine Fallstricke gibt. Der Käufer als zweiter Akteur der Transaktion hat nämlich ein Recht an seinen personenbezogenen Daten. Das hat großen Einfluss darauf, was der Verkäufer letztlich mit diesem Tauschobjekt anfangen kann. Themen wie Datenschutz und die damit verbundenen Gesetze kommen hier ins Spiel.

Prozessvertrauen
Zuletzt leistet auch der Transaktionsprozess selbst einen Beitrag zur Schaffung von transaktionalem Vertrauen. Zuvor haben wir Transaktionen in die drei Teilprozesse Einigung, Zahlung und Lieferung unterteilt, wobei die beiden Akteure während des gesamten Vorgangs eine feste Rolle spielen. In diesem Zusammenhang lässt sich das Prozessvertrauen als jenes Vertrauen auffassen, das Käufer und Verkäufer in die drei Teilprozesse setzen. Zunächst müssen beide den Bedingungen vertrauen, zu denen der Handel zustande kommt, das heißt der Einigung. Diese Einigung erfolgt immer ausdrücklich, denn es gibt Rechte und Pflichten beider Parteien. Die für die Transaktion

geltende Rechtsordnung bietet den rechtlichen Rahmen für den Vertrag und ist mittelbar, im Hintergrund, am Aufbau von Prozessvertrauen beteiligt.

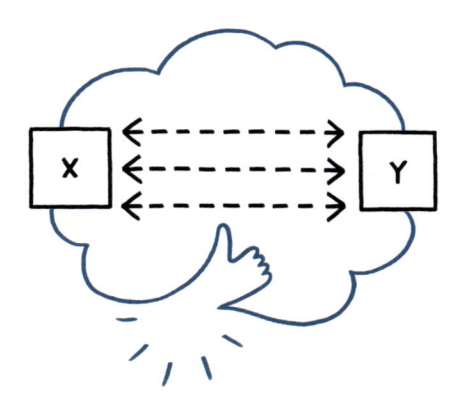

Abbildung 43
Prozessvertrauen

Der Verkäufer muss nicht nur auf den Wert der in Form von Geld oder Daten geleisteten Zahlung vertrauen. Er benötigt außerdem die Sicherheit, dass die Zahlung in sicherer Weise auf sein Konto gelangt. Das Gleiche gilt für den die Zahlung leistenden Käufer. Er muss sicher sein, dass sein Geld auf das Konto des Verkäufers gelangt. Anders ausgedrückt: Beide Akteure müssen der verwendeten Zahlungsmethode vertrauen können.

Wie wir bei der Erörterung des Transaktionskontextmodells gesehen haben, können Mittelspersonen oder Anbieter das Vertrauen in diesem Bereich erhöhen, indem sie zum Beispiel mehrere Zahlungsmöglichkeiten anbieten.

Zuletzt müssen beide Parteien darauf vertrauen, dass das Produkt oder die Dienstleistung ordnungsgemäß sowie zur vereinbarten Zeit geliefert beziehungsweise erbracht wird. Dieser Teilprozess der Transaktion unterscheidet sich von Fall zu Fall. Handelt es sich um ein digitales Produkt, etwa eine App oder Musik, kann die Lieferung innerhalb weniger Sekunden erfolgen. Für ein physisches Produkt gibt es verschiedene Alternativen. Möglicherweise hat das Unternehmen einen eigenen Lieferdienst oder es nimmt die Dienste anderer in Anspruch. Oder der Käufer holt das Produkt an einer Abholstelle ab.

Es dauert Jahre, Vertrauen aufzubauen. Zerstört ist es in Sekunden. Aus diesem Grund ist es von großem Wert, einen guten Ruf zu haben. Das ist vielleicht ein Klischee. Trotzdem ist es wahr, sogar im buchstäblichen Sinn. Für Menschen, Unternehmen und Organisationen stellt nämlich das Vertrauen, das andere in sie haben, einen Wert dar: Es erleichtert ihnen, Handlungen vorzunehmen, und erhöht ihre Effektivität. Bekommt zum Beispiel ein Hotel auf Booking.com mehrere schlechte Bewertungen, muss der Betreiber versuchen, seine Fehler abzustellen. Das kostet Zeit und Geld. Vertrauen zwischen den Akteuren ist keine Selbstverständlichkeit. Häufig müssen die verschiedensten Dinge erledigt werden, bevor eine Transaktion stattfinden kann, da wirtschaftliche Werte ausgetauscht werden und beide Akteure Risiken eingehen. Im Fall von institutionellem Vertrauen räumen die Mittelspersonen Hindernisse aus dem Weg, damit Transaktionen stattfinden können. Je größer die wahrgenommenen Risiken der Akteure sind, desto mehr Daten muss die Mittelsperson sammeln, um Vertrauen aufzubauen. Umso größer ist auch der von ihr geschaffene Mehrwert.

4.5 Vertrauen als zweiseitiger Markt

Jede Wirtschaft gründet auf dem Vertrauen, das die Akteure einander entgegenbringen. Das ist nichts Neues. Die Art und Weise, wie dieses Vertrauen geschaffen wird, ändert sich allerdings deutlich. Im digitalen Bereich nimmt das Vertrauen die Gestalt von Bits und Bytes an – Daten, wie wir bereits gelernt haben. Wir haben außerdem gesehen, dass Mittelspersonen aus ihrer Position im Datendreieck heraus beim Aufbau von Vertrauen eine wichtige Rolle spielen. In diesem Abschnitt zeigen wir, dass das derzeitige institutionelle Vertrauen die Grundlage für die digitale Wirtschaft bildet, aber auch, dass diese Lösung ihre Grenzen hat. Wie sich gezeigt hat, ist es für eine einzelne Plattform sehr schwer, Vertrauen in großem Umfang aufzubauen und aufrechtzuerhalten. Das Ergebnis ist ein fragmentierter Vertrauensmarkt mit hohen Transaktionskosten für alle wirtschaftlichen Akteure. Im digitalen Bereich lässt sich Vertrauen viel einfacher aufbauen als in der physischen Welt, denn hier manifestiert sich das Vertrauen in Form von personenbezogenen Daten oder Nutzerprofilen. Diese können unter bestimmten Umständen weitergegeben werden, wodurch es relativ einfach wird, Vertrauen wiederzuverwenden. Theoretisch lässt sich das sogar unendlich oft einsetzen, was in der physischen Welt nicht möglich ist. Transversale Plattformen können dieses Vertrauen für andere Plattformen organisieren, denen dadurch ein schnelles Wachstum ermöglicht wird. Das wiederum sorgt dafür, dass der Motor der digitalen Wirtschaft mit voller Kraft laufen kann.

Wie kann eine Mittelsperson Vertrauen so organisieren, dass die beiden Akteure bereit sind, eine Transaktion über ihre Plattform durchzuführen? Wie kann sie dafür sorgen, dass es Vertrauen zwischen den Akteuren gibt und dass beide dem ausgetauschten Produkt, der Lieferung, der Bezahlung und dem gesamten Transaktionsprozess vertrauen? Um das zu verstehen, müssen wir uns das Gegenteil von Vertrauen ansehen: Risiko. Wir haben bereits gesehen, dass aus Risiko Vertrauen wird, wenn sich ein Akteur für die Durchführung einer Interaktion entscheidet. Er nimmt an, dass seine Entscheidung zu einem positiven Ergebnis führt, und hält das Risiko, dass das Gegenteil eintritt, für akzeptabel. Fehlt Vertrauen oder reicht es nicht aus, ist es die Aufgabe der Mittelsperson, alle denkbaren Risikobereiche abzubilden. Wird dann ein Risiko nach dem anderen eingedämmt, kann Vertrauen entstehen. Gibt es zu Beginn nur wenig Vertrauen, sind außerdem die Kosten für die Schaffung von Vertrauen noch höher.

Wenden wir uns wieder dem Kaufprozess zu. Welches Risiko wollen die Akteure bei diesem Prozess eingehen? Im ersten Schritt – Entdeckung – scheint die Risikoakzeptanz vergleichsweise hoch zu sein. Ein Akteur ist wahrscheinlich bereit, bei der Suche nach Informationen über mögliche Alternativen zu dem von ihm geplanten Kauf ein gewisses Risiko einzugehen.

IM FOKUS
Vertrauen als Motor einer Volkswirtschaft

Es besteht sogar ein Zusammenhang zwischen dem Grad des gegenseitigen Vertrauens und der Effektivität einer Volkswirtschaft – so der US-amerikanische Soziologe, Politikwissenschaftler und Philosoph Francis Fukuyama in seinem Buch *Trust: The Social Virtues and the Creation of Prosperity*[15.] Während wir uns im vorliegenden Buch mit den für das Zustandekommen von Transaktionen nötigen Aspekten des Vertrauens befassen, nimmt Fukuyama eine soziale Perspektive ein. Er geht der Frage nach, warum einige Länder wirtschaftlich erfolgreicher sind als andere. Nach Fukuyama wurzelt das Handeln des Homo oeconomicus vor allem in seiner Kultur. Er schließt daraus, dass die Kultur eines Landes bestimmt, wie der Markt in diesem Land funktioniert. Erfolg erklärt sich vor allem aus dem Maß an gegenseitigem Vertrauen zwischen den Bürgern, denn das ist eine wichtige Voraussetzung für Kooperation. Fukuyama unterscheidet zwischen Ländern mit hohem Vertrauen wie Deutschland, den USA und Japan und Regionen mit geringem Vertrauen wie Süditalien, Frankreich und Hongkong. Vertrauen kommt im Rechtssystem und im Machtgefüge innerhalb eines Landes zum Ausdruck, vor allem darin, in welchem Ausmaß Bürger von sich aus gegenseitige Beziehungen eingehen, um gegenseitigen Nutzen zu generieren. Fukuyama nennt das „spontane Assoziationsfähigkeit". Italiener zum Beispiel trauen insbesondere ihren Verwandten, was zahllose kleine Familienunternehmen hervorbringt. In der deutschen Kultur dagegen wird die für eine Stelle am besten qualifizierte Person eingestellt, unabhängig davon, mit wem sie verwandt ist. Die Folge davon ist ein viel größeres Wirtschaftswachstum. Das Ausmaß, in dem Bürger spontan für ein gemeinsames Ziel zusammenarbeiten, bestimmt Größe und Struktur der Unternehmen ebenso wie die Flexibilität der Wirtschaft. Ein hohes Maß an gegenseitigem Vertrauen reduziert Verwaltungskosten und ermöglicht ein effektiveres Wirtschaften. Mangel an Vertrauen führt dagegen zu Korruption und Bestechung. In einigen Ländern mit niedrigem Vertrauen wie Frankreich und Südkorea greift der Staat ein, indem er große staatliche Unternehmen gründet. Der Erfolg einer derartigen Intervention hängt allerdings sehr stark von der wirtschaftlichen Kompetenz der fraglichen Regierung ab. Auch wenn es durchaus Kritik an Fukuyamas Buch gab – zum Beispiel fänden mittelständische Unternehmen zu wenig Beachtung –, konnte er doch aufzeigen, dass Vertrauen für den Erfolg einer Wirtschaft vonentscheidender Bedeutung ist.

Abbildung 44
Die Transaktions-
risikoakzeptanzkurve

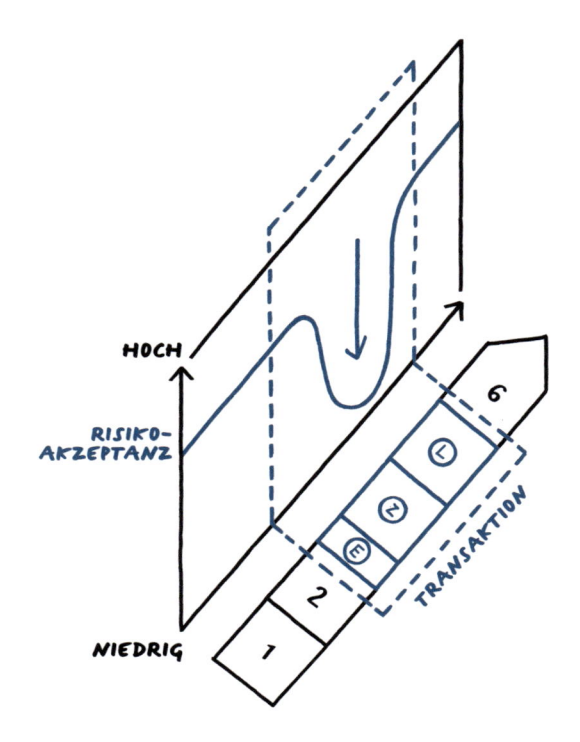

Das Gleiche gilt für den zweiten Schritt – Auswahl. Trifft ein potenzieller Käufer die falsche Wahl, wird dadurch zwar Zeit verschwendet. Da aber kein finanzielles Risiko besteht, sind die Folgen nicht gravierend. Erst in den nächsten Schritten, wenn zwei Akteure ein Geschäft abschließen, wird es ernst. Ist ein Geschäft abgeschlossen, dann war es das: Beide Akteure sind an das Ergebnis gebunden. Das bedeutet, dass keine Partei in dieser Phase Risiken eingehen will. Wegen der rechtlichen Komponente der Transaktionsschritte ist die Risikotoleranz auf beiden Seiten niedrig, denn die Folgen einer Fehleinschätzung der anderen Partei sind hier am größten. Die Mittelsperson muss also alles in ihrer Macht Stehende tun, um die bei den Transaktionsschritten von den beiden Akteuren wahrgenommenen Risiken zu begrenzen. Und da die Risiken in dieser Phase des Kaufprozesses am größten sind, muss die Mittelsperson für den Aufbau des nötigen Vertrauens erhebliche Kosten aufwenden.

Das Maß an gegenseitigem Vertrauen zwischen Akteuren wirkt als Koordinierungs- und Ausgleichsmechanismus. Bei hohem gegenseitigen Vertrauen ist es nicht nötig, den Austausch im Einzelnen aufzuzeichnen. Der erforderliche Vertragsumfang ist ein guter Indikator für das Maß an Vertrauen zwischen zwei Akteuren: Fehlt es an Vertrauen, bedarf es häufig umfangreicher Verträge, in denen die Bedingungen des Austauschs äußerst detailliert geregelt werden, damit Vertrauen hergestellt werden kann. Misstrauen macht also Transaktionen viel teurer. Andererseits: Ist Vertrauen vorhanden, lassen sich die Transaktionskosten erheblich senken.

Vor diesem Hintergrund liefert die Theorie des Nobelpreisträgers Ronald Coase (1910)[16] wertvolle Erkenntnisse: Aus der Sicht des britischen Wirtschaftswissenschaftlers sind Transaktionskosten das Ergebnis von Unehrlichkeit, Opportunismus und Fehlern bei einem wirtschaftlichen Austausch beziehungsweise einer Transaktion. Nach dieser Theorie existieren Unternehmen aufgrund dieser mit Transaktionen verbundenen Ineffizienzen. Unternehmen müssen ständig darauf achten, dass ihre eigenen Verwaltungskosten mit der in ihrem Markt erzielten Senkung der Transaktionskosten im Einklang stehen. Obwohl es nach der Auffassung mancher Kritiker andere Gründe für die Existenz von Unternehmen gibt[17], erscheint es plausibel, dass die Theorie von Coase zumindest auf jene Unternehmen beziehungsweise Teile davon zutrifft, die unmittelbar mit der Durchführung von Transaktionen verbunden sind.

Nach der Theorie von Coase besteht übrigens kein Zweifel daran, dass das Internet Transaktionskosten erheblich senken kann – mit enormen Auswirkungen auf die wirtschaftlichen Verhältnisse[18]. Derzeit wird nur ein Bruchteil dieser potenziellen Vorteile genutzt. Doch der Trend ist unverkennbar: Über Plattformen und mobile Geräte schließen wir heute Geschäfte ab, für die früher viel mehr nötig war als ein paar Klicks, zum Beispiel das Mieten eines Fahrrads, Autos oder Hauses oder die Bestellung von Lebensmitteln.

Da die Digitalisierung Wertschöpfungsketten verdichtet und die Anzahl ihrer Glieder reduziert, verringert sich auch das Fehlerrisiko, was wiederum automatisch die Transaktionskosten senkt. Allerdings halten die Menschen das Internet immer noch für riskanter als die reale Welt, wenn es um die Durchführung von Transaktionen geht. Mittelspersonen sind vollauf damit beschäftigt, Risiken zu beseitigen und Vertrauen zwischen Akteuren herzustellen. In der gegenwärtigen Phase des Internets müssen wir also immer noch in hohem Maße institutionelles Vertrauen in Anspruch nehmen. Ist das nicht mehr nötig, kann das Potenzial zur Senkung von Transaktionskosten im digitalen Bereich voll ausgeschöpft werden. In der Phase des transaktionalen Internets kann das Realität werden. Institutionelles Vertrauen wird dann zum großen Teil durch infrastrukturelles Vertrauen ersetzt.

Transaktionskosten sind das Ergebnis von Unehrlichkeit, Opportunismus und Fehlern bei einem wirtschaftlichen Austausch.

Darauf werden wir in Kapitel 5 eingehen.

Mobiltechnolicht es den V ihre eigenen verwalten.

gie ermög-
erbrauchern,
aten zu

Banken sind schon lange im Vertrauensmarkt tätig. Das Bankenwesen ermöglicht es allen Beteiligten, einander Geld zu überweisen, auch an Kunden anderer Banken. Das ist möglich, weil es zwischen den Banken Verträge nach dem weiter oben erörterten *T.R.U.S.T.-Framework* gibt. In der realen Welt halten wir es für vollkommen normal, dass nicht jedes Geschäft eine eigene Zahlungskarte hat, sondern dass es Zahlungsmethoden gibt, die man fast überall (transversal) einsetzen kann. Man könnte also sagen, dass wir Erfahrung mit Vertrauensmechanismen haben, sowohl zwischen Banken als auch zwischen Kunden und ihren Banken. Wie wurde dieser Prozess in all den Jahren organisiert? Wenn wir das verstehen, können wir daraus möglicherweise wichtige Lehren für den digitalen Bereich ziehen.

Transaktionales Vertrauen ist komplex und dient als spezieller Intermediär. In der Praxis ist allerdings zu sehen, dass sich viele Plattformen damit befassen, zum Beispiel die zahlreichen FinTech-Startups. Das ist bemerkenswert. Für eine Plattform ist es nämlich ein komplexer und zeitaufwendiger Vorgang, in jeder Phase des Transaktionsprozesses festzustellen, wer der Nutzer ist und in welchem Maße ihm vertraut werden kann.

Dies erfordert die Einrichtung eines umfangreichen Registrierungsprozesses, was häufig im Widerspruch zu den Wachstumszielen eines Unternehmens steht. Das Zauberwort in der digitalen Wirtschaft lautet schließlich *Upscaling*. Das gilt für fast alle Arten von Plattformen: Je schneller man einen Markt dominieren kann, desto besser. Gehören Transaktionen zum Angebot, wird dieses Wachstum behindert, weil die Identität der beiden beteiligten Akteure gesichert sein muss. Besucher einer Plattform brechen den Registrierungsprozess nicht selten mittendrin ab – vor allem dann, wenn physische Kopien von Identifikationsnachweisen angefordert werden. Die Verbraucher wollen es einfach haben und sind vor allem bei relativ kleinen, weniger häufigen Transaktionen oft nicht bereit, einen derart zeitraubenden Prozess zu absolvieren. Das bedeutet: Plattformen mit einem einfachen Registrierungsprozess haben ein größeres Wachstumspotenzial.

Ein Markt wird fragmentiert, wenn jeder Anbieter seine eigenen Onboarding-Mechanismen einführt und den Nutzern die Interaktion mit Akteuren anderer Plattformen verwehrt. Das Ergebnis: Im Verhältnis zur Nutzerkonversion sind die Kosten der einzelnen Onboarding-Mechanismen hoch. Und dem Nutzer hilft es wenig, wenn er durch eine Registrierung nur zu einem begrenzten Teil des Marktes Zugang erhält, während die Entwicklung des Marktes als Ganzes hinterherhinkt.

Im fragmentierten Markt von heute haben Verbraucher eine vor Karten überquellende Brieftasche, einen mit Passwörtern überfluteten Kopf und ein mit Apps vollgestopftes Mobiltelefon.

Genau das beobachten wir: Zurzeit hat fast jede Plattform einen eigenen Vertrauensmechanismus beziehungsweise ein eigenes Authentifizierungssystem. Wer auf Facebook posten oder Nachrichten lesen will, muss zuerst den Registrierungsprozess durchlaufen. Will dann dieselbe Person bei Amazon ein Buch kaufen, muss sie erneut einen Identifizierungsprozess absolvieren. Und wenn sie rasch auf den Tweet eines Freundes antworten möchte, muss sie sich über ein anderes Protokoll bei Twitter anmelden. Das Ergebnis? Die vorhandenen Hürden erschweren der Mittelsperson das Upscaling ihrer Plattform. Sie alle wollen den Endnutzern für die Nutzung der von ihnen angebotenen Funktionen ein bestimmtes Verhalten aufzwingen. Und die Verbraucher haben eine vor Karten überquellende Brieftasche, einen mit Passwörtern überfluteten Kopf und ein mit Apps buchstäblich vollgestopftes Mobiltelefon. Das Ergebnis ist weniger Sicherheit, vor allem dann, wenn stets dieselben vorhersehbaren Passwörter verwendet werden. Und Datenlecks betreffen fast automatisch mehrere digitale Identitäten.

Es wäre für alle Beteiligten viel einfacher, gäbe es nur ein standardisiertes digitales Profil – vergleichbar mit dem einen amtlichen Reisepass, den wir in der physischen Welt benutzen und der uns überall Zugang gewährt. Wir halten es für vollkommen selbstverständlich, dass wir nicht je nach Ziel einen anderen Pass in einer anderen Farbe vorzeigen müssen. Das Chaos, das dadurch in unserer Verwaltung entstehen würde, ist vergleichbar mit den unzähligen Passwörtern und Zugangsdaten, mit denen es der digitale Verbraucher von heute zu tun hat. Im Idealfall werden diese Reibungsverluste durch eine *Vertrauensplattform* beseitigt. Wie würde so etwas funktionieren? Vielleicht folgendermaßen: Verbraucher müssen sich nur einmal registrieren. Danach können sie diese Registrierung für alle anderen Plattformen verwenden. Alle Transaktionen könnten ohne Reibungsverluste in wirklich großem Maßstab durchgeführt werden. Wie bezahlen wir in der realen Welt mit unserer Bankkarte? Wir müssen uns nicht in jedem Geschäft registrieren, bevor wir bezahlen können. Das Gleiche ist auch im digitalen Bereich möglich – vorausgesetzt, die Infrastruktur ist so organisiert, dass die digitalen Profile der Akteure des Wirtschaftsgeschehens auf sichere Weise registriert und bereitgestellt werden. Eine derartige transversale Wiederverwendung von Profildaten kann dazu beitragen, ein völlig neues wirtschaftliches Potenzial zu erschließen. Die Web3-Bewegung, bei der Nutzer anfangen, selbst die Kontrolle über ihre Daten zu haben, könnte ein erster und entscheidender Schritt in diese Richtung sein.

Fast alle Plattformen, von Twitter bis iTunes, verfügen über ein Onboarding-Verfahren, wobei der erste Schritt aus einer einmaligen Identifizierung besteht. Das verschafft dem Akteur die Möglichkeit der wiederkehrenden Nutzung des tatsächlichen Angebots. Wie wir gesehen haben, ist dieser erste Schritt aus strategischer Sicht von entscheidender Bedeutung. Wenn viele potenzielle Nutzer die Plattform in dieser Phase verlassen, werden sie nie erfahren, worum es bei dem Service geht. Wie zuvor angedeutet, muss die Mittelsperson, will sie ihr Angebot so vielen Interessenten wie möglich zugänglich machen, den Onboarding-Prozess so reibungslos wie möglich gestalten. Zu diesem Zweck kann sie spezialisierte Vertrauensplattformen nutzen, welche die digitalen Identitäten, kurz IDs, bereits zur Verfügung stellen. Akteure wie Facebook, Google und Twitter operieren in diesem Markt, ebenso wie eine wachsende Zahl von Banken und Behörden, mit den von ihnen bereitgestellten Log-ins.

Die Haupttätigkeit einer Vertrauensplattform besteht darin, durch die Registrierung und Authentifizierung von Nutzern Vertrauen so zu organisieren, dass es in großem Maßstab genutzt werden kann. Dabei werden zwei Nutzergruppen angesprochen: Die erste Gruppe bilden die Verbraucher beziehungsweise Endnutzer, die auf einfache und sichere Weise Zugang zu möglichst vielen Produkten und Dienstleistungen bekommen wollen – egal ob es darum geht, einen Tweet zu posten, ein Spiel zu kaufen oder den Wocheneinkauf zu bestellen. Die zweite Gruppe besteht aus jenen Organisationen, welche die fraglichen Dienstleistungen oder Produkte anbieten. Geht es nur um die Nutzung von Identitätsdaten, nennt man sie *Relying Party (vertrauende Partei)*. Demgemäß ist das Angebot der Vertrauensplattform asymmetrisch, denn beide Gruppen brauchen ihre eigenen Service-Funktionen. Dem Endnutzer wird ein benutzerfreundliches Registrierungssystem angeboten, mit dem sich seine Identität feststellen lässt. Potenzielle Nutzer sind wohl nur dann bereit, ihre personenbezogenen Daten zur Verfügung zu stellen, wenn die Vertrauensplattform selbst ein hohes Ansehen genießt. Kann sie anhand nachweislicher Erfolge zeigen, dass sie in der Lage ist, mit geschützten Daten sorgfältig umzugehen? Und dass die Daten nicht nach einem Hack nach draußen gelangen? Außerdem werden die Endnutzer wissen wollen, dass ihr Aufwand ausreichend belohnt wird. Bekommen sie genug für ihre Registrierung? Wie oft werden sie die Registrierung nutzen?

Die Haupttätigkeit einer Vertrauensplattform besteht darin, durch die Registrierung und Authentifizierung von Nutzern Vertrauen so zu organisieren, dass es in großem Maßstab genutzt werden kann.

Auf der anderen Seite des Marktes benötigen die Kunden der Nutzerdaten, die vertrauenden Parteien, ein Angebot, das ihren spezifischen Bedürfnissen entspricht. Es muss ihrem eigentlichen Ziel dienen: die Skalierung des Unternehmens so einfach wie möglich zu machen. Natürlich müssen die Vertrauensdaten selbst zuverlässig sein. Außerdem müssen sich diese Datenströme – zum Beispiel Namen und Lieferadressen – leicht in ihren eigenen Prozess integrieren lassen, etwa in die Onboarding- und Transaktionsschritte ihrer eigenen Wertschöpfungskette. Dem Endnutzer der Plattform, welche die Daten nutzt, muss die Customer Journey wie ein logischer und umfassender Prozess vorkommen, mit so wenigen Schritten wie möglich. Zudem muss die Vertrauensplattform sicherstellen, dass es sich bei den vertrauenden Parteien um zuverlässige Akteure handelt, mit denen ihre Endnutzer auf sichere Weise Geschäfte abschließen können.

Wie wir gesehen haben, benötigt ein asymmetrisches Angebot indirekte Netzwerkeffekte. Diese Art von Plattform ist schwieriger zu skalieren: Die Mittelsperson muss für genügend Reichweite auf beiden Seiten des Marktes sorgen, mit zwei unterschiedlichen Angeboten. Gelingt es einer Mittelsperson, auf einer Seite ihres Marktes Marktvolumen zu schaffen, ist eine wichtige Bedingung für die andere Seite ihres Marktes erfüllt. Vertrauensplattformen verfolgen außerdem häufig eine *Winner-takes-all*-Strategie und versuchen, den Markt zu dominieren. Der Wert des von ihnen geschaffenen Vertrauens hängt nicht nur von dessen Qualität ab, sondern auch davon, in welchem Ausmaß sie Vertrauen anbieten können. Mit jedem Nutzer auf einer der beiden Seiten ihres Marktes erhöht sich ihr Wert.

Der Wert des von ihnen geschaffenen Vertrauens hängt nicht nur von dessen Qualität ab, sondern auch davon, in welchem Umfang sie Vertrauen anbieten können.

Mittelspersonen können die alleinige Marktbeherrschung anstreben oder mit anderen Anbietern zusammenarbeiten. Anders ausgedrückt: Sie können eine Hub-Strategie oder eine Netzwerkstrategie verfolgen. Zunächst einmal ist die Organisation des Vertrauens nach dem Hub-Modell klarer: Die Mittelsperson kontrolliert alles. Wer ein Netzwerkmodell verwendet, muss zuerst das gegenseitige Vertrauen zwischen den Beteiligten organisieren. Das bedeutet: Mittelspersonen, die das Hub-Modell verwenden, können ihr eigenes *T.R.U.S.T.-Framework* organisieren, während sich die an einem Netzwerkmodell beteiligten Parteien zunächst über den sich überschneidenden Teil ihrer jeweiligen *T.R.U.S.T.-Frameworks* einigen müssen. Gelingt ihnen das, kommt es zu einem Netzwerkeffekt: Jeder Teilnehmer erweitert das Netzwerk um seine Kunden, was zu einem exponentiellen Wachstum der Gesamtreichweite führt.

Im Vertrauensmarkt sind zwei Arten von Dienstleistern mit ihren transversalen Plattformen tätig: *Zahlungsdienstleister* und sogenannte *Identitätsdienstleister*. Weithin anerkannte Zahlungsdienstleister, die digitale Finanztransaktionen ermöglichen, müssen zunächst das Vertrauen zwischen den Akteuren organisieren und einen Wert schaffen, der dann auf anderen Plattformen wiederverwendet werden kann. Kreditkarten wie Visa und MasterCard, beide im Einklang mit den T.R.U.S.T.-Grundsätzen in einem Netzwerkmodell organisiert, sind bekannte Beispiele für diese Zahlungsmethoden mit weltweiter Verbreitung. Die Karteninhaber können mit ihrer Karte an Millionen Orten auf der ganzen Welt Autos mieten, die Zehntausende Euro wert sind. Sie müssen nur eine Plastikkarte vorzeigen. Visa und MasterCard schufen weltweit Vertrauen zwischen Parteien, die sich im Grunde genommen völlig fremd sind. Wirklich eine bemerkenswerte Leistung. Vor allem, wenn man weiß, dass der Prozess vollständig auf Daten basiert. American Express, Diners Club und JCB machen das Gleiche, aber nach einem Hub-Modell.

Die relativ neue Kategorie der Identitätsplattformen organisiert ebenfalls Vertrauen, jedoch ohne den Schritt der Bezahlung. Diese ermöglichen es anderen Plattformen, Nutzerdaten wiederzuverwenden. Damit bekommen longitudinale Plattformen die Möglichkeit, ihren Onboarding-Prozess zu vereinfachen: Sie können von dem Vertrauen profitieren, das die Identitätsplattform bei ihren Nutzern bereits genießt. Kann Vertrauen von anderen Plattformen in Anspruch genommen werden, profitieren alle davon. Die Transaktionskosten sinken und verschwinden im Idealfall ganz. Dann können die Transaktionen ohne Hindernisse in Sekundenschnelle durchgeführt werden. Beispiele für Identitätsplattformen sind staatliche Plattformen wie DigiD oder Neue Personals Ausweis, Banken mit Initiativen wie die gleichlautenden, aber unterschiedlichen BankID in Schweden und Norwegen, aber auch Social-Media-Unternehmen wie Facebook und Google. Insbesondere seit der Einführung von COVID-Zertifikaten hat der Identitätsmarkt deutlich Aufwind erfahren. In Europa unterstreicht vor allem die überarbeitete eIDAS-Verordnung[19] zur digitalen „Brieftasche" diese Entwicklung.

4.6 Zahlungsplattformen

Von Beginn an war der Zahlungsmarkt mit Vertrauen verknüpft. Das ist offensichtlich, denn die Parteien wollen bei einer Zahlung sicher sein, dass der richtige Betrag an die richtige Person oder das richtige Unternehmen überwiesen wird. Über Jahrhunderte hat dabei auch Reichweite eine wichtige Rolle gespielt: Je mehr Händler Ihre

Münzen oder Zahlungskarte akzeptieren, desto wertvoller ist die Zahlungsmethode. Umgekehrt gilt analog, dass eine Zahlungsmethode umso interessanter für Händler ist, je häufiger sie verwendet wird. Währungen und Zahlungsmethoden sind also von Anbeginn der Zeit an ein Ausdruck von Vertrauen.

IM FOKUS
Eine kurzgeschichte des Geldes

Seit Menschen überlegen, wie sie ihr Leben etwas bequemer gestalten können, gibt es Handel. Du hast A, ich habe B – wie können wir beide profitieren, ohne dass einer von uns benachteiligt wird? Zunächst waren das ziemlich komplexe Tauschgeschäfte. Eine Person, die eine Kuh besaß, tauschte beispielsweise mit anderen Menschen Teile dieser Kuh gegen ein Huhn, Milch, Brot oder Eier. Diese Methode hatte ihre Nachteile, da der Wert der verschiedenen Produkte nicht statisch war und entsprechend entgegengesetzte Bedürfnisse nicht vorausgesetzt werden können. Stieg die Nachfrage nach Eiern, stieg auch ihr Wert. Sank die Nachfrage nach Eiern hingegen, sank auch ihr Wert. Viele Güter wie Eier oder Milch waren außerdem nur begrenzt haltbar. Es war also Zeit für etwas Neues – einen zwischengeschalteten Handelsmechanismus, der einen stabilen Wert hatte und nicht schlecht werden konnte. Salz beispielsweise erfüllte diese Kriterien. Zu Zeiten der Römer war Salz sehr selten und die Nachfrage nach Salz sehr hoch. Die Soldaten des römischen Kaisers wurden in Salz bezahlt. Das alte deutsche Wort „Salär" stammt von dem lateinischen Wort für Salz („sal").

Aber Salz oder andere Alternativen wie Zähne oder Muscheln waren ebenfalls nicht perfekt – und Edelmetalle etablierten sich als immer beliebtere Lösung. Sie waren fast unmöglich zu fälschen, die Münzen verdarben nicht und sie hatten einen festen Wert, der sich von ihrem Gewicht ableitete. Außerdem waren sie vergleichsweise leicht zu transportieren. Um 770 v. Chr. verwendeten die Chinesen als Erste Bronze als Währung. Ein paar Jahrhunderte später war Alexander der Große nicht nur ein überaus erfolgreicher Eroberer, sondern auch der erste Herrscher, der staatlich geprägte Goldmünzen in Umlauf brachte, um ihren Wert und ihre Qualität sicherzustellen. Über Jahrhunderte waren Edelmetalle die einzige Alternative zu physischen Tauschgeschäften. Diese Ära dauerte vermutlich bis ungefähr 700 n. Chr., als wiederum die Chinesen in kleinem Umfang mit Papiergeld zu experimentieren begannen. Erst im 14. Jahrhundert sollte sich Papiergeld in großem Umfang als anerkannte Zahlungsmethode etablieren. Im Westen mühten sich die Menschen noch Jahrhunderte ab, Taschen voller schwerer Münzen zu transportieren. Aber irgendwann waren sie die ewigen Raubüberfälle und Plündereien ihres Silbers und Golds leid. So entstanden in Amsterdam die ersten Banken. Sie bewahrten die wertvollen Münzen auf und gaben den Leuten dafür einen sogenannten *Wechsel*. Die Menschen konnten mit diesem Wechsel später zur Bank zurückkommen und ihn zurück in Geld tauschen. Die Wechsel waren allerdings so praktisch, dass die wenigsten Leute wiederkamen, um ihre Münzen abzuholen. Man begann, die Wechsel selbst im Handel einzusetzen – ganz wie Banknoten heute. Der Wert der Banknoten war ursprünglich direkt mit dem intrinsischen Wert des mit ihr verbundenen Stücks Gold verknüpft, das irgendwo gelagert wurde. Der *Goldstandard* diente lange Zeit als Grundlage für Vertrauen in das internationale Währungssystem. So wurden die Wechselkurse zwischen verschiedenen Währungen festgelegt. Die Schwankungen des Goldmarkts wirkten sich also indirekt auf die Preise von Waren und Dienstleistungen aus. Deckte das Goldangebot ursprünglich noch die im Umlauf befindliche Geldsumme vollständig ab, wurde diese Verknüpfung mit der Zeit aufgehoben. Mit dem *Goldkernstandard* waren nur noch 40 Prozent aller im Umlauf befindlichen Scheine abgedeckt. Es folgte der *Goldwechselkurs*, bei dem der Wert beispielsweise des niederländischen Guldens mit dem US-amerikanischen Dollar verknüpft wurde, der wiederum mit dem Goldstandard verknüpft wurde. Schließlich wurde der Goldstandard 1971 vollständig aufgegeben. Eine wichtige Überlegung war, dass das Goldangebot nicht in dem gleichen Tempo wachsen kann wie die Wirtschaft, sodass es knapp wurde und deflationäre Wirkung hatte. Der Abschied vom Goldstandard bedeutete, dass Geld für Regierungen zunehmend ein Mittel wurde, um die Wirtschaft eines Landes oder einer Region zu regulieren, indem man bei Bedarf ganz einfach die Druckerpresse anwarf. Der Wert der Währung wurde stark vom Grad der Akzeptanz durch internationale Handelspartner abhängig. Und wieder spielte Vertrauen eine wichtige Rolle. In unserem digitalen Zeitalter schreiben Bitcoin und, seit neustem, Stablecoins und Digitales Zentralbankgeld (*Central Bank Digital Currencies, CBDC*) ein neues Kapitel der Geschichte des Geldes. Geld = Daten = Vertrauen.

Die Transversalität von Zahlungsplattformen

Der Zahlungsmarkt hat eine ganz eigene Struktur. Es handelt sich um ein sehr komplexes System mit zahlreichen Plattformen. Es gibt viele Anbieter wie Banken, Kreditkartenunternehmen und Anbieter von digitalen Zahlungsangeboten. Jeder hat sein eigenes Plattformgeschäft und verwendet entweder das Hub-Modell oder das Netzwerkmodell. Dieser farbenfrohen Landschaft liegt eine Basisinfrastruktur zugrunde, die die Umsetzung aller Zahlungen ermöglicht, die die einzelnen Anbieter in die Wege leiten. Diese Infrastruktur schafft außerdem die Voraussetzungen dafür, dass Kontoinhaber bei Bank A Geld an Kontoinhaber bei Bank B überweisen können – weltweit.

Wie haben es Banken geschafft, einen Marktstandard mit so einer gewaltigen Reichweite zu schaffen und Zahlungen jedweder Höhe national und international abzuwickeln? Der Staat spielt dabei eine wichtige Rolle. Keine Institution kann das Wort „Bank" in ihrem Markennamen führen, bevor sie eine *Banklizenz* hat. Die Welt der Banken ist tatsächlich ein von staatlicher Seite aus geschaffenes System – ein institutionalisiertes und mit staatlicher Unterstützung aufgebautes Kartell. Man kann natürlich von Lizenzvergabe sprechen, aber es handelt sich beim Bankwesen doch eher um ein Kartell, das unter bestimmten Bedingungen bestehen darf. Neue Mitglieder können beitreten, wenn sie transparente Zulassungsanforderungen erfüllen. Für Verbraucher ist das Wort „Bank" ein Vertrauensanker, der ihnen vermittelt, dass es sicher ist, Finanztransaktionen mit einer solchen Institution durchzuführen und ihr Geld dort zu lagern. Um das möglich zu machen, gelten besondere nationale Vorschriften in Form eines Bankengesetzes[20].

Die gemeinsame globale Infrastruktur von Banken und Zentralbanken stellt sicher, dass nach jeder Zahlung ein *Settlement* stattfindet. Dieses geschlossene System wurde eigens für diesen Zweck mit maßgeschneiderter Telekommunikationstechnik entwickelt, lange bevor das Internet geboren wurde. Über Jahrhunderte haben Regierungen und Banken das Vertrauen aufgebaut, das dafür sorgt, dass Zahlungstransaktionen sicher abgewickelt werden können. Jede Plattform, die eine Transaktion ermöglichen will, muss sich letzten Endes mit dieser Infrastruktur befassen, die wiederum aus einem Plattform-Stack besteht. Deshalb wird sie auch der *Zahlungsstack* genannt.

Wie funktioniert das? Mit dem oben erwähnten Zahlungsstack wird die Abwicklung einer Zahlung auf drei Ebenen durchgeführt: Zunächst kommt die formale *Autorisierung* durch den beteiligten Akteur. Das geschieht in dem Moment, in dem beide Akteure der Trans-

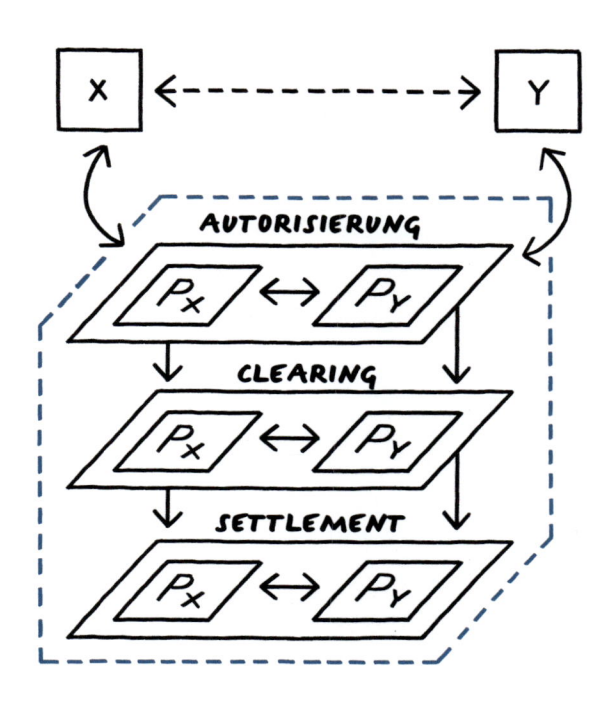

Abbildung 45
Der Zahlungsstack verarbeitet jede Zahlung auf drei Ebenen.

aktion zustimmen. Damit wird ein Prozess angestoßen, der auf einer Reihe von Regeln basiert, die beschreiben, wie die Zahlung bearbeitet wird. Die Regeln sind in Form von Vereinbarungen festgelegt worden. Der zweite Schritt ist das *Clearing* zwischen den beiden beteiligten Banken, wobei die gegenseitigen Positionen bei der nationalen Bank über ein *Automated Clearing House (ACH)* verrechnet werden. In den Niederlanden beispielsweise werden alle Zahlungen zwischen Banken über Atos Worldline (vormals Equens und davor Interpay) verarbeitet. Schließlich findet auf höchster Ebene – über das Target2-System der Europäischen Zentralbank – das Settlement zwischen nationalen Banken statt. Es ist wichtig zu verstehen, dass es auf jeder Ebene mehrere Plattformen gibt, als Hubs und/oder als Netzwerke, die gemeinsam das Interbank-Zahlungssystem bilden. Zwei Buchtipps, um das Thema zu vertiefen: *The Payment System* von Tom Kokkola[21] bietet einen sehr guten Überblick über das Eurosystem und *The Pay Off* von Gottfried Leibbrandt und Natasha de Terán[22] erklärt anschaulich das weltweite Zahlungswesen.

Lektüretipps:
The Payment System von Tom Kokkola und *The Pay Off* von Gottfried Leibbrandt und Natasha de Terán.

Zurzeit findet nur der erste Schritt dieses Prozesses in Echtzeit statt. Das bedeutet konkret: In dem Moment, in dem eine Zahlung bestätigt wird – zum Beispiel an einem Kartenlesegerät –, wird der Betrag sofort vom Ausgabenlimit der Partei abgezogen, die die Zahlung leistet. Das wird dem Empfänger umgehend bestätigt, sodass dieser ohne Zeitverlust die Lieferung vornehmen kann. Die Garantie, dass der Empfänger das Geld bekommen wird, stellt im Prinzip genauso viel Vertrauen dar wie das Geld selbst. Das liegt daran, dass der Anbieter sein Geld in der Regel einen Tag später und heutzutage zunehmend auch „sofort" bekommt. Der Betrag wird innerhalb weniger Sekunden nach der Bestätigung der Transaktion dem Konto des Empfängers gutgeschrieben.

Die konsekutiven Schritte in dem Prozess – wie die Banken ihre gegenseitigen Positionen bearbeiten – können variieren. Das Settlement kann brutto oder netto erfolgen. Bei der *Nettoabrechnung* bilden die Zahlungen zunächst eine Art Buch und die Banken rechnen ihre gegenseitigen Salden regelmäßig ab, ohne dass Geld hin- und herbewegt wird. Bei der *Bruttoabrechnung* wird mit jeder Zahlung Geld ausgetauscht. Die Zahlungstransaktionen, bei denen die Rechte und Pflichten beider Parteien erfasst worden sind, bilden die Grundlage für alle Folgeschritte. Auf allen Ebenen der Zahlungsabwicklung muss die Identität beider Parteien festgestellt werden. Haben wir es immer noch mit denselben Akteuren zu tun? Da dies die Verarbeitung von Transaktionen auf der Datenebene umfasst, müssen alle beteiligten Parteien identifiziert werden, sowohl Käufer als auch Verkäufer sowie die Banken und Zentralbanken selbst, die an einer gegenseitigen Verrechnung beteiligt sind.

Alle Plattformen, die Zahlungen ermöglichen, sind aus Gründen der Reichweite mit einem Zahlungsstack verknüpft.

Wir haben gesehen, dass immer mehr Plattformen sich darauf vorbereiten, Transaktionen in der digitalen Welt zu ermöglichen. All diese Plattformen sind auf gewisse Weise mit dem zentralen Zahlungsstack verknüpft, der stellvertretend als Vertrauensplattform dient, indem Wert gesammelt und transversal zur Verfügung gestellt wird, sodass Zahlungstransaktionen sicher stattfinden können. Alle Plattformen, die bei der Ermöglichung von Transaktionen eine Rolle spielen, nutzen diesen gemeinsamen kumulierten Wert. Zahlungsplattformen stellen den Nutzern und anderen Plattformen diesen transversalen Wert zur Verfügung.

Eine Kreditkarte ist ein Beispiel für eine solche Plattform. Jedes Kreditkartenunternehmen bietet unter seinem eigenen Markennamen eine Methode an, die Zahlungen bequem ermöglichen will und dabei die grundlegende Infrastruktur und das kumulierte Vertrauen des weltweiten Bankensektors verwendet.

Diners Club war die erste Kreditkarte, wie wir sie heute kennen. Das Unternehmen wurde 1950 gegründet und machte es für Karteninhaber möglich, ihre Rechnungen in assoziierten Restaurants einmal monatlich zu bezahlen. Das sollte sich als relevantes Angebot bewähren, das für zwei Parteien ein bestehendes Problem lösen konnte, das einer der Mitgründer selbst erfahren hatte. Die Legende besagt, dass Gründer Frank McNamara für ein Geschäftsessen bezahlen wollte und sein Portemonnaie vergessen hatte. Aus dieser Situation heraus wurde die Idee für Diners Club geboren. Karteninhaber zahlten eine Jahresgebühr von fünf US-Dollar, Restaurantinhaber eine Gebühr in Höhe von sieben Prozent – so konnte die Plattform die Anzahl der Karteninhaber innerhalb von zwei Jahren auf 40.000 steigern[23]. Damit wurde die Karte für Restaurantinhaber zunehmend interessant und das Unternehmen konnte seine Reichweite auf der Seite des Markts immer weiter ausbauen. Die Netzwerkeffekte setzten sich fort und Mitte der 1960er-Jahre zählte das Unternehmen 1,3 Millionen Karteninhaber. American Express folgte 1959 mit einer eigenen Karte, die besonders in der Reisebranche verwurzelt war. Beide Parteien setzten auf das Hub-Modell und konzentrierten sich darauf, ihr eigenes geschlossenes Netzwerk so groß wie möglich zu machen. Später entwickelten sich die Wettbewerber Visa und MasterCard beide in Richtung eines offenen Systems, für das eine Kooperation zwischen Banken erforderlich ist. Deshalb haben Visa und MasterCard auf das Netzwerkmodell gesetzt, jeweils mit einem eigenen *Scheme* als Grundlage für die Kooperation auf ihren Plattformen.

Kreditkartenunternehmen müssen sich mit der vollständigen Plattformdynamik zweiseitiger Märkte auseinandersetzen und zum Beispiel indirekte Netzwerkeffekte erzeugen. Schließlich wollen Verbraucher eine Kreditkarte nur dann kaufen, wenn diese von ausreichend vielen Händlern akzeptiert wird. Verkäufer hingegen werden sich nur dann für das Angebot interessieren, wenn der Pool möglicher Käufer, die diese Zahlungsmethode nutzen können, ausreichend groß ist. Um das zu erreichen, nutzen Kreditkartenunternehmen sowohl das Hub-Modell als auch das Netzwerkmodell.

Abbildung 46 zeigt, wie das Netzwerkmodell von Visa oder MasterCard funktioniert: Auf der einen Seite gibt es Akteur X, den Käufer, der eine Zahlung leisten will. Das geschieht über die *ausgebende Bank* – also über eine lokale Bank, die MasterCard-Kreditkarten ausgibt. Auf der anderen Seite steht Akteur Y, der Händler, der eventuell ein Konto bei einer anderen Bank hat, der sogenannten *anwerbenden Bank*. Letztere erhält die Zahlung von der ausgeben-

Kreditkartenunternehmen bauen oberhalb des Zahlungsstacks ihre eigene transversale Plattform auf.

Abbildung 46
Kreditkarten als
Netzwerkmodell

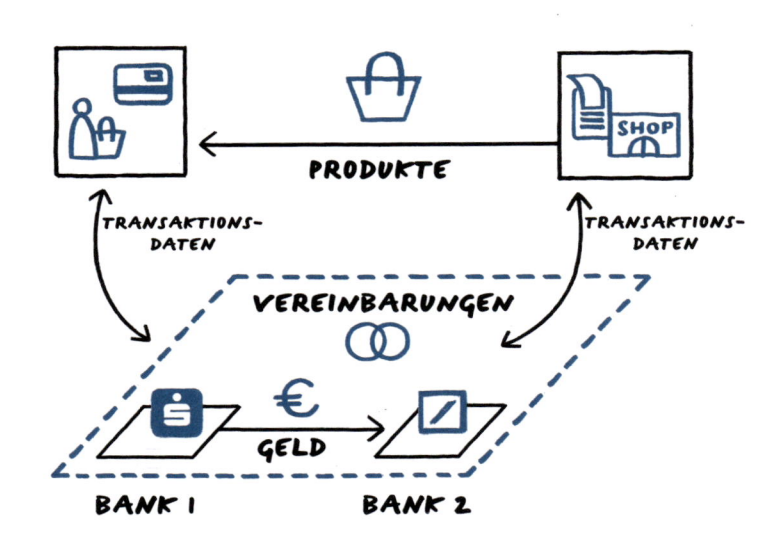

den Bank und bezahlt dann den Händler. Dem allen liegt der bereits erwähnte *Zahlungsstack* zugrunde, der sicherstellt, dass die Positionen zwischen den Banken abgerechnet werden.

Um die oben erwähnte Zahlung verarbeiten zu können, bieten Visa und MasterCard Zugang zu den Kontoinhabern der ausgebenden Banken und senken dabei das finanzielle Risiko für die anwerbende Bank: Die Transaktion wird nur abgeschlossen, wenn genug Guthaben vorhanden ist. Sie berechnen einander sogenannte *Interbankenentgelte*; oberster Grundsatz ist, dass die anwerbende Bank einen Teil der von ihr vereinnahmten Händlergebühr an die ausgebende Bank weitergibt. Seit 2015 gelten dafür strenge europäische Vorschriften. Die Banken agieren also als Wettbewerber, jede Bank mit ihrer eigenen Bankenplattform, und arbeiten in einem Netzwerk bei spezifischen Elementen ihres Wertversprechens zusammen. Das erhöht den Mehrwert der Dienstleistung für den Endnutzer erheblich. Die Banken können außerdem auch technisch zusammenarbeiten, zum Beispiel, um sicherzustellen, dass konkurrierende Karten an den gleichen Lesegeräten genutzt werden können. Das scheint selbstverständlich, aber in Ländern wie der Türkei oder Indonesien haben Läden häufig mehrere Lesegeräte von verschiedenen Banken. In der Praxis gibt es verschiedene Möglichkeiten, eine solche offene Netzwerkstruktur zu organisieren. Aber es erfordert immer ein *T.R.U.S.T.-Framework* oder *Scheme*, das festlegt, welche Daten unter welchen Bedingungen geteilt werden, wie Interbankenentgelte und Transaktionsdaten. Das kann auch eine teilweise gemeinsame Infra-

FALLBEISPIEL
Visa: Governance als Geschäftsmodell

Das Kreditkartenunternehmen Visa ist nach dem Netzwerkmodell organisiert und hat es so geschafft, auf beiden Seiten des Marktes gewaltige Reichweite aufzubauen. Zusammenarbeit in einem solchen Ausmaß zu organisieren und zu verwalten ist schon eine Kunst für sich. Es zeigt sich immer wieder, dass der Schlüssel zu einem erfolgreichen gemeinsamen Wertversprechen ein System von Vereinbarungen ist, das die Bedingungen regelt, nach denen ein konsistentes Benutzererlebnis geschaffen wird. Visa hat sich sogar entschieden, Governance zum Kerngeschäft zu machen. Im Jahr 2008 – mitten in der Finanzkrise – gab das Unternehmen Aktien mit einem Gesamtwert von 17,9 Milliarden US-Dollar aus. Damit gelang Visa der bis dahin größte Börsengang der US-Geschichte. Visa folgte dem Beispiel des kleineren Wettbewerbers MasterCard, einem Unternehmen, das mit seinem Börsengang zwei Jahre eher Kapital in Höhe von 2,4 Milliarden US-Dollar einsammelte.

Der Gründer und spätere CEO Dee Hock (1929) erzählt in seinem Buch *One from Many: VISA and the Rise of Chaordic Organization*[24], wie Visa an diesen Punkt gelangt ist. Hock hat sein Unternehmen bewusst als dezentrale und „chaordische" Organisation aufgebaut. Das Kofferwort chaordisch bezeichnet eine Mischung aus Chaos und Ordnung. Es beschreibt eine Netzwerkorganisation, die auf wesentliche Grundsätze wie Selbstorganisation, gemeinsame Zielen und proportionale Verteilung von Macht setzt. Laut Hock war das Unternehmen vor dem Börsengang in den USA nicht mehr als eine Zusammenarbeit von etwa 13.000 US-amerikanischen und 8.000 europäischen Banken mit Visa-Karten.

Der Börsengang hat das Wesen des Unternehmens grundlegend verändert. Während im ursprünglichen Modell Banken die Governance gemeinsam organisiert hatten, verkauften sie mit dem Börsengang praktisch ihre Befugnisse bezüglich der Plattform. Unter den neuen Begebenheiten sind Banken Kunden der „neuen" Organisation, die das Ziel verfolgt, die Zahlungen zwischen konkurrierenden Banken innerhalb des Visa-Netzwerks auf sichere Weise zu steuern. Die Banken haben ein Konto bei Visa und Visa übernimmt – gegen eine kleine Gebühr – die Abrechnung und sorgt dafür, dass der gesamte Prozess für die Endnutzer reibungslos abläuft. Im Prinzip wird also der Kunde des Kunden unterstützt. Die Frage ist, ob das langfristig im Interesse der Banken ist. In welchem Umfang stehen die Interessen der Organisation in Einklang mit ihren eigenen Wünschen? Wer hat letztlich den Kontakt zum Endnutzer? Bisher ist es in jedem Fall ein erfolgreiches Modell: 2018 erreichte das Unternehmen eine Marktkapitalisierung von 145 Milliarden US-Dollar und lag damit auf Platz 16 der größten Unternehmen der Welt[25].

struktur sein, wie das Netzwerk, das zusammen ein Kartenlesegerät für die Läden herausgibt, das bestimmte vereinbarte Spezifikationen erfüllt, oder eine Kombination aus beidem.

Das Zahlungsökosystem wächst

Vor dem Beginn des digitalen Zeitalters war der Zahlungsmarkt ziemlich einfach. Jeder wusste, wie man einen Scheck benutzt, und jeder wusste, wie sich jeder in Einklang mit marktüblichen Standards verhielt. Traditionellen Banken gelang es jedoch nicht, ausreichend auf die neuen Chancen zu reagieren, die ihnen das Internet seit den 1990er-Jahren eröffnete. Das bedeutete, dass die Endnutzer zunächst in der digitalen Bankenwelt nur unzulänglich oder überhaupt nicht bedient wurden. Innovative FinTech-Unternehmen ergriffen die Chancen, die sich ihnen boten, und sind bis heute in großer Zahl in den Markt eingetreten. Banken sind außerdem infolge von Regulierungen zunehmendem Wettbewerb ausgesetzt. Europa verfolgt das ehrgeizige Ziel, mit dem Europäischen Zahlungsraum (SEPA) einen großen Zahlungsmarkt zu etablieren. Das bedeutet, dass nationale Zahlungsanbieter künftig nicht mehr vor ausländischen Konkurrenten geschützt sind. Die Zahlungsdiensterichtlinie (PSD1 und PSD2) regelt die Rechte und Pflichten von Nutzern und Anbietern von Zahlungsprodukten. Ziel ist es, Hürden für neue Anbieter zu beseitigen[26]. Bei diesen neuen Anbietern handelt es sich häufig um FinTech-Start-ups und andere digitale Plattformen ohne Banklizenz. Nach der ersten Richtlinie, die 2007 eingeführt wurde, und einer Aktualisierung im Jahr 2009 gilt die zweite Zahlungsdiensterichtlinie (PSD2) seit 2016. Die Mitgliedsstaaten mussten die PSD2 bis Januar 2018 in nationales Recht umsetzen.

> Die PSD2 legt unter anderem fest, dass Banken externen Dienstleistern Zugang zu Informationen zu Bankkonten geben müssen, wenn der Kontoinhaber seine Zustimmung erteilt hat.

Die wichtigste Konsequenz daraus ist, dass Banken externen Dienstleistern Zugang zu Informationen zu Bankkonten geben müssen, wenn der Kontoinhaber seine Zustimmung erteilt hat. Dritte können diesen Zugang für innovative Dienste nutzen – zum Beispiel im Bereich von Zahlungen oder indem sie Kontoinformationen aggregieren und die Informationen zu mehreren Konten bei verschiedenen Banken in einer kohärenten Übersicht zusammenfassen. Diese Verhaltensdaten können dann wiederum wertvolle Informationen für neue digitale Dienstleistungen liefern. Dritte müssen außerdem in der Lage sein, digitale Zahlungen im Namen von Kunden auszulösen. Banken überall in Europa sind verpflichtet, diese neue Funktonalität für sie zu erleichtern. Für neue Anbieter werden deutlich weniger strenge Voraussetzungen gelten, um eine Lizenz zu erhalten, als für etablierte Banken. Die technischen Bedingungen, unter denen der Informationsaustausch stattfinden kann, müssen noch final festgelegt werden, auch wenn er bereits Anfang 2018 in Kraft getreten ist[27].

Was bedeutet das für Banken? In einem negativen Szenario können andere Parteien Zahlungsfunktionen und damit auch die Beziehungen zu den Endnutzern übernehmen und so die Rolle der Banken bei der Beschaffung und Bewegung von Geld schmälern. Proaktive Banken ergreifen die Chance, indem sie konkurrierenden Banken Zugang zu Konten gewähren und mit neuen Anbietern zusammenarbeiten.

Die gängige Praxis besteht darin, dass zahlreiche FinTech-Unternehmen ihre eigenen Schlösser – also ihre eigenen Plattformen – oberhalb des Zahlungsstacks aufbauen. Während traditionelle Banken in der Regel nach dem Netzwerkmodell organisiert sind, bevorzugen die meisten Neulinge das Hub-Modell, da sie alle das ehrgeizige Ziel verfolgen, mit ihrer Lösung eine marktführende Position einzunehmen. Wir wissen mittlerweile, dass das eine Herausforderung darstellt. In Indien wurde das United Payment Interface (UPI) eingeführt. Dabei handelt es sich um eine Standardspezifikation der gemeinsamen Banken, mit denen die Kunden Dritten Zugang zu ihren Bankkonten gewähren. Dank der standardisierten Schnittstelle haben FinTech-

Akteure Zugang zum gesamten Kundennetzwerk indischer Banken; damit ist das Problem fragmentierter Reichweite gelöst. Seit 2018 ist es beispielsweise möglich, WhatsApp-basierte Zahlungen über UPI durchzuführen.

Innovative FinTech-Unternehmen drängen auf den Zahlungsmarkt und bieten ihre eigenen Lösungen an.

Bereits im Jahr 1998 war die Online-Zahlungsplattform PayPal einer der ersten Akteure, der sich zwischen Banken und ihren Kontoinhabern positioniert hat. PayPal arbeitet nach dem Hub-Modell und hat sich ganz klar vorgenommen, der Größte zu werden. Mitbegründer Peter Thiel sagt, dass in der Online-Welt nur Monopolisten, die im Markt Maßstäbe setzen, mitreden dürfen. In seinen Worten: „Wettbewerb ist für Verlierer."[28]

Der erste Schritt war, Endnutzer davon zu überzeugen, sich mit ihrer E-Mail-Adresse und ihren Kreditkartendaten zu registrieren. In gewisser Weise nutzte PayPal die Reichweite von Kreditkarten, um PayPal-Konten zu eröffnen. Das kann man als *Zugang zu Zahlungskonten* der ersten Generation betrachten. Gleichzeitig wurden auf der anderen Seite der Plattform – der Händlerseite – so viele IBAN-Angaben von Verkäufern wie möglich registriert. Indem PayPal-Kunden in der EU als Alternative zu teuren Kreditkartenzahlungen ein Lastschriftverfahren anbot, konnte das Unternehmen die wechselseitigen Transaktionen für 200 Millionen Kontoinhaber selbst günstiger abwickeln – außerhalb der traditionellen Banken. Mittlerweile ist PayPal auch offiziell eine Bank geworden, da das Unternehmen Kundeneinlagen hält, was bedeutet, dass PayPal bankrechtlichen Vorschriften unterliegt. Aufgrund seiner großen Reichweite kann PayPal transversal agieren und immer mehr Käufer und Verkäufer nutzen diesen Zahlungsdienst.

iDEAL, das niederländische Pendant zu PayPal, ist hingegen nach dem Netzwerkmodell organisiert. Niederländische Banken geben sich gegenseitig Zugang zu den Konten ihrer Kunden und konkurrieren nicht mit der Reichweite, sondern mit unterschiedlichen Angeboten.

Es ist eine spannende Frage, wie es diesen beiden Zahlungsplattformen gelingt, mit ihrem Ansatz Vertrauen zu schaffen. In beiden Fällen wird das kumulierte Vertrauen genutzt, das die assoziierten Banken während des Zahlungsprozesses verkörpern. Mit den T.R.U.S.T.-Vereinbarungen ist Vertrauen zwischen den verschiedenen Banken garantiert. Darüber hinaus schafft jede Bank für sich Vertrauen für ihre eigenen Kunden. Dazu setzen sie unter anderem Authentifizierungstools für das Onlinebanking ein, mit dem die Authentizität des Akteurs sichergestellt wird. Es gibt unterschiedliche Lösungen: Manche Banken nutzen Kartenlesegeräte mit Bankkarten, andere einen TAN-Generator oder SMS-Codes. Da Banken innerhalb des *T.R.U.S.T.-Frameworks* sich gegenseitig vertrauen, können innerhalb des Netzwerks verschiedene Lösungen nebeneinander bestehen und miteinander kommunizieren. Im Fall von iDEAL sind Daten und Risiken dezentral und werden von jeder einzelnen Bank verwaltet. Zahlungen werden nicht über eine zentrale Stelle, sondern auf *Peer-to-Peer*-Basis verarbeitet. Ein „Napster für Zahlungen", wenn man so will.

Im Fall des Hub-Modells wird Vertrauen im Zentrum des Datendreiecks aufgebaut, während Vertrauen im Netzwerkmodell dezentralisiert von den einzelnen Plattformen geschaffen wird.

Das von PayPal verwendete Hub-Modell ist anders. Die Mittelsperson hat Zugang zu dem gesamten Datendreieck, da PayPal jeweils eine Beziehung zum Verkäufer und Käufer pflegt. Alle Daten sind für beide Seiten des Marktes bei PayPal angesiedelt. Das erlaubt PayPal, die Risiken gut zu steuern und Vertrauen individuell zu gestalten. Daten spielen dabei eine entscheidende Rolle, da PayPal auf Basis des Prinzips vom „Zugang zum Bankkonto" arbeitet. Das birgt ein Risiko für PayPal, denn obwohl Kunden ihre IBAN oder Kreditkartennummer angeben, können die Transaktionen in bestimmten Fällen rückgängig gemacht werden. Um dieses Risiko zu bewerten, nutzt PayPal zunehmend andere Datenpunkte wie Gerätenummern und Geolocation und unterhält eine große Abteilung für Betrugserkennung und -prävention. Nutzer können ihre Konten so organisieren, dass keine Authentifizierung benötigt wird, wenn sie ihre Geräte verbinden; dies erfolgt in diesem Fall automatisch anhand der Daten, die der Nutzer selbst erzeugt. Es findet auch eine Art von Datenaustausch statt: maximaler Bedienkomfort im Austausch gegen Nutzerdaten, also *Daten gegen Daten*.

Mit den Jahren ist der Zahlungsmarkt ziemlich komplex geworden. Mit dem Internet und Mobiltechnologien haben verschiedene neue Parteien angefangen, rund um den Zahlungsstack aktiv zu werden. Das können Plattformen oder auch Organisationen sein, die sich nur auf eine Seite des Markts, speziell die Händler, konzentrieren. Händler sind gezwungen, immer wieder neue Zahlungsmethoden auf ihren Websites zu integrieren. Das bietet Neulingen Chancen, die so entstehende Komplexität anzugehen, indem sie verschiedene Zahlungsmethoden miteinander verknüpfen und als Paket an Händler verkaufen, sodass diese alle relevanten Zahlungsmethoden in ihren Verkaufsprozess einbinden können. Diese Zahlungsdienstleister übernehmen im Prinzip ein lineares Geschäftsmodell und stellen eine technische Plattform bereit. Beispiele sind Adyen, Ingenico und Digital River[29].

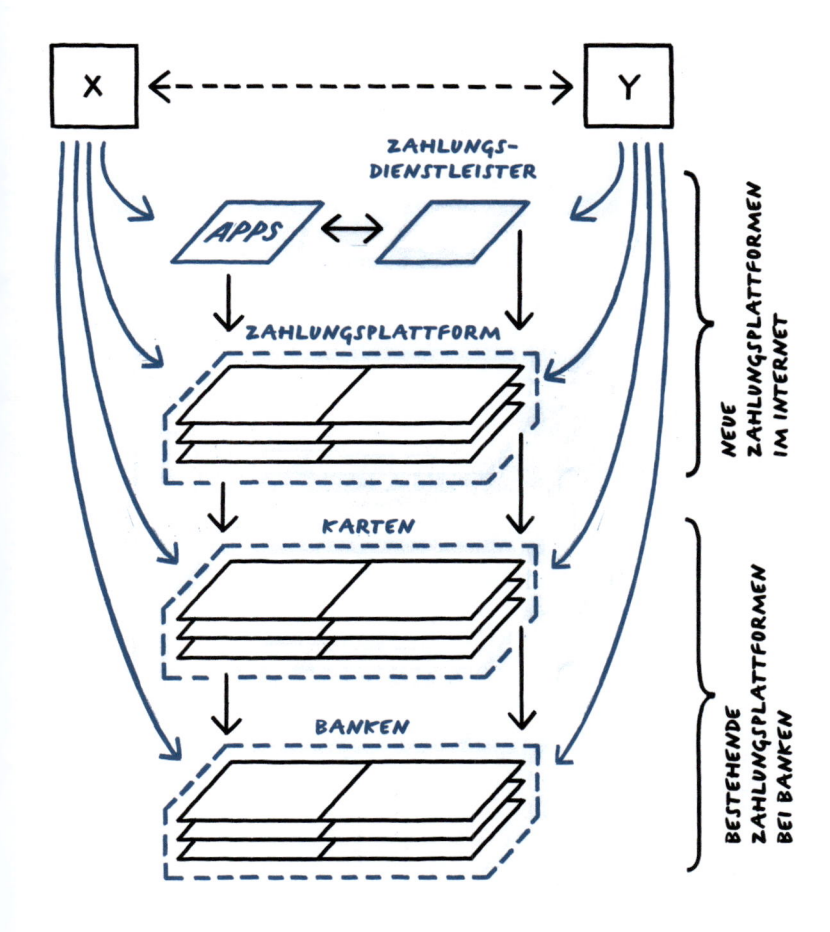

Abbildung 47
Der aktuelle Zahlungsplattform-Stack: Plattform auf Plattform auf Plattform auf ...

Abbildung 47 zeigt eindeutig, dass aufbauend auf der grundlegenden Bankeninfrastruktur eine ganze vielschichtige digitale Welt geschaffen wurde, die ganz unterschiedliche Mittelspersonen umfasst. Es gibt außerdem einen deutlichen Unterschied zwischen den Zahlungsdienstleistern, die nur Händler bedienen, und den Zahlungsplattformen, die beide Seiten des Markts bedienen. Innerhalb dieses Ökosystems funktioniert eine Zahlung auf mehreren Ebenen, da eine Zahlung als Reihe von Interaktionen betrachtet werden

FALLBEISPIEL
PayPal versus iDEAL

Die Online-Zahlungsplattformen PayPal und iDEAL sind transversale Zahlungsplattformen. PayPal setzt auf ein Hub-Modell, während bei iDEAL die großen niederländischen Banken in einem Netzwerkmodell zusammenarbeiten. Wie ist es den beiden Plattformen gelungen, ihre führende Position zu erlangen?

Raffinierte Tricks von PayPal
Das digitale Zahlungssystem PayPal bestand schon einige Jahre und es waren etwa 100 Millionen US-Dollar in das Unternehmen investiert worden, bevor es Erfolg hatte. Viele Kritiker in den Medien hatten da bereits das Interesse verloren, aber PayPal kam schließlich mit Wucht zurück. PayPal gelang es mit ein paar raffinierten Tricks, das Henne-Ei-Dilemma aufzulösen – zu einer Zeit, in der soziale Medien noch nicht den großen Durchbruch geschafft hatten.

Der erste Trick bestand darin, die bestehenden E-Mail-Adressen potenzieller Kunden als „Kontonummern" zu verwenden, denen PayPal zunächst fünf Dollar gutschrieb. Verbraucher konnten auf dieses Geld zugreifen, wenn sie ihre E-Mail-Adresse bestätigten und sich mit einer autorisierten Kreditkarte registrierten. So entstand ein *Peer-to-Peer*-Zahlungssystem: Menschen konnten ihre PayPal-Konten nutzen, um Geld direkt an eine andere Person zu überweisen. Das erforderte Investitionen in zweistelliger Millionenhöhe, aber sie sollten sich auszahlen. Auf der Verbraucherseite des Markts entstand ein viraler Effekt, mit Wachstumszahlen zwischen sieben und zehn Prozent pro Tag. Und auch obwohl die monetären Anreize nach und nach abgebaut wurden, konnte das Unternehmen einen Stamm von mehr als 100 Millionen Kontoinhabern aufbauen.[30]

Der zweite Faktor war die groß angelegte Zusammenarbeit mit eBay. Der Online-Marktplatz bewarb PayPal als Zahlungsmethode und ermöglichte dem Unternehmen so, seine Position weiter zu festigen. Bis dahin war es für Menschen in den USA nicht einfach, sich gegenseitig Geld zu überweisen. Sie verwendeten Schecks, um Geld zu transferieren. Das war ein großes Problem für eBay, da das Unternehmen im Prinzip kein Zahlungssystem hatte, das sein Versteigerungsgeschäft unterstützte. PayPal führte eine neue Zahlungsmethode ein, die Transaktionen von einer Person zu einer anderen über Kreditkarten ermöglichte. Das war der *Tipping Point*.

Der dritte Faktor war eine intelligente Art der Anbindung an die Kreditkarteninfrastruktur. PayPal bot Webshops die Möglichkeit, ihre Kunden mit Kreditkarte bezahlen zu lassen und kompensierte so die fehlende Reichweite der Shops gegenüber Käufern – oder besser gesagt „Zahlern". Das war der erste Schritt, denn wenn Käufer mit einer Kreditkarte bezahlten, wurde ihnen sofort vorgeschlagen, ein PayPal-Konto zu eröffnen, sodass sie beim nächsten Mal für eine Zahlung nur noch ihr PayPal-Passwort benötigen würden. So konnte PayPal seine Reichweite weiter ausbauen.

Wie das Netzwerkmodell für iDEAL funktioniert
Obwohl der niederländische Markt für Kartenzahlungen und Überweisungen seit Langem nach dem Netzwerkmodell organisiert war, waren niederländische Banken Ende der 1990er-Jahre alle eifrig bemüht, ihre eigenen Hub-Modelle für Internetzahlungen aufzubauen: ABN AMRO mit e-Wallet, Rabobank mit Direct Betalen und ING mit Way2Pay. Das führte zu Fragmentierung, weil sowohl Käufer als auch Verkäufer zu Multihoming mit allen drei Anbietern gezwungen waren, wenn sie in der Lage sein wollten, die gesamte Produktpalette online zu kaufen oder zu verkaufen. Zahlungen hatten außerdem einen der komplexesten Onboarding-Prozesse, was wiederum dazu führte, dass die Akzeptanz nur langsam zunahm. Jeder wartete ab, bis klar war, was sich als Marktstandard durchsetzen würde.

Nach jahrelanger harter Arbeit mit spärlichen Ergebnissen, was die drei Anbieter betraf, öffneten sie sich erstmals für eine Zusammenarbeit. Sie begriffen, dass es sinnvoller wäre, bei Dienstleistungen zu konkurrieren als bei der Reichweite. Damit schlug die Stunde des Netzwerkmodells in Form des iDEAL-Projekts, das 2004 angestoßen wurde. Ziel war es, ein *T.R.U.S.T.-Framework* aufzubauen. Ende 2005 nahm iDEAL den Betrieb auf – ein absoluter Weltrekord in Sachen bankenübergreifender Zusammenarbeit. Die Akzeptanz des neuen Systems wuchs ebenfalls sehr schnell, insbesondere, weil die Seite des Marktes mit der größeren Anzahl von Akteuren, also die Käufer, für das Onboarding nichts tun musste. Für die Käufer wurde das Online-Zahlungssystem einfach eines Tages im Rahmen ihres Onlinebankings freigeschaltet, nachdem sie ein paar zusätzlichen Bedingungen zugestimmt hatten. Das Wachstum wurde also vor allem durch Akzeptanz auf der Seite der Händler vorangetrieben, für die iDEAL ein attraktives Angebot darstellte – und zwar nicht allein wegen der gewaltigen Reichweite, sondern auch wegen der niedrigen Transaktionskosten. Bis zu diesem Punkt berechneten Online-Zahlungsanbieter in der Regel einen Prozentsatz des Kaufpreises, analog zu dem von Kreditkarten und PayPal verwendeten Modell. Das bedeutete, dass Online-Shopping vor allem für kleine Einkäufe attraktiv war. Große Transaktionen wie Reisen, Elektronik und Kleidung hinkten hingegen hinterher. iDEAL veränderte all das und war einer der wichtigsten Gründe dafür, dass E-Commerce in den Niederlanden so rasant Fahrt aufnehmen konnte wie es dann geschehen sollte.

kann, bei denen Vertrauen übertragen wird. Auf all diesen Ebenen sind verschiedene Lösungen möglich. Bei Facebook beispielsweise erhalten Verkäufer sofort eine Bestätigung, wenn eine Zahlung über die Plattform geleistet wurde, aber das Geld selbst wird erst später übertragen. Zahlungen können auch auf einer niedrigeren Ebene im Ökosystem stattfinden, zum Beispiel auf Ebene einer Online-Zahlungsmethode, der Karte oder der Bank. In jedem Fall wird mithilfe einer Zahlungsbestätigung Vertrauen geschaffen, während gleichzeitig alle möglichen finanziellen und technischen Mechanismen ausgelöst werden, um dieses Vertrauen aufzubauen. Es ist jedoch klar, dass die Welt der Zahlungen komplexer geworden ist: Käufer und Verkäufer haben immer mehr Optionen und manch einem fällt es schwer, vor lauter Bäumen den Wald zu sehen.

4.7 Identitätsplattformen

Digitale Nutzerprofile sind ein relativ junges Phänomen. Es gibt sie erst, seit alle möglichen Arten von neuen Plattformen begonnen haben, Interaktionen und Transaktionen über das Internet zu ermöglichen. In diesem Abschnitt wollen wir uns mit sogenannten *Identitätsplattformen* befassen. Das sind Plattformen, die digitale (Nutzer-)Profile – wie wir sie weiter oben in diesem Kapitel definiert haben – zu ihrem Angebot machen. Welche Rolle spielen sie beim Aufbau von transaktionalem Vertrauen? Was ist ihre Funktion? Wie sieht dieser Markt aus und wie wird die Wiederverwendung von Profildaten organisiert?

Die Transversalität von Identitätsplattformen

Wie wir bereits gesehen haben, sind immer mehr Plattformen dafür ausgelegt, zuverlässige Transaktionen zu ermöglichen. Das erfordert ein klares Bild der anderen Partei, die an der Transaktion beteiligt ist. Auf der niederländischen Website Marktplaats.nl oder der belgischen Website 2dehands.be wollen Käufer wissen, dass ein bestimmter Verkäufer kein Betrüger ist; der Verkäufer will seinerseits sicher sein, dass er bezahlt wird. Eine Plattform wie Airbnb geht noch einen Schritt weiter. Gastgeber wollen sicher sein, dass potenzielle Gäste sich in ihrer Wohnung vernünftig verhalten, während Gäste die Sicherheit haben wollen, dass sie die Unterkunft wie beschrieben vorfinden. Reputationsdaten, beispielsweise in Form von Bewertungen, können in diesen Fällen eine entscheidende Rolle spielen. Für eine *Peer-to-Peer*-Kreditplattform wie Lendico, die Nutzer unterstützt, welche sich Geld von anderen leihen wollen, besteht eine ausdrückliche Verpflichtung, Vertrauen zu schaffen, und der Gesetzgeber regelt, dass die Plattform die korrekte Identität der Nutzer ermitteln und ihre Reputation aufrechterhalten muss.

In jedem Fall muss transaktionales Vertrauen gewährleistet werden. Das kann es nur geben, wenn alle Parteien sicher sind, dass die anderen Parteien wirklich diejenigen sind, die zu sein sie behaupten. Im rechtlichen Bereich sind die Bedingungen für den Aufbau von Vertrauen anders organisiert. In der realen Welt ist es relativ einfach, die Identität einer Person festzustellen. Vertrauen kann durch persönlichen Kontakt, zum Beispiel in Kombination mit einem Identitätsnachweis in Papierform wie einem Identifikation oder Führerschein, oder durch eine PIN-Nummer geschaffen werden. Das ist alles ziemlich einfach.

Die digitale Identität eines Akteurs ist eine Erweiterung seiner physischen Identität und umfasst eine Reihe von kontextbezogenen Daten.

In der digitalen Welt, in der andere dynamische Kräfte herrschen, stellen sich die Dinge anders dar. In der Anfangsphase des Internets gab es keine Möglichkeiten zu interagieren. Das Internet war ein unidirektionaler Informationskanal. Über die Menschen, die Websites besuchten, war nichts oder nur wenig bekannt. Das war kein großes Problem. Das Internet konnte sehr gut als gewaltige digitale Bibliothek funktionieren und Vertrauen spielte nur eine untergeordnete Rolle. Das änderte sich nach und nach in der interaktiven Phase des Internets, in der verschiedene soziale Netzwerke enorme Reichweite aufbauen konnten. Mit der Nutzung sozialer Medien bauen natürliche Personen automatisch Profile auf und erweitern ihre Identität gleichzeitig in die digitale Welt, sodass digitale Profile entstehen.

Wie können wir die *digitale Identität* eines Akteurs definieren? Kurz gesagt: Die digitale Identität ist die digitale Erweiterung der physischen Identität. Sie besteht aus einer Reihe von kontextbezogenen Daten, die im Prinzip unbegrenzt ist und Arbeit, Ausbildung und Hobbys, Lieblingsurlaubsorte oder den Besitz bestimmter Produkte umfassen kann. Die Zuverlässigkeit solcher Plattformen hängt vor allem von der Reichweite und von Verbindungen ab. Je mehr Freunde, Inhalte, Likes und andere Daten ein Nutzer hat, desto zuverlässiger ist ein Nutzerprofil. In diesem Zusammenhang sind auch andere Reputationsdaten wichtig. Die Anzahl der Bewertungen eines Nutzers durch andere Akteure wirkt sich positiv auf dessen Profil aus.

So kann Beziehungsvertrauen aufgebaut werden, das Akteuren erlaubt, miteinander zu interagieren und hinreichende Sicherheit über die Identitäten der jeweils anderen Akteure zu erlangen. Es besteht immer noch ein Risiko, dass ein Profil ein *Fake* ist, also dass die digitale Identität und die physische Identität eines Akteurs nicht übereinstimmen. Das bedeutet, dass größere Sicherheit über die Authentizität des Profils (Identität) der Akteure erforderlich ist, um in der digitalen Welt transaktionales Vertrauen zu schaffen.

Daraus ergeben sich neue Bedürfnisse und eine Geschäftsmöglichkeit. Mit der Zeit haben wir die Entstehung einer breiten Palette an Parteien beobachtet, die als Mittelspersonen im digitalen Vertrauensmarkt agieren wollen. Sie alle verfolgen ihren eigenen Ansatz – von DigiD der niederländischen Regierung über die Log-in-Dienste von Facebook und Twitter bis zu Yes der deutschen Banken und BankID der schwedischen und norwegischen Banken. Wie bereits erwähnt bedeutet das für die Nutzer, dass sie es mit einem stark fragmentierten Markt und einer Vielzahl von Nutzer-IDs und Passwörtern zu tun haben. Eine vergleichbare Art der Fragmentierung haben wir im Markt für Zahlungsplattformen gesehen. Neue Mittelspersonen, die sich insbesondere auf die Feststellung und Validierung der Identität von Nutzern konzentrieren, verstärken diese Fragmentierung erheblich.

Mit ihren Millionen von miteinander verbundenen Online-Profilen bieten große soziale Medien Beziehungsvertrauen.

Digitales Vertrauen zeichnet sich dadurch aus, dass es auf Daten basiert, die transversal wiederverwendet werden können. Das bedeutet, dass digitale Identitäten theoretisch äußerst skalierbar sind. In der Praxis beobachten wir jedoch das Gegenteil. Wie bereits erwähnt ist der Markt angesichts der verschiedenen Lösungen, die von einzelnen Plattformen angeboten werden, stark fragmentiert. Eine wichtige Entwicklung gegen diese Fragmentierung ist die zunehmende Möglichkeit, beispielsweise mit einem Facebook-Konto auf andere Plattformen zuzugreifen, sodass nicht für jede einzelne Plattform eigene Log-in-Daten benötigt werden. Facebook wird so mehr und mehr zu einer Identitätsplattform (gemäß dem Hub-Modell), die die Identität von Milliarden von Nutzern mit hinreichender Sicherheit feststellen kann. Gleichzeitig ist Facebook bis heute vor allem ein soziales Netzwerk, das einen vergleichsweise einfachen Onboarding-Prozess verwendet.

Für Plattformen, die Transaktionen ermöglichen, ist ein ernsthafteres Registrierungsverfahren notwendig. Das bedeutet, dass es neben den Facebook-Profildaten weitere Prüfungen geben muss. Darüber hinaus muss jede Identitätsplattform selbst eine makellose Reputation haben, wenn sie diese Leistung für Nutzer anbieten möchte. Die Aufregung im Jahr 2016 darüber, dass Facebook die Daten von Millionen von Nutzern mit einem Unternehmen namens Cambridge Analytica geteilt hat, das diese Daten dann für die Wahlkampagne des US-amerikanischen Präsidentschaftskandidaten Donald Trump genutzt hat, war da nicht gerade förderlich[31]. Das gilt auch für die jüngste Enthüllung, dass in die Plattform eingebettete Dritte Zugang zu personenbezogenen Daten hatten, mit denen Nutzer auf anderen Websites und Geräten erkannt und nachverfolgt werden konnten[32]. Im Jahr 2019 gab Shosanna Zuboff „kostenlosen" Diensten, bei denen die Nutzer das Produkt sind, einen Kategorienamen und prägte damit in ihrem Buch[33] den Begriff des *Überwachungskapitalismus*.

Die Funktionen einer Identitätsplattform

Wie arbeiten Identitätsplattformen? Wir haben gesehen, dass eine digitale Identität die Erweiterung der Identität einer Person oder Organisation in der realen Welt darstellt und aus Sammlungen von kontextbezogenen Daten besteht. Eine Plattform, die diese Daten erfasst und zur Verfügung stellt, hat mit zwei Arten von interessierten Parteien zu tun – dem Nutzer, dessen erweiterte Identität beteiligt ist, einerseits und der sogenannten *vertrauenden Partei* (*Relying Party*) andererseits, also der Partei, die darauf vertraut, dass die Information korrekt ist. Die vertrauende Partei, mit der der Nutzer interagiert, kann ein Unternehmen, der Staat oder eine andere Person sein. Die Verwendung einer digitalen Identität unterscheidet sich hier nicht sonderlich von einer Zahlung: Es besteht eine vergleichbare Beziehung zwischen den beteiligten Akteuren und die vertrauende Partei spielt die gleiche Rolle wie der Verkäufer, der eine Zahlung akzeptiert. Welches Bedürfnis wird mit solchen digitalen Identitäten erfüllt? Wir unterscheiden drei Funktionen: *Identifizierung, Authentifizierung* und *Autorisierung*. Identifizierung umfasst die Bereitstellung von persönlichen Merkmalen wie Name, Alter, Sozialversicherungsnummer (zur Identifizierung bei der nationalen Steuerbehörde oder bei anderen Behörden) oder Vorlieben, sodass die vertrauende Partei die Identität des Nutzers feststellen kann. Authentifizierung umfasst den Nachweis, dass „Sie sind, wer Sie behaupten zu sein", und bestätigt die Identität des Akteurs. Die vertrauende Partei stellt oft ein persönliches Passwort oder einen Code bereit (zum Beispiel per SMS oder E-Mail), der für den Log-in verwendet werden kann.

In manchen Fällen wird das mit einer Frage kombiniert, die nur der beteiligte Akteur beantworten kann und die so einen zusätzlichen Nachweis dafür liefert, dass der Nutzer die Person ist, die er vorgibt zu sein.

Autorisierung hat schließlich mit den Rechten zu tun, die einem Nutzer zugewiesen sind. Was kann er bei der vertrauenden Partei, zum Beispiel bei seiner Bank, machen? Kann er eine Zahlung tätigen oder ist er nur befugt, bestimmte Informationen zu sehen? Ein Akteur kann solche Rechte für sich selbst oder für eine andere Person oder Identität erwerben. In jedem Fall ist die Autorisierung mit einer digitalen Identität verknüpft.

In diesem Zusammenhang ist das Konzept der *progressiven Offenlegung* interessant. Es bezeichnet den schrittweisen Onboarding-Prozess, bei dem ein Akteur mit dem Fortschreiten des Kaufprozesses immer mehr Informationen über sich preisgibt. An jedem Kontaktpunkt werden zusätzliche Angaben gemacht, damit der nächste Prozessschritt ablaufen kann. Bei der Beantragung einer Hypothek beispielsweise ist es nicht notwendig, dass der Antragsteller in der Entdeckungsphase vertrauliche Informationen wie seinen Namen oder seine Anschrift angibt, die seine physische Identität offenbaren können. Dieser Ansatz kann die Onboarding-Hürde senken und die Möglichkeit schaffen, maßgeschneiderte Lösungen anzubieten, die zu einer Transaktion führen können. Er hat außerdem auch aus datenschutzrechtlicher Perspektive große Vorteile: Der Käufer hat ein geringeres Risiko, weil er weniger personenbezogene Daten zur Verfügung stellt.

Die Web3-Bewegung verkörpert den Paradigmenwechsel: Nutzer verwalten ihre Daten. In der Welt der Kryptotransaktionen bedeutet das, dass Nutzer die Möglichkeit haben, *direkt* zu agieren, das heißt ohne Mittelsperson als Dienstleister. Nutzer loggen sich nicht mehr ein, sondern *verbinden* sich mit dem Dienst und erlauben ihm den Zugriff auf die Daten, die für die Durchführung einer Transaktion benötigt werden. Ein typischer Aufbau im Jahr 2022 könnte einen Dienst wie Uniswap (dezentraler Austausch) umfassen, auf den Metamask, eine nutzerkontrollierte Software-Wallet, zugreift. Alternativ können Nutzer, die sich nicht mit kryptografischen Schlüsseln und den damit verbundenen Risiken auseinandersetzen wollen, einen Dienst wie Blockfi oder Celsius verwenden. Sie eröffnen dort ein Konto und diese Unternehmen erbringen dann die Leistungen für den Nutzer – sehr ähnlich wie traditionelle Finanzdienstleistungen.

Für den Bereich Identität ist dieses Paradigma in das Konzept der selbstbestimmten Identität (*Self Sovereign Identity, SSI*)[34] übersetzt worden. Dabei werden die Informationen über Nutzer durch kryptografische *Token* abgebildet (zum Beispiel Name, Geburtsdatum, Adresse, fachliche Qualifikationen usw.) und in einem *Wallet* gespeichert. Die Tokens können vom Nutzer selbst ausgestellt werden oder von einem Aussteller wie einer Behörde oder Hochschule stammen. Auf Anfrage der vertrauenden Partei kann der Nutzer der vertrauenden Partei den Token (die Information) direkt vorlegen. Stammen die Token von einem Aussteller, kann die vertrauende Partei beim Aussteller die Authentizität des Tokens verifizieren.

Die EU-Verordnung über digitale Identitäten wurde 2021 mit der Revision von eIDAS weiterentwickelt, welche die Einführung einer europäischen digitalen Identität mit der EU eID-Wallet frühestens im Jahr 2024 vorsieht[35]. Das Vorhaben umfasst viele SSI-Aspekte wie die Verwendung von Token, die von Behörden erzeugt werden. Letztlich könnten solche digitalen Brieftaschen irgendwann physische Ausweisdokumente ersetzen, auch wenn das wohl noch einige Jahrzehnte dauert. Genauso wie es in der Welt des digitalen Zahlungsverkehrs immer noch Schecks gibt.

Marketingstrategien: klare Analogie zu Zahlungen
Die Märkte für Zahlungen und digitale Identität sind zurzeit sehr stark miteinander verwoben. In diesem Kapitel betrachten wir zunächst vier Ansätze, die Parteien in beiden Märkten anwenden können. Wir ziehen dann Parallelen zu der Art und Weise, wie diese Organisationen ihre Funktionen als Intermediär organisieren, um transaktionales Vertrauen zu schaffen. Schließlich schauen wir das Szenario an, in dem Zahlungen und digitale Identitäten weiter getrennt werden. In diesem Fall könnte eine gut funktionierende zentrale Vertrauensinfrastruktur Realität werden; dann würde es einfacher werden, Zahlungen zu tätigen.

Vergleichbar mit den Entwicklungen in der digitalen Zahlungslandschaft beginnen auch die verschiedensten Anbieter von Identitätsdienstleistungen damit, Plattformen aufzubauen. Auf der einen Seite des Markts konkurrieren sie um Nutzer, auf der anderen Seite um die vertrauenden Parteien. Das ist vergleichbar mit der Art und Weise, wie Zahlungsplattformen versuchen, sowohl Käufer als auch Verkäufer zu binden, um sie dann zusammenzubringen.

Mittelspersonen können in beiden Märkten anhand von vier grundlegenden Ansätzen arbeiten: Neben dem Hub- oder Netzwerkmodell können sie sich auch für das direkte Modell oder das Aggregator-Modell entscheiden. Wir werden alle vier Optionen erörtern. Wenn eine Identitätsplattform das *direkte* Modell wählt, bedeutet das, dass die vertrauenden Parteien selbst über ihre eigenen Verfahren Passwörter und Log-in-Daten direkt an die Nutzer ausgeben. Parteien wie Google, Twitter und Facebook sind bekannte Beispiele hierfür. Eine ähnliche Entwicklung beobachten wir auch im Zahlungsmarkt, wo Unternehmen wie Amazon und Alibaba ihre eigenen Zahlungsdienste einführen.

Im Markt für digitale Identitäten kommt ein Hub-Modell zum Einsatz, wenn vertrauende Parteien mit vielen Nutzern ihre Systeme für andere Anbieter öffnen. Wir haben bereits das Facebook-Konto erwähnt, mit dem man sich auch auf vielen anderen Plattformen wie Airbnb, Twitter und TikTok einloggen kann. Dies erhöht die Reichweite von Big Tech und stärkt deren Marktdominanz.

In einem Netzwerkmodell arbeiten Parteien zusammen, um eine gewisse Form von Transversalität oder Wiederverwendbarkeit zu erlangen. Im Fall von digitalen Identitäten kann eine vertrauende Partei Nutzer von einer anderen Partei akzeptieren und umgekehrt. Dieser Ansatz begrenzt einerseits die Fragmentierung und fördert andererseits den Wettbewerb und damit Innovationen. Initiativen für Identitätsnetzwerke gibt es in vielen europäischen Ländern, ebenso wie in den USA. In Europa gilt die eIDAS-Verordnung, die dafür sorgen will, dass lokale Lösungen für digitale Identitäten in allen EU-Mitgliedsstaaten verwendet werden können. Beispiele für das Netzwerkmodell innerhalb des Markts für digitale Identitäten sind die niederländischen Dienste eHerkenning und iDIN, die schwedische und norwegische BankID und Yes in Deutschland. Wenn wir diesen Ansatz mit dem Zahlungsmarkt vergleichen, erkennen wir, dass iDEAL aus den Niederlanden sowie MasterCard und Visa ähnlich organisiert sind.

Der vierte Ansatz ist das Aggregator-Modell. Parteien, die im Markt für digitale Identitäten auf das Aggregator-Modell setzen, werden auch als Anbieter von *Digital Service Pro*viders *(DISPs, digitale Identitätsdienste)* bezeichnet und gewinnen zunehmend an Einfluss. Wie ihre Pendants in der Zahlungswelt fassen sie bestehende Lösungen von Identitätsplattformen zusammen und unterstützen diese. Das passiert auf die gleiche Art und Weise, auf welche die Verarbeitung einer Transaktion eines Anbieters im Backend stattfindet – über einen Dienstleister-Gateway. So können Anbieter Nutzer erreichen, die mit anderen Identitätsplattformen verbunden sind. Parteien

---

Parteien, die in den Märkten für Zahlungen oder digitale Identitäten aktiv sind, können vier Marktansätze nutzen: das direkte Modell, das Hub-Modell, das Netzwerkmodell oder das Aggregator-Modell

wie Signicat und eIntegrity sind in diesem Markt aktiv. Ihre Pendants im Zahlungsmarkt sind unter anderem WorldPay und Adyen. Tabelle 12 vergleicht alle Modelle in beiden Märkten.

Wie wir sehen, haben die Märkte für digitale Identitäten und Zahlungen vieles gemeinsam. Beide agieren als Intermediär, der zwei Seiten des Marktes bedient, und es sind ähnliche Mechanismen im Spiel. Wie bei jeder Plattform kommt es zunächst auf die Größe an, um auf beiden Seiten des Markts genügend Reichweite zu schaffen. Mittelspersonen versuchen das in der Regel mit asymmetrischen Angeboten für ihre Nutzer. Wenn die Mittelperson ein Angebot für beide Parteien eingeführt hat, das ihnen die besten Lösungen zur Verfügung stellt, sind die Bedingungen für erfolgreiche Transaktionen geschaffen.

Danach geht es bei Zahlungs- und Identitätsplattformen um Konversion. Werden beide Seiten des Marktes die Plattform tatsächlich nutzen, um Geschäfte miteinander zu betreiben? Sowohl der Nutzer als auch der Verkäufer oder die vertrauende Partei können eine Lösung auswählen, die am zuverlässigsten, am benutzerfreundlichsten und am günstigsten ist. Zuletzt müssen bei beiden Arten von Plattformen die Gebühren, die erhoben werden, proportional zu dem sein, was die beiden Zielgruppen mit dem Austausch erreichen wollen. Sind die Kosten aus ihrer Sicht zu hoch, wird sich das negativ auf die Konversion auswirken. Neben ähnlicher Dynamik gibt es auch eine teilweise Überschneidung zwischen den Märkten für digitale Identitäten und Zahlungen. Wie wir bereits gesehen haben, steht Vertrauen auch im Zentrum jeder Zahlungsplattform.

Sicherheit spielt ebenfalls eine wichtige Rolle. Für die Nutzer ist es relativ einfach, eine Zahlung zu leisten. Vor einigen Jahrzehnten war das noch ganz anders. Damals musste man sich bei einer lokalen Bank persönlich identifizieren, um eine Zahlung zu veranlassen. Elektronische Systeme haben die Benutzerfreundlichkeit erhöht, aber auch neue Formen der Kriminalität entstehen lassen. Dienstleister mussten sich selbst und ihre Kunden mithilfe immer ausgefeilterer Technologien und Verfahren schützen. Eine der Funktionen digitaler Identitäten ist es, Sicherheit zu schaffen – einschließlich all der Maßnahmen, die die unbefugte Nutzung eines Systems verhindern sollen. Das ist ein wichtiger Grund, warum Zahlungsplattformen in großem Umfang digitale Identitäten verwenden. Sie wollen so ihre Plattform schützen und Vertrauen sicherstellen.

TRANSAKTIONSPLATTFORMEN

TABELLE 12
Vier Marktmodelle für digitale Identität und ihre Pendants im Zahlungsmarkt

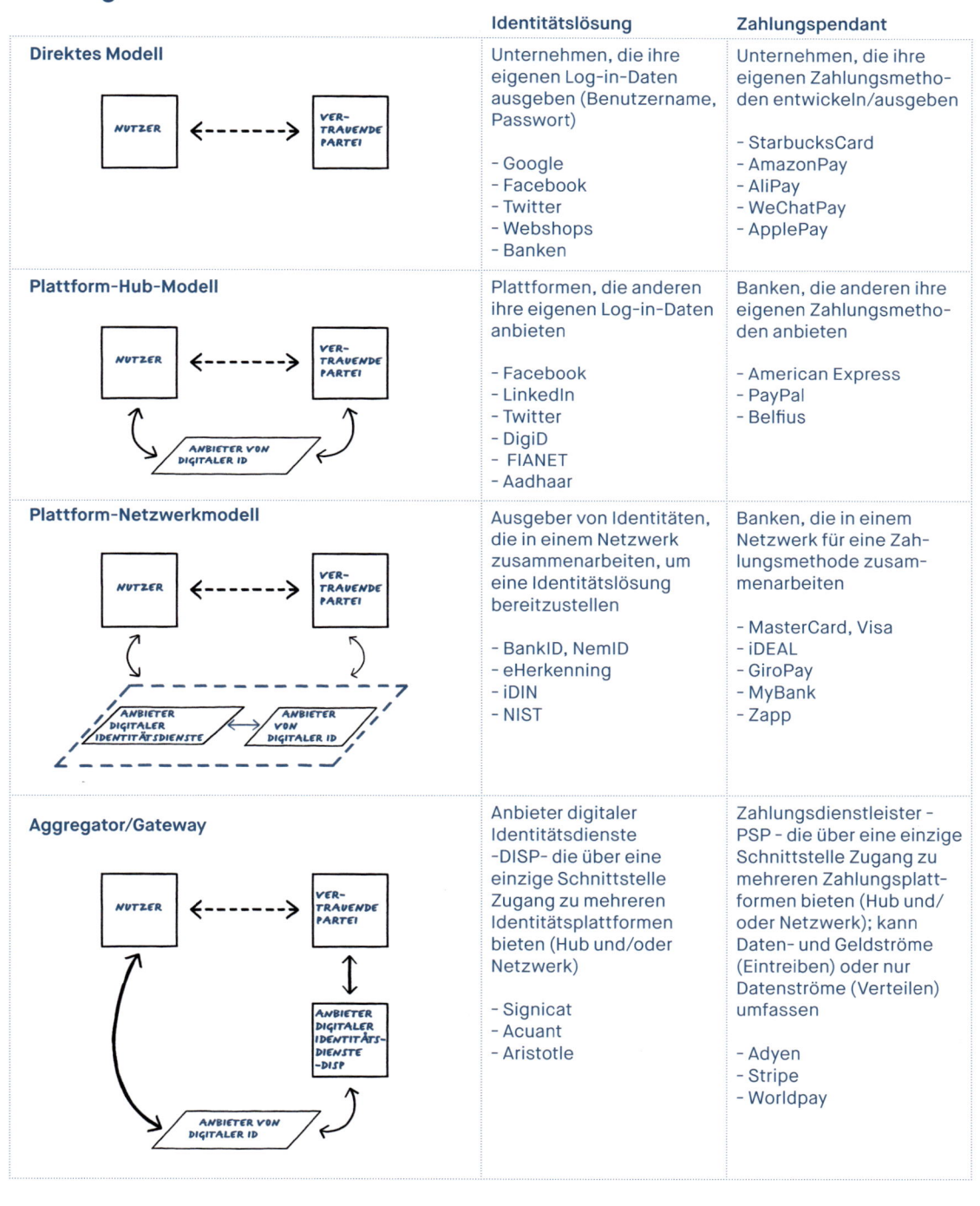

		Identitätslösung	Zahlungspendant
Direktes Modell		Unternehmen, die ihre eigenen Log-in-Daten ausgeben (Benutzername, Passwort) - Google - Facebook - Twitter - Webshops - Banken	Unternehmen, die ihre eigenen Zahlungsmethoden entwickeln/ausgeben - StarbucksCard - AmazonPay - AliPay - WeChatPay - ApplePay
Plattform-Hub-Modell		Plattformen, die anderen ihre eigenen Log-in-Daten anbieten - Facebook - LinkedIn - Twitter - DigiD - FIANET - Aadhaar	Banken, die anderen ihre eigenen Zahlungsmethoden anbieten - American Express - PayPal - Belfius
Plattform-Netzwerkmodell		Ausgeber von Identitäten, die in einem Netzwerk zusammenarbeiten, um eine Identitätslösung bereitzustellen - BankID, NemID - eHerkenning - iDIN - NIST	Banken, die in einem Netzwerk für eine Zahlungsmethode zusammenarbeiten - MasterCard, Visa - iDEAL - GiroPay - MyBank - Zapp
Aggregator/Gateway		Anbieter digitaler Identitätsdienste -DISP- die über eine einzige Schnittstelle Zugang zu mehreren Identitätsplattformen bieten (Hub und/oder Netzwerk) - Signicat - Acuant - Aristotle	Zahlungsdienstleister - PSP - die über eine einzige Schnittstelle Zugang zu mehreren Zahlungsplattformen bieten (Hub und/oder Netzwerk); kann Daten- und Geldströme (Eintreiben) oder nur Datenströme (Verteilen) umfassen - Adyen - Stripe - Worldpay

In der Zahlungswelt unterliegt die Identifizierung allen möglichen gesetzlichen Vorschriften und ist dementsprechend umfassend organisiert. So sind weltweit Milliarden von Transaktionskonten entstanden, die mit starker Authentifizierung verifiziert worden sind. Die Kontoinhaber mussten eine Reihe von Überprüfungen durchlaufen, bevor sie überhaupt ein Bankkonto eröffnen durften. Sicherheits- und Risikomanagement sind in diesem Zusammenhang sehr wichtig. Es ist aber auch ein gegenläufiger Trend zu beobachten: Online-Verkäufer verwenden aus Sorge um mögliche negative Auswirkungen von Authentifizierung auf die Konversion an der Kasse ein abgespecktes Verfahren. Sie entscheiden sich zugunsten von Benutzerfreundlichkeit für ihre Kunden, was in diesem Fall die Sicherheit beeinträchtigt.

In Indien haben mehr als 900 Millionen Menschen eine physische Karte als digitale Identifikation bekommen.

Banken sind sehr bemüht, sichere Identifikationsverfahren zu entwickeln. Aber auch Regierungen weltweit sind in diesem Bereich aktiv. Ein Beispiel für eine solche Initiative ist Aadhaar, eine persönliche Identifikationsnummer, in Indien: Mehr als 900 Millionen Menschen haben eine physische Aadhaar-Karte bekommen, die als digitale Identität dient, um staatliche Leistungen in Anspruch nehmen zu können – mit dem Ziel, Effizienz zu steigern und das Missbrauchsrisiko zu senken[36].

Die nigerianische Regierung führte im Jahr 2014 ein großes so genanntes e-identity-Programm ein, das einen digitalen Identifikation im Kartenformat mit einer Prepaid-Zahlungsfunktion in Zusammenarbeit mit MasterCard kombiniert. Das hat zur Folge, dass die Bürger zunehmend mit Verfahren rund um digitale Identifikation vertraut sind. Die von Regierungen und Banken ausgegebenen physischen *Smart Cards* können auch die notwendige Authentifizierung für andere Dienste und Konten unterstützen und so den Zugang zu ihnen erleichtern. In Skandinavien gibt es digitale Identifizierung schon seit über 20 Jahren. In Schweden und Norwegen spielen Identitäten eine große Rolle bei Banken (BankID), wo sie verwendet werden, um sich bei Behörden und kaufmännischen Parteien einzuloggen. Banken und Behörden in Dänemark arbeiten zusammen, um eine eigene Identitätsplattform mit gemeinsamer Governance aufzubauen – NemID (Hub-Modell).

4.8 Die Entflechtung von Identität und Zahlung

Seit der ersten Zahlung sind Zahlungen und Identitäten miteinander verflochten gewesen. Das ist nur logisch, denn wenn Sie eine Zahlung leisten, wollen Sie sichergehen, dass Sie es mit der richtigen Person zu tun haben. Und damit haben wir immer noch tagtäglich zu tun. Denken Sie an all die PIN-Nummern, Log-in-Verfahren und Unterschriften, die notwendig sind, um eine Zahlung zu tätigen. Authentifizierung ist bei allen Zahlungen eine zentrale Aktivität. Die Märkte für digitale Zahlungen und digitale Identitäten sind demzufolge sehr eng miteinander verwoben und überschneiden sich in gewissem Maße sogar. Die Frage ist, ob es nicht besser wäre, diese beiden Funktionen getrennt voneinander zu organisieren. Das könnte helfen, eine gut funktionierende, zentrale Vertrauensinfrastruktur aufzubauen, in der Zahlungen leichter durchgeführt werden können.

Was würde es bedeuten, die Zahlungsfunktionen und Funktionen rund um digitale Identitäten zu trennen? In solch einer neuen Situation würde ein Zahlungsanbieter die vertrauende Partei einer Identitätsplattform werden. Das bedeutet, dass der Zahlungsanbieter ein Nutzer der Vertrauensplattform wäre, um die für die Abwicklung einer Zahlungstransaktion notwendige Authentifizierung durchzuführen, statt dies selbst zu tun. Welche Vorteile hätte das? Aus Sicht des Verkäufers ist die bestehende Verknüpfung von Zahlung und Identität alles andere als optimal. Alle notwendigen Identifizierungsverfahren, die der Risikominimierung dienen sollen, stehen im Widerspruch zu den Konversionszielen. Idealerweise würde gar keine Authentifizierung nötig sein, denn das scheint einer der Hauptgründe dafür zu sein, dass Käufer einen potenziellen Kauf abbrechen.

Smartphones verstärken das Problem, weil die notwendigen Authentifizierungsverfahren auf einem kleinen Display noch schwerer durchzuführen sind, was die Zahl der entgangenen Käufe erhöht. Dank der attraktiven Optionen, die ein Smartphone mit Blick auf innovative, reibungslose Authentifizierung bietet, könnte es aber auch Teil einer Lösung sein.

Eine Web3-Wallet, die sich mit Diensten *verbindet* (anstatt eines Logins), nimmt hier bereits eine Vorreiterrolle ein. Tatsächlich kann man eine solche Wallet als tragbares Konto verstehen, das die Nutzer bei sich führen. Die FIDO Alliance, der mehrere große IT-Unternehmen angehören, ist in diesem Zusammenhang ein wichtiger Akteur. Sie will die Verwendung von Passwörtern durch neue Technologien – beispielsweise Fingerabdruck-Scan auf mobilen Geräten – ersetzen[37].

> Smartphones bieten Chancen, die Authentifizierung von der Transaktion abzukoppeln und Käufe mit nur einem Klick zu ermöglichen.

Dank der ständig fortschreitenden technischen Entwicklung und in Verbindung mit der sehr persönlichen Nutzung bieten Smartphones Chancen, Authentifizierung und Zahlung zu entkoppeln, sodass sogenannte Ein-Klick-Käufe möglich werden. Das bedeutet: Wenn der Nutzer sich einmal mit seinem Smartphone angemeldet hat, kann er Folgezahlungen leichter tätigen; ein vollständiger Authentifizierungsprozess ist dann nicht länger notwendig. App-Stores wie iTunes nutzen diesen Ansatz ebenfalls. Nutzer beginnen damit, dass sie ein Konto anlegen, in dem ihre Zahlungsmethode verifiziert wird. Danach können alle Zahlungen nur mit einem Passwort, Fingerabdruck oder Gesichtserkennung durchgeführt werden. Da Smartphones persönliche Gegenstände sind, stellen sie ein effektives Tool dar, um Transaktionsrisiken zu senken. Nutzer können während einer Transaktion beispielsweise über ihre Telefon-ID erkannt werden; das hilft auch dabei, Betrug frühzeitig im Transaktionsprozess zu erkennen. Wichtig ist außerdem, dass jeder Nutzer sich jeden Tag auf seinem Gerät einloggt. Viele Händler sind der Ansicht, dass Internetverkehr über Smartphones sicherer ist als über Desktop-PCs.

Es gibt zwei Ansätze, Zahlungsrisiken zu begrenzen. Politische Entscheidungsträger, die die Bedeutung sicherer Zahlungen via Computer oder Mobiltelefon erkennen, setzen vor allem auf *starke Kundenauthentifizierung*. Händler hingegen bevorzugen einen sogenannten *risikobasierten Ansatz*, der Risiken auf Grundlage vorhandener Nutzerdaten begrenzt, ohne zusätzliche Hürden für die Nutzer zu schaffen. Die Europäische Bankenaufsichtsbehörde (EBA) hat eine Leitlinie zu diesem Thema veröffentlicht, die im August 2015 in Kraft getreten ist[38].

Das Teilen von Daten als neues Phänomen

In den letzten Jahren hat das Bewusstsein für die Bedeutung von Daten erheblich zugenommen – und das nicht nur mit Blick auf Datenschutz. Die Menschen hinterfragen auch die oft undurchsichtige Art und Weise, wie der datengesteuerte Werbemarkt funktioniert, sowie die Tatsache, dass Daten ganze Branchen wie die Taxibranche auf den Kopf stellen können.

In puncto Datenschutz wollen wir auf die Arbeit von zwei Recherchejournalisten auf der Online-Plattform *The Correspondent* verweisen, die die Probleme klar dargestellt haben. Sie kommen unter anderem zu dem Schluss, dass das Thema Daten in den nächsten Jahrzehnten immer wieder aufkommen wird[39]. Wie bereits erwähnt war die Einführung der europäischen Datenschutz-Grundverordnung ein großer Meilenstein. Aber wir sind noch nicht am Ziel.

Das Thema ist viel größer. Im Zeitalter der Digitalisierung brauchen wir eine neue Vision der Rolle der einzelnen Person. Verschiedene Meinungsführer, die auf dem Gebiet der Digitalisierung aktiv sind, beschäftigen sich seit Anfang des Jahrtausends mit diesem Aspekt. Ihre Ideen lassen sich unter Schlagwörtern wie *Vendor Relationship Management*, *Datensouveränität* und *selbstbestimmte Identität* zusammenfassen. Sie sind inspiriert von der Vorstellung einer „Umkehr", was bedeutet, dass Einzelpersonen in der digitalen Welt durch Merkmale dargestellt werden, die sie auszeichnen. Dieses Konzept hat erhebliches Potenzial, wenn nicht die Tatsache wäre, dass diese Daten über eine immer größer werdende Anzahl von verschiedenen Plattformen verteilt sind. Das führt dazu, dass die betreffende einzelne Person nur wenig Kontrolle über diese Daten hat. In der Vorstellung dieser Visionäre müssen Einzelpersonen die Kontrolle über ihre Daten erlangen, sodass sie ihre Privatsphäre schützen können. Sie können das Teilen von Daten steuern und möglicherweise finanziellen Nutzen aus ihren Datentransaktionen schöpfen.

Mit dem Teilen von Daten geben Verbraucher aktiv ihre Zustimmung, ihre personenbezogenen Daten zu teilen.

Wenn wir über das Teilen von Daten sprechen, müssen wir zwischen generischen Plattformen wie Digi.me und People.io und spezifischeren Plattformen unterscheiden. LastPass und Dashlane beispielsweise konzentrieren sich auf Passwörter, während Parteien wie Strava und Endomondo auf Sportdaten spezialisiert sind. Wir nennen diese gesamte Plattformkategorie *Datensteuerungsplattformen*. Tatsächlich handelt es sich dabei um Identitätsplattformen, die durch Hinzufügen weiterer Nutzermerkmale weiterentwickelt werden. Während Identitätsplattformen sich häufig auf grundlegende Nutzerdatensätze beschränken (häufig Namen und Adressen), gehen Datensteuerungsplattformen darüber hinaus und verwenden auch Daten zum Nutzungsverhalten und zur Reputation. Das bedeutet, dass es innerhalb dieser Kategorie erhebliche Unterschiede gibt und dass die Zahl der spezialisierten Plattformen theoretisch unbegrenzt ist.

Datensteuerungsplattformen sind Identitätsplattformen, die durch Hinzufügen weiterer Nutzer- und Nutzungsdaten zu den Profilen weiterentwickelt werden.

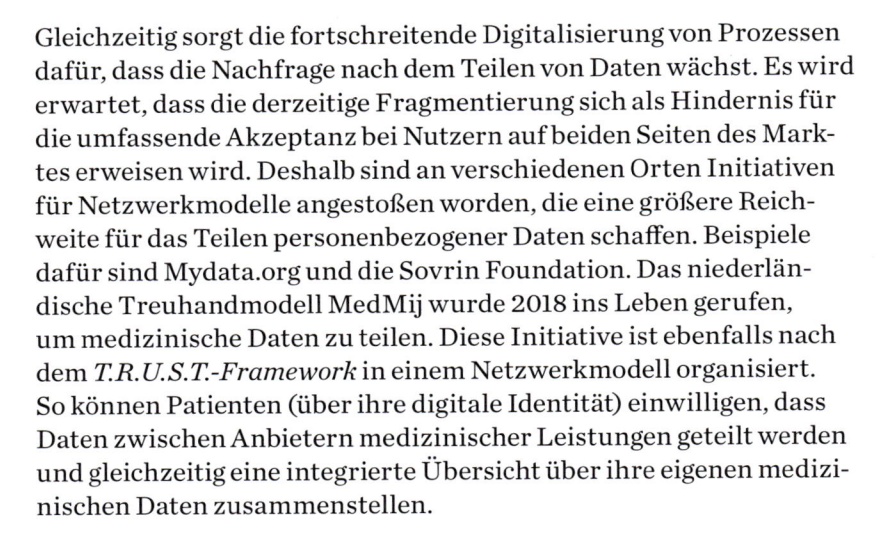

Gleichzeitig sorgt die fortschreitende Digitalisierung von Prozessen dafür, dass die Nachfrage nach dem Teilen von Daten wächst. Es wird erwartet, dass die derzeitige Fragmentierung sich als Hindernis für die umfassende Akzeptanz bei Nutzern auf beiden Seiten des Marktes erweisen wird. Deshalb sind an verschiedenen Orten Initiativen für Netzwerkmodelle angestoßen worden, die eine größere Reichweite für das Teilen personenbezogener Daten schaffen. Beispiele dafür sind Mydata.org und die Sovrin Foundation. Das niederländische Treuhandmodell MedMij wurde 2018 ins Leben gerufen, um medizinische Daten zu teilen. Diese Initiative ist ebenfalls nach dem *T.R.U.S.T.-Framework* in einem Netzwerkmodell organisiert. So können Patienten (über ihre digitale Identität) einwilligen, dass Daten zwischen Anbietern medizinischer Leistungen geteilt werden und gleichzeitig eine integrierte Übersicht über ihre eigenen medizinischen Daten zusammenstellen.

> Eine Alternative für das Teilen von Daten sind digitale Wallets, über die Nutzer die Zugangsrechte für ihre personenbezogenen Daten kontrollieren können

Dank der fortschreitenden technischen Entwicklung gibt es auch andere Möglichkeiten, den Nutzern die Kontrolle über ihre Daten zurückzugeben. So ist es beispielsweise möglich, dass personenbezogene Daten und ihre Nutzerrechte – die Einwilligung – sich an verschiedenen Orten befinden.

Mit einer solchen Web3-Wallet entsteht eine Situation, die vergleichbar ist mit „Schließfächern" in der realen Welt, bei denen ein Schlüssel Zugang zu einem Haus, einem Fahrzeug, einem Fahrrad oder einem Büro eröffnet. Ein Schlüssel definiert spezifische Zugangsrechte, die übertragbar sind. In der digitalen Welt kann der gleiche Ansatz für personenbezogene Daten herangezogen werden. Der Eigentümer der Daten erhält eine Wallet, über die er die Zugangsrechte für seine personenbezogenen Daten verwalten kann. Zum Beispiel kann er einen Schlüssel geben, um seinem Arzt Zugriff auf seine Patientenakte zu gewähren; einen anderen Schlüssel, um der Bank Zugriff auf seine Einkommensdaten zu geben; und einen Schlüssel, mit dem sein Versicherungsunternehmen auf seinen Energiezähler zugreifen kann. Die Daten können alle an einem Ort sein (also in der Wallet selbst). Aber auch ein dezentraler Ansatz ist möglich, bei dem sich die Daten an der Quelle befinden. Web3 leistet hier bereits Pionierarbeit im Finanzwesen; die SSI-Entwicklung erweitert das Konzept auf alle möglichen Daten.

Der politische und gesellschaftliche Wille, ganz sicher in Europa, geht dahin, dass die Verbraucher Kontrolle über ihre personenbezogenen Daten zurückgewinnen. Das hat erhebliche Auswirkungen auf alle Marktakteure und beeinflusst deutlich die Art und Weise, wie

Plattformen in Zukunft funktionieren werden. Diese Kontrolle über personenbezogene Daten bildet die Grundlage für die nächste Phase des Internets: das transaktionale Internet.

☞ Mehr dazu im letzten Kapitel

4.9 Zusammenfassung

In diesem Kapitel haben wir die Phänomene Transaktionen und Plattformen übereinandergelegt. Wie wir gesehen haben, spielen Daten dabei eine Schlüsselrolle.

- Auch wenn zwei Akteure bei Transaktionen eine direkte Interaktion wahrnehmen, interagieren sie tatsächlich jeweils mit der *Mittelsperson*. Die Mittelsperson mit ihrer Plattform ist keine Akteurin bei der Transaktion selbst, sondern eine Akteurin in dem Sinne, dass sie alle digitalen Interaktionen unterstützt, die die Transaktion möglich machen. In dieser Beziehung nimmt die Mittelsperson in der digitalen Welt zwei unterschiedliche Positionen ein.

- Auf einer Datenebene gibt es eine lineare Kette. Die zwei Akteure tauschen ihre Daten aus, wobei die Mittelsperson als Durchreiche fungiert, sodass ein *Datendreieck* mit der Plattform entsteht. Das bedeutet, dass die Plattform alle Daten erfasst.

- Alle *Transaktionsdaten* befinden sich im *Datendreieck*. Die Eingabedaten bestehen aus den Nutzerdaten und abgeleiteten Reputationsdaten. Diese *Eingabedaten* machen die Transaktion möglich. Sie werden um die Nutzungsdaten zu allen Tauschhandlungen ergänzt, die im Laufe der Zeit über die Plattform stattgefunden haben: die *Ausgabedaten*.

- Die *digitale Identität* oder das *Nutzerprofil* eines Akteurs ist eine Erweiterung seiner physischen Identität und umfasst eine Reihe von kontextbezogenen Daten. Ein Nutzerprofil besteht aus *Entitätsdaten* (Nutzerdaten), *Verhaltensdaten* (Nutzungsdaten) und *Reputationsdaten* (von Dritten ausgelegte Verhaltensdaten). Im Zuge der Digitalisierung ist das Volumen dieser Art von Daten explodiert.

- Plattformen verwenden die *Transaktionsdaten* nicht nur, um Interaktionen zwischen den beiden Akteuren möglich zu machen, sondern schlagen auch intelligente Wege ein, um diese Daten in anderen Märkten zu monetarisieren – mit gewaltigen Gewinnen. Das stößt auf wachsenden gesellschaftlichen Widerstand, weil die Nutzer erkennen, dass sie „das Produkt" sind und ihre Privatsphäre bedroht ist. Das *Daten-Nutzen-Gleichgewicht* muss zugunsten von Einzelpersonen wiederhergestellt werden.

- *Transaktionales Vertrauen* wird zurzeit hauptsächlich von Mittelspersonen und ihren Plattformen geschaffen – über Institutionelles Vertrauen. Drei Dimensionen können unterschieden werden: *Beziehungsvertrauen*, *Produktvertrauen* und *Prozessvertrauen*.

- *Risiko* und *Vertrauen* sind zwei Seiten einer Medaille. Es erfordert Geld und Aufwand, Risiken in Vertrauen umzuwandeln – die Transaktionskosten. Je höher das anfängliche Misstrauen oder Risiko, desto höher die Transaktionskosten. Während des Kaufprozesses ist die *Risikoakzeptanz* in der Transaktionsphase, die aus Einigung, Zahlung und Lieferung besteht, am niedrigsten. Wenn alle Parteien diese Phase effizienter organisieren können, ermöglicht das eine erhebliche Senkung der Transaktionskosten.

- In der digitalen Welt nimmt *Vertrauen* die Form von *Daten* an. Vertrauen kann transversal und unendlich oft eingesetzt werden. Das bedeutet, dass Vertrauen ein zweiseitiger Markt ist, mit zwei interessierten Parteien: dem Nutzer und der *vertrauenden Partei*.

- Es gibt zwei wichtige Arten von Plattformen im Vertrauensmarkt: *Zahlungsplattformen* und *Identitätsplattformen*. Beide sind auf die transversale Wiederverwendung von Daten ausgerichtet, um Transaktionen mit Vertrauen auf verschiedenen Plattformen zu ermöglichen.

- Beide Arten von Plattformen sind auf Grundlage der T.R.U.S.T.-Dimensionen organisiert, um transaktionales Vertrauen zu schaffen, entweder in einem Hub-Modell (zentral) oder in einem Netzwerkmodell (dezentral).

- Neben Qualität ist es auch die Größe, die den Wert von Vertrauen maßgeblich beeinflusst. Viele Plattformen verwenden jedoch ihre eigenen Vertrauensmechanismen. Das beschränkt Wachstum und führt letzten Endes dazu, dass den Endnutzern in einem fragmentierten Markt nur eine suboptimale Leistung angeboten wird.

- Verbraucher müssen sich idealerweise nur einmal registrieren und haben danach Zugang zu allen anderen Plattformen. In diesem Szenario können alle Transaktionen zu niedrigen Transaktionskosten und ohne unnötige Reibungsverluste durchgeführt werden.

- Die Digitalisierung führt auch dazu, dass neue Arten von Geld entstehen. Nutzerprofile stellen einen neuen Wert dar, der sich nicht nur einmal, sondern unendlich oft bezahlt machen kann. Um ein Daten-Nutzen-Gleichgewicht zu schaffen, müssen die Verbraucher ein stärkeres Bewusstsein entwickeln und mehr Kontrolle erlangen; gleichzeitig müssen Plattformen transparenter werden und neue Wege gefunden werden, um Daten zu bewerten.

- *Zahlung* und *Identität* sind traditionell immer miteinander verknüpft gewesen, können jetzt aber mit eigenständigen Plattformangeboten *entkoppelt* werden.

- *Datensteuerungsplattformen* agieren im neuen Markt für das Teilen von Daten und sind der nächste Schritt in der Entwicklung von Identitätsplattformen. Sie ergänzen die Profile dabei um weitere Transaktionsdaten. Sie reagieren auf die DSGVO, die Nutzern die Kontrolle über ihre Daten gibt und eine entsprechende Infrastruktur verlangt.

- Ein alternativer Ansatz für das Teilen von Daten besteht darin, personenbezogene Daten und die Zugangsrechte für diese Daten an verschiedenen Orten zu speichern, in der Regel an der Quelle. So entsteht ein *digitales Schließfach* (bzw. *Wallet*), mit dem die Nutzer die Zugangsrechte für ihre personenbezogenen Daten verwalten können. Die Daten bleiben am gleichen Ort.

- *Digitale Selbstbestimmung*, *Datensouveränität* und ein wiederhergestelltes *Daten-Nutzen-Gleichgewicht* bilden die Vertrauensbasis für das transaktionale Internet.

e internet
aktional
das trans

KAPITEL 5
Der Übergang zu
infrastrukturellem Vertrauen

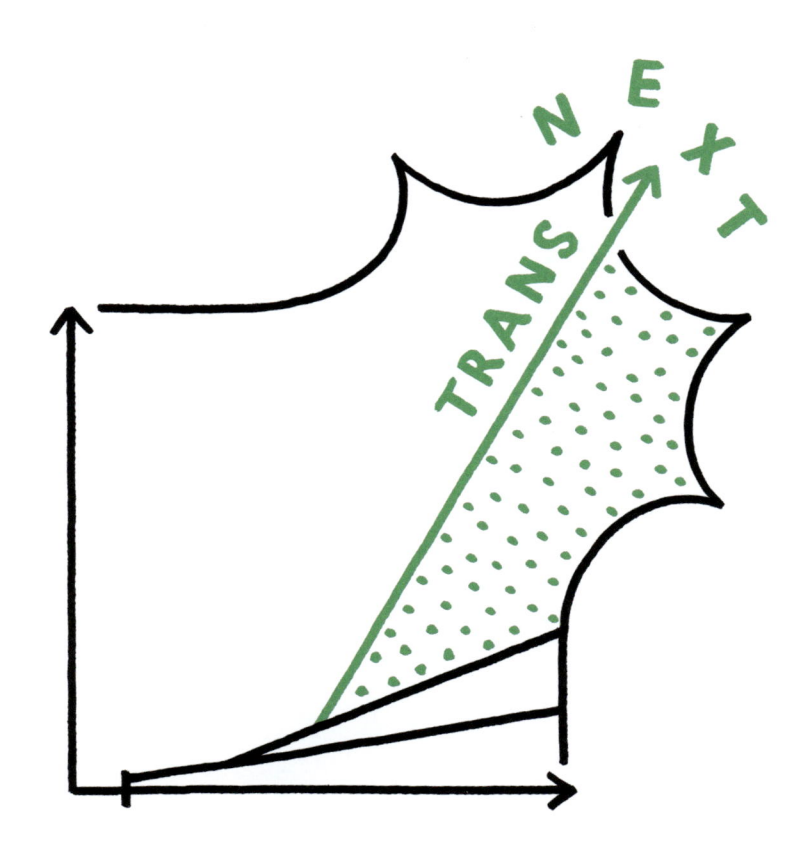

5.1 Einleitung

„Die transaktionale Phase des Internets erfordert einen Übergang von institutionellem zu infrastrukturellem Vertrauen."

Das transaktionale Internet steht vor der Tür – diese feste Überzeugung zieht sich von der ersten Seite an als roter Faden durch dieses Buch. Langsam, aber sicher wird das Internet immer besser für Transaktionen geeignet. Mittelspersonen, die Tauschhandlungen zwischen zwei oder mehr Nutzergruppen ermöglichen, florieren in der digitalen Welt. Sie entwickeln mit ihren Plattformen Umgebungen, in denen Produkte und Leistungen effizient und zuverlässig in den unterschiedlichsten Märkten getauscht werden können. Mittelspersonen spielen im digitalen Umfeld eine deutlich größere Rolle als wir es aus der realen Welt kennen. Zunächst einmal verkürzen longitudinale Plattformen die lineare Wertschöpfungskette und verlangen einen größeren Anteil an den Gewinnmargen. Noch wichtiger: Während es vergleichsweise einfach ist, in der realen Welt Vertrauen zwischen Akteuren zu schaffen – die Voraussetzung für jede Transaktion –, sieht das in der digitalen Welt anders aus. Digitale Plattformen schaffen Vertrauen, indem sie Daten nutzen, um alle Risiken für die Akteure in ihrem Markt einzeln zu beseitigen. Aus makroökonomischer Perspektive ist die Transaktionsphase jedoch noch nicht auf die kosteneffizienteste Weise organisiert. Risiken zu beseitigen, um Vertrauen zwischen den Akteuren aufzubauen, ist zurzeit für die Mittelspersonen noch eine teure Angelegenheit. Die hohen Transaktionskosten führen dazu, dass Transaktionen unnötig teuer sind, auch wenn das Vertrauen, das geschaffen wird, transversal wiederverwendet werden kann.

Das ist nicht nur eine verpasste Chance für Wirtschaftswachstum, sondern auch ein drängendes Problem. Die Zahl der weltweiten Transaktionen wird rasant zunehmen – und das in einer Welt, die für eine solche Explosion noch nicht bereit ist. Viele Unternehmen sind sich nicht bewusst, welch gewaltige Zunahme der Zahl von Transaktionen wir erleben werden. Sie erwarten Wachstum, aber unterschätzen die Geschwindigkeit, mit der dieses Wachstum stattfinden wird. Sie haben zwar Maßnahmen ergriffen, aber diese reichen nicht aus, um die Risiken zu beseitigen, weil die Probleme nicht auf der Ebene einer einzelnen Organisation gelöst werden können.

Wir müssen den Übergang von institutionellem Vertrauen zu infrastrukturellem Vertrauen schaffen, sodass Vertrauen im Internet verankert ist. Damit dieses transaktionale Internet funktionieren kann, sind zwei *Big Fixes* nötig, die wir in diesem Kapitel erörtern werden: das Durchbrechen des Vertrauensparadoxons und die Wiederherstellung des Daten-Nutzen-Gleichgewichts. Wir geben außerdem allen Beteiligten Leitlinien an die Hand, wie sie die Änderungen bewerkstelligen können, die sie vornehmen müssen. Dann kann das Versprechen eines transaktionalen Internets Wirklichkeit werden und alle Akteure – Einzelpersonen, Organisationen und Dinge – können problemlos Geschäfte miteinander betreiben, und das in einem Umfang, der in der realen Welt unvorstellbar wäre.

5.2 Explosionsartiges Wachstum bei digitalen Transaktionen

Die Zahl der digitalen Transaktionen wird in der vor uns liegenden Zeit weiter dramatisch ansteigen: von 365 Billionen im Jahr 2018 auf 5.500 Billionen im Jahr 2025. Mit anderen Worten: Die Zahl der Transaktionen wird sich in diesen fünf Jahren verfünfzehnfachen[1]. Woher wird dieses Wachstum kommen? Wer bereits digital aktiv ist, wird nicht plötzlich anfangen, mehr zu kaufen. Auch wenn wir davon ausgehen, dass die vielen Inhalte des Warenkorbs in einzelne Käufe aufgeteilt werden, wird dies nicht die Ursache für den Anstieg sein. Ebenso wenig wird die Verlagerung von Transaktionen von anderen Infrastrukturen – elektronisch oder anderweitig – auf das Internet, wie zum Beispiel die Verwendung von digitalem Geld anstelle von Bargeld, zu den von uns angesprochenen zusätzlichen Transaktionen führen. Das Wachstum, das wir erwarten, stammt aus drei Quellen: neue Internetnutzer, die im digitalen Bereich wirtschaftlich aktiv werden, die *Sharing Economy* und das *Internet der Dinge*. Beschleunigt wird diese Entwicklung durch die neue Kategorie von Transaktionen, nämlich die Datentransaktionen. Auf diese vier Faktoren wollen wir hier kurz näher eingehen.

Abbildung 48
Anstieg der Zahl der Internetnutzer

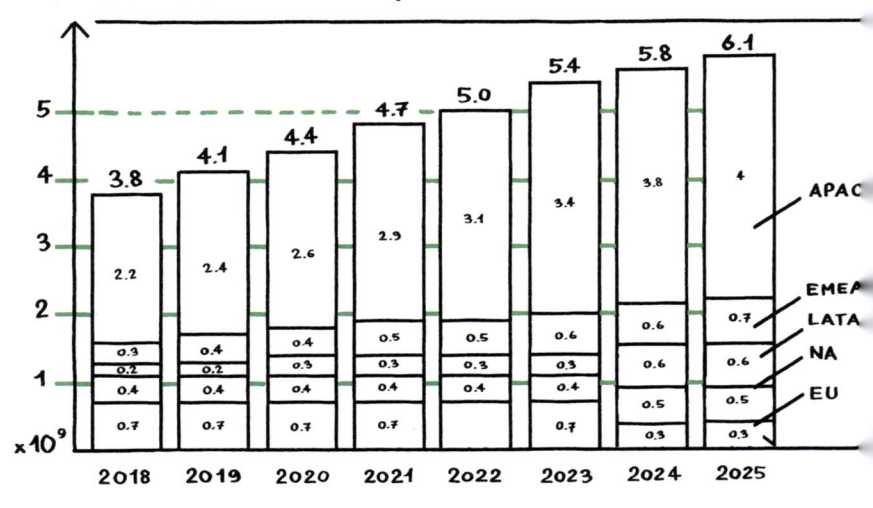

Betrachtet man die Zahl der neuen Internetnutzer, so ergibt sich folgendes Bild: Die Zahl der Menschen mit Internetzugang wird weltweit von 3,8 Milliarden im Jahr 2018 auf 6,1 Milliarden im Jahr 2025 steigen. Der Großteil dieses Wachstums wird in Asien (APAC), dem Nahen Osten (NO) und Afrika zu verzeichnen sein[2]. Aufgrund der großen Bevölkerungszahlen wird der digitale Wandel in diesen Regionen beeindruckende Zahlen mit sich bringen. In Europa und Nordamerika liegt die Online-Durchdringung bereits bei rund 80 Prozent und es gibt hier nur noch einen sehr begrenzten Anstieg. Das durchschnittliche jährliche Wachstum der Nutzerzahlen zwischen 2018 und 2025 wird auf sieben Prozent geschätzt.

Der zweite Faktor für die Zahl der digitalen Transaktionen ist die *Sharing Economy*. Im Jahr 2018 betrug die Zahl der Transaktionen in dieser Kategorie gerade einmal neun Billionen, aber bis 2025 wird sie voraussichtlich auf 174 Billionen ansteigen. Diese Entwicklung ist auf die vom Internet gebotene Möglichkeit zurückzuführen, Produkte zu teilen, zu tauschen oder zu mieten. Dies kann zu Folgetransaktionen nach einem Kauf führen. Dadurch wird es möglich, den ungenutzten Wert zu monetarisieren. Wie wir im nächsten Abschnitt sehen werden, wird das transaktionale Internet dieses Wachstum weiter beschleunigen. Auf diese Weise werden ideale Bedingungen geschaffen, um echte *Peer-to-Peer*-Transaktionen zu geringen Kosten und mit begrenztem Eingriff teurer Plattformen durchzuführen. Somit werden auch Transaktionen mit einem geringeren Gegenwert attraktiv.

Das *Internet der Dinge* ist der wichtigste Impuls für die Zahl der digitalen Transaktionen. Immer mehr physische Produkte und Geräte wie Autos, Mikrowellen und komplette industrielle Produktionslinien werden mit dem Internet verbunden sein. Dadurch wird es eine ganz neue Gruppe von Akteuren geben, die in Rekordzahlen online aktiv werden. Für den größten Teil dieses Anstiegs werden die Unterkategorien des industriellen Internets und der *intelligenten* oder *vernetzten Städte* verantwortlich sein.

Darüber hinaus wird die fortschreitende Digitalisierung des Handelsprozesses den Anstieg der Zahl der Transaktionen erheblich beschleunigen. Dies wird durch die neue Kategorie der Datentransaktionen verursacht, die unterhalb der Ebene der Handelstransaktionen angesiedelt ist und die dem Transaktionsprozess zugrunde liegt. Denken Sie nur einmal daran, wie viele Datentransaktionen erforderlich sind, bevor man als Kunde eine Reise gebucht und bezahlt hat. Diese „Daten-für-Daten"-Transaktionen sind eine Folge der zunehmenden Digitalisierung der Customer Journeys. Auch wenn

Abbildung 49
Anstieg der Zahl der Transaktionen

#TRANSAKTIONEN

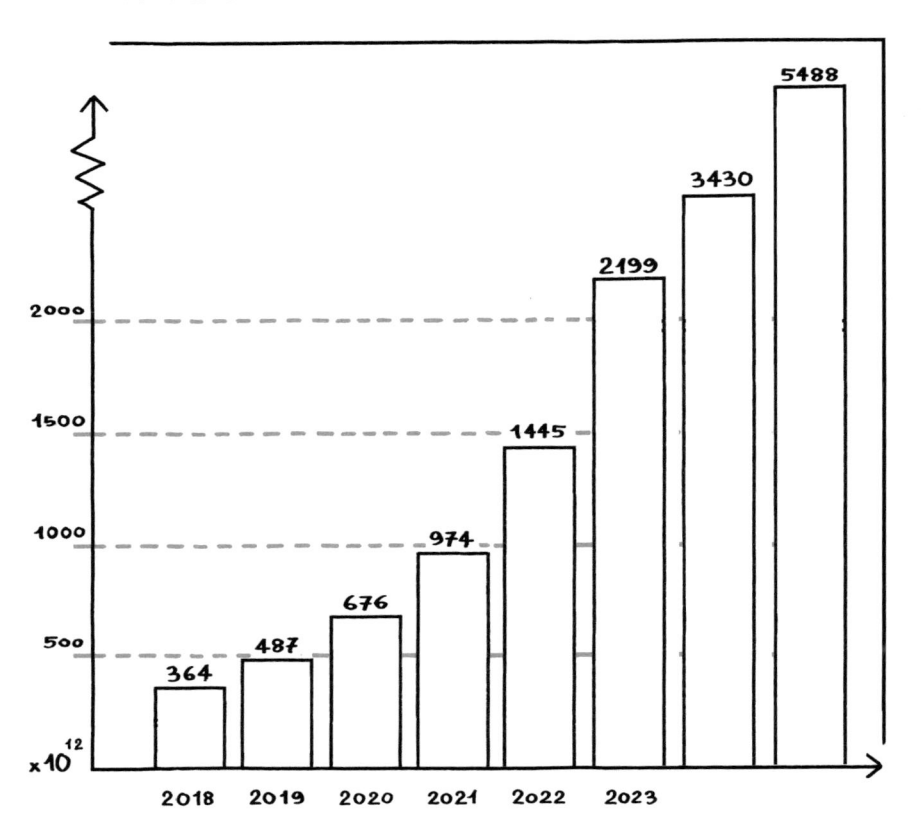

- 2018: 364
- 2019: 487
- 2020: 676
- 2021: 974
- 2022: 1445
- 2023: 2199
- (nächste): 3430
- (nächste): 5488

$\times 10^{12}$

wir diesen Effekt nicht in das prognostizierte Transaktionswachstum eingerechnet haben, so wirkt er doch als wichtiger Multiplikator. Corona-Lockdowns und das damit verbundene schnellere Wachstum des Online-Shoppings unterstreichen diesen Punkt.

Die Sharing Economy und Symmetrie gehen Hand in Hand
Es wird immer mehr zur Gewohnheit, dass wir unseren Besitz mit anderen teilen. Über Peerby können Sie Ihren Schokoladenbrunnen an einen Nachbarn ausleihen. Ihren Zweitwagen – der die meiste Zeit sowieso nur ungenutzt rumsteht – können Sie über SnappCar teilen. Und wenn Sie im Urlaub sind, können Sie Ihre Wohnung über Airbnb vermieten. Das aktuelle Phänomen der *Sharing Economy* ist ein Indiz dafür, dass die beteiligten Akteure in ihren Interaktionen und Transaktionen gleichberechtigter geworden sind; sie handeln auf Peer-to-Peer-Basis, das heißt mit symmetrischeren Transaktionsbedürfnissen. Die Unterscheidung zwischen Person-to-Person (P2P)

oder Consumer-to-Consumer (C2C), Business-to-Consumer (B2C) oder Business-to-Business (B2B) wird irrelevant, denn alle Akteure wollen und bekommen die gleichen Möglichkeiten – funktionell, technisch und rechtlich. Warum sollte ein Unternehmen in der Lage sein, Kartenzahlungen zu akzeptieren, eine Privatperson aber nicht? Das wird sich angleichen. Wir bezeichnen diesen Trend mit dem Begriff *Peerification*. Dadurch eröffnet sich ein völlig neuer Bereich wirtschaftlicher Aktivitäten, der zu einem erheblichen Anstieg der Zahl der Handelsgeschäfte führt. Web3-Transaktionen über Wallets finden von Natur aus auf Peer-to-Peer-Ebene statt. Die Datentransaktionen, die diesen Tauschvorgängen zugrunde liegen, sind der Multiplikator für den Anstieg der Zahl der digitalen Transaktionen.

In der Sharing Economy wird die Restkapazität der Dinge ausgeschöpft, sodass die Nutzung bereits vorhandener Produkte optimiert wird. Aus dem praktischen Prinzip „Ich habe etwas, das ich nicht jeden Tag benutze, also kann jemand anderes davon profitieren" ist eine ganz neue Wirtschaftsform entstanden. Dies wird nun durch digitale Plattformen ermöglicht: Nach Durchlaufen des Onboarding-Prozesses können deren Nutzer mit wenigen Klicks alle möglichen Dinge leihen oder mieten. Die *erweiterte Wertschöpfungskette*[3] hört mit dem Verkauf eines Produkts nicht auf, sondern geht auch danach noch weiter. Im Grunde gibt es zwei Volkswirtschaften, die nebeneinander – oder nacheinander – bestehen: die traditionelle *Produzentenwirtschaft*, die auf der Produktion und dem Verkauf von Dingen beruht, und eine wachsende *Nutzerwirtschaft*, die auf dem Prinzip des Teilens und der Optimierung der Nutzung von bereits verkauften Produkten beruht.

In der Sharing Economy sind verschiedene Arten des Austauschs möglich: der buchstäbliche Austausch von Waren oder Dienstleistungen, das Verleihen ohne Gegenleistung und das Vermieten gegen Geld. Peerby haben wir bereits erwähnt – die Plattform, die es ermöglicht, Dinge von Menschen in der Nachbarschaft auszuleihen. Über eine Plattform wie Fon kann man sogar sein WLAN teilen. Wenn man anderen seine WLAN-Kapazität zur Verfügung stellt, erhält man im Gegenzug Zugang zu allen teilnehmenden Hotspots weltweit. Und eine Plattform wie Behomm ermöglicht es Menschen mit einer ähnlichen Denkweise (in diesem Fall „Kreative"), ihre Wohnungen für einen Urlaub zu tauschen, ohne dass dabei Geld fließt. Während in der Vergangenheit die Anzahl der Transaktionen pro Besitz begrenzt war, stellen wir heute fest, dass ein herkömmlicher Kauf zu allen möglichen Folgetransaktionen führen kann. Den Besitzern bieten sich mehr Möglichkeiten, mit ihren Dingen Geld zu verdienen. Eine Plattform wie SnappCar, die die gemeinsame Nutzung von

> In der Sharing Economy wird die Restkapazität der Dinge ausgeschöpft, sodass die Nutzung aller vorhandenen Produkte optimiert wird. „Sharing is caring" – für unsere Mitmenschen und für den Planeten.

> Peerification geht von einem symmetrischen Austausch zwischen zwei gleichberechtigten Akteuren aus, die ihre Rollen tauschen, sich direkter finden und die Vertrauenswürdigkeit des jeweils anderen leicht feststellen können.

Autos durch Privatpersonen ermöglicht, muss für beide Seiten alles Mögliche organisieren: von der Versicherung über die Überprüfung des Führerscheins des Mieters bis hin zur nachträglichen Kontrolle des Autos auf Schäden. Um die Risiken zu begrenzen, ist sowohl für den Verleiher als auch für den Mieter ein relativ umfangreicher Onboarding-Prozess erforderlich. Das bedeutet, dass die Plattform bei diesem Austausch einen wichtigen Mehrwert bietet und daher einen beträchtlichen Anteil des Transaktionswerts beanspruchen kann. Vinted ist eine schnell wachsende Plattform für gebrauchte Kleidung und Accessoires und trägt zu Peerification und Nachhaltigkeit bei.

Wie würde eine solche Transaktion in der Welt des transaktionalen Internets funktionieren, in der die einzelnen Akteure ihre persönlichen Informationen, also ihr Profil, selbst dezentralisiert organisiert haben, zum Beispiel in einer Web3-Welt? Damit wäre die Rolle der Plattform, die die Informationen zusammenführt und das Vertrauen organisiert, weitgehend überflüssig. Das Onboarding könnte für beide Parteien sehr einfach sein, da das transaktionale Internet die Daten selbst aus den von den Nutzern kontrollierten Wallets bereitstellen würde. Infolgedessen wären die Transaktionskosten für beide Akteure wesentlich niedriger: Sobald sie einander für eine Transaktion gefunden haben, können sie die Vertrauenswürdigkeit des jeweils anderen feststellen und eine Transaktion sehr viel direkter vornehmen. Außerdem wären ihre Angebote viel ähnlicher und symmetrischer.

Im transaktionalen Internet ist die Rollenverteilung zwischen den Akteuren wesentlich gleichberechtigter, und das hat weitreichende Folgen – vor allem für die Verbraucher. Auf der Ebene des Handels können Privatpersonen genauso selbstverständlich als Verkäufer auftreten wie Unternehmen. Darüber hinaus ist die Interaktion mit der Plattform, die den Austausch ermöglicht, viel ausgewogener. Der Mehrwert einer solchen Plattform besteht also gerade darin, Angebot und Nachfrage transparent zu machen. Danach können die beiden Parteien direkt miteinander ins Geschäft kommen, da ein aufwendiges Onboarding-Verfahren über die Plattform nicht mehr notwendig ist. Als nächstes können sich die Akteure gegenseitig direkt bezahlen, denn auch bei dieser Funktion hat die Plattform nur einen begrenzten Mehrwert. Aus alledem folgt, dass die Mittelsperson andere Wege finden muss, um mit ihrer Plattform einen Mehrwert zu schaffen. Andernfalls werden ihre Umsätze deutlich sinken.

Wir haben bereits festgestellt, dass es bei der Peerification um Interaktionen zwischen ähnlichen Akteuren geht. Das bedeutet, dass sich asymmetrische Angebote in symmetrische Angebote verwandeln, weil beide Akteure die gleichen Werkzeuge erhalten, mit denen sie abwechselnd die Rolle des Käufers und des Verkäufers einnehmen können. Symmetrie und Gleichberechtigung gehen dabei Hand in Hand.

Auf lange Sicht wird das Umschalten vom Kaufen zum Verkaufen genauso einfach sein wie heute das Anrufen oder Angerufenwerden mit dem Telefon. Die strikte Trennung zwischen Verbrauchern und Unternehmen wird dadurch immer mehr verschwimmen. Das erleichtert alle Arten von Transaktionen: Transaktionen, die heute bar bezahlt werden, aber auch neue Formen von Transaktionen, die wir noch gar nicht kennen.

Übrigens: Auch auf einem Markt wie dem der mobilen Telekommunikation verlief diese Entwicklung hin zu symmetrischen Angeboten schrittweise. Noch bis in die 1990er-Jahre besaßen dort beide Akteure ihre eigenen Instrumente für den Austausch. Der Absender einer Nachricht benutzte einen Pager, mit dem er Kurznachrichten über Funkfrequenzen verschicken konnte. Der Empfänger wiederum benötigte zum Entschlüsseln der Nachrichten einen speziellen Decoder. Anschließend konnten sie per Festnetz über den Inhalt der Nachricht kommunizieren. Und während wir uns heute permanent Textnachrichten über das Smartphone schicken können, so war das früher wesentlich aufwendiger. Die Rolle der Plattformen, die mobile Telekommunikation ermöglichen, hat sich im Laufe der Zeit sehr gewandelt.

Wie lässt sich das Konzept der symmetrischen Angebote auf das Beispiel des Zahlungsmarktes übertragen? Um direkte Zahlungen vornehmen zu können, müssen die Instrumente der beiden Akteure entsprechend angepasst werden. Bislang ist es so, dass eine Privatperson über eine Bank- oder Kreditkarte und der Händler über ein Zahlungsterminal verfügt. Kompliziert wird es dann, wenn sich zwei Privatpersonen gegenseitig direkt mit einer Karte elektronisch bezahlen wollen, weil sie eben nicht über die Funktionalität des Zahlungsterminals verfügen. Erst wenn Karte und Terminal durch ein standardisiertes Instrument ersetzt werden, das es den beiden Akteuren ermöglicht, beide Rollen – Käufer und Verkäufer – zu übernehmen, können sie problemlos zwischen Zahlung und Zahlungsannahme hin und her wechseln. In China ist dieses Modell bereits weit verbreitet – dank WeChat Pay und AliPay. Für physische Karten beobachten wir das jetzt mit der zunehmenden Verbreitung von NFC in fast allen Telefonen und Terminal-Apps ebenfalls, sodass der Händler nur noch einen Vertrag braucht, um Zahlungen zu akzeptieren. Peerification steht vor der Tür.

> Die Rollen von Kunden und Lieferanten werden zunehmend gleichberechtigt. Dies erfordert symmetrische Angebote, die es den Akteuren ermöglichen, problemlos zwischen den Rollen zu wechseln.

HINTERGRUND
Für ein symmetrischeres Angebot für Postpakete

Das Postwesen zählt zu den ersten Märkten, die mit dem Aufkommen des Internets einen einschneidenden Wandel durchgemacht haben. Heutzutage verschicken wir kaum noch Briefe. Wenn tatsächlich etwas auf dem Postweg verteilt wird, dann sind es meist Pakete. Allerdings stammen die Instrumente, die den Akteuren zur Verfügung stehen, noch weitgehend aus der Zeit der Briefe: Für die Zusteller gibt es Einwurfkästen und für die Kunden einen Briefkasten an der Haustür oder am Eingang. Das Angebot ist asymmetrisch, wobei beide Akteure Instrumente verwenden, die ihre jeweilige Rolle im physischen Austausch unterstützen. Das Werkzeug des Empfängers erfüllt jedoch seinen Zweck nicht mehr, denn die meisten Pakete passen nicht in die winzigen Briefkästen. Auf dieser Seite des Marktes besteht ein dringender Bedarf an einer Qualitätsdienstleistung für die Zustellung von Waren, die online bestellt wurden. Der traditionelle Briefkasten hat als Angebot weitgehend ausgedient.

Postempfänger wollen zunehmend selbst bestimmen, wie, wann und zu welchen Kosten sie ihre Pakete erhalten. Doch wie kann man dem gerecht werden? Schon heute gibt es ein sogenanntes „Postfach" für Unternehmen. Gegen eine geringe monatliche Gebühr können sie die Post jederzeit abholen oder mit einem bestimmten Servicelevel zustellen lassen. Für Verbraucher hingegen gibt es eine solche Möglichkeit nicht. Denkbar wäre die massenhafte Aufstellung von Schließfächern, in denen die Unternehmen uns die online gekauften Kleidungsstücke und Küchenutensilien überlassen könnten – aber das würde enorme Investitionen erfordern. Und wer sollte diese Investitionen tätigen? Anbieter wie Bringme und MyPUP, aber auch DHL und Amazon stellen bei Unternehmen und an öffentlichen Orten Packstationen auf. Die einzelnen Schließfächer können mit einer App geöffnet werden. Für diesen Teil des Marktes scheint es sinnvoller zu sein, an die bestehende Infrastruktur anzuknüpfen. Die niederländische Supermarktkette Albert Heijn hat das erkannt und Tausende von Abholstellen für den Online-Einzelhändler Bol.com eingerichtet, ohne dass sie dafür viel investieren musste. Grundsätzlich könnte jedes Unternehmen, das eine Beziehung zu den Endverbrauchern unterhält, ein solcher Abholpunkt sein. Das kann der Lebensmittelhändler vor Ort sein, das Büro, in dem man tagsüber arbeitet, oder auch die Kita. All diesen Akteuren bietet sich so die Gelegenheit, mit einer Vielzahl von Erlösmodellen ihre Einnahmen zu steigern. Darüber hinaus können die Empfänger angeben, wann sie ihr Paket zugestellt haben möchten. So haben sie eine größere Auswahl in Bezug auf den Preis und die Qualität dieser Dienstleistung.

Eine interessante Entwicklung ist das relativ neue Segment der „sozialen Zustellung", die sich auf die sogenannte letzte Meile konzentriert. Allzu oft werden Pakete zugestellt, wenn der Empfänger nicht zu Hause ist. Eine Plattform wie Homerr beruht auf dem Konzept, dass doch eigentlich immer irgendjemand in der Nachbarschaft das Paket in Empfang nehmen kann. ViaTim verfolgt einen ähnlichen Ansatz, allerdings mit bestimmten Personen, die einen Standort anbieten, der als Drehscheibe dient; dort können Menschen aus der Nachbarschaft dann ihre Pakete abholen. So entsteht ein feinkörniger Markt, in dem verschiedene Parteien einen Teil des Zustellungsprozesses abdecken und die Kosten und Einnahmen anteilig aufteilen. Durch Rückverfolgungssysteme lässt sich feststellen, wo sich die Pakete befinden. Auf diese Weise wird transparent, ob der Empfänger das erhält, wofür er bezahlt hat.

Gegenwärtig gibt es bereits einige Initiativen, die direkte Peer-to-Peer-Zahlungen ermöglichen.

Gegenwärtig gibt es bereits einige Initiativen, die direkte Peer-to-Peer-Zahlungen ermöglichen. In den Niederlanden bietet die ABN AMRO Bank Tikkie an: Eine App, die als Erweiterung des iDEAL-Zahlungsdienstes entwickelt wurde und mit der man sich gegenseitig über Links auf WhatsApp bezahlen kann. In vielen Situationen streckt man Geld vor, indem man für eine oder mehrere andere Personen bezahlt. Wenn man dieses Geld zurückhaben möchte, wählt man die betreffenden Personen in seiner WhatsApp-Kontaktliste aus und schickt ihnen einen Link mit einer Zahlungsaufforderung. Die Empfänger müssen dann nur noch auf den Link klicken, um eine Zahlung über iDEAL direkt von ihrem Bankkonto aus vorzunehmen. Auf diese Weise kann jeder zum iDEAL-Zahlungsempfänger werden – eine Rolle, die bisher auf Unternehmen oder Organisationen beschränkt war. Wir können also schon jetzt feststellen, dass die Funktionalität, die einen schnellen Geldeinzug ermöglicht, für beide Seiten des Marktes zugänglicher wird.

Und dieser Trend zur Symmetrie ist nicht auf den Zahlungsmarkt beschränkt. Auch auf anderen Märkten spielen Privatpersonen zunehmend nicht mehr nur die Rolle des Konsumenten, sondern auch die des Produzenten, und wechseln regelmäßig die Rollen in dem betreffenden Bereich. Ein gutes Beispiel dafür ist der Energiemarkt, auf dem die Haushalte zunehmend Energie erzeugen, beispielsweise mit Sonnenkollektoren. Dabei wechseln sie ständig ihre Rolle: Manchmal haben sie ein Defizit und müssen als Verbraucher zusätzliche Energie kaufen, ein anderes Mal haben sie einen Überschuss und können als Erzeuger Energie verkaufen. Wenn Haushalte ihren Überschuss an das Netz verkaufen, fungieren sie außerdem als Anbieter. Derzeit dominieren die Energieunternehmen diesen Prozess, indem sie Anbieter und Nutzer auf asymmetrische Weise miteinander verbinden. Es ist jedoch möglich, dass die Haushalte sich in naher Zukunft auch gegenseitig direkt beliefern können. Allerdings werden sie in ihrer Rolle als Anbieter unterstützt werden müssen, zum Beispiel bei der Suche nach einem geeigneten Handelspartner für einen bestimmten Zeitraum oder bei der Ermittlung des richtigen Preises. Das lässt sich leicht automatisieren. Anhand von Algorithmen kann der Tagestarif auf der Grundlage von Faktoren wie Nachfrage, Angebot und Wetterbedingungen ermittelt werden. Die niederländische Initiative Vandebron[4] ist eine Plattform, die dieses Bedürfnis anspricht. Sie ermöglicht es den Menschen, grüne Energie direkt von einem ausgewählten Anbieter zu kaufen; dabei kann es sich um Windenergie, Wasserkraft, Bioenergie oder Solarenergie handeln. Obwohl es derzeit noch keine rein symmetrischen Angebote gibt, schreitet die Entwicklung schnell voran. Verbraucher haben die Möglichkeit, die Art der Energie und den Erzeuger auszuwählen, dessen Energie sie kaufen möchten. Der einzelne Anbieter wiederum hat Sicherheit über seinen Absatz und seinen Preis. Und Angebot und Nachfrage werden so viel direkter zusammengebracht.

Das Internet der Dinge als „das nächste große Ding"

Den größten Schub für die Zahl der digitalen Handelstransaktionen bringt das Internet der Dinge. Indem immer mehr physische Produkte und Geräte mit dem Internet verbunden werden, geht eine ganz neue Kategorie von Akteuren online: von Lampen bis zu Robotern, von Kaffeemaschinen bis zu Autos. Wir sprechen hier von einer riesigen Anzahl von „Dingen", die theoretisch eine unbegrenzte Anzahl von Transaktionen mit anderen Akteuren, wie Menschen und Organisationen oder sogar anderen „Dingen", durchführen können. Aus diesem Grund wurde das Internet von Internet Protocol Version 4 (IPv4) auf Internet Protocol Version 6 (IPv6) umgestellt. Mittlerweile gibt es mehr Internetadressen (IP) als Atome im Universum. Damit das Internet der Dinge optimal funktionieren kann, muss aber noch mehr geschehen. In diesem Abschnitt zeigen wir, wo die Engpässe in der derzeitigen interaktiven Phase des World Wide Web liegen und wie sie beseitigt werden können.

Das Internet der Dinge kann als die technische Infrastruktur betrachtet werden, die physische Objekte – die „Dinge" – durch eingebettete Software und Konnektivität miteinander verbindet[5]. Diese intelligenten Objekte können Informationen aufzeichnen und Daten mit anderen angeschlossenen Geräten oder Dingen austauschen. Jedes einzelne „Ding" ist erkennbar, weil seine technische Umgebung mit der Internetumgebung verbunden ist. So entsteht eine programmierbare Welt, in der alles miteinander verbunden ist und die Objekte auch miteinander interagieren können. Auf diese Weise können sie die Bedürfnisse der Menschen fehlerfrei vorhersehen.

Ein sehr bekanntes Beispiel für das Internet der Dinge ist die Hue-Beleuchtung von Philips. Dank der Digitalisierung und Vernetzung dieser LED-Beleuchtung kann sie über eine Smartphone-Verbindung von überall aus bedient werden. Wie funktioniert das nun genau? Der Besitzer meldet sich bei der Hue-Plattform an und erstellt ein Konto, mit dem seine Lampen verbunden sind. So kann er die Beleuchtung immer dann, wenn er nach Hause kommt, auf die gewünschte Einstellung bringen – mit intelligenten „Szenen". Intensität und Farbe des Lichts können also automatisch an die jeweilige Situation angepasst werden. Für eine wilde Party braucht man schließlich eine andere Lichtumgebung als für eine fünfzehnminütige Meditation. Die Beleuchtung interagiert mit der Umgebung des Akteurs und passt sich nahtlos an die jeweiligen Anforderungen an[6].

Unser Leben wäre noch einfacher, wenn beispielsweise Pizzaschachtel und Mikrowelle so interagieren würden, dass die Pizza auch ohne unser Zutun optimal erhitzt wird. In diesem Fall arbeiten zwei getrennte „Dinge" effektiv zusammen. Das lässt sich viel schwieriger organisieren, weil die Dinge mit der gleichen Art von Intelligenz ausgestattet sein müssen. In der aktuellen Phase des Internets fehlt uns dafür ein Standard. Einige große Plattformen bieten ihre jeweils eigenen Lösungen an. Sobald sich ein Verbraucher für eine von ihnen entscheidet, gerät er in eine immer größere Abhängigkeit, weil er immer mehr Daten preisgeben muss, um die Dienste nutzen zu können. Und zwar nicht nur Daten über sich selbst, sondern auch über all die Dinge, die ihn umgeben.

Ohne einen Standard für digitales Vertrauen und Datenkontrolle ist das Internet der Dinge vor allem eins: ein schöner Traum.

Und dann gibt es noch ein weiteres gravierendes Hindernis. In den Medien wird häufig suggeriert, die „Dinge" seien in der Lage, selbstständig zu arbeiten: Ein Kühlschrank könne problemlos eine Packung Milch bestellen und ein Auto selbstständig entscheiden, nach links abzubiegen. Das hieße, dass die Dinge rechtliche Verpflichtungen übernehmen könnten, was zu allen möglichen unkontrollierten Situationen führen würde. David Birch bezeichnet dieses Konzept mit dem Begriff „Identity of the Internet of Things"[7] beziehungsweise mit der Abkürzung „IDIoT" – womit er darauf verweist, dass er die Autonomie der Dinge für eine ziemlich naive Vorstellung hält. Meist wird dabei vergessen zu erwähnen, dass diese Dinge immer anderen Akteuren untergeordnet sind, die als ihre „Wächter" fungieren und letztlich für sie verantwortlich sind. Mit anderen Worten: Dinge müssen zunächst mit der Identität einer Person, eines Unternehmens oder einer anderen Organisation verknüpft werden, bevor sie irgendwelche offiziellen Verpflichtungen übernehmen können. Auf diese Weise geben diese Eigentümer den Dingen eine abgeleitete digitale Identität und eine – oftmals dauerhafte – Autorisierung. Von daher handeln viele dieser verknüpften Objekte „im Namen" ihrer Besitzer. Das ist das Besondere am Internet der Dinge: Es schafft eine neue Art von Akteur, einen, der automatisiert und delegiert ist. Das Internet der Dinge kann also nur dann florieren, wenn die Eigentümer (natürliche oder juristische Personen) über eine allgemein akzeptierte digitale Identität verfügen, mit der sie ihre „Dinge" autorisieren können, in ihrem Namen zu handeln.

Den Prognosen zufolge werden in den kommenden Jahren Hunderte von Milliarden von Geräten und Dingen online gehen. Sie werden dann nicht nur den Standort und die Gesundheit ihrer Besitzer überwachen, sondern auch den Zustand des Autos und der Haushaltsgegenstände, die sie benutzen. Damit diese *vernetzte* Welt funktionieren kann, sind eine gemeinsame Infrastruktur und gemeinsames Vertrauen eine absolute Notwendigkeit. Dort wird die Grundlage für gegenseitiges Vertrauen geschaffen, denn alle Geräte werden in der Lage sein, die notwendigen Daten nach einem universellen Standard auszutauschen. Damit das gelingt, müssen die Nutzerprofile gut organisiert sein und von den Nutzern selbst verwaltet werden.

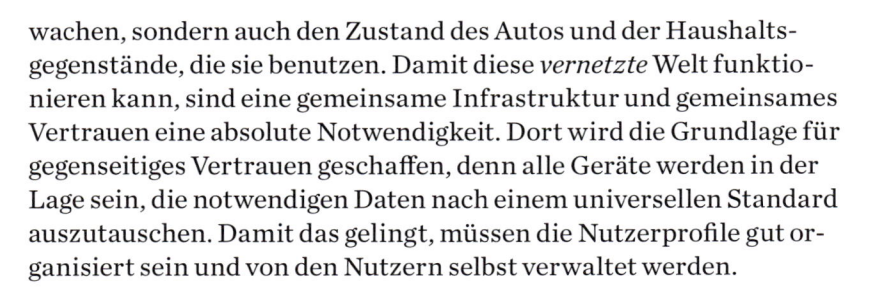

Eine interessante Perspektive vertritt der Designer und Digitalaktivist Aral Balkan[8]. Er spricht von „Cyborgs" und meint damit Menschen, deren Identität in der physischen Welt eine Erweiterung im digitalen Bereich erfahren hat. Tatsächlich bezeichnet er die digitale Erweiterung als die direkte Ableitung einer physischen Person. Personenbezogene Daten sind Teil der Identität des betreffenden Cyborgs. Wenn die digitale Identität eines Akteurs eindeutig feststeht, dann erleichtert dies die Interaktion mit anderen Akteuren ganz erheblich.

Multihoming, das heißt die Nutzung mehrerer Plattformen, um die Abhängigkeit von einzelnen Plattformen zu verringern, wird für die Nutzer immer schwieriger, da insbesondere Big-Tech-Plattformen im Gegenzug für Daten sehr bequeme, attraktive und günstige Leistungen anbieten. Es gibt keine großen kurzfristigen Anreize, Plattformen zu wechseln, vor allem, wenn die eigenen sozialen Kontakte diesen Wechsel nicht mitvollziehen würden. „Wettbewerbssilos" sind die Folge.

Wenn wir die derzeitige Entwicklung des Internets der Dinge extrapolieren, sehen wir eine stark fragmentierte Ansammlung von geschlossenen Plattformen („Silos"), die alle nach dem Hub-Modell organisiert sind und miteinander konkurrieren. Infolgedessen ist die Aufteilung der Risiken, der Haftung und der Einnahmen aus Transaktionen aus dem Gleichgewicht geraten – mit den Nutzern auf der einen und den Dienstleistern wie Banken, Telekommunikationsbetreibern und Energieunternehmen auf der anderen Seite. Die Akzeptanz wird stagnieren, was schließlich zu weniger attraktiven Dienstleistungen und einem kleineren Markt für alle Anbieter führen wird. Das transaktionale Internet kann dazu beitragen, dieses Szenario zu verändern, da es den Nutzern Zugang zu und Verantwortung für ihre eigenen Daten geben wird. Dadurch werden die Risiken für die Anbieter verringert und die von ihnen angebotenen Dienstleistungen für den gesamten Markt zugänglich gemacht.

Infolge der Verschmelzung der physischen Welt mit dem digitalen Bereich leben die Menschen zunehmend als „Cyborgs". Ihre physische Identität hat eine Erweiterung in der virtuellen Dimension erfahren.

IM FOKUS
Industrie 4.0, Industrial Data Spaces, iSHARE und Gaia-X

Die digitale Transformation in Deutschland zielt unter dem Begriff „Industrie 4.0 " auf intelligente Fabriken ab. So werden die Wettbewerbsfähigkeit und Nachhaltigkeit von Produktionsunternehmen und Wertschöpfungsnetzwerke gesichert und ausgebaut. Daten sind dabei ein Erfolgsfaktor und deswegen auch Gegenstand wichtiger Entwicklungen. Hierzu gehören die International Data Spaces mit dem Ziel von Datensouveränität beim Datenaustausch und Gaia-X, die europäische Cloud-Initiative. Die niederländische Initiative iSHARE konzentriert sich auf die Beschleunigung von Innovationen durch das Teilen von Daten im internationalen Logistiksektor. Schauen wir uns alle vier einmal an.

Industrie 4.0 ist ein Oberbegriff, der sich auf die Automatisierung von Produktionssystemen bezieht und die Schaffung sogenannter *Smart Factories* (intelligente Fabriken) ermöglicht. Durch das Teilen von Daten kann das Management dieser Prozesse kontinuierlich verbessert werden, auch wenn externe Organisationen, wie zum Beispiel Anbieter, daran beteiligt sind. Ein Kernelement ist dabei die sogenannten Verwaltungsschale, die einen Industriestandard für digitale Zwillinge von Maschinen und Anlagen definiert. Menschliches Eingreifen wird bei Industrie 4.0 schrittweise reduziert. Es gibt derzeit verschiedene Herausforderungen, etwa in Bezug auf den Besitz und die Sicherheit von Daten, den unvermeidlichen Verlust von Arbeitsplätzen und den Mangel an Personal mit den richtigen Kompetenzen für den Betrieb solcher komplexen, heterogener Systeme. Nichtsdestotrotz scheint es nur eine Frage der Zeit zu sein, bis Industrie 4.0 in großem Maßstab Realität wird. So hat sich die Stadt Ohio 2014 zur „Industry 4.0 demonstration city" erklärt, um Innovationen und Investitionen in Produktionstechnologien anzukurbeln[9].

Die Initiative **International Data Space** positioniert sich als Grundlage für Industrie 4.0. Sie sorgt für einen zuverlässigen Austausch der notwendigen Daten über Nutzer – und deren Produkte und Dienstleistungen – zwischen Akteuren aus den verschiedensten Märkten. Es handelt sich um einen virtuellen Raum, in dem der sichere Austausch oder ganz einfach die Verbindung von Daten ermöglicht wird. Dabei werden Modelle für gemeinsame Governance wie das Referenzarchitekturmodell (RAM) der IDS[10] eingesetzt, die Standards schaffen. Nur verlässliche und zertifizierte Partner können an der Initiative teilnehmen. Der Eigentümer der Daten – in diesem Fall die teilnehmende Organisation – kann bestimmen, welche anderen Parteien die Daten unter den vereinbarten Bedingungen nutzen dürfen. Die einzelnen Eigentümer behalten die Kontrolle über die Daten, die ausgetauscht werden. Auf diese Weise haben Partner aus einem bestimmten Marktsegment einen (rechtlich abgesicherten) Zugang zu ihren verbundenen Daten. Das kann zu Innovationen in Form von neuen Geschäftsmodellen, verbesserten Prozessen oder anderen Initiativen führen[11]. International Data Spaces könnten als ein Ökosystem betrachtet werden, das einen Standard für den Datenaustausch für alle teilnehmenden Plattformen und Netzwerke schafft, die sich auf ein *T.R.U.S.T.-Framework* geeinigt haben, um das zu ermöglichen.

In den Niederlanden gibt es mit **iSHARE**[12] eine ähnliche Initiative (mit Schwerpunkt auf Vertrauen durch Identifizierung, Autorisierung und Authentifizierung), die ihren Ursprung im Logistiksektor hat. Sie zielt darauf ab, die Zusammenarbeit und Innovation innerhalb der internationalen und multimodalen Logistikkette (Straße, See, Fluss, Luft und Bahn) zu fördern, indem der Datenaustausch vereinfacht und Hindernisse beseitigt werden. Dank gemeinsamer Vereinbarungen über Identifizierung, Authentifizierung und Autorisierung ist ein kontrollierter und detaillierter Datenaustausch zwischen allen Beteiligten in der Branche möglich. So können sie mit sensiblen Informationen umgehen, ohne unbedingt in einer Geschäftsbeziehung stehen zu müssen. Infolgedessen entsteht weniger Reibung in neuen Logistikketten, wodurch sie schneller skalieren und sich leichter miteinander verbinden können. iSHARE und International Data Space arbeiten seit 2019 auf diesem Gebiet der *Datensouveränität* zusammen.

Gaia-X ist die politische Initiative für das Teilen von Daten über Cloud-Plattformen im Rahmen eines Netzwerkmodells[13]. Sie wurde 2019 vom Bundeswirtschaftsministerium im Schulterschluss mit dem französischen Ministerium für Wirtschaft und Finanzen ins Leben gerufen und hat zum Ziel, Ökosysteme zu schaffen, die Cloud und Anwendungen über eine standardisierte Reihe von T.R.U.S.T.-Vereinbarungen zu verbinden. Die Organisation und Community von Unternehmen rund um Gaia-X wächst schnell und arbeitet darauf hin, die benötigten Standards und die entsprechende Umsetzung in der gesamten Wirtschaft zur Verfügung zu stellen. Regierungen der EU-Mitgliedstaaten führen außerdem Community-Programme ein, um Bewusstsein und Anwendung zu fördern. Die Gaia-X-Initiative unterstreicht die politischen Ziele in Europa, das nächste digitale Paradigma zu etablieren. In diesem Modell sollen Menschen und Unternehmen die Kontrolle über Daten haben, sodass ein vollständig kompatibles Ökosystem von Plattformen entsteht – anstelle von Plattformen, die selbst das Ökosystem sind und damit eine „Winner takes all"-Dynamik auslösen.

Allerdings ist dafür eine Standardisierung des digitalen Vertrauens und der digitalen Kontrolle erforderlich – andernfalls wird das Internet der Dinge wohl eher ein schöner Traum bleiben.

Im Bereich der Industrie wird das Internet der Dinge oft als *Cyber-Physical Systems (CPS)* bezeichnet[14]. Man denke an automatisierte Produktion, autonome Autos, Energienetze und Containerschiffe, die ihre Ladung selbstständig entladen. Sie alle arbeiten mit selbstlernenden Algorithmen, die die von ihnen generierten Transaktionsdaten als Grundlage für weiteres Lernen nutzen. Wie beim Internet der Dinge hängt auch der langfristige Erfolg oder Misserfolg von CPS davon ab, ob zwischen den Akteuren Vertrauen besteht, da der Austausch von Waren und Daten außerhalb der Grenzen von Behörden und Unternehmen stattfindet. In diesem Fall handelt es sich um industrielle „Dinge" wie Produktionsteile, Roboter, Autos, Energieanlagen, Container und Schiffe, die mit einem Akteur verbunden sein müssen. Sie müssen zu einer Organisation – und sogar zu einer bestimmten Person in dieser Organisation – gehören, die für das „Ding" verantwortlich ist. Auf diese Weise sind alle Aktivitäten, die etwa in einer Autofabrik durchgeführt werden, keineswegs unverbindlich. Teile werden in Produkte – zum Beispiel Autos – umgewandelt, die dann verkauft werden müssen. Dieser Prozess besteht aus einer Reihe von Interaktionen und Transaktionen, mit allen damit verbundenen Verpflichtungen, Verantwortlichkeiten und Risiken. Deshalb müssen alle Akteure innerhalb eines CPS-Netzwerks genau wissen, mit wem sie es zu tun haben.

Datentransaktionen als Multiplikatoren

Die wachsende Zahl der Online-Käufe wird vor allem durch die fortschreitende Digitalisierung des Handelsprozesses selbst angetrieben. Dadurch ist die neue Kategorie von Datentransaktionen entstanden, die im Wesentlichen unterhalb der Ebene der tatsächlichen Handelsgeschäfte angesiedelt ist und deren Bedingungen vorgibt. Während anfangs in erster Linie die Bezahlung digital abgewickelt wurde, so werden jetzt alle möglichen Schritte innerhalb des Kaufprozesses digital ausgeführt. Außerdem sind die Kaufprozesse im physischen und im digitalen Bereich zunehmend miteinander verwoben. Ein Kauf, der letzten Endes in einem physischen Geschäft getätigt wird, ist oft das Ergebnis einer ganzen *Datenreise*. Der potenzielle Käufer hat bereits nach Informationen gesucht, alternative Produkte und Anbieter verglichen und einige wichtige Schritte im Kaufprozess unternommen. Datentransaktionen spielen also eine zunehmende Rolle bei Einkäufen in der realen Welt, wodurch die Unterscheidung zwischen Online- und Offline-Käufen immer mehr verschwimmt.

Die Digitalisierung des Handels hat gerade erst begonnen.

Der weitere Anstieg der Zahl der Online-Käufe ist für die Digitalisierung ebenfalls von Bedeutung. Es gibt hier noch ein enormes Potenzial. Wir vergessen manchmal, dass der elektronische Handel auf globaler Ebene noch in den Kinderschuhen steckt. Der Anteil der Online-Käufe an der Gesamtzahl der Einzelhandelseinkäufe betrug 2017 weltweit nur 10,2 Prozent – wenn auch mit steigender Tendenz[15]. Bis 2021 hat sich dieser Anteil fast verdoppelt (19,6 Prozent). Auf globaler Ebene ist der Anteil bargeldloser Transaktionen am gesamten Zahlungsverkehr immer noch begrenzt. Im Jahr 2020 lag der weltweite Anteil noch bei 7,8 Prozent, wobei er im Jahr 2021 stärker als erwartet auf 17,5 Prozent anstieg. Bis 2025 soll der Anteil dann auf 21,5 Prozent steigen. Manche Regierungen greifen rigoros ein. Oft geht es dabei um den Kampf gegen illegale Geld-Transaktionen. So verbot die indische Regierung 2016 von einem Tag auf den anderen die Ausgabe von Bargeld in großen Stückelungen, um die gesamte Bevölkerung zu digitalen Transaktionen zu bewegen. Der Übergang verlief nicht reibungslos, und Ökonomen behaupten, dass es der indischen Wirtschaft geschadet habe. Allerdings überwogen die Bedenken hinsichtlich Korruption und Schwarzmarkt[16].

Auch China verwandelt sich dank Plattformen wie AliPay und WeChat schnell zu einer bargeldlosen Wirtschaft. Das Land weist weltweit den höchsten Prozentsatz an mobilen Zahlungen aus: im Jahr 2020 nutzten 850 Millionen Menschen in China mobile Zahlungsdienste[17]. Kurz gesagt: Die Digitalisierung des Handels hat gerade erst begonnen. Die Zahl der digitalen Transaktionen wird in den kommenden Jahren überall auf der Welt gewaltig zunehmen.

Ein anderer zentraler politischer Vorstoß ist das sogenannte Digitale Zentralbankengeld *(Central Bank Digital Currencies, CBDC)*. Alle großen Zentralbanken haben Forschungs- und/oder Umsetzungsprojekte initiiert, um digitale Versionen von Bargeld zu entwickeln[18]. Die Bürger mögen den Eindruck haben, dass sie bereits „digitales Bargeld" haben, weil ihre Bankguthaben digital sind. Wichtigstes Merkmal des Digitalen Zentralbankgelds jedoch ist, dass es sich um eine Verbindlichkeit einer Zentralbank handelt – und nicht um eine Verbindlichkeit einer Geschäftsbank, die in Insolvenz geraten kann. In diesem Sinne ähnelt CBDC eher dem Bargeld.

5.3 Zwei *Big Fixes*

Das derzeitige Internet weist jedoch noch eine Reihe von Konstruktionsfehlern auf, die es als vollwertige Infrastruktur für Transaktionen ungeeignet machen. Mittelspersonen beheben diese Mängel mit ihren ausgeklügelten Plattformen und ermöglichen den Menschen so den Handel über das interaktive Internet. Im Grunde genommen ist das alles nur „digitale Flickschusterei", denn nicht die Infrastruktur selbst wird fit für Transaktionen gemacht, sondern man baut Plattformen darauf auf, um ihre Unzulänglichkeiten auszugleichen. Diese Struktur, die sich immer weiter ausbreitet, schien eigentlich ganz gut zu funktionieren, doch inzwischen werden die erheblichen Risiken (Daten- und Machtkonzentration, Datenschutz) für alle beteiligten Akteure immer deutlicher. Das Internet in seiner jetzigen Form ächzt bereits unter der Last dieser ganzen Misere; für das Vertrauen der Menschen in das Medium ist das nicht gerade förderlich. Tatsächlich besteht die Gefahr, dass das Internet, wie wir es kennen, durch die wachsende Zahl von Transaktionen und die schiere Menge an personenbezogenen Daten überfordert wird. Und das birgt ernsthafte Risiken für alle Beteiligten. Eine große Herausforderung besteht also darin, den exponentiellen Anstieg der Zahl der Transaktionen zu bewältigen. Voraussetzung dafür wäre ein stabiles Transaktionsumfeld – eine digitale Infrastruktur, die den Akteuren das notwendige Vertrauen bietet. Damit dies möglich wird, bedarf es lediglich der sogenannten zwei *Big Fixes*, also zweier großer Korrekturen.

Beim ersten Big Fix geht es um das Durchbrechen des Vertrauensparadoxons. Das bedeutet, dass das Vertrauen in das Internet als Medium wiederhergestellt werden muss. Wir haben bereits gesehen, dass es derzeit die Mittelspersonen mit ihren Plattformen sind, die für institutionelles Vertrauen sorgen, indem sie viele Akteure miteinander verbinden und riesige Mengen an Daten sammeln. In Anbetracht der Skandale rund um Datenlecks und neuer Phänomene wie *Fake News* wird es jedoch immer klarer, dass dies nicht die beste Lösung ist, ganz abgesehen von den vielen Bedenken hinsichtlich des Datenschutzes. Menschen sind nicht unfehlbar, und das gilt auch für Institutionen, die Vertrauen vermitteln sollten. Für das Internet stellt dieses Vertrauensdilemma eine ernste Gefahr für den Durchbruch als Transaktionsinfrastruktur dar. Wie kann dieser Teufelskreis durchbrochen werden?

Der Übergang vom institutionellen hin zum infrastrukturellen Vertrauen ist ein wesentlicher Schritt. Vertrauen wird nicht mehr durch Institutionen wie Plattformen gefördert, sondern basiert auf mathe-

---

Um das Internet in eine vollwertige Transaktionsinfrastruktur zu verwandeln, sind zwei Big Fixes erforderlich: das Durchbrechen des Vertrauensparadoxons und die Wiederherstellung des Daten-Nutzen-Gleichgewichts.

matischen Formeln und den universellen Gesetzen der Physik. Die jüngsten Entwicklungen in der Blockchain-Technologie und andere Innovationen in der Kryptografie zeigen, dass infrastrukturelles Vertrauen möglich ist. Paradoxerweise wird Blockchain oft als „nicht vertrauenswürdig" beschrieben – dabei wäre es durchaus angebracht, sie als „zuverlässige" oder „vertrauenswürdige" Infrastruktur zu bezeichnen. Obwohl es immer noch einen großen Hype und viele Missverständnisse rund um das Thema gibt und noch ein weiter Weg vor uns liegt, bis die Blockchain Teil jeder Infrastruktur sein kann, bietet sie eine neue Perspektive. In einer solchen Infrastruktur wird das dynamische Nutzerprofil der Akteure sicher gespeichert, um vom Nutzer selbst verwaltet und mit seiner Zustimmung Dritten zur Verfügung gestellt zu werden.

Der zweite Big Fix ist die Wiederherstellung des Daten-Nutzen-Gleichgewichts, das sich aktuell sehr stark zugunsten der Plattformen verschoben hat. Dies kann korrigiert werden, indem man den Backend-Nutzern die Kontrolle über „ihre" Daten gibt (Datensouveränität). An der zunehmenden Diskussion über mangelnde Transparenz hinsichtlich der Verwendung personenbezogener Daten lässt sich ablesen, wo das Problem liegt. Alle Daten, die für eine Transaktion benötigt werden, müssen für beide Akteure verfügbar sein. Dies gilt sowohl für die Eingabedaten, die eine Transaktion überhaupt erst möglich machen, als auch für die aus der Transaktion resultierenden Ausgabedaten.

In den nächsten Abschnitten befassen wir uns mit den beiden großen Korrekturen, den Big Fixes.

Big Fix 1: Durchbrechen des Vertrauensparadoxons

Zwar ist es den Plattformen gelungen, Transaktionen mit einer Internet-Infrastruktur zu ermöglichen, die nicht für Transaktionen konzipiert wurde. Doch nun scheint sich ihre Rolle als Vermittler von digitalem Vertrauen dem Ende zuzuneigen. Wie wir im vorigen Kapitel gezeigt haben, hat Ronald Coase konstatiert, dass Transaktionskosten das Ergebnis von Unehrlichkeit, Fehlern und Opportunismus während eines wirtschaftlichen Austauschs sind. Menschliches Handeln – ob als Individuum oder als Organisation – ist per definitionem niemals absolut zuverlässig. Dies gilt auch für Plattformen, die eine wesentliche Rolle bei der Erleichterung digitaler Transaktionen spielen. Ihr Ruf als zuverlässige Vertrauensvermittler ist keineswegs makellos. Dazu kommt, dass die Vertrauensfunktion oft mit ihren kommerziellen Zielen kollidiert: Die Privatsphäre der Endnutzer und die Interessen der Werbetreibenden sind schwer miteinander in Einklang zu bringen.

Abbildung 50
Das Vertrauens-
paradoxon

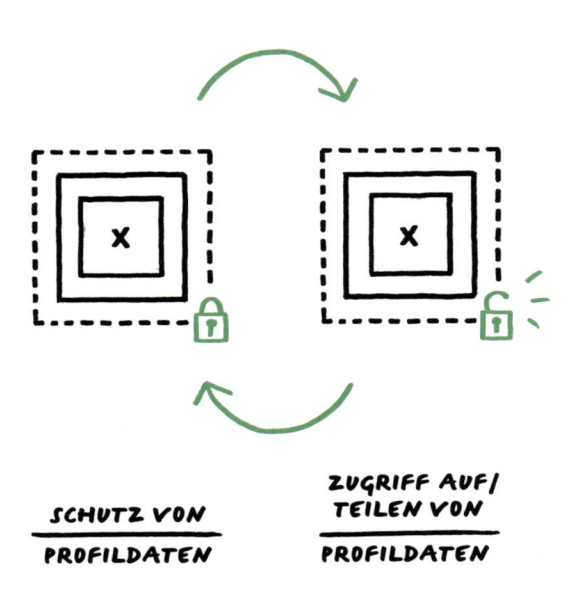

SCHUTZ VON PROFILDATEN

ZUGRIFF AUF/ TEILEN VON PROFILDATEN

Dieses Vertrauensparadoxon kann durchbrochen werden, indem das Vertrauen Teil der grundlegenden Infrastruktur des Internets wird anstatt Teil der Plattformen, die darauf aufgebaut wurden.

Wenn Vertrauen Teil der Infrastruktur ist, hängt es nicht mehr von der Fehlbarkeit menschlichen Handelns ab.

Und das ist auch möglich, denn digitales Vertrauen entsteht in Form von Daten, die theoretisch unendlich oft wiederverwendet werden können. Sobald dies verwirklicht ist, wird es kein fehlerhaftes institutionelles Vertrauen mehr geben. Stattdessen beruht das Vertrauen dann auf unumstößlichen physikalischen Gesetzen und ist somit ein infrastrukturelles Vertrauen. Die Transaktionskosten, die durch fehlerhaftes menschliches Eingreifen entstehen, werden dann auf null reduziert. Technologien wie die Blockchain zeigen, dass es Möglichkeiten gibt, dieses Ziel zu erreichen. Leider kam es in den USA durch die Entscheidung, die Netzneutralität abzuschaffen, zu einer gegenläufigen Entwicklung[19]. Inzwischen regt sich allerdings immer mehr Widerstand gegen diese Entscheidung[20]. Die Debatte darüber hält an, und das ist auch gut so, denn sie stellt eine ernsthafte Bedrohung für das transaktionale Internet dar. Siehe auch die Hintergrundinformationen dazu im ersten Kapitel.

Zum Aufbau einer solchen Vertrauensinfrastruktur in Europa ist es möglich, in einem Netzwerkmodell zusammenzuarbeiten; dabei kann ein Standard auf der Grundlage des *T.R.U.S.T.-Frameworks* entwickelt werden. Damit wird die derzeitige Fragmentierung des Vertrauensmarktes der Vergangenheit angehören. Die Endnutzer müssen nicht mehr für jede Plattform einen separaten Onboarding-Prozess durchlaufen, sondern können sich überall im digitalen Bereich auf die gleiche Weise identifizieren. Initiativen wie Gaia-X, Industrial Data Space (IDS) und iSHARE verfolgen diese Vision mit konkreten Aktivitäten.

Was bedeutet es, wenn Vertrauen ein Teil der Infrastruktur wird? Wie wird die Customer Journey aussehen und wie werden die neuen Transaktionen ablaufen? Der Endnutzer wird mehr Kontrolle über seinen eigenen Kaufprozess haben, weil er mehr Kontrolle über seine Daten hat. In der Transaktionsphase wird das Verhältnis zwischen Käufer und Verkäufer völlig ausgeglichen sein. So weit sind wir jedoch noch nicht. In der derzeitigen interaktiven Phase gibt es immer noch viel Plattformation. Das bedeutet, dass die Plattformen auf jeder Stufe der Customer Journey sicherstellen, dass genügend Vertrauen vorhanden ist, um Interaktionen und Transaktionen zu ermöglichen. Die Mittelspersonen sind für die Plattformation des Kaufprozesses verantwortlich, indem sie mit ihren longitudinalen Plattformen möglichst viele Schritte ihrer eigenen Wertschöpfungskette selbst ermöglichen. Dadurch hat sich das Leben der Nutzer in vielerlei Hinsicht erleichtert. Es hat aber auch dazu geführt, dass die Plattformen den Kaufprozess erheblich beeinflussen können, indem sie so viele Kontaktpunkte wie möglich mit potenziellen Käufern schaffen und die Daten verwenden, die sich aus den Interaktionen an diesen Kontaktpunkte ergeben. Die jüngsten Entwicklungen im Web3 und dessen Einsatz in Finanzanwendungen geben uns einen Vorgeschmack darauf, was die Zukunft bringt. Hier sehen wir Nutzer, die die Kontrolle über ihre Daten (hauptsächlich in Form von Finanztoken) haben; Mittelspersonen sind nur optional. Transaktionen finden auf Peer-to-Peer-Ebene statt und werden durch moderne Kryptografie geschützt.

Sobald der Endnutzer mehr Kontrolle über seine Daten hat – der zweite Big Fix, der im nächsten Abschnitt behandelt wird – kann er die Customer Journey mitbestimmen, indem er selbst entscheidet, wer in welcher Phase Zugang zu seinen personenbezogenen und geschäftlichen Daten hat. Das erleichtert die Suche nach entsprechenden Anbietern. Aus den verstreuten Datenquellen, zum Beispiel bei Banken, Versicherungen, Energieunternehmen, Telekommunikationsunternehmen, Universitäten, Regierungen und medizinischen Einrichtungen, oder aus einem *Daten-Wallet* können die Nutzer wählen, welche persönlichen Informationen sie wem und zu welchen

Bedingungen zur Verfügung stellen wollen. Weiter oben haben wir dies als *progressive Offenlegung* bezeichnet: An jedem Kontaktpunkt werden weitere Informationen bereitgestellt, bevor man zur nächsten Stufe des Prozesses übergeht. Dies ermöglicht individuelle Interaktionen, die zu einer Transaktion führen können. Wir haben bereits festgestellt, dass die Rollen von Angebot und Nachfrage in dieser neuen Phase viel leichter vertauscht werden können. Mal kann ein Akteur der Käufer, ein anderes Mal der Verkäufer sein. In seiner Rolle als Anbieter hat er auch Zugang zu den Daten der potenziellen Käufer, für die er verantwortlich ist. Er wird auch in zweifacher Hinsicht von den Datenschutzbestimmungen betroffen sein: als Verbraucher, der seine Rechte schützt, und als Anbieter, der verpflichtet ist, bestimmte Bedingungen zu erfüllen.

> Innerhalb der neuen Customer Journey interagieren Käufer und Verkäufer direkter miteinander. So können sie leichter die Rollen tauschen.

Laut dem amerikanischen Journalisten David „Doc" Searls ist bald wirklich der Verbraucher an der Reihe[21]. Er wird damit beginnen, seine eigenen Loyalitätsprogramme zu entwickeln, sein eigenes Servicelevel festlegen und seine Wünsche sogar auf ganzen Märkten durchsetzen: was er will, wie, wo und wann. Searls nennt das „The Intention Economy" (etwa: Die Wirtschaft der Absichtserklärung). Damit meint er eine Wirtschaft, in der Angebot und Nachfrage auf direktere, effizientere und wirkungsvollere Weise zueinander finden als je zuvor. Nicht der Anbieter, sondern der Verbraucher gibt die Regeln vor. Die Anbieter sind gezwungen, auf die tatsächlichen Bedürfnisse des Kunden einzugehen statt um die Aufmerksamkeit vieler Verbraucher zu wetteifern. Dabei wird weniger Marketing nötig sein. Wenn ein Anbieter die richtigen Angebote macht, wird er automatisch mit Kunden zusammengebracht. Als Gegenstück zum *Customer Relationship Management (CRM)* wird es ein verbraucherorientiertes *Vendor Relationship Management (VRM)* geben, bei dem die Kunden die Initiative übernehmen. Wenn beispielsweise ein Reisender einen Flughafen verlässt und ein Auto mieten möchte, kann er eine Nachricht an alle verfügbaren Anbieter senden. Searls schlägt vor, dass die Nutzer jedes Unternehmen mit einer eigenen „Adresse" verknüpfen könnten. So lassen sich die Dienstleistungen verschiedener Unternehmen in Echtzeit und abgestimmt auf die eigenen Bedürfnisse kombinieren, während ein persönliches, überprüfbares Konto über alle Interaktionen mit dem Markt geführt wird. In der „Intention Economy" agieren die Kunden sehr viel autonomer. Die Wirtschaft wird mehr und mehr zu einer Maschine, die die Absichten einer Vielzahl von Akteuren koordiniert.

Ob nun Searls' Vision einmal Wirklichkeit wird oder nicht – es ist sicher, dass die beiden Rollen von Käufer und Verkäufer immer ausgeglichener sind. Potenzielle Kunden und Anbieter finden viel leichter zusammen und bieten sich zunehmend selbst an. Ein großer Vorteil für die Anbieter besteht darin, dass sie nicht mehr Unmengen von Daten sammeln müssen, aus denen dann mögliche Interessenten für bestimmte Produkte oder Dienstleistungen herausgefiltert werden – entweder von den Anbietern selbst oder über teure Mittelspersonen wie Google oder Facebook. Käufer und Verkäufer werden auch zunehmend die Rollen tauschen: Einmal vermietet jemand sein Auto an einen Touristen, beim nächsten Mal ist er vielleicht in Paris und möchte selbst ein Auto mieten. Von beiden Positionen aus können Käufer und Verkäufer den Kaufprozess aktiv steuern und so die Customer Journey gleichberechtigter gestalten. Außerdem wird der Kaufprozess effektiver, da Angebot und Nachfrage durch den direkten Austausch von Nutzerdaten näher zusammenrücken. Das erleichtert die Suche nach Produkten und Dienstleistungen. Die Abwicklung wird ebenfalls effizienter, weil weniger Interaktionen erforderlich sind, um das Vertrauen der Akteure für den Abschluss einer Transaktion zu gewinnen.

Die neue Transaktion
Wie entwickelt sich die Transaktions-Trias (Einigung, Zahlung, Lieferung) innerhalb der neuen Customer Journey? Ein wichtiger Aspekt ist, dass die Transaktionen mit einem deutlich geringeren Risiko verbunden sind, wodurch die Funktion von Plattformen als Vertrauensvermittler an Bedeutung verliert. Für die Akteure ist es einfacher, Transaktionen selbst durchzuführen. Alle Interaktionen mit der Plattform, die bisher notwendig waren, um das erforderliche Vertrauen herzustellen, werden überflüssig. Dadurch wird der Transaktionsprozess viel weniger komplex und es sind weniger Parteien daran beteiligt. Der Einsatz von Mittelspersonen ist optional, wie wir es in der Web3-Welt sehen. Das bedeutet auch, dass Kunden und Anbieter immer direkter und ohne Mittelspersonen miteinander ins Geschäft kommen können.

Zuvor haben wir die Transaktion als ein Dreieck dargestellt, das die Teilprozesse Einigung, Zahlung und Lieferung miteinander verbindet. Das von den Akteuren wahrgenommene Risiko liegt dabei in der Mitte. Ursprünglich war die Risikowahrnehmung im digitalen Bereich höher, was darauf zurückzuführen ist, dass die Transaktionen asynchron verlaufen: Die drei Prozesse sind zeitlich und räumlich voneinander getrennt und die beteiligten Parteien kennen sich oft nicht. Dies erzeugt zusätzliche Unsicherheit, da die eine Partei in der Regel dem umgekehrten Grad an Risiko der anderen Partei ausgesetzt ist. Der relativ kleine Risikoraum zwischen Käufern und

Verkäufern, der in der realen Welt besteht, wird im virtuellen Bereich stark aufgebläht. Daraus ergeben sich Chancen für eine Vielzahl von Vertrauensplattformen, die diese Vertrauenslücke schließen und sie als Grundlage für ihr Erlösmodell nutzen. Werden die zusätzlichen Unsicherheiten ausgeräumt, können die Plattformen den Risikoraum für ihr eigenes Geschäft auf das übliche Maß reduzieren. Innerhalb des transaktionalen Internets ist dies nicht mehr nötig, weil das zusätzliche Risiko in der Vertrauensinfrastruktur selbst korrigiert wird, da Plattformen in einem Umfeld arbeiten, in dem die Nutzer selbst die Kontrolle über ihre Daten haben. Damit entsteht eine „Mutter aller Plattformen", die als universelle Vertrauensumgebung fungiert. Unsere digitalen Ökosysteme werden keine einzelnen Plattformen sein; vielmehr werden Nutzer Mehrwert aus einer Vielzahl von Plattformen erhalten. Letztlich macht es keinen Unterschied, ob die Transaktionen im analogen oder im digitalen Bereich stattfinden. In beiden Fällen ist die Größe des Transaktionsdreiecks ähnlich, wie in Abbildung 51 verdeutlicht wird.

Abbildung 51
Die Entwicklung des Risikoraums bei Transaktionen

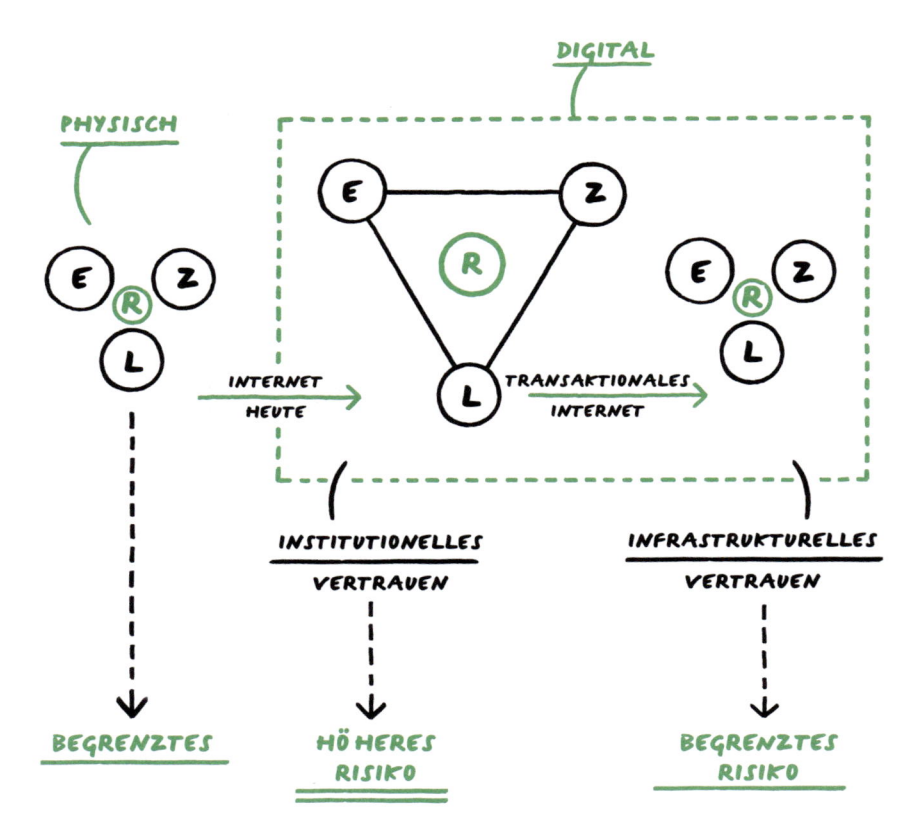

Wie wir bereits gesehen haben, entsteht eine neue Dynamik, die das Konzept der *Zahlung* erweitert. So können die Endnutzer den Wert der Daten, die sie durch die Nutzung digitaler Dienste und Anwendungen gesammelt haben, in einer Transaktion monetarisieren: Etwa, indem sie *Likes* auf Facebook geben, persönliche Informationen bereitstellen, um Zugang zu zusätzlichen Funktionen zu erhalten, oder Gutscheine einreichen. *Digitale Zahlungen* sind also viel mehr als das traditionelle Bezahlen mit Geld. Dank der geringeren Transaktionskosten wird auch der Austausch von sehr kleinen Werteinheiten interessant. In Kombination mit der enormen Reichweite, die in kürzester Zeit geschaffen werden kann, kann dies zu einer großen Anzahl von Mikrotransaktionen führen, die unserem wirtschaftlichen Handeln ordentlich Schwung verleihen. Kleinstbeträge, wie zum Beispiel ein Hundertstel Cent, die mit einer einfachen Aktion bezahlt werden können, können bei richtiger Umsetzung einen enormen Betrag ergeben. Im Rahmen der Peer-to-Peer-Wirtschaft können Mikrotransaktionen auch sofort und ohne kostspieliges Eingreifen von Institutionen oder Plattformen abgewickelt werden. Dies ermöglicht vielfältige neue Erlösmodelle, wobei der Kauf von Daten teurer wird, weil die Nutzer zunehmend ihre eigenen Daten kontrollieren und verkaufen. Ob ein YouTube-Kanal über brasilianische Zigarrenmarken, fachkundige Rechtsberatung oder hochwertiger Recherchejournalismus: Letztendlich könnten dies alles interessante Erlösmodelle sein – vorausgesetzt, genügend Menschen sind dazu bereit, schnell, einfach und zuverlässig einen winzigen Betrag zu zahlen.

> Mit dem transaktionalen Internet werden die Transaktionskosten drastisch reduziert. Das gibt der Zahl der Transaktionen einen weiteren Schub.

Big Fix 2: Wiederherstellung des Daten-Nutzen-Gleichgewichts

Derzeit sind die Nutzer die großen Verlierer im Spiel um die Daten, das bei jeder Interaktion oder Transaktion stattfindet. Schließlich wird jede Transaktion durch eine Reihe von Datentransaktionen ermöglicht, die auf einer darunterliegenden Ebene stattfinden. Die daraus resultierenden Transaktionsdaten lassen Nutzerprofile entstehen, die einen erheblichen Wert darstellen. Diese werden im Moment von den großen Plattformen ausgeschlachtet. Hier besteht ein Ungleichgewicht, da die Daten als integraler Bestandteil jeder Interaktion per definitionem beiden beteiligten Akteuren gehören. Heute hat aber nur einer der Akteure vollen Einblick in die Profile. Das Datensubjekt ist trotz der Bestimmungen der DSGVO nicht in der Lage, damit funktional irgendwas anzufangen: ohne Daten keine Interaktion, und ohne Interaktion keine Daten, wie in Kapitel 4 beschrieben. Dies verlangt dringend nach einer zweiten großen Korrektur: die Wiederherstellung des Daten-Nutzen-Gleichgewichts. Der Verbraucher muss die Kontrolle über seine personenbezogenen

Daten zurückerhalten, und zwar dergestalt, dass er zu einem ernsthaften Teilnehmer im Spiel um die Daten wird.

Abbildung 52
Wiederherstellung des Daten-Nutzen-Gleichgewichts

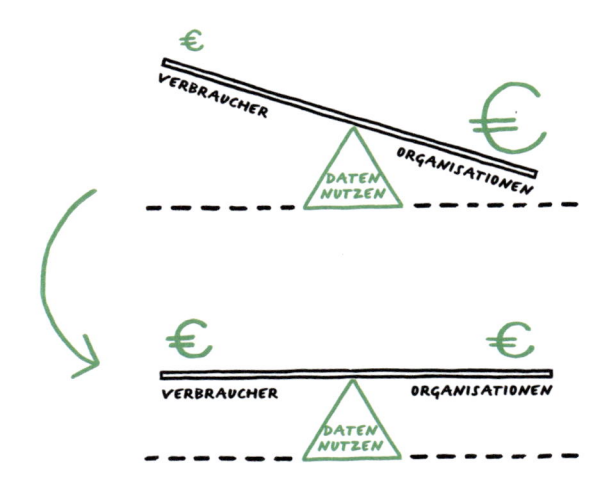

📌
Die Kombination aus strengeren Datenschutzvorschriften und der demnächst explodierenden Zahl von (Daten-)Transaktionen stellt für die Unternehmen ein erhebliches Risiko im Umgang mit Daten dar.

Die meisten Mittelspersonen werden von dieser Idee wohl erst einmal nicht begeistert sein. Die aktuelle Situation birgt jedoch auch für sie erhebliche Risiken; ein Beispiel dafür ist das Datenleck zwischen Facebook und Cambridge Analytica im Jahr 2018. Außerdem zwingt die europäische Datenschutzgesetzgebung alle Parteien, die personenbezogene Daten verarbeiten, sich mit den Nutzern abzusprechen und deren ausdrückliche Zustimmung einzuholen. Diese Einwilligung ist dadurch zu einer eigenständigen Transaktion geworden: Ein Nutzer stimmt zu, dass die Plattform seine Daten für einen bestimmten Zweck verwenden darf, woraus sich für beide Parteien unmittelbar gesetzliche Rechte und Pflichten ergeben. Plattformen, die sich nicht an die Regeln halten, riskieren Geldstrafen, die pro Verstoß bis zu vier Prozent ihres weltweiten Umsatzes betragen können. Die damit verbundenen Risiken sind also beträchtlich, und sie werden in einer Welt, in der die Zahl der Transaktionen bald explodieren wird, sogar noch zunehmen. Daten sind nicht nur ein *Vermögenswert*, sondern werden für viele Parteien auch zu einer *Belastung*. Auf lange Sicht scheint eine „Basel"-artige[22] Regelung, die verlangt, dass eine Organisation im Verhältnis zu der Menge an personenbezogenen Daten, für die sie verantwortlich ist, finanzielle Maßnahmen ergreifen muss, nicht undenkbar.

Wie ist es zu dieser Situation gekommen? Lassen Sie uns zunächst den Hintergrund von Datentransaktionen skizzieren. In den Anfängen des Internets, in den 1990er-Jahren, gab es kein Machtzentrum; das Internet gehörte allen. Jeder konnte damit arbeiten, aber es stellte sich als ziemlich komplex heraus, eine Website selbst zu erstellen und zu betreiben. Heutzutage ist das wesentlich einfacher. Dank WordPress, Wix oder Squarespace und vielen anderen Unternehmen, die den Prozess erleichtern, kann man mit nur wenigen Klicks eine Website erstellen. Und für die meisten Menschen ist es schwer, dem zu widerstehen.

In der westlichen Welt werden momentan die sozialen Medien von Facebook, die Suchmaschinen von Google und die Auktionen von eBay dominiert. In China ist die Situation ähnlich; hier beherrschen Unternehmen wie Alibaba, Taobao und WeChat das Internet. Zentralisierung über das Plattformmodel ist das Gebot der Stunde. In einer zunehmend digitalisierten Welt setzt man auf Benutzerfreundlichkeit und die sofortige Verfügbarkeit von Diensten über Smartphones. Wir stehen an einem Scheidepunkt: Das Internet hat die Möglichkeit, sich auf Basis des T.R.U.S.T-Modells zu „re-dezentralisieren" und uns weiterhin wertvolle Dienste anzubieten, die das Leben verbessern.

Daten sind zum grundlegenden Wert geworden, der für viele „kostenlose" Online-Dienste ausgetauscht wird. Letzten Endes bezahlen die Nutzer diese Dienste aber mit ihren Daten. Die ausgewählte Gruppe mächtiger Plattformen ist sich dessen nur allzu bewusst; täglich sammeln diese Plattformen einen ganzen Berg von Informationen von Milliarden von Nutzern. Im Bruchteil einer Sekunde liefert Google eine passende Antwort auf jede Frage, die man nur stellen kann, und das alles dank intelligenter Algorithmen, die über Jahrzehnte auf dem kombinierten Datenfluss aller Nutzer aufgebaut wurden. Wir alle gemeinsam haben Google eine Menge beigebracht. Das geht sogar so weit, dass selbst wenn der Datenfluss jetzt stoppen würde, die Dienstleistungen auf der Grundlage der gesammelten Erkenntnisse weiter zur Verfügung stehen könnten. Diese sind einzigartig, und im alleinigen Besitz der einflussreichen Plattformen.

Gleichzeitig gewinnen diese wiederum immer mehr Einfluss auf die Nutzer. Das ist nicht immer eine angenehme Erfahrung, denn die Menschen bewegen sich heute in zwei Realitäten: in der physischen Welt und im digitalen Bereich. Wenn wir im Internet, aber auch anderswo aktiv sind, wird auf der Grundlage der generierten Daten fast automatisch ein digitales Nutzerprofil erstellt, das wir als Erweiterung unserer physischen Person betrachten können. Es ist unmöglich, dieser Datenverfolgung zu entkommen: Kameras, Satelliten, die Software eines Laptops – sie alle sind dafür konzipiert, Informatio-

Es besteht ein dringender Bedarf an Instrumenten mit großer Reichweite, die allen Arten von Akteuren bei der Verwaltung ihrer Daten helfen.

nen zu sammeln. Aber auch in den Geschäften, in denen wir einkaufen, bei den Telefonaten, die wir führen, und den Nachrichten, die wir versenden, werden Daten gesammelt. Es gibt kein Entkommen – es sei denn, man verlässt die Zivilisation, zieht auf einen Berg und lebt als Einsiedler.

Nur logisch erscheint es daher, dass eine wachsende Zahl von Einzelpersonen und Regierungen sich ein gewisses Maß an Kontrolle über diese personenbezogenen Daten wünscht. Schließlich werden Daten zu einem immer wichtigeren Teil der menschlichen Identität. Dies wird noch dadurch verstärkt, dass Daten zunehmend als eine Form von Geld fungieren, mit dem bestimmte Dienstleistungen bezahlt werden können. Wenn ein Akteur Informationen über sich selbst teilt, erhält er im Gegenzug einen Wert. Das kann eine digitale Dienstleistung sein, Geld, Punkte oder ein Rabatt. Die immer häufiger geäußerte Forderung, dass die Daten von der Person kontrolliert werden sollen, die sie erzeugt, kann also kaum verwundern. Die Web3- und SSI-Bewegungen folgen diesem Gedanken.

> **Die Daten, die wir über uns selbst erstellen, sollten jedem von uns selbst gehören und nicht den großen Unternehmen, die sie erfassen.**
> – Sir Tim Berners-Lee

Auch Sir Tim Berners-Lee, der zu den Erfindern des Internets gehört, stimmt diesem Ansatz zu. In seiner Vision sollten alle Daten, die wir über uns selbst erstellen, auch uns gehören und nicht den großen Unternehmen, die Daten in riesigen Mengen erfassen[23]. Zurzeit werden diese Daten hauptsächlich für gezielte Werbung verwendet. Dadurch bekommen die Verbraucher oft das Gefühl, dass sie von jemandem „ausspioniert" werden. Berners-Lee erklärt, dass die verfügbaren Daten viel besser verwendet werden können, wenn die Nutzer Zugang zu ihren eigenen gesammelten Daten in allen verfügbaren Quellen haben – von sozialen Profilen bis hin zu Bankkonten. Er bezeichnet dies als „Rich Data" (reichhaltige Daten), im Gegensatz zu „Big Data" (große Datenmengen). Die Verbraucher könnten den Anbietern (auf Anfrage) Zugang zu ihren Rich Data gewähren, und zwar zu ihren eigenen Bedingungen. So würden neue, interessante Geschäftsmodelle entstehen, während gleichzeitig die Privatsphäre der Nutzer gewahrt bliebe. Dies würde jedoch eine Umstellung erfordern, denn es würde bedeuten, dass die Unternehmen nicht mehr die vollständige Kontrolle über die Daten haben, da die Endnutzer eine größere Rolle spielen würden.

Um seine Ideen zu verwirklichen, begann Berners-Lee mit Solid zu arbeiten. Dabei handelt es sich um ein System, bei dem personenbezogene Daten im Besitz des betreffenden Akteurs bleiben, der sie für von ihm selbst ausgewählte Anwendungen zugänglich macht. Mit Solid können einzelne Nutzer ihre Daten in *Pods* (*Personal Online Data Stores*) speichern. Das sind persönliche Online-Datenspeicher, die dort gehostet werden, wo der Nutzer es möchte. Solid ist nicht nur ein dezentrales Speichersystem, sondern es autorisiert auch Personen, die Zugriff auf die Daten einer anderen Person beantragen. Dabei gewährt es den beantragten Zugang nur, wenn der betreffende Nutzer seine Zustimmung gegeben hat. Das bedeutet, dass personenbezogene Daten nicht von einer zentralen Stelle kontrolliert werden, sondern dezentral an verschiedenen Orten gespeichert werden[24]. In Großbritannien bieten MyDex und Digi.me[25] eine Software an, mit der die Nutzer alle ihre Daten verwalten und anreichern und Anbietern unter bestimmten Bedingungen Zugang zu diesen Daten gewähren können. Die erforderliche Technologie gibt es also bereits.

Die Befähigung der Nutzer, ihre personenbezogenen Daten aktiv zu verwalten und zu teilen, ist eine wesentliche Funktion des transaktionalen Internets. Die Nutzer haben Zugang zu Tools, mit denen sie zum Beispiel Daten über ihr Einkommen, ihre Adresse, ihre Schuhgröße, Allergien und Kontoauszüge verwalten können. Und sie können diese Daten auch mit anderen teilen. Es ist wichtig, zwischen den Daten selbst und dem Zugang zu den Daten zu unterscheiden. Wenn man den Nutzern die Kontrolle über ihre personenbezogenen Daten geben möchte, hat man zwei Möglichkeiten: zentrale oder dezentrale Speicherung der Daten. Mit anderen Worten: Es wird entweder ein Hub-Modell oder ein Netzwerkmodell verwendet. Die Daten können in einem persönlichen Datenspeicher (oder Wallet)[26] des Verbrauchers oder bei Institutionen wie Banken, Behörden, Telekommunikationsunternehmen oder Kombinationen davon gespeichert sein, die Teil einer Transaktionsinfrastruktur sind. Bei beiden Modellen müssen die Kontrolle und die Berechtigung zum Zugriff auf die Daten in denselben Händen liegen, nämlich bei den Datenerzeugern selbst. Es besteht ein dringender Bedarf an Tools, die den Akteuren bei der Organisation dieser dezentralen Datenkontrolle helfen. Den größten Nutzen hat eine solche Funktionalität, wenn sie direkt als symmetrischer Vorschlag konzipiert ist, also ohne Unterscheidung zwischen der Art des Akteurs und der zugehörigen Rolle. Von Mal zu Mal wird ein Akteur den Zugang zu den Daten gewähren oder selbst derjenige sein, dem Zugang gewährt wird. Das heißt, dass alle Arten von Akteuren – Bürger, Verbraucher, Unternehmen und Regierungen – beim Teilen von Daten einen standardisierten Ansatz verfolgen sollten, wie wir es von anderen Märkten wie Telefonie, SMS und E-Mail gewohnt sind. Das würde die Einführung eines solchen Tools erheblich beschleunigen und es möglich machen, innerhalb kurzer Zeit eine große Reichweite zu erzielen. Zudem würde sich die im vorigen Abschnitt beschriebene *Peerification* ebenfalls enorm beschleunigen.

Während die Entwicklung hin zu einem transaktionalen Internet durch die europäische Regulierung unterstützt wird, sieht es in den USA ganz anders aus. Im Jahr 2017 verabschiedeten die USA ein Gesetz, das es Unternehmen erlaubt, ohne Zustimmung der Nutzer mit deren Daten zu handeln[27]. Wie bereits erwähnt haben die USA die Netzneutralität aufgegeben, während sie in Europa sehr befürwortet wird. Beide Beschlüsse der politischen Entscheidungsträger in den USA stellen einen herben Rückschritt dar. Paradoxerweise werden diese beiden Entscheidungen die Position der amerikanischen Technologieunternehmen vor allem langfristig eher schwächen als stärken, wo sie sich doch gerade in einer so hervorragenden Position befinden, um von den Möglichkeiten des transaktionalen Internets zu profitieren. Moderne Plattformen können eine Vorreiterrolle einnehmen, wenn es darum geht, nicht selbst „das Ökosystem" zu sein, sondern Datenökosysteme zu schaffen. Im Gegensatz zur jüngsten europäischen Datenschutzverordnung und -richtlinie[28] für das Teilen von Daten bietet die amerikanische Politik den Verbrauchern den notwendigen Rechtsrahmen, um die Kontrolle über ihre eigenen Daten zu übernehmen. Die Unternehmen müssen es ihren Kunden ermöglichen, eine überprüfbare Zustimmung (Autorisierung) zur Verwendung ihrer Daten für bestimmte Anwendungen zu erteilen. Dadurch wird der Datenaustausch selbst zu einer Transaktion im Sinne einer Gegenleistung und ist nicht nur bloßer Nebeneffekt einer Transaktion. Anders ausgedrückt: Der Fokus verschiebt sich von Transaktionsdaten hin zu Datentransaktionen.

Wahrscheinlich wird der Markt für dezentrale Datenkontrolle anfangs noch fragmentiert sein, da jedes Unternehmen das Gefühl haben wird, die Anforderungen der neuen Datenschutzverordnung im Alleingang erfüllen zu müssen. Alle Beteiligten werden dies auf ihre eigene Art und Weise in ihren eigenen Portalen organisieren. Die Nutzer werden ihre Daten daher an verschiedenen Orten und mit verschiedenen Tools verwalten müssen, ganz so, wie es auch heute schon der Fall ist. Diese Fragmentierung fördert nicht gerade das Empfinden, die Nutzer hätten die Kontrolle über ihre Daten. Und tatsächlich könnten sie auch dann noch nicht viel mit ihren Daten anfangen.

FALLBEISPIEL
Das Web3

Web3 kann als Entwicklung weg von der zunehmenden Datenkonzentration gesehen werden. In diesem Buch wird mehrmals auf dieses Konzept als Beispiel für die Verschiebung von institutionellem zu infrastrukturellem Vertrauen verwiesen. Das Vertrauen entsteht aus der Art der Beschaffenheit, die dem Verbraucher die Kontrolle über seine Daten gibt – geschützt durch kryptografische Verfahren, die der Nutzer direkt kontrollieren kann. In der Welt des Web3 tragen die Nutzer ihre eigenen personenbezogenen Daten bei sich, anstatt im Web2 an verschiedenen Stellen Konten zu eröffnen. Dezentralisierte Finanzen (DeFi) zeigt anschaulich, wie das funktionieren kann. Nutzer speichern ihre Identität in einer digitalen Brieftasche. Wenn der Nutzer sich mit einer Zahlungs-, Kredit- oder Tauschdienstleistung „verbunden" hat, nutzt der Finanzdienstleister diese Nutzerdaten, um seine Leistungen zu erbringen. Dieser Zugriff verläuft umgekehrt zu den klassischen Log-in-Verfahren, die wir aus der Web2-Welt kennen.

Die anstehende Einführung der eIDAS-2-Verordnung in der EU, mit der die Verwendung nutzerkontrollierter standardisierter digitaler Identitäten zur Norm werden soll, wird dieses nutzerzentrierte Paradigma weiter vorantreiben.

Es scheint wahrscheinlich, dass man diese Fragmentierung nach einer gewissen Zeit als zu große Einschränkung empfinden wird. Die logische Antwort auf den Ruf nach (technischer) Zusammenarbeit ist ein universeller Standard für die Kontrolle und den Austausch von Daten. Ein solcher universeller Standard kann von mehreren Teilnehmern in einem Netzwerkmodell entwickelt werden und einen *Many-to-Many*-Datenaustausch ermöglichen – ähnlich wie bei E-Mail, GSM und Zahlungen, die bewährte Beispiele für einen Many-to-Many-Datenaustausch darstellen. Das wird Nutzern ebenso wie Unternehmen das Leben sehr viel einfacher machen. Ob es genügend wirtschaftliche Anreize für einen solchen Ansatz geben wird, hängt davon ab, ob es gelingt, ein Geschäftsmodell zu finden, das die Anreize aller Akteure berücksichtigt. Ein solches Geschäftsmodell könnte beispielsweise eine Alternative für die wachsenden Werbeeinnahmen beinhalten, die derzeit an eine kleinere Anzahl von Plattformen gehen, von denen aber in Zukunft natürlich alle Akteure profitieren könnten. In einem anderen Szenario könnte die Regierung durch Regulierung eine Lösung erzwingen. In Europa beobachten wir, dass das Teilen von Daten eine immer höhere Priorität auf der politischen Agenda erhält. Auf nationaler Ebene gibt es die bereits erwähnten deutschen und niederländischen Initiativen. Auch auf EU-Ebene arbeiten verschiedene politische Entscheidungsträger an diesem Thema, wobei davon ausgegangen wird, dass Datensouveränität die Voraussetzung für eine fortschreitende Digitalisierung der Gesellschaft ist. Legislativvorschläge (Datengesetz, Daten-Governance-Gesetz) und die Gaia-X-Initiative zeigen ganz konkret, in welche Richtung Europa strebt und was erreicht werden soll. Das bedeutet, dass praktisch jeder Wirtschaftssektor sowie alle Regierungen und Privatpersonen damit zu tun haben werden. Australien hat bereits 2017 mit seiner Verordnung über Verbraucherdatenrechte (Consumer Data Rights regulation) eine Vorreiterrolle übernommen. Die

Verordnung erstreckt sich über alle Sektoren, vom Bankwesen bis hin zum Energiesektor.

Ein infrastruktureller Ansatz auf der Grundlage des Netzwerkmodells scheint hier am sinnvollsten zu sein. Eine neue Art von „weicher" Infrastruktur, basierend auf einem *T.R.U.S.T.-Framework*, im Gegensatz zu „harten" Infrastrukturen wie Straßen, Strommasten, Flughäfen, Rechenzentren und Eisenbahnen. Mit einem solchen infrastrukturellen Ansatz können wir eine Alternative zur Vorherrschaft einiger weniger Hub-Akteure über die Datenbestände von Unternehmen, Regierungen und Menschen schaffen. Die GSM-Story liefert ein anschauliches Beispiel, bei dem die europäische Fragmentierung die Grundlage für das T.R.U.S.T.-Abkommen war. Diese wiederum haben ein globales Netz von sowohl kooperierenden als auch konkurrierenden Unternehmen auf dem Telekommunikationsmarkt hervorgebracht. Und das, ohne bei der Nutzung zwischen Einzelpersonen oder Regierungen zu unterscheiden – so, wie es sich für jede Infrastruktur gehört.

5.4 Die Digitalagenda für Führungskräfte

Die meisten Organisationen sind sich nicht des Risikos bewusst, das der exponentielle Anstieg der Zahl der digitalen Transaktionen mit sich bringt. Wie bereits erwähnt erwarten sie zwar ein Wachstum, scheinen es aber systematisch zu unterschätzen. Das heißt: Die Schritte, die sie unternehmen, reichen nicht annähernd aus, um das Problem zu lösen – siehe Abbildung 53.

Notlösungen und digitale Flickschusterei reichen nicht mehr aus, um das Internet wirklich transaktionssicher zu machen. Vielmehr ist ein struktureller Ansatz gefragt, der alle Beteiligten einbezieht. Lösungen auf Organisationsebene greifen zu kurz – es werden kollaborative Lösungen benötigt, die neue Geschäftsmodelle erschließen, anstatt die bestehenden zu optimieren.

Es gehört einiges dazu, die beiden Korrekturen (die *Big Fixes*) vorzunehmen und das transaktionale Internet zum Leben zu erwecken: Ein enormes Maß an Innovationskraft, Bereitschaft zur Zusammenarbeit und verändertes Verhalten, sowohl auf geschäftlicher als auch auf gesellschaftlicher Ebene. Ein solcher Umbruch verlangt nach echter Führung und einer klaren Agenda.

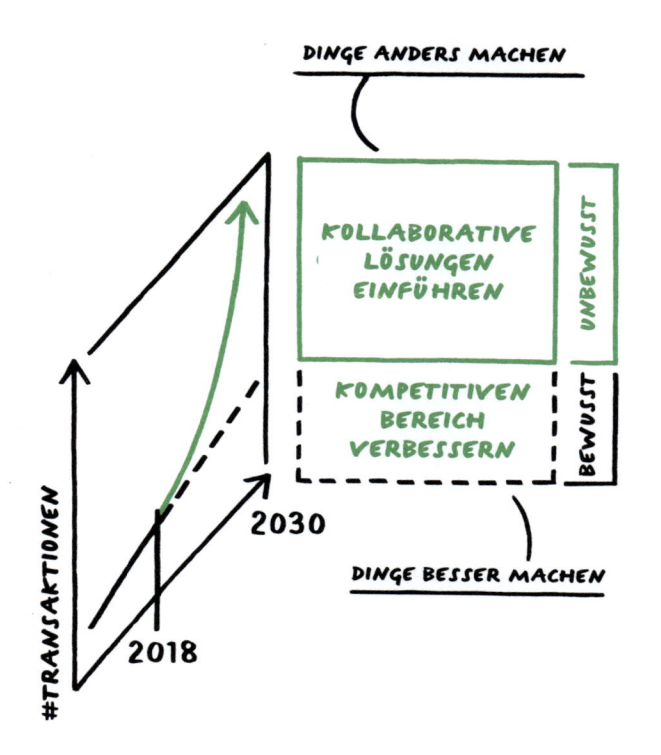

Abbildung 53
Das Unterschätzen des exponentiellen Wachstums der Zahl der Transaktionen führt zu ineffizienten Lösungen und Maßnahmen sowie zu einem digitalen Chaos.

„Frage nicht, was Transaktionen können, frag was du deine Transaktionen kannst."

- Frei nach John F. Kennedy

was deine
für dich tun
was du für
tionen tun

Politische Entscheidungsträger und Regulierungsbehörden

ZIEL

Den Übergang von institutionellem zu infrastrukturellem Vertrauen ermöglichen und so einheitliche Rahmenbedingungen schaffen

Agenda

- Die Realisierung einer internationalen, interoperablen, digitalen Vertrauensinfrastruktur mit Schutzmaßnahmen gegen Markt- und Regierungsmacht. Ein erster Schritt ist die Organisation einer interoperablen digitalen Identitätsinfrastruktur. Es gibt viele Beispiele auf der ganzen Welt, zum Beispiel in Indien (Aadhaar, Hub-Modell), Schweden (BankID, Netzwerkmodell), Deutschland (YES, Netzwerkmodell) und den Niederlanden (iDIN, Netzwerkmodell). Diese Identitätsinfrastruktur muss sowohl von Einzelpersonen als auch von Organisationen genutzt werden können

- Ermöglichen einer „Zustimmungsinfrastruktur", die auf der digitalen Identitätsinfrastruktur aufbaut. Außerdem funktioniert diese „weiche" Infrastruktur für alle Arten von Daten (aus allen Bereichen) und Akteuren (Einzelpersonen, Unternehmen und Regierungen) in gleicher Weise

- Eine Bestandsaufnahme, welche der institutionellen Zuständigkeiten in eine digitale Vertrauensinfrastruktur eingebettet werden könnten

- Die rechtliche Einbettung des Vertrauens in die Infrastruktur

- Die Neuausrichtung der Rechtsvorschriften bezüglich der Datenverantwortung und -haftung zwischen den verschiedenen Akteuren (resultierend aus Datenausgleich und *Peerification* werden Rechte und Pflichten von Endnutzern und Organisationen näher zusammenrücken)

- Sicherstellen der Netzneutralität

- Kommunikation (in Abstimmung mit der Wirtschaft), die darauf abzielt, auch im eigenen Verhalten ein Bewusstsein für Daten und Vertrauen der Nutzer in ihrer Rolle als Bürger und Arbeitnehmer zu schaffen

Unternehmen und Organisationen

ZIEL

Kontrolliertes Wachstum von Transaktionen und Transaktionsdaten

Agenda

– Die Neuausrichtung der Agenda zur digitalen Transformation von Unternehmen, ausgehend vom Ansatzpunkt der zwei Big Fixes: Durchbrechen des Vertrauensparadoxons und Wiederherstellung des Daten-Nutzen-Gleichgewichts

– Berücksichtigung von „digitaler Nachhaltigkeit" als Teil der sozialen Verantwortung von Unternehmen (*Corporate Social Responsibility, CSR*). Anerkennen, dass unsere digitale Umgebung besonderer Aufmerksamkeit bedarf, genauso wie unsere physische Umgebung

– Kunden, Anbieter, Mitarbeiter und andere Beteiligte befähigen, ihre Daten zu verwalten und diese auch außerhalb der eigenen Organisation weiterzuverwenden; Gelerntes anwenden und Standards aus anderen Bereichen wiederverwenden

– Sektorübergreifende Zusammenarbeit an einer digitalen Vertrauensinfrastruktur (auf Basis des Netzwerkmodells für Ökosysteme), wobei diese sektor- und nutzerunabhängig sein muss: Jeder muss damit arbeiten können. So, wie wir es von jeder Infrastruktur gewohnt sind.

– Integration der Prinzipien der *Sharing Economy* und der *Peerification* in Produkte oder Dienstleistungen und in den Geschäftsbetrieb

– Entwickeln und Vereinfachen von (Geschäfts-)Modellen, bei denen die Verbraucher die Kontrolle über ihre persönlichen Daten und eine interoperable Infrastruktur haben

– Kunden und anderen direkt beteiligten Akteuren die Kontrolle über alle ihre Transaktionsdaten geben. Auch anderen Beteiligten wie Partnern, Aufsichtsbehörden und Anbietern Einblick in relevante Teile der Transaktionsdaten geben

– Kommunikation (in Abstimmung mit der Regierung), die darauf abzielt, auch im eigenen Verhalten ein Bewusstsein für Daten und Vertrauen der Nutzer in ihrer Rolle als Bürger und Arbeitnehmer zu schaffen

Plattformen und Big Tech

ZIEL

Verantwortung für Datenrisiken, Datensouveränität und Verteilung der Einnahmen aus Daten unter den beteiligten Akteuren

Agenda

– Eine Bestandsaufnahme der institutionellen Zuständigkeiten, die in eine digitale Vertrauensinfrastruktur eingebettet werden könnten, sowie deren Entwicklung und Umsetzung

– Befähigung von Pattformnutzern, ihre Daten außerhalb der Plattform wiederzuverwenden

– Zusammenarbeit bei der Realisierung einer gemeinsamen Vertrauensinfrastruktur, bei der Plattformen zu einem integralen Bestandteil der dabei entstehenden Ökosysteme werden, in denen Nutzer sich frei zwischen verschiedenen Plattformen bewegen können, ohne ihre Freunde oder ihre Daten zu verlieren

– Die Weiterentwicklung von Daten-Wallets (Angebot) für Endnutzer, die auf der gemeinsamen Vertrauensinfrastruktur aufbauen

– Entwickeln und Vereinfachen von (Geschäfts-)Modellen für die elektronische Identität und personenbezogene Daten sowie eine interoperable Infrastruktur

– Die Übertragbarkeit von Transaktionsdaten erleichtern

– Kontinuierliche Evaluierung der Bedingungen im Sinne einer vernetzten Vertrauensinfrastruktur

– Kommunikation (in Abstimmung mit der Regierung), die darauf abzielt, auch im eigenen Verhalten ein Bewusstsein für Daten und Vertrauen der Nutzer in ihrer Rolle als Bürger und Arbeitnehmer zu schaffen

Forschung und Wissenschaft

ZIEL

Grundlagenforschung und Verhaltensanalyse in Bezug auf das infrastrukturelle Vertrauen

Agenda

– Die gesellschaftlichen Auswirkungen und Möglichkeiten hinsichtlich der Umstrukturierung des Vertrauens erforschen

– Weiterentwicklung einer soliden, aber leicht anwendbaren Verschlüsselungstechnologie für Unternehmen und Verbraucher

– Groß angelegte dezentrale Datenarchitekturen erforschen und entwickeln

– Erforschung des menschlichen Verhaltens und der Rolle von Anreizen bei der Einführung einer digitalen Vertrauensinfrastruktur

– Kommunikation (in Abstimmung mit der Regierung), die darauf abzielt, ein Bewusstsein für Daten und Vertrauen der Nutzer in ihrer Rolle als Bürger und Arbeitnehmer zu schaffen

Verbraucher

ZIEL

Frühzeitige und aktive Beteiligung an neuen Transaktions- und Vertrauenskonzepten

Agenda

– Das Bewusstsein für die eigene Verantwortung im digitalen Bereich

– Offenheit für und aktive Beteiligung an Innovationen

– Aktives Feedback zu Innovationen geben, damit diese verbessert werden können

– Aktives Einfordern der Rechte an den eigenen Daten und am Nutzen der Daten

– Organisationen an ihre Verantwortung für Datenverwaltung erinnern

5.5 Zusammenfassung

In diesem letzten Kapitel haben wir zwei große Korrekturen (Big Fixes) beschrieben, die erforderlich sind, um das transaktionale Internet Wirklichkeit werden zu lassen.

- Um die Entwicklung des bevorstehenden *transaktionalen Internets* in die richtige Richtung zu lenken, ist eine Verschiebung vom institutionellen zum infrastrukturellen Vertrauen notwendig, wobei Nutzer die Kontrolle über ihre Daten haben.

- Das *exponentielle Wachstum* der Zahl der Transaktionen wird durch drei Trends angetrieben: die neuen Internetnutzer, die im digitalen Bereich wirtschaftlich aktiv sein werden, die *Sharing Economy* und das *Internet der Dinge*. Beschleunigt wird dieses Wachstum noch durch eine neue Kategorie von Transaktionen: Datentransaktionen. In der Folge wird sich die Zahl der Transaktionen zwischen 2018 und 2025 verfünfzehnfachen – auf 5.500 Billionen.

- Die derzeitige Sharing Economy ist ein Vorläufer der *Peerification* – ein Trend, der einen völlig neuen Bereich der Wirtschaftstätigkeit aktivieren wird, in dem die Restkapazität der Dinge effektiver genutzt wird. Dies wird zu einem starken Anstieg der Zahl der Handelstransaktionen führen. Peerification geht von einem symmetrischen Austausch zwischen zwei gleichberechtigten Akteuren aus, die ihre Rollen tauschen, sich direkter finden und die Vertrauenswürdigkeit des jeweils anderen leicht feststellen können. Das erfordert ein symmetrisches Angebot.

- Den größten Schub für die Zahl der digitalen Handelstransaktionen bringt das *Internet der Dinge*. Indem immer mehr physische Produkte und Geräte mit dem Internet verbunden werden, geht eine ganz neue Kategorie von Akteuren online. Theoretisch können diese „Dinge" eine unbegrenzte Anzahl von Transaktionen mit anderen Akteuren durchführen. Damit sich das Internet der Dinge gut entwickeln kann, brauchen die Besitzer zunächst eine allgemein akzeptierte digitale Identität, mit der sie ihre Objekte autorisieren können. Solange diese „Identität der Dinge" nicht organisiert ist, wird das Internet der Dinge zumeist ein schöner Traum bleiben – mit vielen separaten Anwendungen, wenig Interoperabilität und einem *Lock-in* der Nutzer.

- Die zunehmende Digitalisierung des Handelsprozesses selbst ist ein zusätzlicher *Multiplikator* für den Anstieg der Zahl der digitalen Transaktionen. Sie ist das Ergebnis der neuen Kategorie von Datentransaktionen, die unterhalb der Ebene der tatsächlichen Handelsgeschäfte stattfinden und die Bedingungen für diese vorgeben.

- Um das Internet in eine ausgereifte Transaktionsinfrastruktur zu verwandeln, sind zwei *Big Fixes*, zwei große Korrekturen, erforderlich: Das Durchbrechen des *Vertrauensparadoxons* und die Wiederherstellung des *Daten-Nutzen-Gleichgewichts*.

- *Big Fix 1*: Obwohl Plattformen eine wesentliche Rolle bei der Abwicklung digitaler Transaktionen spielen, wird ihr Ruf als zuverlässige Mittelsperson in Frage gestellt. Dieses Vertrauensparadoxon kann durchbrochen werden, indem Vertrauen zu einem Bestandteil der grundlegenden Infrastruktur des Internets wird anstatt zu einem Bestandteil der Plattformen, die inzwischen darauf aufgebaut wurden.

- In diesem Fall gibt es nicht mehr das fehlbare *institutionelle Vertrauen*, das wir heute haben, sondern ein Vertrauen, das auf unumstößlichen physikalischen Gesetzen beruht: das *infrastrukturelle Vertrauen*. Zudem werden die Transaktionskosten theoretisch auf null reduziert, was die Transaktionen für alle Beteiligten wesentlich günstiger macht.

- *Big Fix 2*: Die Endnutzer müssen die Kontrolle über ihre (personenbezogenen und geschäftlichen) Daten zurückerhalten, und zwar so, dass sie zu ernsthaften Teilnehmern am Spiel um die Daten werden und das Daten-Nutzen-Gleichgewicht wiederhergestellt wird. Dies erfordert die Entwicklung einer „weichen" Infrastruktur für die Verwaltung und das Teilen von Daten, die ähnlich einer „harten" Infrastruktur (zum Beispiel Straßen, Strommasten und Eisenbahnen) allgegenwärtig ist.

- Die *dynamischen Profildaten* der Akteure werden dann Teil des transaktionalen Internets sein. Sie werden direkt von dem Akteur (Datensubjekt) verwaltet, der dann Dritten die *ausdrückliche Zustimmung* zum Zugriff auf seine Daten erteilt.

- Auch Plattformen und andere Unternehmen werden von diesen beiden Interventionen profitieren: Sie sind für eine unvorstellbare Menge an personenbezogenen Daten verantwortlich, die sogar noch zunehmen wird. Außerdem sind sie erheblichen Risiken ausgesetzt: zunächst einmal wegen der Geldbußen, die auf der Grundlage der neuen europäischen Datenschutzvorschriften verhängt werden können, und zum anderen, weil die Nutzer aufgrund von Ereignissen wie Datenlecks sowie der ungleichen Verteilung der Nutzen von Daten immer unzufriedener werden. Im ungünstigsten Fall wechseln die Nutzer zu einer besseren Alternative, sobald sich eine bietet.

- Digitale Flickschusterei reicht nicht mehr aus, um das Internet wirklich transaktionssicher zu machen. Dazu bedarf es eines stärker *strukturierten Ansatzes*, der alle Beteiligten miteinbezieht. Lösungen auf organisatorischer Ebene (Hub-Modell) werden niemals gut genug sein. Statt zu versuchen, bestehende Modelle zusammenzuflicken, braucht es eine *Zusammenarbeit* auf Basis des *T.R.U.S.T.-Frameworks* und des Netzwerkmodells, die zu neuen Geschäftsmodellen für die digitale Wirtschaft führt. Zu diesem Zweck haben wir eine digitale Agenda für alle beteiligten Parteien formuliert. Plattformen werden Teil des Ökosystems statt selbst „das Ökosystem" zu sein.

- Das schnelle Wachstum des *Web3* ist ein Schritt zum Aufbau infrastrukturellen Vertrauens auf globaler Ebene und kann als erste Manifestation des *transaktionalen Internets* angesehen werden, in dem Nutzer die Verwaltung über ihre Daten haben und Akteure in einem Ökosystem aktiv sind, das auf den T.R.U.S.T.-Grundsätzen basiert.

hang an

Anmerkungen

EINLEITUNG

1. Gowrisankaran, G. *Why Do Americans Still Write Checks?* (Economic Letter der Federal Reserve Bank of San Francisco, Nummer 2002–27, 20. September 2002).
2. Leibbrandt, J.G. Payment Systems and Network Effects. (Dissertation, Universität Maastricht, 3. Juni 2004).
3. Lycklama, D., Janz, R. *Betalen 2005*. (Innopay, 2005). Die erste einer Reihe von Veröffentlichungen zum (Online-) Zahlungsverkehr zwischen 2005 und 2013.
4. Liezenberg, C., Achterberg, E., A. Kheerbat, M., Booijink, T., Bekx, W. *Mobile payments 2008*. (Innopay und Telecompaper, 2008). Die erste einer Reihe von Veröffentlichungen zum mobilen Zahlungsverkehr zwischen 2008 und 2013.
5. Liezenberg, C., Bryant, C. Boer, T. de, Booijink, T., Nienhuis, J. *E-invoicing 2008*. (Innopay und Euro Banking Association, 2008). Die erste einer Reihe von Veröffentlichungen zu elektronischer Rechnungsstellung zwischen 2008 und 2010.
6. Liezenberg, C., Bottelberghs, L. *Verkenning e-herkenning*. (Innopay und Wirtschaftsministerium, 2008).
7. Kokkola, T. *The Payment System*. (Europäische Zentralbank, 2010).
8. Bátiz-Lazo, B., Efthymiou, L. *The Book of Payments*. (Palgrave Macmillan, 2016).
9. Libra Association, *Libra White Paper*. (Libra Association, libra.org/en-US/white-paper/, 18. Juni 2019).
10. DeFi: Decentralised Finance (dezentrale Finanzen), CeFi: Centralised Finance (zentralisierte Finanzen)
11. https://hbr.org/2022/05/why-build-in-web3
12. Prognose auf Basis von Daten der Weltbank (databank.worldbank.org, abgerufen 2018) und von Statista (statista.com, abgerufen 2018).
13. https://digital-strategy.ec.europa.eu/en/policies/strategy-data

KAPITEL 1

1. Liezenberg, C., Lycklama, D., Smorenberg, H. *Understanding Buyer and Seller Behaviour for Improved Payment Product Development*. (Journal of Payment Strategy and Systems, Jahrgang 1, Nummer 3, Februar 2007).
2. Fung, B. *The FCC just voted to repeal its net neutrality rules, in a sweeping act of deregulation*. (The Washington Post, 14. Dezember 2017).
3. Rochet, J.C., Tirole, J. *Two-Sided Markets: An Overview*. (12. März 2004).
4. Bonsing, A., Mann, P. *Bonsing/Mann-model*. (arjenbonsing.com, abgerufen 2017).
5. Eurostat (Eurostat, ec.europa.eu/eurostat, abgerufen 2017).
6. Statista (Statista, statista.com, abgerufen 2022).
7. Livingstone, S. *The Challenge of Changing Audiences: or what is the audience researcher to do in the age of the Internet?* (European Journal of Communication, 19(1), 75, 2004).
8. Evans, P., Wurster, T. *Blown to Bits, how the new economics of Information transforms strategy*. (Harvard Business Review Press, 1999).
9. Jongen, W. *Het einde van online winkelen*. (Business Contact, 2016).

KAPITEL 2

1. Tuit, S. *Microsoft trekt stekker uit Skype WiFi*. (AndroidWorld, androidworld.nl/apps/skype-wifi-stop-maart-2017/, März 2017).
2. Wikipedia. *Moment of truth*. (Wikipedia, en.wikipedia.org/wiki/Moment_of_truth_(marketing), abgerufen 2018).
3. Evans, D.S. *How Catalysts Ignite: The Economics of Platform-Based Start-Ups*. (University College London, Oktober 2008).
4. Gladwell, M. *The Tipping Point*. (Little Brown, 2000).
5. Hariharan, A. *All about Network Effects*. (Andreesen Horowitz, a16z.com/2016/03/07/all-about-network-effects/, abgerufen 2017).
6. Catawiki. *About Catawiki*. (Catawiki, catawiki.com/help/about, abgerufen 2018).
7. Hariharan, A. *All about Network Effects*. (Andreesen Horowitz, a16z.com/2016/03/07/all-about-network-effects/, abgerufen 2017).

8. Eisenmann, T.R., Parker, G., Van Alstyne, M.W. *Strategies for Two-Sided Markets*. (Harvard Business Review 84, Nummer 10, Oktober 2006).
9. Arthur, C. *Facebook IPO: what we've learned from its S-1 filing*. (The Guardian, theguardian.com/technology/2012/feb/02/facebook-ipo-facts, 2. Februar 2012).
10. Wikipedia. *Two-sided market, Pricing*. (Wikipedia, en.wikipedia.org/wiki/Two-sided_market, abgerufen 2018).
11. Corkery, M. *Goodbye Password. Banks Opt to Scan Fingers and Faces Instead*. (The New York Times, 21. Juni 2016).
12. Odlyzko, A., Tilly, B. *A refutation of Metcalfe's Law and a better estimate for the value of networks and network inter-connections*. (University of Minnesota, vorläufige Fassung, 2. März 2005).
13. Osterwalder, A., Pigneur, Y. *Business Model Generation.* (Selbstverlag, 2009).
14. Rochet, J.C., Tirole, J. *Two-Sided Markets: A Progress Report.* (29. November 2005).
15. Wikipedia. *Two-sided market, Pricing*. (Wikipedia, en.wikipedia.org/wiki/Two-sided_market, abgerufen 2018).
16. Eisenmann, T.R., Parker, G., Van Alstyne, M.W. *Strategies for Two-Sided Markets*. (Harvard Business Review 84, Nummer 10, Oktober 2006).
17. Statista. *Google ad revenue in 2017*. (Statista, statista.com/statistics/266249/advertising-revenue-of-google/, abgerufen 2018).
18. Statista. *Monthly active Facebook users Q2 2018*. (Statista, statista.com/-statistics/264810/number-of-monthly-active-facebook-users-worldwide, abgerufen 2018).
19. Statista, statista.com (abgerufen 2022)).
20. Encyclopedia Brittanica. *Pangaea*. (Encylopedia Brittanica, britannica.com/place/Pangea, abgerufen 2017).
21. Thiel, P., Masters, B. *From Zero to One, Notes on Start Ups and How to Build the Future*. (Ebury Publishing, 2015).
22. Eyal, N., Hoover, R. *Hooked, How to Build Habit-forming Products*. (CreateSpace, 2013).
23. The New York Times Editorial Board. *Facebook and The Digital Virus Called Fake News*. (The New York Times, 19. November 2016).
24. Djankov, S. et al. *The New Comparative Economics*. (Journal of Comparative Economics, 31(4), 2003).
25. Mulder, M. *Balanceren in onzekerheid: zoektocht naar de optimale regulering*. (Antrittsrede, Universität Groningen, März 2014).
26. Reimer, J. *Total share: 30 years of personal computer market share figures*. (ArsTechnica, arstechnica.com, 15. Dezember 2005).
27. Lanting, B. *Chaos op softwaremarkt dreigt na splitsing Microsoft*. (De Volkskrant, 3. April 2000).
28. Hansen, E. *Real hits Microsoft with $ 1 billion antitrust suit*. (CNET.com, 12. Februar 2004).
29. Scott, M. *Google Fined Record $ 2,7 Billion in E.U. Antitrust Ruling*. (The New York Times, 27. Juni 2017).
30. Europäische Kommission. Datenschutz-Grundverordnung *(DSGVO, 2016/679).* (Europäische Kommission, https://ec.europa.eu/info/law/law-topic/data-protection_de, abgerufen 2017).
31. Ebenso gibt es bereits mehrere aufeinanderfolgende Regelungen in den Bereichen Bekämpfung von Geldwäsche (Anti-Geldwäsche-Richtlinie 1 und 2), Zahlungsdienste (Zahlungsdienstrichtlinie 1 und 2) und Datenschutz (DSGVO).
32. Rushe, D. *Facebook reaches deal with FTC over 'unfair and deceptive' privacy claims*. (The Guardian, 29. November 2011).
33. Nagtegaal, B. *Facebook verwijdert spot-prenten over Erdogan*. (NRC Handelsblad, 13. April 2016).
34. Johnson, B. *Privacy no longer a social norm says Facebook founder*. (The Guardian, 11. Januar 2010).
35. https://www.bloomberg.com/news/articles/2022-02-28/all-the-ways-google-is-coming-under-fire-over-privacy-quicktake
36. https://www.bloomberg.com/news/articles/2021-04-26/how-apple-google-are-killing-the-advertising-cookie-quicktake

KAPITEL 3

1. Chaudary, S.P. *Outlook 2014, Platforms are eating the world*. (Wired, wired.com/insights/2013/12/outlook-2014-platforms-eating-world/, abgerufen 2016).

2. Eisenmann, T. *Business Model Analysis, Part 2: Platforms and Network Effects.* (Platforms and Networks, platformsandnetworks.blogspot.com/2011/07/business-model-analysis-part-2.html, 23. Juli 2011, abgerufen 2016).
3. Parker, G. Alstyne, M. W. van, Choudary, S.P. *Platform Revolution: How Networked Markets Are Transforming the Economy – and How to Make Them Work for You.* (W. W. Norton & Company, 28. März 2016).
4. The Economist. *More bang for your buck, how new technology is shaking up the oldest business.* (The Economist, 9. August 2014).
5. https://news.airbnb.com/about-us/
6. Wikipedia, *Geluidsdragers door de tijd.* (Wikipedia, nl.wikipedia.org/wiki/Geluidsdragers_in_de_tijd, abgerufen 2018).
7. Wikipedia, *Smiling curve.* (Wikipedia, en.wikipedia.org/wiki/Smiling_curve, abgerufen 2016).
8. Evans, D.S., Schmalensee, R. *The Industrial Organization of Markets with Two-Sided Platforms.* (Competition Policy International, Jahrgang 3, Nummer 1, Frühjahr 2007).
9. Gawer, A., Cusumano, M.A. *Industry Platforms and Ecosystem Innovation.* (Der DRUID Society im Jahr 20212 vorgelegtes Paper).
10. Williamson, O. *Transaction cost economics.* (Elsevier, Handbook of Industrial, Band 1, 1989).
11. Jeffries, A. *Why Amazon wants its own currency.* (The Verge, theverge.com, 5. Februar 2013).
12. Bonsing, A., Mann, P. *Bonsing/Mann-model.* (arjenbonsing.com, abgerufen 2017).
13. Skinner, C. *Forget GAFA, the real threat is FATBAG.* (The Finanser, thefinanser.com/2016/09/forget-gafa-real-threat-fatbag.html, abgerufen im Oktober 2018).
14. Chan, K., Mauborge, R. *Blue Ocean Strategy.* (Harvard Business Review Press, Januar 2015).
15. Engels, J. *Mislukkingen van de techniek: De video2000.* (Trouw, 24. Juni 1998).
16. Wells, N. *A tale of two companies matching up: Alibaba versus Amazon.* (CNBC, cnbc.com, 5. Mai 2016).
17. Hui, T.J. *Alibaba, The Giant With 81.5% Marketshare in China's Online Shopping Market.* (Shares Investment, sharesinv.com, 9. November 2015).
18. Han, J. et al. *A Case Study Of Alibaba: Control Your Destiny Or Someone Else Will.* (Academy of Asian Business Review, Volume 1, Nummer 1, 2015).
19. https://ec.europa.eu/commission/presscorner/detail/en/ip_21_2663
20. Wikipedia. *Prisoner's dilemma.* (Wikipedia, nl.wikipedia.org/wiki/Prisoner%27s_dilemma, abgerufen 2018).
21. Simplerinvoicing, simplerinvoicing.org, abgerufen 2016.

ABSCHNITT GESTALTUNG

1. Liezenberg, C. Lycklama, D. Smorenberg, H. *Understanding buyer and seller behaviour for improved payment product development.* (Journal of Payments Strategy & Systems, Jahrgang 1, Nummer 3, 2007).
2. Das 3P-Modell ist in der niederländischen Geschäftswelt weit verbreitet, es scheinen aber keine Referenzen zur Verfügung zu stellen. Die erste dokumentierte Beschreibung ist hier enthalten: Collis, B. A. *The Evaluation of Electronic Books.* (Universität Twente, 2011).
3. Hoven, L. van. *The role of risk in e-retailers' adoption of payment methods: evidence for transition economies.* (Freie Universität Brüssel, 2011).
4. Statista. *Google ad revenue in 2017.* (Statista, statista.com/statistics/266249/advertising-revenue-of-google/, abgerufen 2018).
5. Parker, G., Alstyne, M.W. van. *Platform Strategy.* (Boston University, 21. April 2014).
6. UN/CEFACT. *Cross Industry Invoice (CII).* (UN/CEFACT, unece.org/fileadmin/DAM/press/pr2007/07trade_p02e.htm#four, 2007).

KAPITEL 4

1. Wikipedia. *List of public corporations by market capitalization.* (Wikipedia, en.wikipedia.org/wiki/List_of_public_corporations_by_market_capitalization, abgerufen 2018).
2. Moss, S. *Big Data: New Oil or Snake Oil?* (Wired, wired.com, abgerufen 2018).

3. Bloomberg. *Soros Says Facebook and Google Need More Regulation.* (Bloomberg Markets and Finance, youtube.com/watch?v=WaHzUlR2MUg, abgerufen 2018).
4. Birch, D. *Identity is the new money.* (London Publishing Partnership, 2014).
5. Wikipedia. *Unified Payments Interface.* (Wikipedia, en.wikipedia.org/wiki/Unified_Payments_Interface, abgerufen 2018).
6. Digi.me. (Digi.me Ltd., getdigime.com, abgerufen 2018).
7. Qiy. (Qiy Foundation, qiyoundation.org, abgerufen 2018).
8. iSHARE (iSHARE, ishareworks.org, abgerufen 2018).
9. Vertrauen ist in der Wissenschaft schwer zu definieren. Der Begriff wird in verschiedenen Fachgebieten verwendet, wobei sich die Definition größtenteils nach der behandelten Thematik richtet. Siehe zum Beispiel: Khosrowjerdi, M. *Trust in People, Organizations, and Government: A Generic Model.* (International Journal of Electronic Government Research, 12(3), Juli–September 2016).
10. Sobel, J. *Can we trust social capital?* (Journal of Economic Literature, Band XL, März 2002).
11. Luhmann, N. *Trust and power.* (John Wiley, 1979).
12. Wikipedia. *Social credit system.* (Wikipedia, en.wikipedia.org/wiki/Social_Credit_System, abgerufen 2018).
13. Qoin. (Qoin BV, qoin.com) en Makkie (Makkie, makkie.wehelpen.nl, abgerufen 2018).
14. Stodder, J. *Residual Barter Networks and Macro-Economic Stability: Switzerland's Wirtschaftsring.* (Renssealaer Polytechnic Institute Hartford, 27. Dezember 2007).
15. Fukuyama, F. *Trust: The Social Virtues and the Creation of Prosperity.* (The Free Press, 1995).
16. Coase, R. *The Nature of Firm.* (Blackwell Publishing, 1937).
17. Coases Theorie findet zunehmend Unterstützung bei den Vertretern der neo-coaseanischen Wirtschaftstheorie, stößt jedoch auf Widerspruch von den Anhängern der *ressourcenbasierten* Theorie. Diese Theorie führt an, dass Organisationen nicht nur bei Marktversagen eine *Raison d'Être* haben, sondern auch, weil sie einen einzigartigen Mehrwert bieten (wie Unternehmenskultur und kollektives Wissen), der dem Markt zuvor nicht zur Verfügung stand.
18. The Economist. *The man who showed why firms exist.* (The Economist, economist.com/leaders/2013/09/07/the-man-who-showed-why-firms-exist, 7. September 2013).
19. https://ec.europa.eu/commission/presscorner/detail/en/ip_21_2663
20. Stichting Adviesgroep Bestuursrecht. Bankwet 1998. (St-AB.nl, st-ab.nlwetten/0038_Bankwet_1998.htm, abgerufen 2017).
21. Kokkola, T. *The Payment System. Payments, Securities and Derivates, and the Role of the Eurosystem.* (Europäische Zentralbank, 2010). Siehe auch Nr. 7, Einleitung.
22. Leibbrandt, G, de Terán, N. The Pay Off – How changing the way we pay changes everything. (Elliott & Thompson, 2021).
23. Boyle, H. How To Get a $ 1,000,000 Idea. (Lewiston Evening Journal, 25. Dezember 1951).
24. Hock, D. *One from Many: VISA and the Rise of Chaordic Organization.* (Berrett-Koehler Publishers, 2005).
25. Statista. *The 100 largest companies in the world by market value in 2018.* (Statista, statista.com/statistics/263264/top-companies-in-the-world-by-market-value/, abgerufen 2018).
26. De Nederlandsche Bank. *Betalen in Europa: SEPA.* (DNB, dnb.nl/-betalingsverkeer/overige-taken/065_BetaleninEuropaSEPA/index.jsp, abgerufen 2018).
27. Cortet, M., Lycklama, D. *PSD2 'Access to account' (XS2A): time to get real about banking business API strategies.* (INNOPAY, innopay.com, 10. Juni 2015).
28. Thiel, P. *Competition is for losers.* (The Wall Street Journal, 12. September 2014).
29. The Paypers. *Online Payments and Ecommerce Market Guide 2017.* (The Paypers, thepaypers.com/reports/online-payments-and-ecommerce-market-guide-2017/r769843, abgerufen 2017).
30. Veerasamy, V. *PayPal's $60m Referral Program: A Legendary Growth Hack.* (Referral Candy Blog, referralcandy.com/blog/paypal-referrals/, abgerufen 2018).
31. Rosenberg, M., Confessore, N., Cadwalladr, C. *How Trump Consultants Exploited the Facebook Data of Millions.* (The New York Times, 17. März 2018).

32. Englehardt, S. No boundaries for Facebook data: third-party trackers abuse Facebook Login. (Freedom to Tinker, freedom-to-tinker.com/2018/04/18/-no-boundaries-for-facebook-data-third-party-trackers-abuse-facebook-login/, 18. April 2018).
33. Zuboff, S, The age of surveillance capitalism (Public Affairs, 2019).
34. https://en.wikipedia.org/wiki/Self-sovereign_identity
35. https://ec.europa.eu/info/strategy/priorities-2019-2024/europe-fit-digital-age/european-digital-identity_en
36. Unique Identification Authority of India. *Aadhaar Online Services.* (UIDAI, uidai.gov.in, abgerufen 2015).
37. FIDO Alliance. (FIDO Alliance, fidoalliance.org, abgerufen 2015).
38. Europäische Bankenaufsichtsbehörde. *Final guidelines on the security of internet payments.* (EBA, eba.europa.eu/documents/10180/934179/EBA-GL-2014-12+%28Guidelines+on+the+security+of+internet+payments%29_Rev1, 19. Dezember 2014).
39. Martijn, M., Tokmetzis, D. *Je hebt wél iets te verbergen.* (The Correspondent, Oktober 2013).

KAPITEL 5

1. Prognose auf Grundlage verschiedener Quellen einschließlich Gartner, IHS, Siemens und Cisco, und ausgenommen das Wachstum der Zahl von Datentransaktionen.
2. Prognose auf Grundlage verschiedener Quellen einschließlich Weltbank und Cisco.
3. Kaplinsky, R., Morris, M. *A Handbook for Value Chain Research.* (International Development Research Centre, 2001).
4. Vandebron. *Over ons.* (Vandebron, vandebron.nl/about, abgerufen 2018).
5. Gartner. *IT Glossary.* (Gartner, gartner.com/it-glossary/?s=internet+of+things, abgerufen 2018).
6. Philips. *Over Hue.* (Philips Lighting. meethue.com/nl-nl/philips-hue-benefits, abgerufen 2018).
7. Birch, D. *#IDIoT is a serious business.* (Consult Hyperion, chyp.com/idiot-is-a-serious-business/, abgerufen 2015).
8. Balkan, A. *Decentralise Everything.* (ind.ie/decentralise-everything/, abgerufen 2015).
9. Marr, B. *What Everybody Must Know About Internet 4.0.* (Forbes, 20. Juni 2016).
10. https://internationaldataspaces.org/publications/ids-ram/
11. International Data Spaces Association. *Industrial Data Spaces.* (International Data Spaces, Association, industrialdataspace.org, abgerufen 2018).
12. iSHARE. *Data delen.* (iSHARE, ishareworks.org, abgerufen 2018).
13. https://www.gaia-x.eu/
14. Wikipedia. *Cyber-physical system.* (Wikipedia, en.wikipedia.org/wiki/Cyber-physical_system, abgerufen 2018).15.
15. Statista. *E-commerce share of total global retail sales from 2015 to 2021.* (Statista, statista.com/statistics/534123/e-commerce-share-of-retail-sales-worldwide, abgerufen 2018).
16. Kazmin, A. *One year on, jury is still out on India's 'black money ban'.* (Financial Times, 8. November 2017).
17. Ipsos. *2017 Mobile payment usage in China report.* (Ipsos, ipsos.com, abgerufen 2017).
18. https://cbdctracker.org/
19. Shepardson, D. *U.S. 'net neutrality' rules will expire on June 11: FCC.* (Reuters, reuters.com/article/us-usa-internet/u-s-net-neutrality-rules-will-end-on-june-11-fcc-idUSKBN1I-B1UN, 10. Mai 2018).
20. Shepardson, D. *Internet groups urge U.S. court to reinstate 'net neutrality' rules.* (Reuters, reuters.com/article/us-usa--internet/internet-groups-urge-u-s-court-to-reinstate-net-neutrality-rules-idUSKCN1LC1A8, 17. August 2018).
21. Searls, D. *The Intention Economy: When Customers Take Charge.* (Harvard Business Review Press, 1. Mai 2012).
22. „Basel" bezieht sich auf weltweite Bilanzanforderungen für Banken, die vom Basler Ausschuss für Bankenaufsicht (Basel Committee on Banking Supervision, BCBS) festgelegt und weiterentwickelt werden. Weitere Informationen auf der Website der Bank für Internationalen Zahlungsausgleich (BIZ), bis.org/bcbs.

23. Hern, A. *Sir Tim Berners-Lee speaks out on data-ownership.* (The Guardian, 8. Oktober 2014).
24. The Solid Project. (Solid, solid.mit.edu, abgerufen 2018).
25. Digi.me. (Digi.me Ltd., getdigime.com, abgerufen 2018).
26. Wallet und persönlicher Datenspeicher werden synonym verwendet. Beide Konzepte werden in den kommenden Jahren weiterentwickelt werden.
27. Johnson, A. *Trump Signs Measure to Let ISPs Sell Your Data Without Your Consent.* (NBS News, nbcnews.com/news/us-news/trump-signs-measure-let-isps-sell-your-data-without-consent-n742316, 4. April 2017).
28. Europäische Kommission. *Datenschutz-Grundverordnung* (DSGVO, 2016/679). (Europäische Kommission, https://ec.europa.eu/info/law/law-topic/data-protection_de, abgerufen 2017).

Literatur

Airbnb. *About Us.* (Airbnb.com, airbnb.nl/about/about-us, abgerufen 2017).

Arthur, C. *Facebook IPO: what we've learned from its S-1 filing.* (The Guardian, theguardian.com/technology/2012/feb/02/facebook-ipo-facts, 2. Februar 2012).

Ayalla, D. *Introducing the Dweb.* (Mozilla, hacks.mozilla.org/2018/07/introducing-the-d-web/, abgerufen 2018).

Balkan, A. *Decentralise Everything.* (ind.ie/decentralise-everything/, abgerufen 2015).

Bátiz-Lazo, B., Efthymiou, L. *The Book of Payments.* (Palgrave Macmillan, 2016).

Birch, D. *#IDIoT is a serious business.* (Consult Hyperion, chyp.com/idiot-is-a-serious-business/, abgerufen 2015).

—. *Identity is the new money.* (London Publishing Partnership, 2014).

Bloomberg. *Soros Says Facebook and Google Need More Regulation.* (Bloomberg Markets and Finance, youtube.com/watch?v=WaH-zUlR2MUg, abgerufen 2018).

Bonsing, A., Mann, P. *Bonsing/Mann-model.* (arjenbonsing.com, abgerufen 2017).

Boogert, E. *WeChat tikt de één miljard gebruikers aan.* (Emerce, emerce.nl, 8. März 2018).

Boyle, H. *How To Get a $1,000,000 Idea.* (Lewiston Evening Journal, 25. Dezember 1951).

Business Standard. *Former Japan central banker warns FB's Libra may undermine monetary policy.* (Business Standard, business-standard.com/article/international/former-japan-central-banker-warns-fb-s-libra-may-undermine-monetary-policy-119080200672_1.html, 2. August 2019).

Calibra. *Intro.* (Calibra, calibra.com, abgerufen im Juli 2019).

Castillo, M. del. *Alibaba, Tencent, Five Others To Receive First Chinese Government Cryptocurrency.* (Forbes, forbes.com/sites/michaeldelcastillo/2019/08/27/alibaba-tencent-five-others-to-recieve-first-chinese-government-cryptocurrency/#36039e031a51, 27. August 2019).

Catawiki. *About Catawiki* (Catawiki, catawiki.com/help/about, abgerufen 2018).

Chan, K., Mauborge, R. *Blue Ocean Strategy.* (Harvard Business Review Press, Januar 2015)

Chaudary, S.P. *Outlook 2014, Platforms are eating the world.* (Wired, wired.com/insights/2013/12/outlook-2014-platforms-eating-world/, abgerufen 2016).

Coase, R. *The Nature of Firm.* (Blackwell Publishing, 1937).

Collis, B. A. *The Evaluation of Electronic Books.* (Universität Twente, 2011).

Corbyn, Z. *Decentralisation: the next big step for the world wide web.* (The Guardian, theguardian.com/technology/2018/sep/08/decentralisation-next-big-step-for-the-world-wide-web-dweb-data-internet-censorship-brewster-kahle, 8. September 2018).

Corkery, M. *Goodbye Password. Banks Opt to Scan Fingers and Faces Instead.* (The New York Times, 21. Juni 2016).

Cortet, M., Lycklama, D. *PSD2 'Access to account' (XS2A): time to get real about banking business API strategies.* (INNOPAY, innopay.com, 10. Juni 2015).

De Nederlandsche Bank. *Betalen in Europa: SEPA.* (DNB, dnb.nl/betalingsverkeer/overige-taken/065_BetaleninEuropaSEPA/index.jsp, abgerufen 2018).

Desjardins, J. *All of the World's Money and Markets in One Visualization.* (The Money Project, money.visualcapitalist.com/all-of-the-worlds-money-and-markets-in-one-visualization/?link=mktw, 17. Dezember 2015).

Digi.me. (Digi.me Ltd., getdigime.com, abgerufen 2018).

Djankov, S. et al. *The New Comparative Economics.* (Journal of Comparative Economics, 31(4), 2003).

Eisenmann, T. *Business Model Analysis, Part 2: Platforms and Network Effects.* (Platforms and Networks, platformsandnetworks.blogspot.com/2011/07/business-model-analysis-part-2.html, 23. Juli 2011, abgerufen 2016).

—. Parker, G., Van Alstyne, M.W. *Strategies for Two-Sided Markets.* (Harvard Business Review 84, Nummer 10, Oktober 2006).

Encylopedia Brittanica. *Pangaea.* (Encylopedia Brittanica, britannica.com/place/Pangea, abgerufen 2017).

Engels, J. *Mislukkingen van de techniek: De video2000.* (Trouw, 24. Juni 1998).

Englehardt, S. *No boundaries for Facebook data: third-party trackers abuse Facebook Login.* (Freedom to Tinker, freedom-to-tinker.com/2018/04/18/no-boundaries-for-facebook-data-third-party-trackers-abuse-facebook-login/, 18. April 2018).

Europäische Bankenaufsichtsbehörde. *Final guidelines on the security of internet payments.* (EBA, eba.europa.eu/documents/10180/934179/EBA-GL-2014-12+%28Guidelines+on+the+security+of+internet+payments%29_Rev1, 19. Dezember 2014).

Europäische Kommission. *Datenschutz-Grundverordnung (DSGVO, 2016/679)*. (Europäische Kommission, ec.europa.eu/info/law/law-topic/data-protection_de, abgerufen 2017).

—. *Guidance on private sector data sharing*. (Europäische Kommission, ec.europa.eu/digital-single-market/en/guidance-private-sector-data-sharing, abgerufen 2017).

Eurostat (Eurostat, ec.europa.eu/eurostat, abgerufen 2017).

Evans, D.S. *How Catalysts Ignite: The Economics of Platform-Based Start-Ups*. (University College London, Oktober 2008).

—. Schmalensee, R. *The Industrial Organization of Markets with Two-Sided Platforms*. (Competition Policy International, Jahrgang 3, Nummer 1, Frühjahr 2007).

Evans, P., Wurster, T. *Blown to Bits, how the new economics of Information transforms strategy*. (Harvard Business Review Press, 1999).

Eyal, N., Hoover, R. *Hooked, How to Build Habit-forming Products*. (CreateSpace, 2013).

FIDO Alliance. (FIDO Alliance, fidoalliance.org, abgerufen 2015).

Fukuyama, F. *Trust: The Social Virtues and the Creation of Prosperity*. (The Free Press, 1995).

Fung, B. *The FCC just voted to repeal its net neutrality rules, in a sweeping act of deregulation*. (The Washington Post, 14. Dezember 2017).

Gartner. *IT Glossary*. (Gartner, gartner.com/it-glossary/?s=internet+of+things, abgerufen 2018).

Gawer, A., Cusumano, M.A. *Industry Platforms and Ecosystem Innovation*. (Der DRUID Society im Jahr 2012 vorgelegtes Paper).

Gladwell, M. *The Tipping Point*. (Little Brown, 2000).

Gowrisankaran, G. *Why Do Americans Still Write Checks?* (Economic Letter der Federal Reserve Bank of San Francisco, Number 2002–27, 20. September 2002).

Han, J. et al. *A Case Study of Alibaba: Control Your Destiny Or Someone Else Will*. (Academy of Asian Business Review, Volume 1, Nummer 1, 2015).

Hansen, E. *Real hits Microsoft with $1 billion antitrust suit*. (CNET.com, 12. Februar 2004).

Hariharan, A. *All about Network Effects*. (Andreesen Horowitz, a16z.com/2016/03/07/all-about-network-effects/, abgerufen 2017).

Hern, A. *Sir Tim Berners-Lee speaks out on data-ownership*. (The Guardian, 8. Oktober 2014).

Hock, D. *One from Many: VISA and the Rise of Chaordic Organization*. (Berrett-Koehler Publishers, 2005).

Hoven, L. van. *The role of risk in e-retailers' adoption of payment methods: evidence for transition economies*. (Freie Universität Brüssel, 2011).

Hui, T.J. *Alibaba, The Giant With 81.5% Market Share in China's Online Shopping Market.* (Shares Investment, sharesinv.com, 9. November 2015).
International Data Spaces Association. *Industrial Data Spaces.* (International Data Spaces, Association, industrialdataspace.org, abgerufen 2018).
Ipsos. *2017 Mobile payment usage in China report.* (Ipsos, ipsos.com, abgerufen 2017).
iSHARE. *Data delen.* (iSHARE, ishareworks.org, abgerufen 2018).
Jeffries, A. *Why Amazon wants its own currency.* (The Verge, theverge.com, 5. Februar 2013).
Johnson, A. *Trump Signs Measure to Let ISPs Sell Your Data Without Your Consent.* (NBS News, nbcnews.com/news/us-news/trump-signs-measure-let-isps-sell-your-data-without-consent-n742316, 4. April 2017).
Johnson, B. *Privacy no longer a social norm says Facebook founder.* (The Guardian, 11. Januar 2010).
Jongen, W. *Het einde van online winkelen.* (Business Contact, 2016).
Kaplinsky, R., Morris, M. *A Handbook for Value Chain Research.* (International Development Research Centre, 2001).
Kazmin, A. *One year on, jury is still out on India's 'black money ban'.* (Financial Times, 8. November 2017).
Kelly, J. *Facebook's Libra Comes Under Fire In Senate Hearing – Here's Why Congress Is Terrified.* (Forbes, forbes.com/sites/jackkelly/2019/07/16/facebooks-libra-comes-under-fire-in-senate-hearing-heres-why-congress-is-terrified/#54561fff36b4, 16. Juli 2019).
Kelly, M. *House lawmakers officially ask Facebook to put Libra cryptocurrency project on hold.* (The Verge, theverge.com/2019/7/2/20680230/facebook-libra-calibra-crypto-maxine-waters-congress-regulation-investigation-halt, 2. Juli 2019).
Khosrowjerdi, M. *Trust in People, Organizations, and Government: a Generic Model.* (International Journal of Electronic Government Research, 12(3), Juli–September 2016).
Kokkola, T. *The Payment System. Payments, Securities and Derivatives, and the Role of the Eurosystem.* (Europäische Zentralbank, 2010).
Lanting, B. *Chaos op softwaremarkt dreigt na splitsing Microsoft.* (De Volkskrant, 3. April 2000).
Leibbrandt, J.G. *Payment Systems and Network Effects.* (Dissertation, Universität Maastricht, 3. Juni 2004).
Libra Association. *Introducing Libra: a simple global currency and financial infrastructure that can empower billions of people.* (Libra Association, libra.org/en-US/wp-content/uploads/

sites/23/2019/06/IntroducingLibra_en_US.pdf, 18. Juni 2019).
—. *Libra White Paper.* (Libra Association, libra.org/en-US/white-paper/, 18. Juni 2019).
Liezenberg, C. Lycklama, D. Smorenberg, H. *Understanding buyer and seller behaviour for improved payment product development.* (Journal of Payments Strategy & Systems, Jahrgang 1, Nummer 3, 2007).
—. Achterberg, E., A. Kheerbat, M., Booijink, T., Bekx, W. *Mobile payments 2008.* (Innopay und Telecompaper, 2008). Die erste einer Reihe von Veröffentlichungen zum mobilen Zahlungsverkehr zwischen 2008 und 2013.
—. Bottelberghs, L. *Verkenning e-herkenning.* (Innopay und Wirtschaftsministerium, 2008).
—. Bryant, C. Boer, T. de, Booijink, T., Nienhuis, J. *E-invoicing 2008.* (Innopay and Euro Banking Association, 2008). Die erste einer Reihe von Veröffentlichungen zu elektronischer Rechnungsstellung zwischen 2008 und 2010.
Livingstone, S. *The Challenge of Changing Audiences: or what is the audience researcher to do in the age of the Internet?* (European Journal of Communication, 19(1), 75, 2004).
Luhmann, N. *Trust and power.* (John Wiley, 1979).
Lycklama, D., Janz, R. *Betalen 2005.* (Innopay, 2005). Die erste einer Reihe von Veröffentlichungen zum (Online-) Zahlungsverkehr zwischen 2005 und 2013.
Marr, B. *What Everybody Must Know About Internet 4.0.* (Forbes, 20. Juni 2016).
Martijn, M., Tokmetzis, D. *Je hebt wél iets te verbergen.* (The Correspondent, Oktober 2013).
Moss, S. *Big Data: New Oil or Snake Oil?* (Wired, wired.com, abgerufen 2018).
Mourdoukoutas, P. *Why Big Governments And Central Banks Want To Kill Libra And Bitcoin.* (Forbes, forbes.com/sites/panosmourdoukoutas/2019/07/16/why-big-governments-and-central-banks-want-to-kill-libra-and-bitcoin/#d6f071738d5f, 16. Juli 2019).
Mulder, M. *Balanceren in onzekerheid: zoektocht naar de optimale regulering.* (Antrittsrede, Universität Groningen, März 2014).
Nagtegaal, B. *Facebook verwijdert spotprenten over Erdogan.* (NRC Handelsblad, 13. April 2016).
Odlyzko, A., Tilly, B. *A refutation of Metcalfe's Law and a better estimate for the value of networks and network interconnections.* (University of Minnesota, vorläufige Fassung, 2. März 2005).
OK. (OK IT BV, ok.app, abgerufen 2018).
Osterwalder, A., Pigneur, Y. *Business Model Generation.* (Selbstverlag, 2009).
Parker, G. Alstyne, M. W. van, Choudary, S.P. *Platform Revolution:*

How Networked Markets Are Transforming the Economy – and How to Make Them Work for You. (W. W. Norton & Company, 26. März 2016).

Parker, G., Alstyne, M.W. van. *Platform Strategy.* (Boston University, 21. April 2014).

Payments Cards & Mobile. *Global non-cash transaction volumes record highest growth of past decade.* (Payments Cards & Mobile, paymentscardsandmobile.com/non-cash-transaction-record-highest-growth/, abgerufen 2018).

Qiy. (Qiy Foundation, qiyoundation.org, abgerufen 2018).

Qoin. (Qoin BV, qoin.com) and Makkie (Makkie, makkie.wehelpen.nl, abgerufen 2018).

Reimer, J. *Total share: 30 years of personal computer market share figures.* (ArsTechnica, arstechnica.com, 15. Dezember 2005).

Reuters. *France creates G7 cryptocurrency task force as Facebook's Libra unsettles governments.* (Reuters, reuters.com/article/us-facebook-crypto-france/france-creating-g7-cryptocurrency-task-force-says-central-banker-idUSKCN1TM0SO, 22. Juni 2019).

Rochet, J.C., Tirole, J. *Two-Sided Markets: A Progress Report.* (29. November 2005).

—. Tirole, J. *Two-Sided Markets: An Overview.* (12. März 2004).

Rosenberg, M., Confessore, N., Cadwalladr, C. *How Trump Consultants Exploited the Facebook Data of Millions.* (The New York Times, 17. März 2018).

Rushe, D. *Facebook reaches deal with FTC over 'unfair and deceptive' privacy claims.* (The Guardian, 29. November 2011).

Scott, M. *Google Fined Record $ 2,7 Billion in E.U. Antitrust Ruling.* (The New York Times, 27. Juni 2017).

Searls, D. *The Intention Economy: When Customers Take Charge.* (Harvard Business Review Press, 1. Mai 2012).

Shepardson, D. *Internet groups urge U.S. court to reinstate 'net neutrality' rules.* (Reuters, reuters.com/article/us-usa-internet/internet-groups-urge-u-s-court-to-reinstate-net-neutrality-rules-idUSKCN1LC1A8, 17. August 2018).

—. *U.S. 'net neutrality' rules will expire on June 11: FCC.* (Reuters, reuters.com/article/us-usa-internet/u-s-net-neutrality-rules-will-end-on-june-11-fcc-idUSKBN1IB1UN, 10. Mai 2018).

Simplerinvoicing, simplerinvoicing.org, abgerufen 2016.

Skinner, C. *Forget GAFA, the real threat is FATBAG.* (The Finanser, thefinanser.com/2016/09/forget-gafa-real-threat-fatbag.html, abgerufen im Oktober 2018).

Sobel, J. *Can we trust social capital?* (Journal of Economic Literature, Band XL, März 2002).

Statista (Statista, statista.com, abgerufen 2017).

—. *E-commerce share of total global retail sales from 2015 to 2021.* (Statista, statista.com/statistics/534123/e-commerce-share-of-retail-sales-worldwide/, abgerufen 2018).

—. *Google ad revenue in 2017.* (Statista, statista.com/statistics/266249/advertising-revenue-of-google/, abgerufen 2018).

—. *Monthly active Facebook users. Q2 2018* (Statista, statista.com/statistics/264810/number-of-monthly-active-facebook-users-worldwide/, abgerufen 2018).

—. *Number of monthly active Facebook users worldwide as of 2nd quarter 2019 (in millions).* (Statista, statista.com/statistics/264810/number-of-monthly-active-facebook-users-worldwide/, abgerufen im August 2019).

—. *The 100 largest companies in the world by market value in 2018.* (Statista, statista.com/statistics/263264/top-companies-in-the-world-by-market-value/, abgerufen 2018).

Stichting Adviesgroep Bestuursrecht. *Bankwet 1998.* (St-AB.nl, st-ab.nl/wetten/0038_Bankwet_1998.htm, abgerufen 2017).

Stodder, J. *Residual Barter Networks and Macro-Economic Stability: Switzerland's Wirtschaftsring.* (Renssealaer Polytechnic Institute Hartford, 27. Dezember 2007).

The Economist. *More bang for your buck, how new technology is shaking up the oldest business.* (The Economist, 9. August 2014).

—. *The man who showed why firms exist.* (The Economist, economist.com/leaders/2013/09/07/the-man-who-showed-why-firms-exist, 7. September 2013).

—. *WeChat's World: China's WeChat shows the way to social media's future.* (The Economist, 6. August 2016).

The New York Times Editorial Board. *Facebook and The Digital Virus Called Fake News.* (The New York Times, 19. November 2016).

The Paypers. *Online Payments and Ecommerce Market Guide 2017.* (The Paypers, thepaypers.com/reports/online-payments-and-ecommerce-market-guide-2017/r769843, abgerufen 2017).

The Solid Project. (Solid, solid.mit.edu, abgerufen 2018).

Thiel, P. *Competition is for losers.* (The Wall Street Journal, 12. September 2014).

—. Masters, B. *From Zero to One, Notes on Start Ups and How to Build the Future.* (Ebury Publishing, 2015).

Tuit, S. *Microsoft trekt stekker uit Skype WiFi.* (AndroidWorld, androidworld.nl/apps/skype-wifi-stop-maart-2017/, März 2017).

UN/CEFACT. *Cross Industry Invoice (CII).* (UN/CEFACT, unece.org/fileadmin/DAM/press/pr2007/07trade_p02e.htm#four, 2007).

Unique Identification Authority of India. *Aadhaar Online Services.* (UIDAI, uidai.gov.in, abgerufen 2015).

Vandebron. *Over ons.* (Vandebron, vandebron.nl/about, abgerufen 2018).

Veerasamy, V. *PayPal's $60m Referral Program: A Legendary Growth Hack.* (ReferralCandy Blog, referralcandy.com/blog/paypal-referrals/, abgerufen 2018).

Wells, N. *A tale of two companies matching up: Alibaba versus Amazon.* (CNBC, cnbc.com, 5. Mai 2016).

Wikipedia, *Geluidsdragers door de tijd.* (Wikipedia, nl.wikipedia.org/wiki/Geluidsdragers_in_de_tijd, abgerufen 2018).

—. *Smiling curve.* (Wikipedia, en.wikipedia.org/wiki/Smiling_curve, abgerufen 2016).

—. *Cyber-physical system.* (Wikipedia, en.wikipedia.org/wiki/Cyber-physical_system, abgerufen 2018).

—. *List of public corporations by market capitalization.* (Wikipedia, en.wikipedia.org/wiki/List_of_public_corporations_by_market_capitalization, abgerufen 2018).

—. *Moment of truth.* (Wikipedia, en.wikipedia.org/wiki/Moment_of_truth_(marketing), abgerufen 2018).

—. *Prisoner's dilemma.* (Wikipedia, nl.wikipedia.org/wiki/Prisoner%27s_dilemma, abgerufen 2018.

—. *Social credit system.* (Wikipedia, en.wikipedia.org/wiki/Social_Credit_System, abgerufen 2018).

—. *Two-sided market, Pricing.* (Wikipedia, en.wikipedia.org/wiki/Two-sided_market, abgerufen 2018).

—. *Unified Payments Interface.* (Wikipedia, en.wikipedia.org/wiki/Unified_Payments_Interface, abgerufen 2018).

Williamson, O. *Transaction cost economics.* (Elsevier, Handbook of Industrial, Band 1, 1989).

danke

Wir haben gelernt, dass es kein Kinderspiel ist, ein Buch zu schreiben. Wir haben den größten Respekt für alle Autoren, die diese Aufgabe meistern. Wir haben auch gelernt, dass man ein Buch nicht allein schreibt, sondern mit der Unterstützung und Mitwirkung vieler anderer Menschen – Menschen, die Worte zu Papier bringen, Projekte umsetzen, unsichtbare Beiträge leisten oder deren Ansichten in dieses Buch einfließen. Was uns betrifft, halten wir es ganz mit dem Bild, das Bernard de Chartres 1159 geprägt und Isaac Newton 1675 wieder aufgegriffen hat:

„Wir stehen auf den Schultern von Riesen."

Auf die Gefahr hin, einige „Riesen" zu vergessen, sind das die unseren:
Melissa Liezenberg, Liesbeth Lycklama, Marens Nijland, Lude Liezenberg, Rixt Liezenberg, Nine Liezenberg, Hidde Lycklama, Fleur Lycklama, Coco Lycklama, Tess Nijland, Mats Nijland, Ed Achterberg, Maaike Alblas, Mark Baaijens, Maarten Bakker, Fred Bär, Jeroen de Bel, BIMS, David Birch, Tonnis de Boer, Remco Boer, Rogier de Boer, Noortje Boer, Jacob Boersma, Tom Booijink, Leendert Bottelberghs, Gijs Boudewijn, Vincent Brennan, Bernd Brinkers, John Broxis, Charles Bryant, Mark Buitenhek, Gijs Burgers, Niels van Campen, Martijn van den Corput, Mounaim Cortet, Aly Dabbous, Tjerk van Dalen, Bernardo Dantas Alves, Liam Dennehy, Maurits Dewina, Jorgen Donders, Arjo Duineveld, Ruben van Eijnatten, Machiel Emmering, Tycho van Ewijk, Josje Fiolet, Diederik Florijn, Lex Franken, Monica Gâza, Pepijn Groen, Esther Groen, Martin Groeneveld, Jelger Groenland, Harm van Haeren, Yara van Hal, Emile Hamann, Eefje van der Harst, Jasper Hauser, Pascal Van Hecke, Mathijs Helgers, Vivian Hendrikse, David van den Hengel, Wouter van den Hengel, Cassandra Hensen, Judith Henstra, Ronald Hoeksma, Stephan Hoes, John Holsberg, Nicole van Hoorn, Denise Hoppenbrouwer, Gys Hough, Leo van Hoven, Jacqueline van Huijstee, Jelle-Frodo Huisman, Karl Illing, Vincent Jansen, Tanneke Janssen, Trudy de Jong, Wijnand Jongen, Tom de Jongh, Ivana Jovanovska, Jan Julianus, Nils Jung, Milan Kaihatu, Geraldine Keijzer, Manoj Kheerbat, Brett King, Georges Koegel, Kitty Koelemeijer, Leon Koesoemowidjojo, Jaap Kuipers, Peter Kwakernaak, Jip de Lange, Gottfried Leibbrandt, Simon Lelieveldt, Gilbert Lichter, Sandra Linssen, Olaf Litjens, Mirjam van Loenen, Alessandro Longoni, Hugo Löwinger, Ivo Luijendijk, Esther van Luit, Walter Lutz, André Malinowski, Piet Mallekoote, Lies Mantingh, Rob van Meijel, Willem Middelkoop, David Mintjes, Winnie Moltmaker, Willem Mosterd, Jenneke van Mourik, Mélisande Mual, Vikas Munshi, Stephan Nagel, Jaap Jan Nienhuis, Pieter Nijs, Geerten Oelering, Luc van Oorschot, Pieter van Os, Boris Otto, Lars Nagel, Mauritz Wilkes, Patrick de Haan, Inga Beißwänger, Joris Oudejans, Maarten Oudejans, John Pals, Maria Patelkou, Maarten Pater, Michel Peekel, Jorrit Penninga, Paul Peters, Peter Potgieser, Robert Quaedvlieg, Berend Raadschilders, Rajiv Rajani, Christian van Ramshorst, Krijn Reijnders, Daan Riekhoff, Vincent de Rijke, Tom Rijks, Marije Roefs, Willy Roelofsen, Maarten Rood, Thijs Rovers, Guy Rutten, Michael Salmony, Wouter van Schaik, Menno Schilder, Jaap Schokkenkamp, Adriana Screpnic, Erwin Segers, Chris Skinner, Nick Smaling, Harry Smorenberg, Friso Spinhoven, Rob van der Staaij, Art Stevens, Remy Stibbe, Brenda Stork, Daniel Szmuckler, Lei Thewessem, Jorgos Tsovilis, Saba Ullah, Mariane ter Veen, Chantal van der Velde, Enny van de Velden, Coen Vermeer, Hans Vermeijs, Marieke Visser, Daniëlle Vogelenzang, Ruud Vroon, Jurriaan Wesselink, Remco Westenberg, Ron van Wezel, Koos de Wilt, Jim de Wolf, Kees Zegers und Francesco Zorzi.

über

◘ INNOPAY

Als internationales Beratungsunternehmen ist INNOPAY auf „Alles Transaktion" spezialisiert. In anderen Worten: auf alles, was mit digitalen Transaktionen zu tun hat.

Führende Köpfe in der Privatwirtschaft und im staatlichen Sektor sind zunehmend mit den Chancen und Risiken von Digitalisierung konfrontiert. Wiederkehrende Themen sind: Wie gehen wir mit neuen, offenen Geschäftsmodellen um? Wie können wir neue Technologien einsetzen, um schneller Innovationen zu entwickeln? Sollen Störungen vermieden oder vielleicht bewusst provoziert werden? Wie können wir unseren Kunden bessere Leistungen anbieten – mit mehr Daten über sie und gleichzeitig besserer Kontrolle über ihre eigenen Daten für die Kunden? Wie können wir zu digitaler Nachhaltigkeit beitragen?

Seit 2003 ist INNOPAY als Pionier im digitalen Bereich von zweiseitigen Märkten, mit „parallelen" Problemen, etabliert. Mit strategischen Aufgaben, Innovationsprojekten und der Markteinführung neuer Produkte und Dienstleistungen, aber auch in Zusammenarbeit auf Branchenebene. Auf der Grundlage praktischer Erfahrungen mit iDEAL, Simplerinvoicing, iDIN und Projekten rund um digitale Identität in Deutschland, der Schweiz und Australien hat INNOPAY seine eigene Vision von „weicher Infrastruktur" entwickelt. Wie können wir digitale Dienste so gestalten, dass sie sicher, einfach und nachhaltig für ganze Länder oder Kontinente oder weltweit funktionieren? Also für alle Branchen, große und kleine Unternehmen, Privatwirtschaft und Staat, Bürger und Verbraucher?

INNOPAY hat sich mit der Zeit zu einem führenden internationalen Akteur mit eigenen Ansichten und Perspektiven in Amsterdam und Frankfurt entwickelt. Das haben wir geschafft, indem wir konsequent den innovativsten Weg einschlagen, um unseren Kunden dabei zu helfen, ihre digitalen Herausforderungen zu meistern.

innopay.com

Chiel Liezenberg

hat INNOPAY gegründet und ist ein anpackender Unternehmer, der für Technologie, Produktdesign und Verbindungen brennt. Er hat verschiedene Zahlungsinnovationen und FinTech-Unternehmen auf den Weg gebracht und besitzt mehrere Patente. Verschiedene Veröffentlichungen von Chiel Liezenberg haben die theoretischen Grundlagen der Transaktionsbranche mitgeprägt.

Douwe Lycklama

ist Mitgründer von INNOPAY und ein Vordenker mit Blick auf verschiedene Arten von digitalen Transaktionen wie das Teilen von Daten, Zahlungen, Rechnungsstellung und Identität sowie die einschlägigen geltenden regulatorischen Vorschriften. Sein Ziel ist es, Innovationen in diesen Bereichen bei Unternehmen und Behörden einzuführen und ihnen zu helfen, gemeinsam Neuerungen anzustoßen, um Chancen der Digitalisierung zu nutzen.

Shikko Nijland

ist CEO und Managing Partner von INNOPAY und verfügt über mehr als 20 Jahre internationale Erfahrung in der Managementberatung. Er hat zuvor bei EY, KPMG und Accenture gearbeitet, wo er für den Bereich Wachstum und Innovation verantwortlich war. Er ist für neue INNOPAY-Angebote rund um das Teilen von Daten, kundenseitige Datenkontrolle, Offenheit und digitalen Wandel verantwortlich.

Andere Stimmen zu Alles Transaktion

Niederländisches *Management Book of the Year 2019*

„Weil das Thema von großer gesellschaftlicher und wirtschaftlicher Bedeutung ist; weil jedes Unternehmen das Thema verstehen muss; wegen der tiefgreifenden Analyse; weil die Entwicklung klar in eine Richtung zeigt; wegen der Agenda, die ihre Verantwortung gegenüber vielen verschiedenen Stakeholdern aufzeigt; und obwohl dieses Buch im Vergleich zu allen anderen berücksichtigten Büchern die Leser vielleicht am meisten fordert – deshalb hat sich die Jury einstimmig und aus voller Überzeugung für *Alles transactie* (Alles Transaktion) von Chiel Liezenberg, Douwe Lycklama und Shikko Nijland entschieden."
– Pierre Spaninks, Vorsitzender der Jury für die niederländische Auszeichnung *Management Book of the Year*

„Das Buch vermittelt eine spannende neue Sicht auf die digitale Wirtschaft und hilft, die künftigen Herausforderungen rund um digitales Vertrauen zu verstehen."
– Dr. Neelie Kroes, ehemalige EU-Kommissarin für Wettbewerb und digitale Agenda

„Alles Transaktion hilft uns zu verstehen, wie neue Wirtschaftssysteme ältere aufrütteln und wie sich Wettbewerbsvorteile zunehmend zu Plattformökosystemen verschieben werden."
– Sangeet Paul Choudary, Bestseller-Mitautor von *Platform Revolution* und HBR Top 10 Ideas 2017

„Eine umfassende Betrachtung des Wandels von einem Internet der Interaktion zu einem Internet der Transaktion. Das Buch ist besonders wertvoll, weil es reich an Erkenntnissen ist, die von Praxiserfahrungen herrühren."
– David Birch, Bestsellerautor von *Before Babylon, Beyond Bitcoin* und *Identity is the New Money*

„Mit Alles Transaktion bieten drei erfolgreiche Pioniere eine innovative Perspektive auf den digitalen Wandel."
– Prof. dr. ir. Kitty Koelemeijer, Nyenrode Business Universiteit

„Ein sehr relevanter Überblick darüber, wie das Internet die Welt des Kaufens und Bezahlens revolutioniert. Die Autoren zeichnen ein überzeugendes Bild der weitreichenden Veränderungen, die sich daraus ergeben, und vermitteln, welche Rolle Dinge wie Vertrauen, Daten, Mittelspersonen und Plattformen dabei spielen."
– Dr. Gottfried Leibbrandt, CEO von SWIFT

„Pflichtlektüre für jeden, der in der Welt der digitalen Transaktionen aktiv ist und sich für neue Erkenntnisse über die Beziehung zwischen Daten und Vertrauen interessiert."
– Enny van de Velden, Chair of the Board of Directors und CCO bei CCV

„Die Autoren haben jahrelang daran gearbeitet, die Zukunft der Zahlungsverkehrsbranche neu zu schreiben. Mit diesem Buch erschließen sie diese Branche, die vor großen Umbrüchen steht, für praktisch alle."
– Willem Middelkoop, Bestsellerautor von *When the dollar falls* und anderen Büchern

„Alles in unserem Universum ist miteinander verbunden und Transaktionen sind manifeste Transformation. Am Vorabend des transaktionalen Internets beantworten die Autoren heute die Fragen von morgen. Ein Buch, das jeder Unternehmer gelesen haben muss."
– Kees Zegers, Gründer von nu.nl und Autor von *Start Kapitaal*